가람 이병기 전집 29

편지와 친필 자료, 사진, 친지·후배들의 글

이 도서는 2024년 국립대학육성사업의 지원을 받아 수행되었음
이 도서는 2024년 익산시와 전라북도의 지원에 의해 간행되었음

가람 이병기 전집

29

편지와 친필 자료, 사진, 친지·후배들의 글

전북대학교출판문화원

편지와 친필 자료, 사진, 친지·후배들의 글

목 차

가람 이병기 선생의
편지와 친필 자료

일러두기

1. 가람 선생의 유족과 친지(큰 며느님 유재희, 둘째 아들 손주 이양배, 조카 조병희, 제자 최승범 등)들이 소장한 편지와 친필 자료들을 실었다.
2. 한문 편지는 탈초 번역하여 싣고 미발표 자료 「전주소감」과 「자서전」 2편도 사진과 함께 글로 실었다.
3. 한문편지의 탈초와 번역은 유화수(전 호원대 교수), 황재문(서울대학교 규장각한국학연구원 교수) 두 분께서 수고해 주셨다.

Ⅰ. 가람 친필 서간

(이앙배 소장)

1. 조부께 보낸 부친 이채의 서간

(정사년, 1917. 2. 23.)

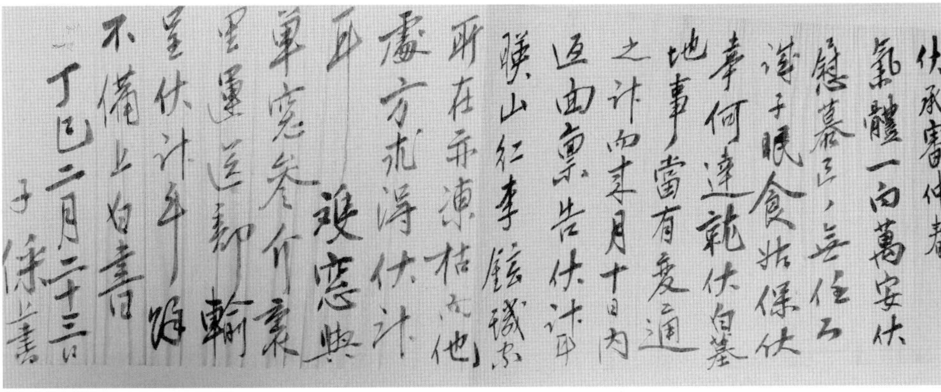

伏承審, 仲春氣體一向萬安, 伏慰慕區區, 無任下誠. 子眠食姑保, 伏幸何達. 就伏白. 墓地事當有變通之計, 而來月十日內, 返面稟告伏計耳. 映山紅, 李鉉璣家所在亦凍枯, 而他處方求得伏計耳. 雙窓與單窓參介, 裏里運送部輸呈伏計耳. 餘不備, 上白書.

丁巳二月二十三日 子 保 上書

편지 받자옵고 중춘에 몸과 마음이 한결같이 편안하시다니 안심되었습니다. 아버님을 그리워하는 마음을 견딜 수 없습니다. 저는 잠자고 먹는 것이 아직 부지할 만하니, 말할 수 없이 다행스럽습니다. 나아가 엎드려 여쭙습니다. 묘지 일은 마땅히 변통할 계책이 있사오리니, 다음 달 10일 안에 돌아가 뵙고 아뢸까 생각하옵니다. 영산홍은 이현기 집에 있는 것이 또한 얼어서 죽었으니, 다른 곳에서 얻으려고 생각하옵니다. 쌍창雙

窓과 단창單窓 셋은 솝리[裏里] 운송부로 수송해 올릴까 생각하옵니다. 예를 다 갖추지 못하고 편지 올립니다.

정사년(1917) 2월 23일 자子 채係 올림

2. 조부께 보낸 가람의 서간(1911. 6. 8.)

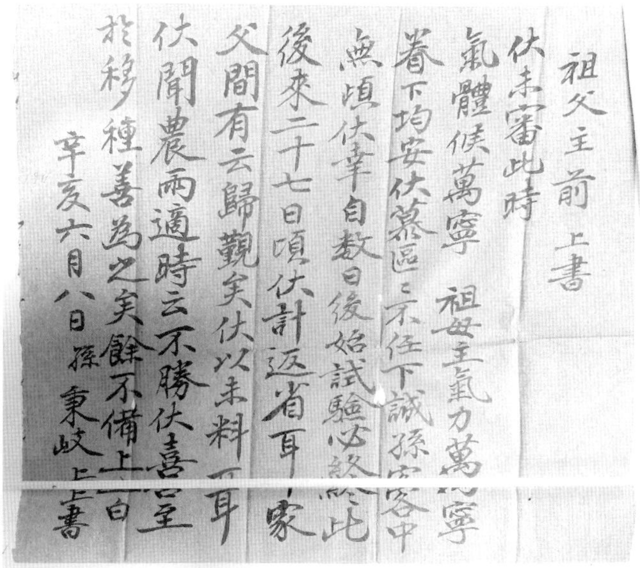

祖父主前上書

伏未審, 此時氣體候萬寧, 祖母主氣力萬寧. 眷下均安. 伏慕區區, 不任下誠. 孫客中無頉伏幸. 自數日後始試驗, 必終此後, 來二十七日頃伏計返省耳. 家父間有云歸覲矣, 伏以未料耳. 伏聞農雨適時云, 不勝伏喜. 至於移種善爲之矣. 餘不備 上白.

辛亥 六月 八日 孫 秉岐 上書

할아버님께

요즈음 몸과 마음이 두루 편안하신지요? 할머님도 기력이 좋으신지요? 저는 두루 편안하옵니다. 그리워하는 하찮은 몸이 그리는 마음이 지극하여 견딜 수 없습니다. 저는 객지 생활 중 무탈하니 다행입니다. 며칠 뒤에 시험이 시작되는데, 시험을 마치면 오는 27일경에는 반드시 돌아가 뵈올까 하옵니다. 아버지께서는 틈이 나면 돌아가 뵈온다고 하시는데, 어떨지 모르겠습니다. 듣잡건대 농사지을 비가 때맞춰 왔다고 하니, 기쁘기 이를 데 없습니다. 모종을 옮겨 심는 일까지 잘 이루어지기를 바라옵니다. 예를 갖추지 못한 채로 편지 올리옵니다.

신해년(1911) 6월 8일 손孫 병기 올림

3. 조부께 보낸 가람의 서간(1911.7.)

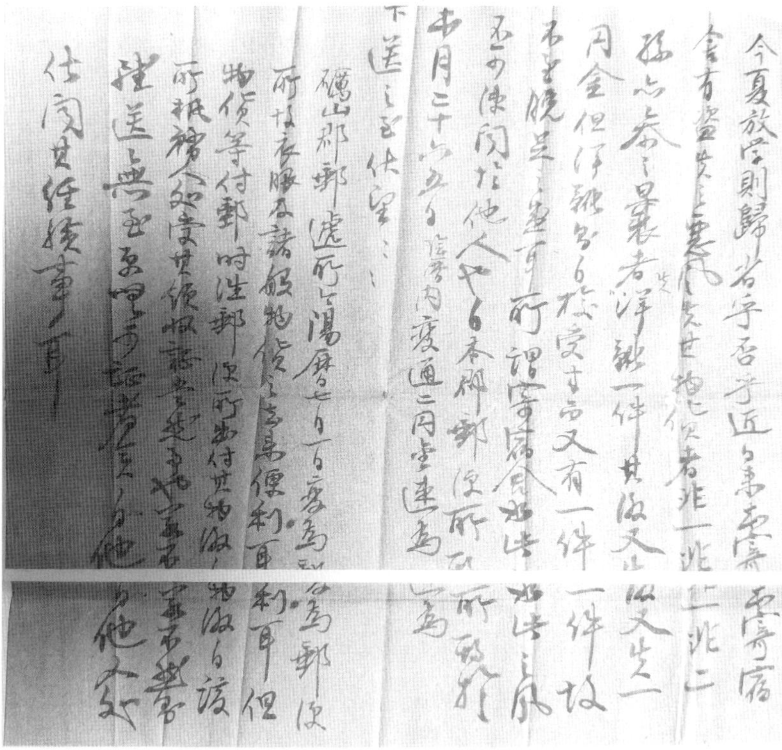

今夏放學, 則歸省乎否乎. 近日來本寄宿舍, 有盜失之惡風, 失其物貨者, 非一非二. 孫亦叅之. 曩者失洋靴一件, 其後又失一円金. 但洋靴則自校受古品, 又有一件, 故不至脫足之慮耳. 所謂寄宿舍, 如此之風, 不可使聞於他人也. 自本郡郵便所, 期於本月二十六五日[陰曆]內, 變通二円, 當速爲下送之至. 伏望伏望.

礪山郡郵遞所, 今陽曆七月一日, 變爲郵便所. 故衣服及諸般物貨之去來便利耳. 但物貨等付郵時, 往郵便所, 出付其物, 後日渡所托贈人處, 受其領收證, 當然事也. 若不然, 則雖送無至, 更無可証者矣. 自他人處, 傳聞其經驗事耳.

이번 여름방학 때는 돌아가 뵈올지 어떨지 모르겠습니다. 요즈음 우리 기숙사에는 도난의 악풍惡風이 있사오니, 물품을 잃어버린 자가 한둘이 아니며 저 또한 그 가운데 하나입니다. 지난번에는 구두 한 켤레를 잃어버렸고 그 뒤에 또 돈 1원을 잃어버렸습니다. 다만 구두는 학교에서 받은 낡은 물품이며 또 한 켤레가 더 있어서 맨발로 다닐 염려는 없습니다. 소위 기숙사의 이러한 풍조를 다른 사람이 듣게 할 수는 없습니다. 우리 군의 우편소로부터 이달 25~6일(음력) 안을 기한으로 2원을 변통하여 속히 보내 주시기를 바라고 바라옵니다.

여산군 우체소가 금년 양력 7월 1일에 우편소로 바뀌었습니다. 그래서 의복이나 제반 물품을 보내고 받기에 편리해졌습니다. 다만 물품 등을 우송할 때는 우편소에 가서 그 물품을 주고, 뒷날 받을 사람에게 건네고서 그 영수증을 받는 것이 당연한 일입니다. 만약 그렇게 하지 않으면 비록 물건을 보냈는데도 아무것도 도착하지 않더라도 증명할 수가 없을 것입니다. 다른 사람에게서 그런 경험을 겪은 일을 전해 들었습니다.

※ 편지를 보낸 시기는 1911년 7월로 추정된다. ≪가람일기≫에는 1911년 5월 10일에 구두를 잃어버렸다는 기록이 있고, 7월 1일에 돈 1원을 잃어버렸다는 기록이 있다. 음력 6월 26일과 25일은 양력 7월 21일과 20일인데, 이해 7월 20일에 방학식을 하고 21일에 귀향한다. 이런 사정을 고려하면 "二十六五日"은 '25일'이라고 쓰려고 한 것일 가능성이 있는데, 26일 즉 7월 20일에는 새벽에 역으로 가야 했으므로 돈을 받기 어려웠을 것이기 때문이다. 한편 또 이보다 앞서 7월 18일에는 줄포茁浦 즉 부친으로부터 5원의 전환電換이 왔다는 기록이 있는데, 이 편지와 관련된 것인지 분명하지는 않다.

4. 부친께 보낸 가람의 서간(1926. 1. 13.)

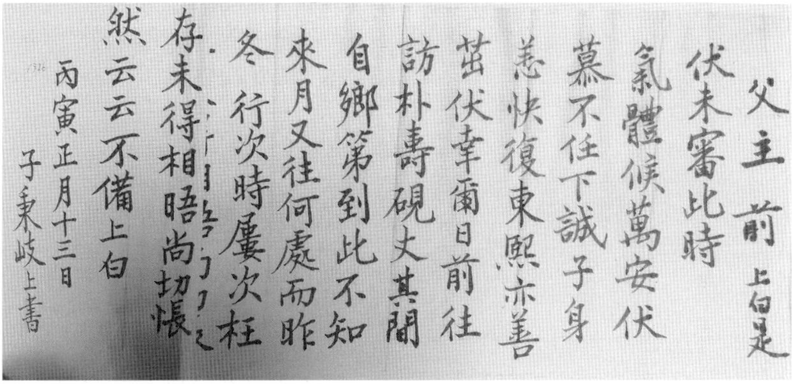

父主前 上白是

伏未審, 此時氣體候萬安. 伏慕不任下誠. 子身恙快復, 東熙亦善茁, 伏幸爾. 日前往訪朴壽硯丈. 其間自鄕第到此, 不知來月又往何處, 而昨冬行次時, 屢次枉存, 未得相晤, 尙切悵然云云. 不備上白.

丙寅 正月 十三日 子 秉岐 上書

아버님께 아뢰나이다.

요즈음 몸과 마음이 편안하신지요? 아버님을 그리워하는 마음이 지극하여 견딜 수 없습니다. 저는 신병에서 완전히 회복되었고, 동희도 잘 자라고 있으니 다행이옵니다. 일전에 박수연 어르신을 찾아뵈었습니다. 그 사이 시골집에서 이곳에 왔는데, 다음 달에는 또 어디로 갈지 모른다고 하시고, 지난 겨울 아버님께서 행차하셨을 때 누차 문안하셨는데도 만나보지 못해서 몹시 슬펐다고 말씀하셨습니다. 이만 줄이며 올립니다.

병인년(1926) 정월 13일 자子 병기 올림

※ '정월 13일'은 음력인 듯하다. 양력으로는 2월 25일이 된다. ≪가람일기≫에는 2월 18일에 '계동 136번지 박일헌朴逸憲'을 방문했다는 기록이 있는데, 박일헌(1860~1934)은 부안군수를 지낸 바 있는 서예가이며, 호는 수연壽硯이다. 2월 25일에는 '여산 집'에 편지를 보냈다는 기록이 있는데, 이 서간은 이때 보낸 편지인 듯하다.

5. 부친께 보낸 가람의 서간(1932. 5. 13.)

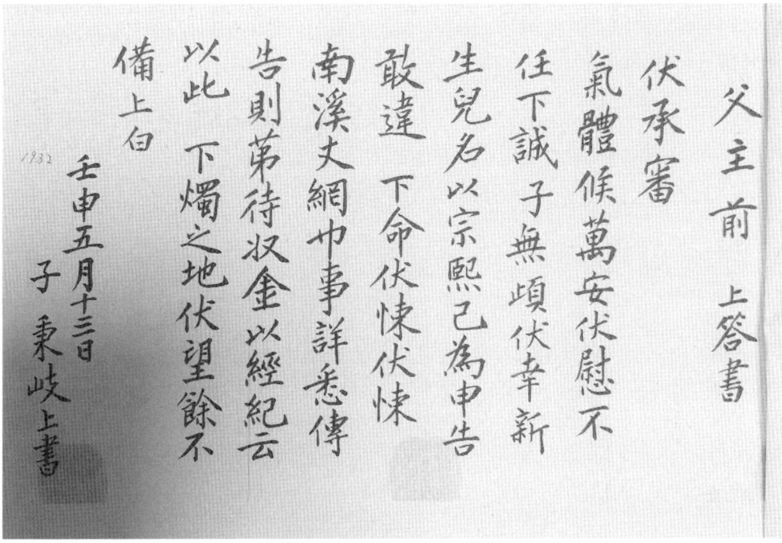

父主前 上答書

伏承審, 氣體候萬安伏慰, 不任下誠. 子無頉伏幸. 新生兒名以宗熙, 已爲申告. 敢違下命, 伏悚伏悚. 南溪丈網巾事, 詳悉傳告, 則苐待收金而經紀云. 以此下燭之地 伏望 餘不備 上白

壬申年 五月 十三日 子 秉岐 上書

아버님께 답장 올립니다.

편지 받자옵고 몸과 마음이 두루 편안하시다니 안심이 되옵니다. 아버님을 그리는 마음이 지극하여 견딜 수 없습니다. 저는 무탈하오니 다행입니다. 새로 태어난 아이는 이름을 종희라고 하여 이미 신고하였습니다.

감히 하명하신 것을 어겼사오니 죄송하고 죄송합니다. 남계 어르신의 망건에 대한 일은 자세히 전하여 아뢰었습니다. 다만 돈이 걷히기를 기다려서 처리하시겠다고 하셨습니다. 이를 살펴 주시기를 바라옵니다. 이만 줄이며 아뢰나이다.

임신년(1932) 5월 13일 자子 병기 올림

6. 아우 병륙에게 보낸 편지 봉투

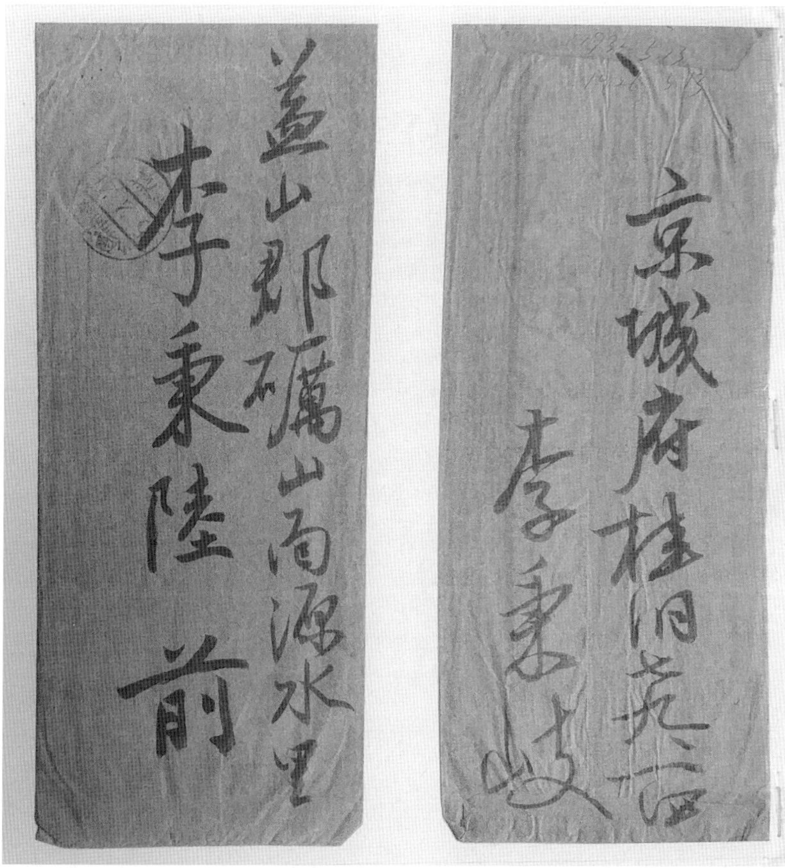

7. 한성사범에서 본가로 보낸 편지 봉투와 줄포에서 보낸 상서 봉투(1897. 2. 23.)

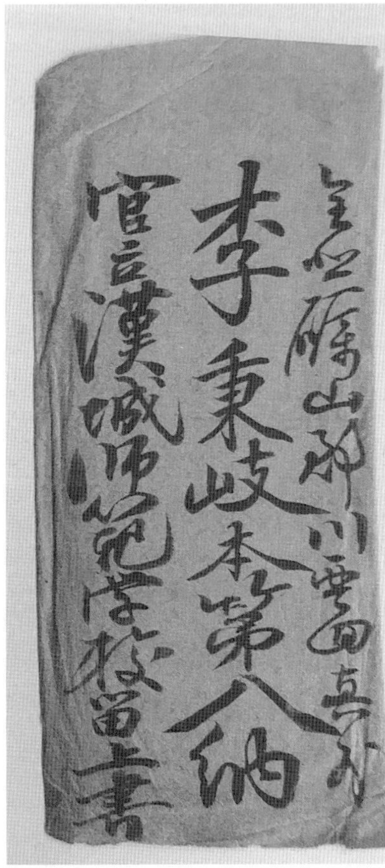

Ⅱ. 가람 선생 친필 서간

(조병희 소장)

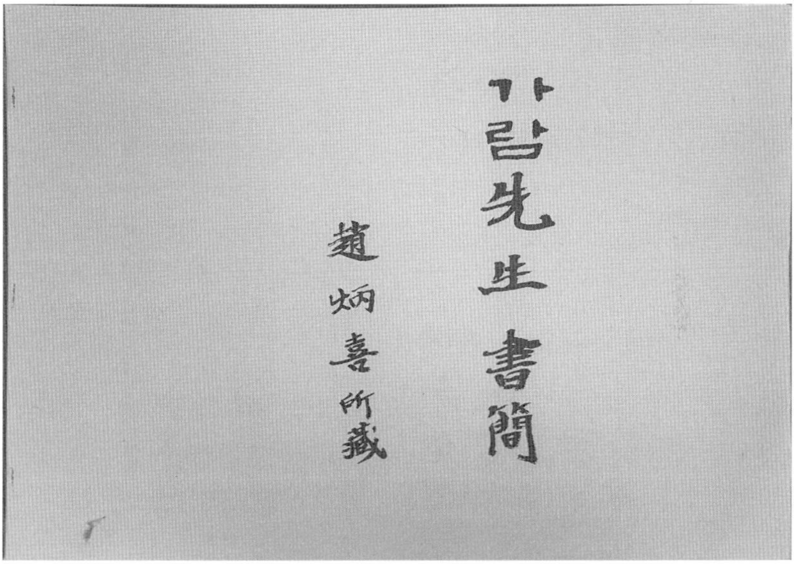

조병희 소장 가람 선생 서간첩

1. 가람이 매형 조춘원에 보낸 서간(1913. 6. 7.)

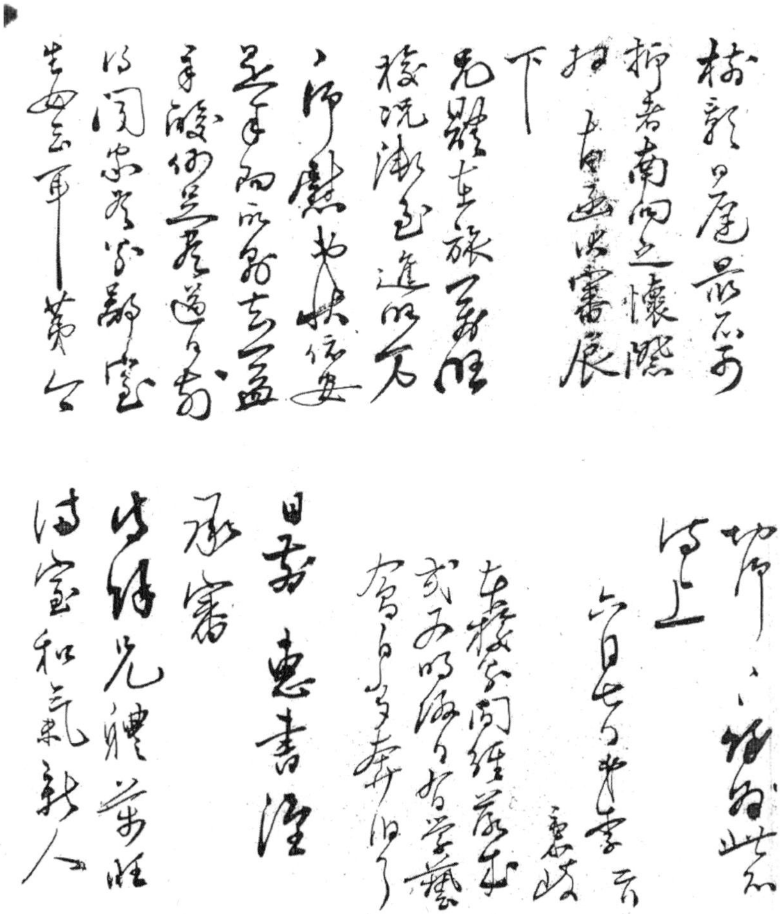

樹彰日遲, 最不可抑者, 南向之懷, 際拜有函, 伏審辰下. 兄體在旅萬旺, 校況漸至進旺, 万万仰慰. 弟伏依安. 是年向所, 則去益辛酸, 何足盡道. 日前得聞家盡和, 鄙室生女云耳. 第今切仰切仰. 餘爲此不備上.

六月 七日 弟 李秉岐

本校則間經落成式, 又明後日有學藝會. 自多奔汨耳.

日前惠書謹承審, 侍餘兄體萬旺, 備室和氣, 新人

나무는 무성해지고 날은 길어집니다. 가장 억누르기 힘든 것이 남쪽 고향을 향한 그리움인데, 때마침 편지를 주셔서 삼가 살펴보았습니다. 형님께서는 객지에서 원기 왕성하시고 학교 상황도 점차 좋아지고 있다 하시니, 매우 위로가 되옵니다. 저도 여전히 편안합니다. 올해는 갈수록 신산辛酸하지만, 어찌 다 말씀드리겠습니까? 일전에 집안이 두루 편안하다는 소식을 들었는데, 제 처가 딸을 낳았다고 합니다. 다만 이제 간절히 바라고 바라옵니다. 예를 다 갖추지 못하고 올립니다.

(1913년) 6월 7일 아우 이병기

본교本校에서는 그간 낙성식을 치렀고, 또 모레는 학예회가 있습니다. 저는 많이 분주할 듯합니다.

일전에 보내 주신 편지 잘 받아 보았습니다. 시여侍餘에 형님 기력이 왕성하시고 온 집안이 집안에 화기 가득하며 새 사람은 …

※ 가람은 1913년 6월 2일에 '음력 4월 10일(양력 5월 15일)에 딸을 낳았다'라는 소식을 받게 된다. 5월 27일에 낙성식이 있었고, 6월 9일에는 학예회가 열렸다. 가람은 6월 6일에 조형(조춘원)에게, 그리고 6월 8일에 집에 편지를 부친다. 이때 가람은 남양공립보통학교에 근무했고, 조춘원은 순창공립보통학교에 근무하고 있었다.

※ 마지막 부분에 있는 "日前惠書謹承審, 侍餘兄體萬旺, 備室和氣, 新人"은 다른 편지의 일부인 듯한데, 1926년 4월 30일 편지의 서두일 가능성이 있다.

2. 가람이 매형 조춘원에 보낸 서간(1913년 + 1926년)

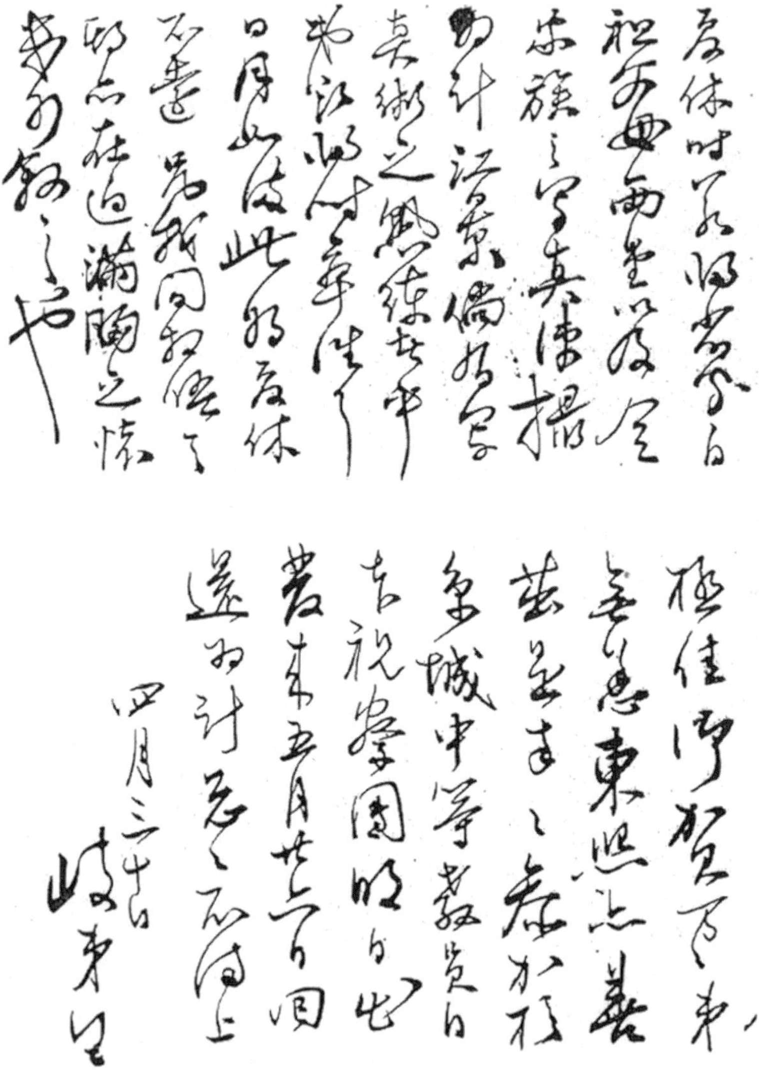

夏休時, 罷歸省, 則自祖父母兩堂以及全家族之寫眞使撮爲計. 江景倘有寫眞術之熟練者乎. 弟江歸時率往了. 日月如流, 此明夏休不遠, 兄我間相晤之期亦在迫. 滿胸之懷, 未可敍之也.

… 極佳, 仰賀万万. 弟無恙, 東熙亦善茁. 是年之參加於京城中等教員日本視察團, 明日出發, 來五月卄六日回還爲計. 悤悤不備上.

四月 三十日 岐弟 拜上

여름방학 때 학업을 마치고 집에 돌아가면, 조부모님과 부모님 및 전 가족의 사진을 촬영할 생각입니다. 강경에 혹 사진술에 숙련된 자가 있겠습니까? 제가 강경에서 돌아갈 때 데리고 갈 것입니다. 세월이 물처럼 빨리 흘러 이번 여름방학이 멀지 않으니, 형님과 제가 서로 마주할 날도 임박했습니다. 가슴 가득한 감회는 미처 펴지 못하고 글을 올립니다.

몹시 현숙하다니, 더할 나위 없이 축하를 드립니다. 저는 별 탈 없고, 동희도 잘 자라고 있습니다. 이번 해에 경성의 중등교원 일본 축수단祝壽團에 참가하여, 내일 출발하면 다음 5월 26일에 돌아올 계획입니다. 이만 줄입니다.

4월 30일 아우 기岐 배상

※ 두 편지가 다른 날의 것일 듯하다. 또 두 편지 모두 앞 또는 뒤의 부분이 다른 데 있는, 편지의 일부일 가능성도 있다.

위의 것은 여름휴가, 조부모와의 사진 등을 언급하고 있으므로, 남양공립보통학교 교사로 재직하던 1913년에 쓴 것으로 짐작된다. 1913년 8월 1일의 일기에는 강경에 도착해서 시계점과 사진관에 들렀다는 기록이 보인다.

아래의 것은 1926년 4월 30일의 편지이다. 시찰단은 11명이었으며, 5월 1일에 출발하여 26일에 귀가했다. 내용을 고려하면, 6번 편지의 마지막 구절이 이 편지의 서두였을 가능성이 있다. 해당 부분을 아래에 보이면, 다음과 같다.

日前惠書謹承審, 侍餘兄體萬旺, 備室和氣, 新人
일전에 보내 주신 편지는 잘 받아 보았습니다. 형님 기력이 왕성하시고 집안에 화기和氣가 가득하기를 바라옵니다. 새로 들어온 사람[=신부]이 (…몹시 현숙하니, 더할 나위 없이 축하를 드립니다.)
** 신부가 주어가 되면 '極佳'는 신부로서의 덕을 갖추었다는 정도의 뜻이 될 수 있습니다.

3. 가람이 매형 조춘원에 보낸 서간(1926. 4. 15.)

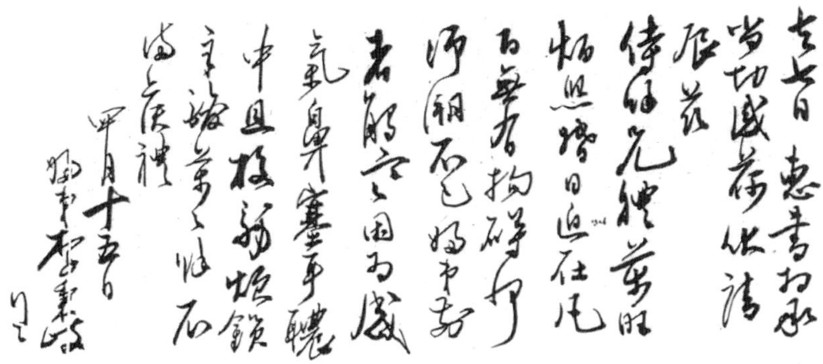

去七日惠書拜承, 尙切感荷. 伏請辰節, 侍餘兄體萬旺. 炳熙婚日迫在, 凡百無有拘碍耶, 仰溯不已. 婦弟前者觸寒困爲感氣, 鼻塞耳膿中, 且校務煩鎖, 辛酸萬萬. 餘不備候禮.

四月 十五日 婦弟 李秉岐 拜上

지난 7일 편지를 받자옵고 감사한 마음 간절하였습니다. 시여侍餘에 형님 기력이 왕성하시기를 바라옵니다. 병희의 혼삿날이 임박했으니, 모든 일에 구애가 없기를 바라 마지않습니다. 저는 이전에 한기를 쏘여 감기에 걸려 코가 막히고 귀에 고름이 나오는 중에 학교 일은 번잡하여 신산하기 이를 데 없습니다. 예를 다 갖추지 못합니다.

4월 15일 부제 이병기 배상

※ 1926년 4월 9일에 조형의 편지를 받았으니, 이는 조형이 4월 7일에 보낸 편지일 것이다.

가람은 4월 16일에 보내는데, 아마도 4월 15일에 쓴 이 편지일 듯하다. 조형에게 아들 병희의 혼사를 축하하는 내용이다.

4. 가람이 매형 조춘원에 보낸 서간(10. 22.)

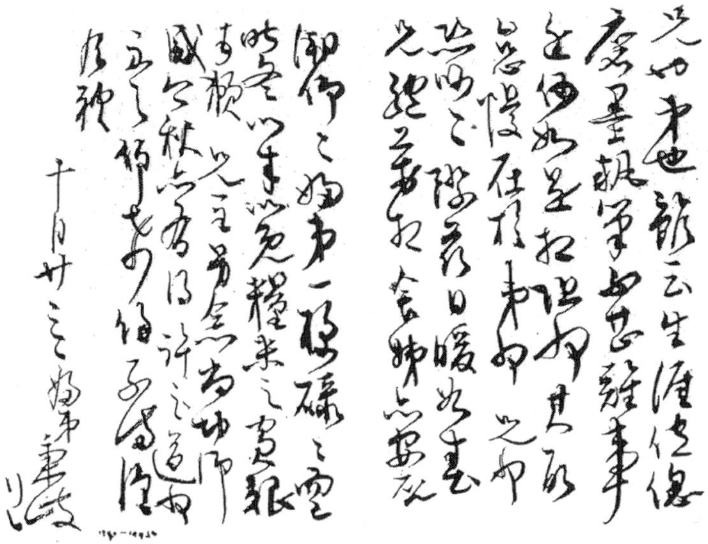

… 兄也弟也, 雖云生涯倥傯, 磨墨執筆, 不甚難事, 還何如是相阻耶. 其所怠慢 在於弟耶兄耶. 恐汝恐汝際節, 日暖如春, 兄體萬旺, 舍姊亦安否. 溯仰溯仰. 婦弟一樣碌碌而已. 昨冬以來得免糧米之貧艱, 專賴兄主另念, 尙切仰感. 今秋亦有得許之道耶. 示之仰希. 餘不備候禮.

十月 廿三日 婦弟 秉岐 拜上

형님이나 저나, 비록 한평생이 바쁘게 지나간다고 말합니다만, 먹 갈고 붓 잡는 것이 그다지 어려운 일이 아니건만 어찌 이처럼 소원했습니까? 그 태만함이 제게 있는 것입니까? 형에게 있는 것입니까? 두렵고 두렵습니다. 요즘 날씨는 봄처럼 따뜻합니다. 형님은 기력이 왕성하시고 누님도 편안하신지요? 우러러 바라옵니다. 저는 한결같이 그럭저럭할 따름입니다. 작년 겨울 이래로 양곡의 빈궁을 면할 수 있었던 것은 오로지 형님의 특별한 은덕에 의지한 것입니다. 간절히 우러러 감사드립니다. 이번 가을에도 허락받을 길이 있을지요? 일러 주시기를 바라옵니다. 예를 갖추지 못합니다.

10월 23일 제부 병기 배상

※ 1928년 10월 23일에 조형에게 편지를 보낸 일이 있음(정확한 것은 알 수 없음). 앞부분이 더 있을 듯함.

5. 가람이 매형 조춘원에 보낸 서간(1921. 12. 1.)

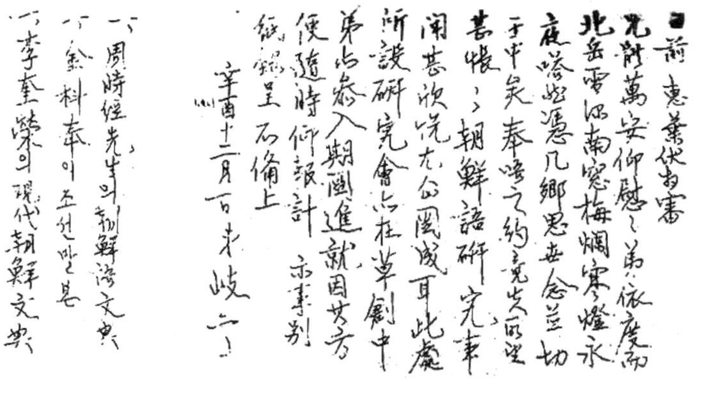

日前惠葉伏拜審. 兄體萬安, 仰慰仰慰. 弟依度, 而北岳雪深, 南窓梅爛, 寒燈永夜, 嗒然憑几, 鄕思世念, 益切于中矣. 奉晤之約, 竟失所望, 甚悵甚悵. 朝鮮語研究事, 聞甚欣悅, 尤企圖成耳. 此處所設研究會, 亦在初創中, 弟亦參入, 期圖進就. 因其方便, 隨時仰報計. 示事別紙錫呈. 不備上.

辛酉 十二月 一日 弟 秉岐 再拜

一. 周時經 先生의 朝鮮語文典

一. 金枓奉의 조선말본

一. 李奎榮의 現代朝鮮文典

일전에 고마운 엽서 편지는 공손히 받아 살펴보았습니다. 형님께서 편안하다 하오니 우러러 안심되옵니다. 아우는 예전과 다름없습니다. 북쪽 산에는 눈이 수북하게 쌓였고 남쪽 창가에는 매화꽃이 흐드러지게 피었습니다. 차가운 등불 아래 기나긴 밤 멍하니 안석案席에 기대 있으니, 고향 생각과 세상 생각이 마음속에 더욱 간절해집니다. 만나 뵙기로 한 약속은 끝내 소망대로 되지 않았으니, 몹시 섭섭합니다. 조선어 연구의 일은 듣기에도 매우 기쁜데, 더욱 성취를 바랄 따름입니다. 이곳에 설립한 연구회는 또한 처음 창립하는 중인데, 아우도 함께 참여하여 성취하고자 하옵니다. 방편에 따라 수시로 알려 드리겠습니다. 부탁하신 일은 별지에 써서 올립니다. 이만 그칩니다.

신유(1921) 십이월 초하루 아우 병기 재배

一. 주시경 선생의 조선어문전

一. 김두봉의 조선말본

一. 이규영의 현대조선문전

※ 분실된 제15권에 해당하는 시기여서 일기에서는 맥락을 확인하기 어려움. 문고본에 실린 내용에 따르면, 이 무렵인 11월 26일에 휘문의숙에서 조선어연구회 발기회를 열었다.

6. 가람이 매형 조춘원에 보낸 서간

(1925. 10. 23. 편지로 추정)

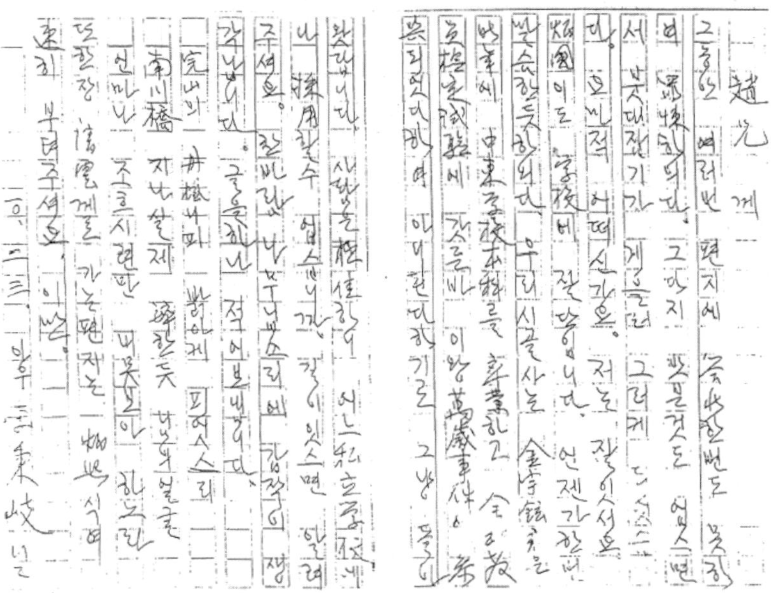

조형께

그동안 여러 번 편지에 답장 한번도 못하여 죄송하외다. 그다지 밧븐 것도 업스면서 붓대 잡기가 게을러 그러케 되엇습니다. 요마적 어떠신가요. 저는 잘 잇서요. 병국이도 학교에 잘 단입니다. 언젠가 한번 말씀한 듯하외다. 우리 시골 사는 김우현金宇鉉 군君은 작년昨年에 중동학교中東學校 본과本科를 졸업卒業하고 전북교원검정시험全北教員檢定試驗에 갓든바 이왕 만세 사건萬歲事件에 참여參與되엇다 하여 아니 된다 하기에 그냥 돌아왓답니다. 사람은 극가極佳하니 어느 사립학교에나 사용할 수 업습니까.

길이 잇스면 알려주세요. 찬바람 나무닢 소리에 갑자기 생각납니다. 글을 하나 적어 보냅니다.

완산完山의 단풍丹楓니피 밝아개 피엇스리
남천교南川橋 지나실 제 취醉한 듯이 님의 얼굴
언마나 조흐시시련 내 못 보아 하노라.

또 한 장 청운淸雲께로 가는 편지는 병희炳喜 식여 속히 부텨주세요. 이만.

10. 23. 아우 이병기 배상

※ 1925년 10월 23일의 편지로 추정된다. ≪가람일기≫ 1925년 10월 23일에 조형과 청운[=하경렬]께 편지를 보낸 일이 기록되어 있다. 김우현은 1924년 3월에 언급되는데, 그의 사정을 이듬해인 1925년에 조형에게 알리고 부탁한 셈이다.

7. 가람이 매형 조춘원에 보낸 서간(1924. 3. 25.)

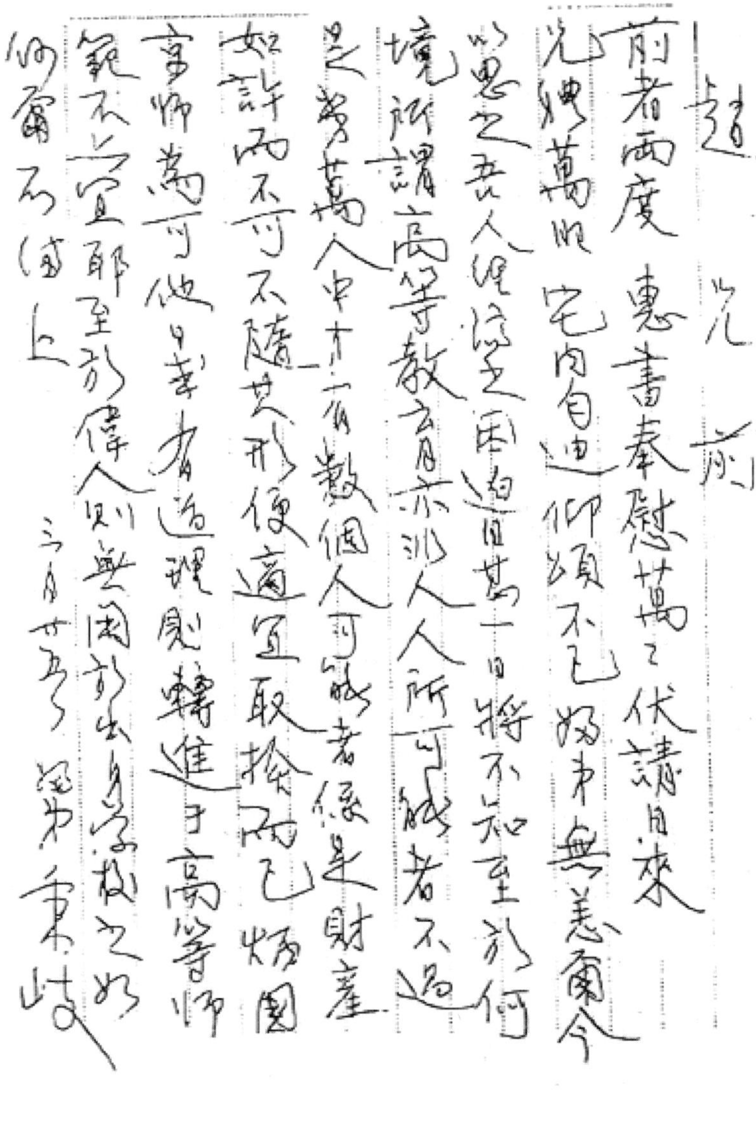

趙兄 前

前者兩度 惠書奉慰萬萬 伏請日來
兄體萬相 宅內自適 仰頌不已 弟亦無恙 爾今
以思之 吾人須經之困難 日甚一日 將不知至於何
境 所謂高等教育 亦非人人所可能者 不過
是幾萬人中 才一有數個人可能者 係是財產
如許 而不可不隨其形便 適宜取捨而已 弗園
言師爲可 他日若有道理 則轉進于高等師
範 不亦宜耶 至於偉人 則無關於出身學校之如
何 爾不備 上

三月廿五 弟 秉岐

趙兄 前

前者兩度惠書, 奉慰萬萬. 伏請日來兄體萬旺, 宅內自迪, 仰頌不已. 婦弟無恙爾. 今以思之, 吾人經濟之困迫日甚, 一日將不知至於何境. 所謂高等教育, 亦非人人所可能者, 不過足幾萬人中才有數個人可能者, 係足財產如許, 而不可不隨其形便適宜, 取捨而已. 炳國京師爲可, 他日或有道理, 則轉進于高等師範, 不亦宜耶. 至於偉人, 則無關於出身學校之如何爾. 不備上.

三月 卄五日 婦弟 秉岐

조형 전

전에 보내신 두 통의 편지를 받들어 보니 무척 위로되었습니다. 요즈음 형님의 원기 왕성하시고 댁내 고루 무고하심을 우러러 송축을 드립니다. 저도 별 탈 없이 지내고 있습니다. 요새 와서 생각건대 우리 경제는 날로 더 쪼들리고 있으니, 장차 어떤 지경까지 갈지 모르겠습니다. 소위 고등교육은 또한 사람마다 할 수 있는 것이 아니며 몇만 명 가운데 겨우 몇 명만이 할 수 있을 따름인데, 재산이 얼마나 되는지에 따라 불가불 그 형편이 적당한지에 맞춰서 취사取捨해야 할 따름입니다. 병국이는 서울에 있는 편이 좋을 듯합니다. 뒷날 혹시 길이 생기면 고등사범학교에 진학하는 것이 또한 마땅하지 않겠습니까? 위인이 되는 것은, 어떤 학교 출신인지와는 무관할 것입니다. 예를 갖추지 못하고 올립니다.

3월 25일 부제婦弟 병기秉岐

※ 1924년 3월 25일에 써서 다음날(26일)에 조병국 편에 부친 편지이다. 이 무렵에 조병국은 서울에 머물고 있었는데, 귀향시키지 말고 계속 서울에 머물다가 사범학교에 진학하는 것과 같은 길을 찾는 편이 좋지 않을지 권유하는 내용이다.

8. 가람이 매형 조춘원에 보낸 서간(1925. 2. 12.)

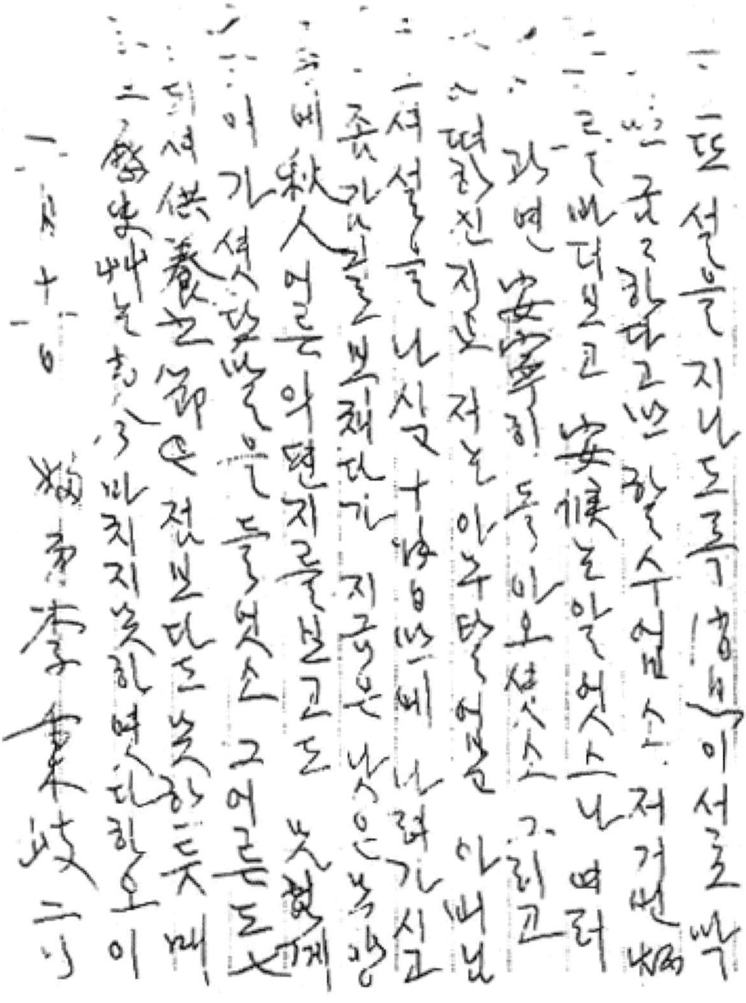

음력으로 또 설을 지나도록 소식이 서로 막혔소. 다만 궁굼하다고 말할 수 업소. 저거번 병국의 편지를 바다보고 안후는 알엇스나 여러 날 출장에 과연 안녕히 돌아오셨소. 그러고 집안은 어떠하신지요. 저는 아무 탈 업고 아버님께서 예 오셔 설을 나시고 십여 일만에 내려가시고 어린놈이 좀 감기로 보채다가 지금은 낫은 모양이요. 일전에 추인秋人 어른의 편지를 보고도 형님께서 거긔 단여가셧단 말을 들엇소. 그 어른도 칠십 노인이 되셔 공양지범供養之範은 전보다도 못한 듯 매우 딱하오. 역사초歷史草는 상금 마치지 못하엿다 하오. 이만.

2월 12일 부제婦弟 이병기 재배

※ 이 편지는 1925년 2월 12일에 썼다고 추정할 수 있는데, 일기에는 기록이 보이지 않는다. 한편 15일에는 조병국이 경성사범학교 시험을 보러 왔다.

9. 가람이 누님께 보낸 서간(1923. 5. 7.)

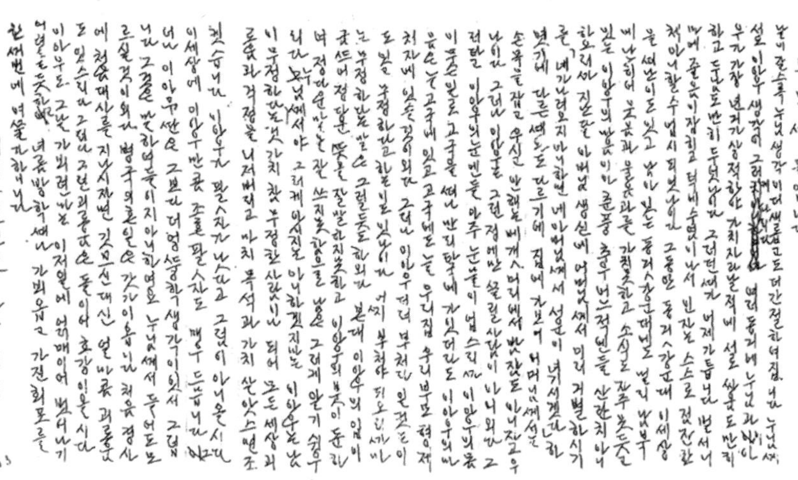

누님께 들입니다.

날이 갈수록 누님 생각이 더 새롭고도 더 간절하여집니다. 누님께서도 이 아우 생각이 그러케 나리다. 여러 동긔에 누님과 이 아우가 가장 년긔가 상적하야 가치 자라날 적에 서로 싸움도 만이 하고 두남도 만이 두었나이다. 그러던 때가 어제 가틉니다. 벌써 니마에 줄음이 잡히고 턱에 수염이 나서 인자는 스스로 점잔한 체 아니할 수 업시 되엇나이다. 그동안 동긔ㅅ가운데서도 이 세상을 써난 이도 잇고 남아 있는 동긔ㅅ 가운데에도 멀리 남북에 난히어 웃음과 울음과를 가치 못하고 소식도 자주 못 듣고 잇는 이 아우의 마음이야 춘풍추우 어느 적엔들 산란치 아니하오리까. 지난달 아버님 생신에 어머님께서 미리 기별하시기를 「네가 나려오지 아니하면 네 아버님께서 서운이 녀기시겠다」 하엿기에 다른 때와도 다르기에 집에 가보고 어머님께서는 손목을 잡고 우시고 안해는 배갯머리에서 밤잠도 아니자고 우나이다. 그러나 이 아우는 그런 정에만 씰릴 사람이 아니외다. 그러타고 이 아우의 눈엔들 아주 눈물이 업스리까. 이 아우의 몸이 무슨 일로 고국을 써나 만리타국에 가 있더라도 이 아우의 마음은 늘 고국에 잇고 고국에도 늘 우리 집 우리 부모 처자에 잇슬 것이외다. 그러나 이 아우더러 부처라 일컷는 이도 잇고 무정하다고 할 이도 잇나이다. 어찌 부처야 되오리까마는 무정하다는 말은 그럴 듯도 하외다. 본대 이 아우의 입이 굼뜨어 정다운 뜻을 잘 말하지 못하고 이 아우의 붓이 둔하여 정다운 말을 잘 쓰지 못함을 남은 그러케 알기 쉬우리다. 누님께서야 그러케 아시지는 아니하겠지마는 이 아우는 남이 무정하다는 것 가치 참 무정한 사람이나 되어 모든 세상 괴로움과 걱정을 니저버리고 마치 목석과 가치 살앗으면 조켓습니다. 이 아우가 팔ㅅ자가 낫다고 그럼이 아니올시다. 이 세상에서 이 아우만큼 조흔 팔ㅅ자가 매우 드뭅니다. 그러나 이 아우싼은 그보다 더 엉뚱한 생각이 있어 그럽니다. 그것은 말하여 들이지 아니하여요. 누님께서도 들어도 모르실 것이외다. 병국의 혼일은 갓가이 옵니다. 처음 경사에 처음 대사를 지나시자면 깃브신 대신 얼마큼 괴로움도 잇스리다. 그러나 그런 괴로움은 돌이어 호강이올시다. 이 아우도 그날 가 뵈련마는 이일 저일에 얽매이어 벗어나기 어려울듯하고 녀름 방학 째나 가 뵈옵고 가진 회포를 한써번에 여쭐가 합니다.

계해 오월 칠일 아우 병기

10. 가람이 누님께 보낸 서간(1935. 11. 15.)

누님 전 상장

천만몽매밧
상사말슴은 무슨말슴 하오리까
여름뵈올적이 마즈막이 어전
가하면 눈물이 게와집니다
초종장례때 즉시 가뵈옵는것
이 인사도리로도 그러하오와 정
리로는 더구 당연하옵거늘 괜히
분주하여 못하오니 죄송말슴하
나이다 이비상한때 그런 창황
한일을 당하여 어찌 접제하
섯는며 엇지 애통하섯스리오
대로 허적하고 희하하신 생각
이 나시리라 과여하시오 동생은
무고하며 지난달부터 또 어늣동
학교강사가되어 생활은 좀 도음
이되는바 조석으로 양식을 구
해먹기가 큰일입니다 거국한는
학생과 합하여 열네식구에 매인
암두홉반 주는 쌀을 가지고는 감
당할수 업습니다 돈은 당할수
업스려니와 팔기가 무척 힘듭니
다 집에서 갈라먹자 하오서 조지사
의 허가가 잇서야 합니다 형님의
힘이나 바랄수 밧게 업습니다 힘
써주시오 아직 이만 그칩니다

십일월 십오일 동생 병기 상장

누님 전 상장

쳔만몽매밧

상사 말슴은 무슨 말슴하오리까. 여름 뵈올 적이 마즈막이엇던가 하면 눈물이 게워집니다. 초종장례 때 즉시 가 뵈옵는 것이 인사 도리로도 그러려니와 정리로는 더욱 당연하오나 괜히 분주하여 못하오니 죄송만만 하나이다. 이 비상한 때 그런 창황한 일을 당하여 어찌 접제하셧스며 여북 애통하셧스리오. 때때로 허적하고 휘휘하신 생각이 나시리다. 관억하시오. 동생은 무고하며 지난달부터 또 어느 중학교 강사가 되어 생활은 좀 도움이 되는바 조석으로 양식을 구해 먹기가 큰일입니다. 긔숙하는 학생과 합하여 열네 식구에 매인 압 두 홉 반 주는 쌀을 가지고는 감당할 수 업습니다. 돈도 당할 수 업스려니와 팔기가 무척 힙듭니다. 집에서 갓다 먹자 하오니 도지사의 허가가 잇서야 합니다. 형님의 힘이나 바랄 수밧게 업습니다. 힘써주시오. 아직 이만 그칩니다.

십일월 십오일 동생 병기 상장

※ 1935년 선생의 나이 45세. 조춘원의 모친 상사 때 조상, 일제의 조선어말살 정책으로 습자 교사를 하게 되어 생활고에 허덕이는 실정을 엿보게 한다. 이때의 식량 사건은 일제의 공출로 통제된 것임.

11. 가람이 생질 조병국에게 보낸 서간(1944. 3. 16.)

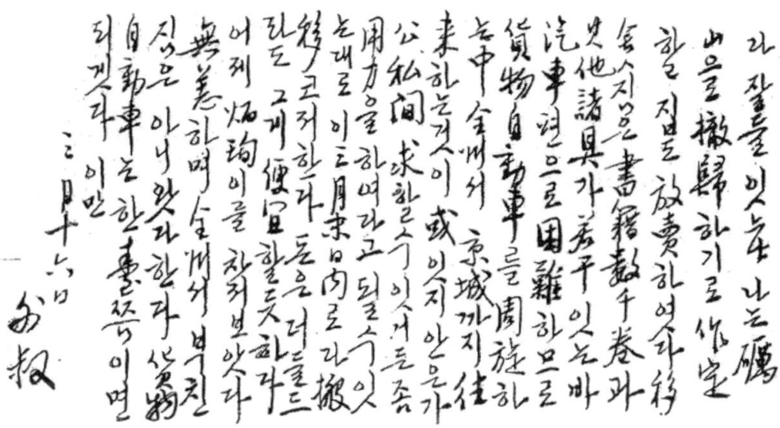

다 잘 잇느냐 나는 여산으로 철귀撤歸하기 작정하고 집도 방매放賣하였다. 서적 수천 권 외 기타 제구가 약간 잇는바 기차 편으로 곤란하므로 화물자동차를 주선하는 중 전주서 경성까지 왕래하는 것이 혹 잇지 안은가 공사 간 구할 수 잇거든 좀 용력을 하여다고. 될 수 잇는 대로 이 3월 말일 내로 다 이移코저 한다. 돈은 더 들더라도 그게 편의할 듯하다. 어제 병순炳珣이를 차저 보았다. 무양無恙하며 전주에 부친 짐은 아니 왔다 한다. 화물자동차는 한 대쯤이면 되겟다. 이만.

3월 16일 외숙外叔

※ 1944년 선생의 나이 54세 교직의 박봉 생활에서 간신히 마련한 가대家垈(계동 79의 14)를 처분하여 옥고 때 지은 빚을 정리하고 나서 서적(서울대학교에 기증한 4천여 권)과 살림 도구를 싣고 고향인 여산에 돌아오게 된다. 선생의 생질인 조병국에게 화물자동차의 주선을 부탁했다. 교통 사정도 용이한 일은 아니었다.

※ 병순炳珣 조병국의 계매季妹

Ⅲ. 기타 지인들에게 보낸 편지와 친필 자료

1. 가람이 강한영에게 보낸 서간(1954. 3. 4.)

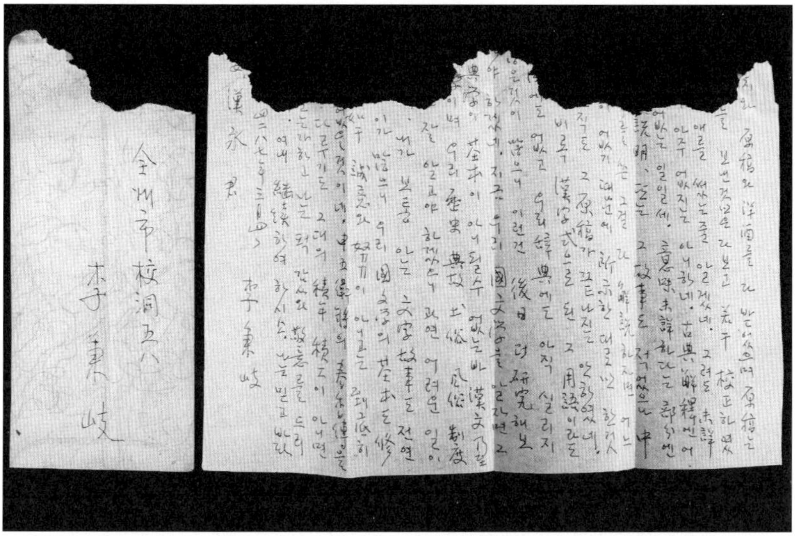

2. 가람이 석정에게 보낸 서찰(석정문학관 제공)

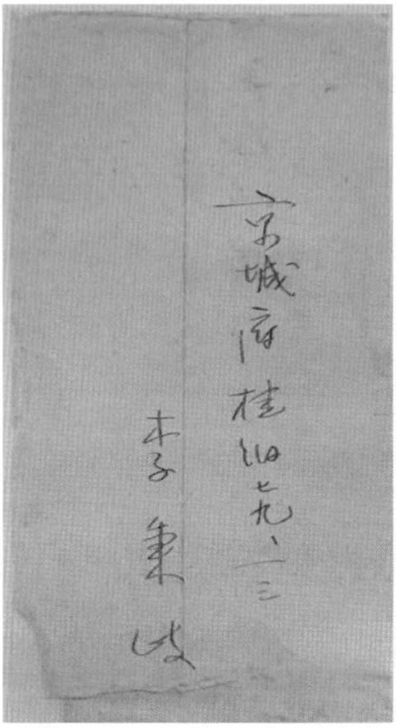

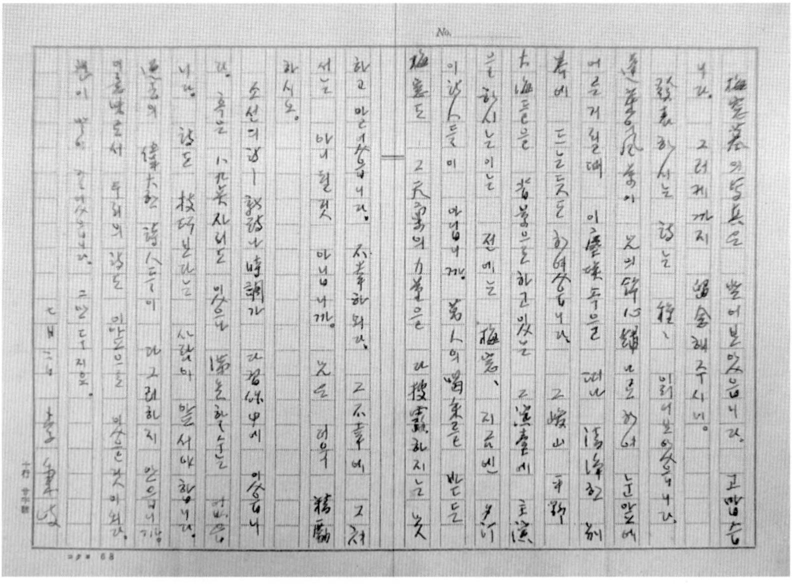

梅窓集의 原稿를 받어보았읍니다. 고맙습니다. 그러게까지 留念해주시니.

發表하시는 詩는 種々 읽어보았읍니다. 蓬萊風景이 兄의 詩心[illegible]로써 눈앞에 어른거릴때 이 塵埃속을 떠나 淸幽한 別界에 드는듯도 하였읍니다. 그 峻山 平野 大海들을 背景으로 하고 있는 그 蓬萊에 主演을 하시는 이는 전에는 梅窓, 지금엔 夕汀이 詩人들이 아닙니까. [illegible]人의 唱和를 받드 梅窓도 그 天才의 力量은 다 發揮하지는 못하고 말었읍니다. 不幸하외다. 그 不幸에 그치서는 아니될것 아닙니까. 兄도 더욱 精勵하시오.

조선의 [illegible] 時調가 다 混沌中에 있읍니다. 혹은 [illegible]자리도 있으나 [illegible]할수는 없읍니다. 詩도 技巧보다는 사람이 앞서야 합니다. 過去의 偉大한 詩人들이 다 그러하지 않읍니까. [illegible] 두뇌의 詩들 [illegible] 것이외다.

뵌이 오래 되었습니다. 그만두지요.

七月 二十日 李秉岐

매창묘梅窓墓의 사진寫眞은 받어보았습니다. 고맙습니다. 그러케까지 유념留念해주시니.

발표發表하시는 시詩는 종종種種 읽어보았습니다. 봉래蓬萊의 풍경風景이 형兄의 ○○○으로 하여 눈앞에 어른거릴 때 이 진애塵埃 속을 떠나 청정淸淨한 별계別界에 드는 듯도 하였습니다. 그 준산峻山 평야平野 대해大海들을 배경背景으로 하고 있는 그 연대演臺에 주연主演을 하시는 이는 전에는 매창梅窓 지금엔 석정夕汀, 이 시인詩人들이 아닙니까. 만인萬人의 갈채喝采를 받듯 매창梅窓도 그 천품天稟의 역량力量을 다 피로披露하지는 못하고 말았습니다. 불행不幸하외다. 그 불행不幸에 그쳐서는 아니 될 것 아닙니까. 형兄은 더욱 정려精勵하시오.

조선의 시詩-신시新詩나 시조時調가 다 습작習作 중中에 있습니다. 혹은 팔구점八九点 자리도 있으나 만족滿足할 수는 없습니다. 시詩도 기교技巧보다는 사람이 앞서야 합니다. 과거過去의 위대偉大한 시인詩人들이 다 그러하지 않습니까. 이 의미意味로서 우리의 시詩도 이 앞으로 있을 것이외다. 괜히 말이 길었습니다. 그만두지요.

7월 2일 이병기

3. 최승범에게 보낸 글

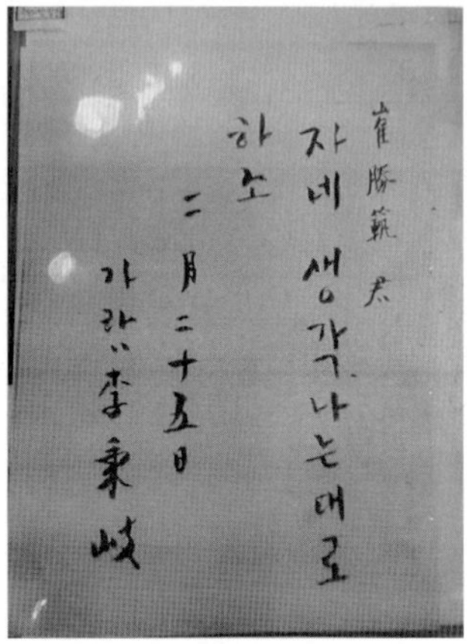

崔勝範 君
자네 생각나는 대로
하소
二月二十五日
가람 李秉岐

자네 생각나는 대로 하소(최승범 소장)

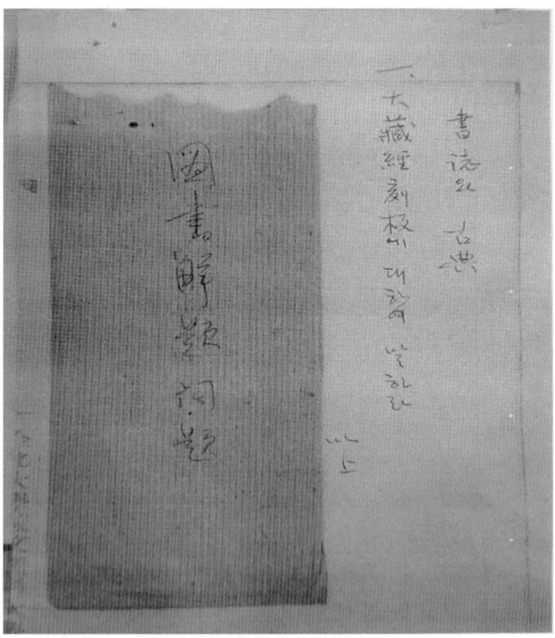

書誌와 古典
一. 大藏經刻板에 대하여

圖書解題問題

대학원 시험 문제(최승범 소장)

4. 친필 액자 '때로는 개도 사람보다 낫다'(1953. 11. 30.)

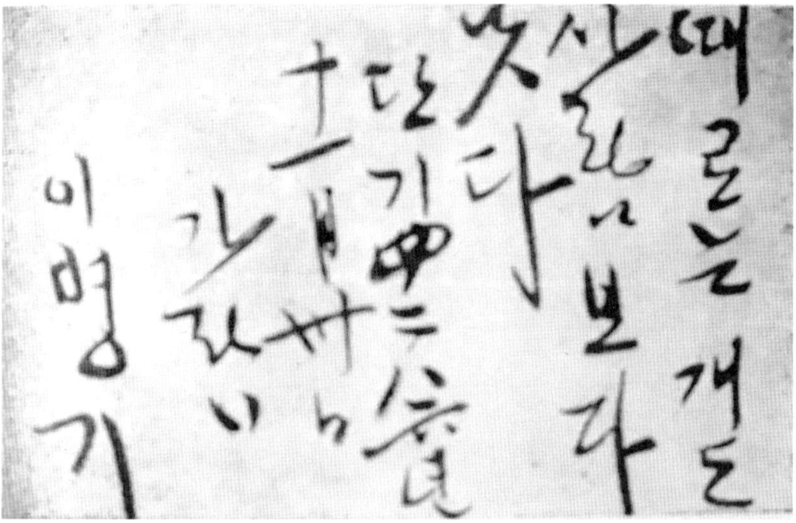

전주의 어느 명사가 술을 대접하고 일필휘지를 청했다. 주기酒氣가 거나한 가람이 '때로는 개도 사람보다 낫다.'고 쓰고 서명까지 해주었다. 그 명사는 자기를 우롱한 것이라 격분해서 내던졌다는데, 그 글씨가 어찌어찌 굴러다니다 시인 진을주 시인의 안방에 보물처럼 걸려 있는 것을 보았다. 그 뒤 『가람문선』의 화보에 실리기도 했다.(장순하, 「세 걸음 물러서서 우러러 뵙는 큰 스승」, 『문학한글』 제8호, 1994. 12.)

5. 가람이 그린 난초(1957. 3, 박병순 소장)

6. 양사재에서 쓴 가람의 친필 시조 「청매」

(1957. 1. 6, 박병순 소장)

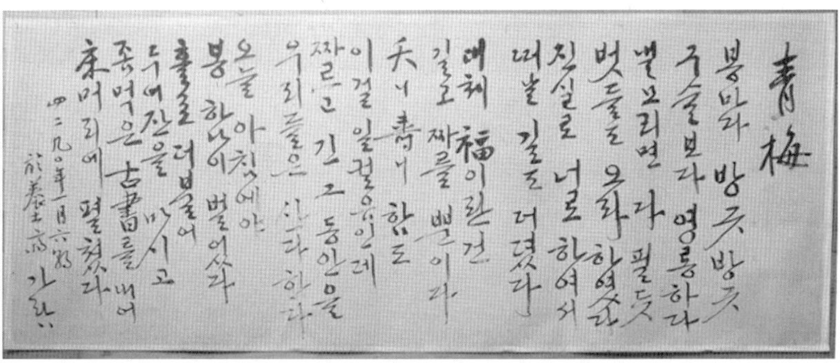

7. 가람 이병기 선생이 고故 서원출徐元出 씨 화갑華甲에 써준 유묵遺墨(『경향신문』, 1968. 12. 2.)

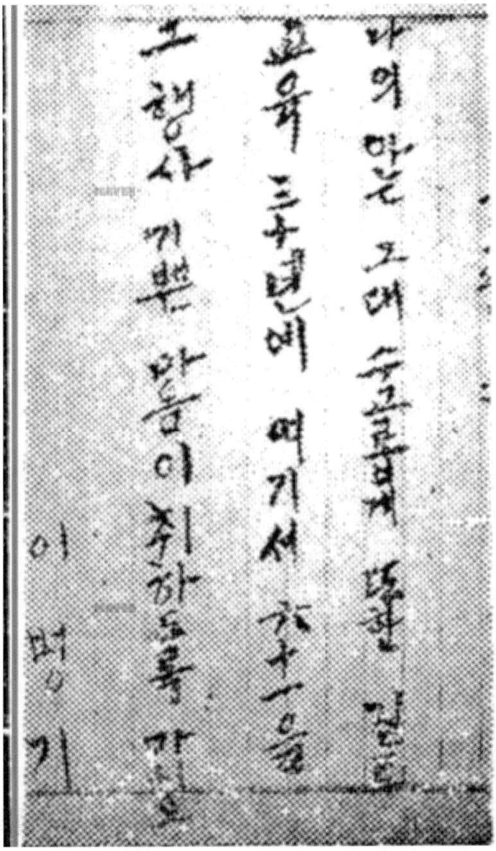
나의 맑은 그대 [illegible] 길로
교육 三十年에 여기서 六十一을
그 행사 기쁜 말씀이 취하도록 가오
이병기

8. 모악산행기 원고(1922. 6.17~18)

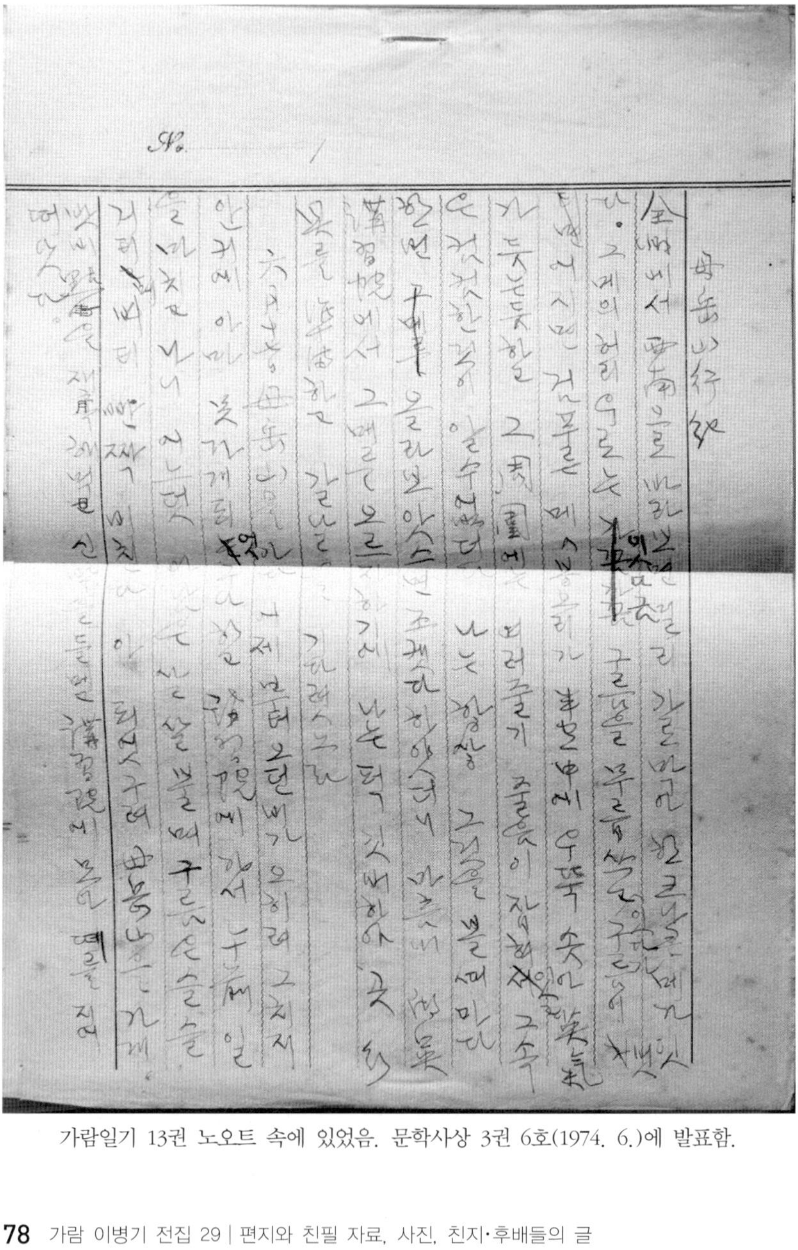

가람일기 13권 노오트 속에 있었음. 문학사상 3권 6호(1974. 6.)에 발표함.

9. 전주소감 원고(이앙배 소장)

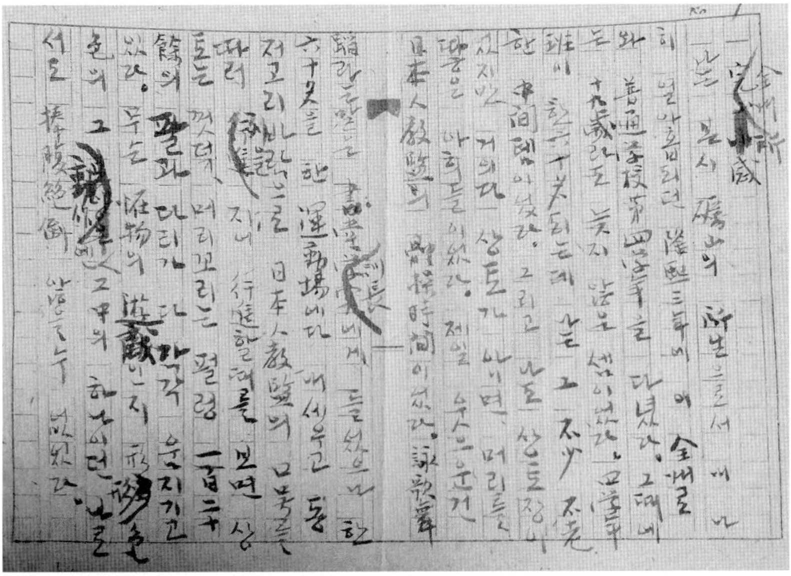

전주소감全州所感

이병기

나는 본시 여산礪山의 소생所生으로서 내 나히 열아홉 되던 융희隆熙 3년三年에 전주全州로 와 보통학교普通學校 제4학년第四學年을 다녔다. 그 때에 나는 19세十九歲라도 늦지 않은 셈이었다. 4학년四學年 반斑이 한 60명六十名 되는데 나는 그 불소不少 불로不老한 중간中間 템이었다. 그런 나도 상토장이었지만 거의 다 상토가 아니면 머리를 땋은 아희들이었다. 제일 웃으운 건 일본인日本人 교감校監의 체조體操 시간時間이었다. 영가무도詠歌舞蹈[1]라는 말은 서당書堂 훈장訓長에게 들었으나 한 60명六十名을 한 운동장에다 내세우고 동저고리 바람으로 일본인日本人 교감校監의 구호口號를 따러 열列을 지어 행진行進할 때를 보면 상토는 껏덕, 머리꼬리는 펄렁, 일백이십여一百二十餘의 팔과 다리가 다 각각 움지기고 있다. 무슨 괴물怪物의 유희遊戲인지 형형색색形形色色의 그 동작動作에 그중의 하나이던 나로서도 봉복절도捧腹絶倒 않을 수 없었다.

좀더 이야기를 하자면 넘치게 나의 자서전自敍傳 같기도 하나 딴은 내가 그때 겨우 서당書堂만 다니고 와서 갑자기 보통학교保統學校의 최고最高학년學年인 제4학년第四學年에 입학入學하였다. 그것이 일종一種 기적奇蹟이었었다. 한문漢文의 실력實力이 그 주력主力이었지만 산술算術, 일어日語도 모르던 내가 입학入學은 하였다드라도 3, 4일三四日 동안은 한 농아聾啞였다. 4학년 반의 수업 시간은 거의 다 일본인 교감의 시간時間인데 일본어

1 영가무도詠歌舞蹈의 의미는 노래를 부르고 춤을 추는 것이다.

日本語는 약간若干 한자漢字로서 짐작하게 되고 산술算術은 가감승제加減乘除의 순서順序로 터득攄得하게 되었었다.

그런데 내가 입학入學하기 전엔 나의 선고先考가 그때 호남학회湖南學會 특파원特派員으로 마침 이 전주全州 오셔 계시다가 열읍列邑으로 나가시게 되어 관장官長 유지有志들의 송별회送別會가 있었다. 연회宴會가 있었고 송별시送別詩들을 지었다. 나더러도 지으라 하였으나 나는 나의 마음대로

> 萬邦列在各西東 鴻哲範圍意不同
>
> 棄短取長進就地 永國獨立六洲中
>
> (만방이 각기 동과 서에 펼쳐져 있으니/큰 현인의 법도는 아마도 같지 않으리.
>
> 단점은 버리고 장점을 취해 앞으로 나가서/육대주 가운데 영원히 독립을 도모하리라.)

적었다. 이 시축詩軸이……

10. 한자의 전래 원고(정병욱 교수 아들 정화성 교수 소장)

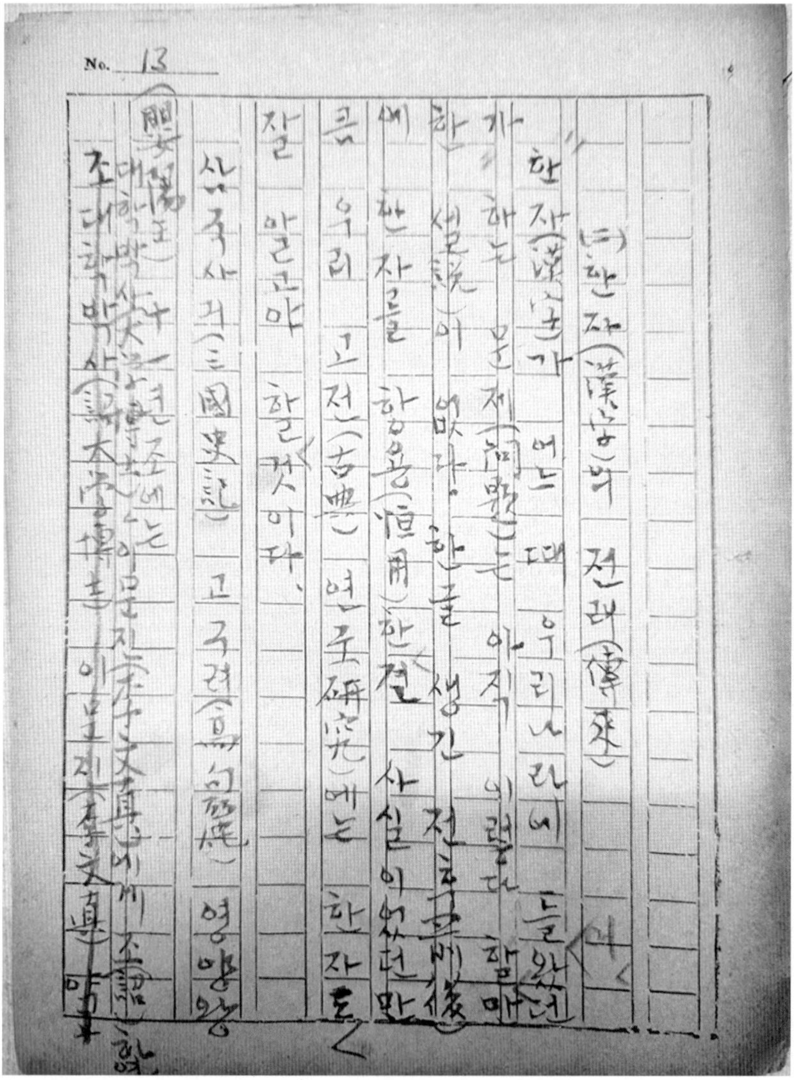
No. 13

(二) 한자(漢字)의 전래(傳來)

한자(漢字)가 어느 때 우리나라에 들어왔던가 하는 문제(問題)는 아직 이렇다 할 만한 설(說)이 없다. 한줄 생간 전후(前後)에 한자를 항용(恒用)한 건 사실이었던 만큼 우리 고전(古典) 연구(硏究)에는 한자로 잘 알고야 할 것이다.

삼국사기(三國史記) 고구려(高句麗) 영양왕(嬰陽王) 十一年 조에는 대학박사(太學博士) 이문진(李文眞)에게 조(詔)하

조 대학박사(太學博士) 이문진(李文眞) 古事

11. 『가람일기』 원문 1권 첫 페이지(1909. 4. 13.)

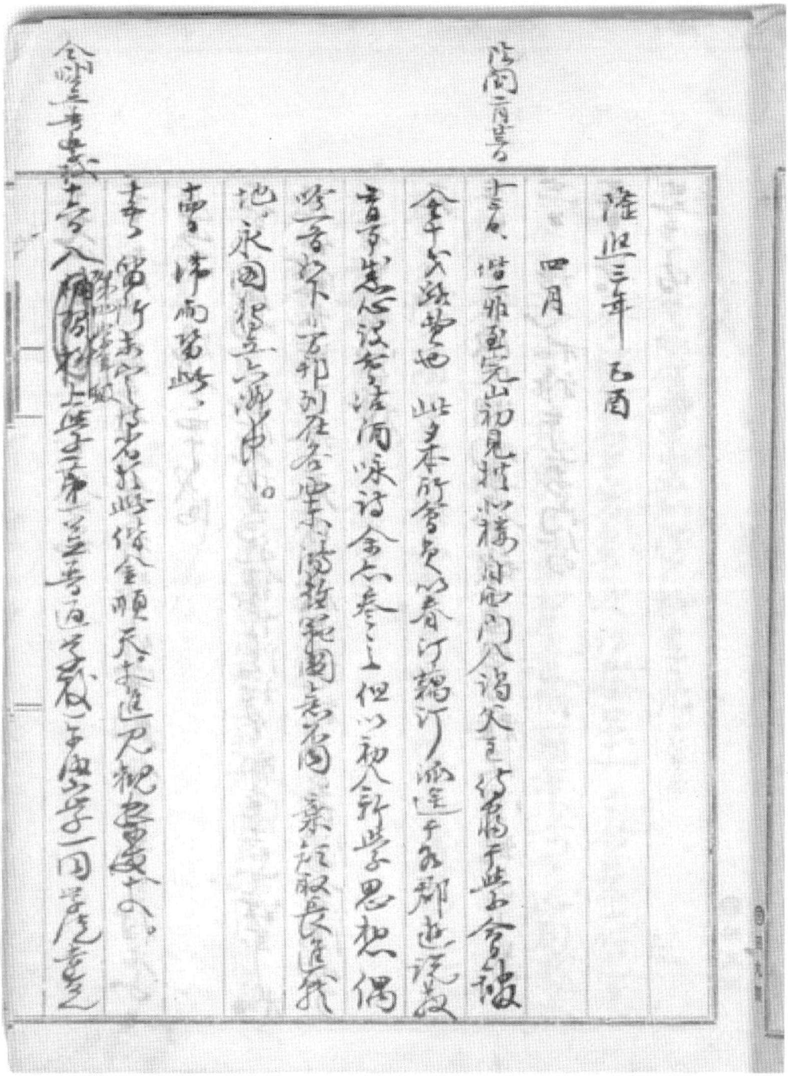

隆熙三年 己酉

四月

12. 『가람일기』 중 한글일기 첫장(1919. 10. 20.)과 병후일기(1964. 10. 1.)

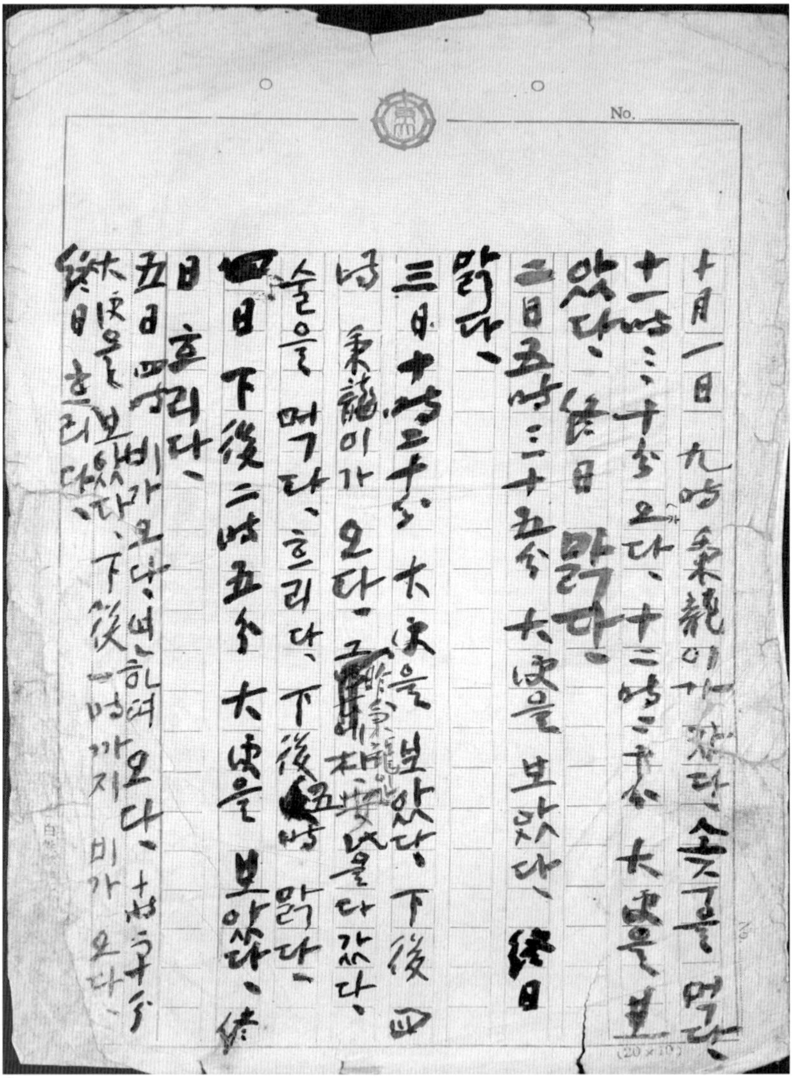

十月 一日 九時 秉龍이가 왔다. 술을 먹다. 十一時 三十分 오다. 十二時 二十分 大便을 보았다. 終日 맑다.

二日 五時 三十五分 大便을 보았다. 終日 맑다.

三日 十時 二十分 大便을 보았다. 下後 四時 秉龍이가 오다. [illegible] 다 갔다. 술을 먹다. 흐리다. 下後 五時 맑다.

四日 下後 二時 五分 大便을 보았다. 終日 흐리다.

五日 四時 비가 오다. [illegible] 오다. 十時 三十分 大便을 보았다. 下後 一時까지 비가 오다. 終日 흐리다.

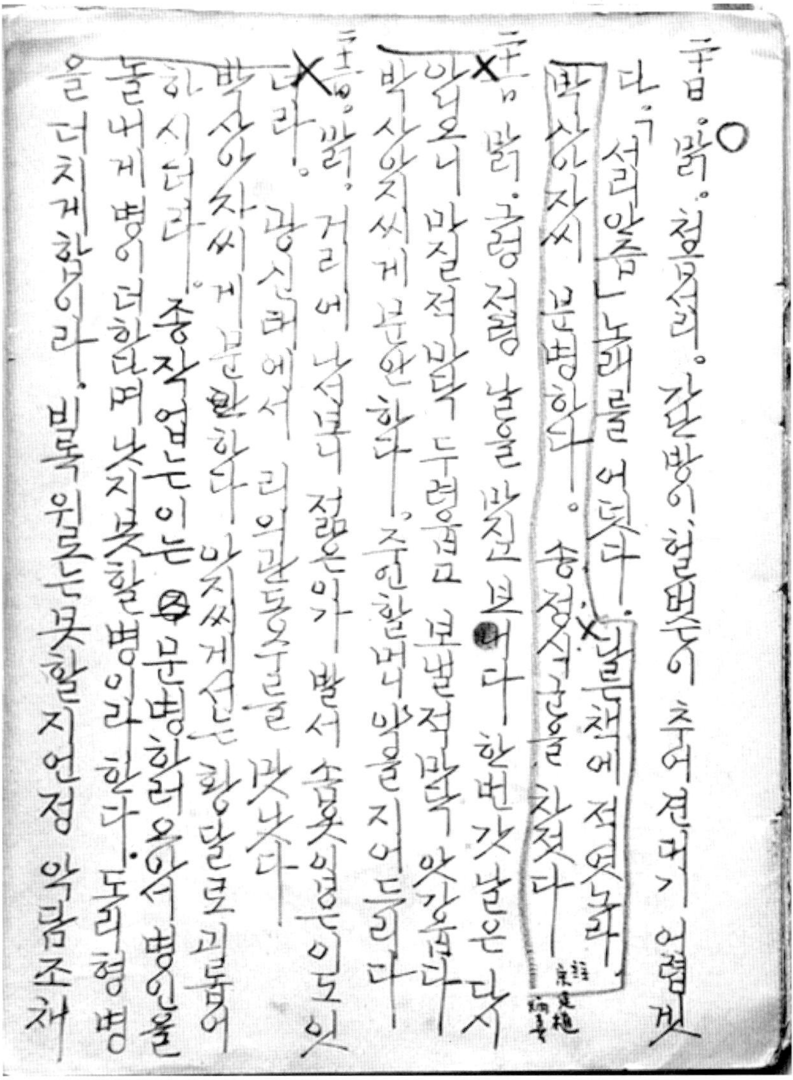
흠 밝음. 청음석의. 장단방이, 험묘등이 추어견기 어렵겠
다. 석이 안즘 노래를 어댓다. 날은 책에 적어 노라
박상아자씨 문병하다. 송정식군을 찾았다
흠 밝다. 궁궁 전령 날을 받친 브리다. 한번 갔 날은 다시
안되오니 말질적 말락 두렵고 보낼적 말락 안강되다
박상안씨씨게 문안하다. 주인할머니 약을 지어 드리다
흠 밝다. 거리에 나서보니 젊은이가 발서 솜옷입은 이도 있
다라. 광신하에서 리의관동우를 맞났다
박상아자씨씨게 문안하다. 아씨께선 황달로 괴롭어
하시더라. 종작업는 이는 ㉮ 문병하러 와서 병인을
놀나게 병이 더하다며 낫지못할 병이라 한다. 도리형 병
을 더치게 함이라. 비록 일로는 못할지언정 악담조차

13. 동아일보 주최 조선어학회 후원 호남지역 한글강습 일기(1931. 8. 30.)

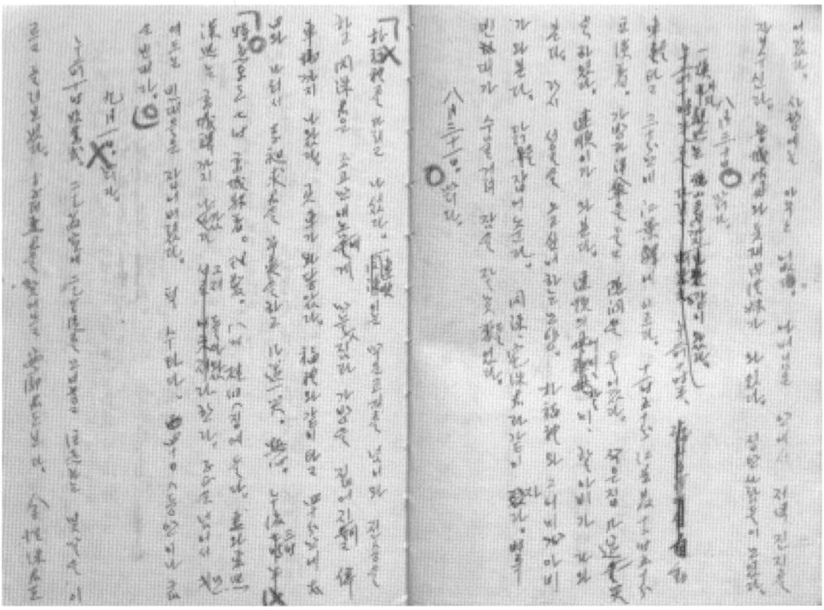

14. 국문학전사 초고 노트 표지(이양배 소장)

15. 국문학전사 초고(이양배 소장)

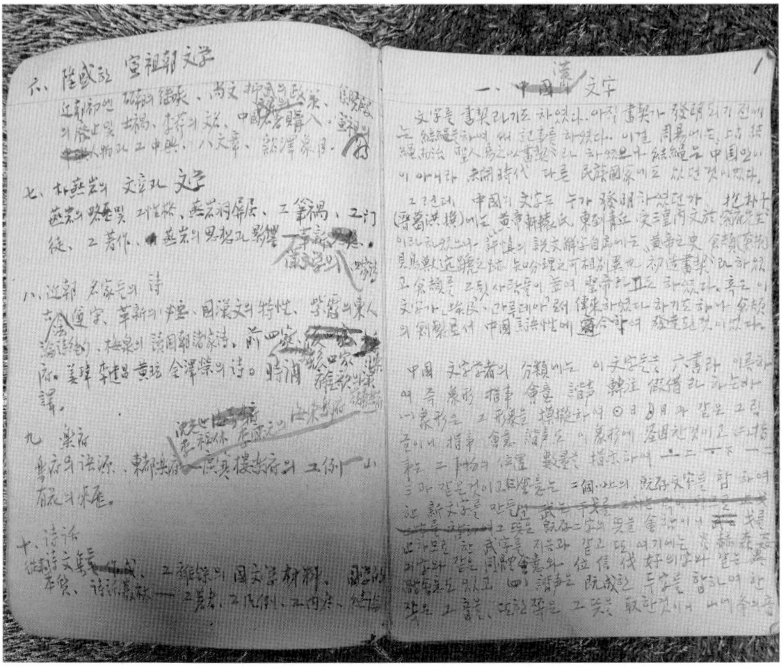

16. 국문학전사 중 국한문학사 초고(이양배 소장)

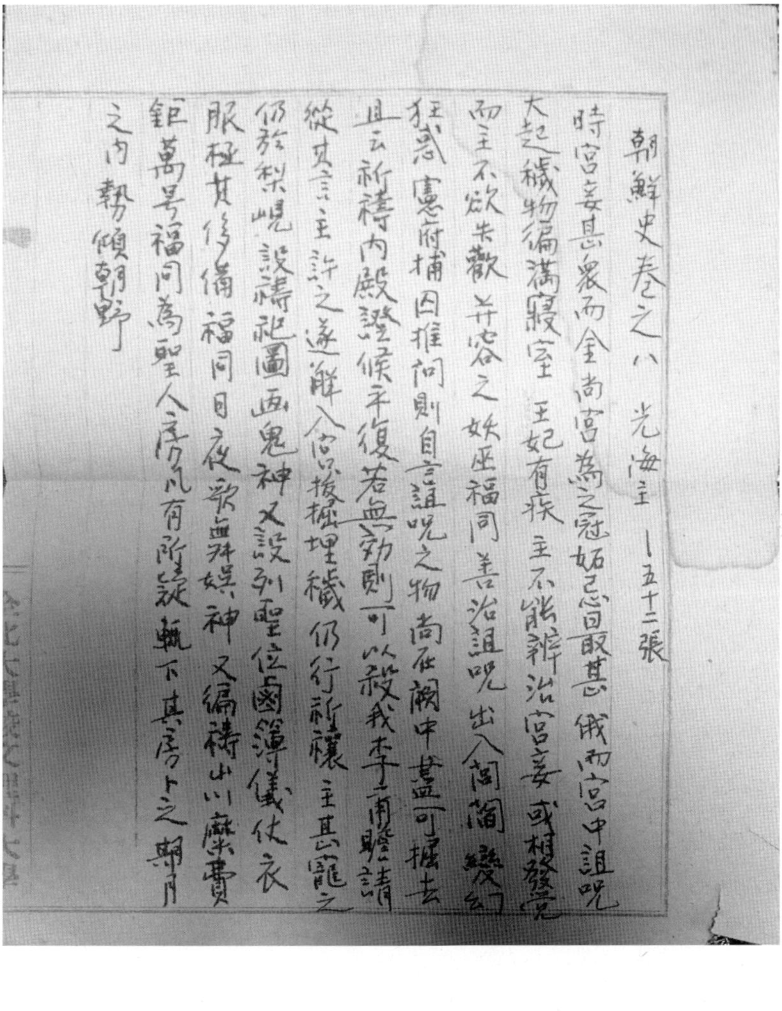

朝鮮史卷之八 光海主 一五十二張
時宮妾甚衆而金尚宮爲之冠妬忌最甚 俄而宮中詛呪
大起穢物徧滿寢室 王妃有疾 主不能辨治宮妾 或相發覺
而主不欲朱歡 并容之妖巫福同善治詛呪 出入閨闥 變幻
狂惑 憲府捕因推問則自言詛呪之物尚在闕中盡可掘去
且云祈禱內殿證候平復若無効則可以殺我 李爾瞻請
從其言 主許之 遂鮮入宮 搜掘埋穢 仍行祈禳 主甚寵之
仍於梨峴設禱祀圖畫鬼神 又設列聖位幽簿儀仗衣
服極其修備 福同日夜歌舞娛神 又徧禱山川 糜費
鉅萬 号福同爲聖人 凡有所疑 輒下其房卜之 期月
之內 勢傾朝野

17. 계축일기 초고(이앙배 소장)

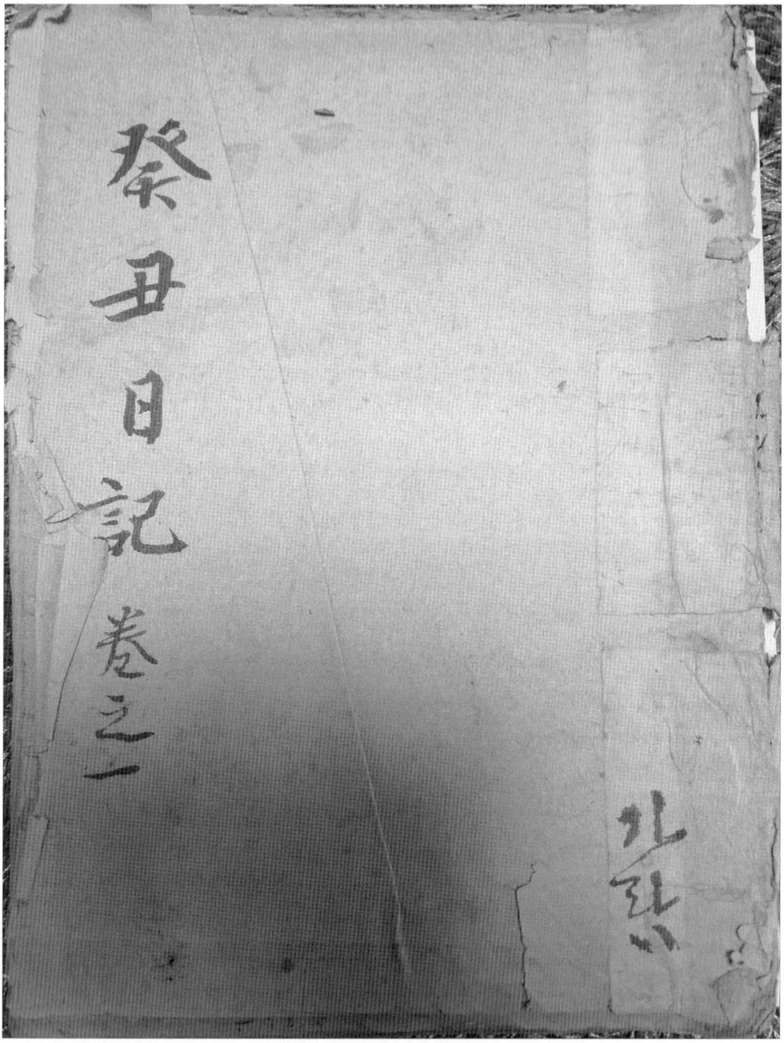

18. 자서전 원고(1950, 이앙배 소장)

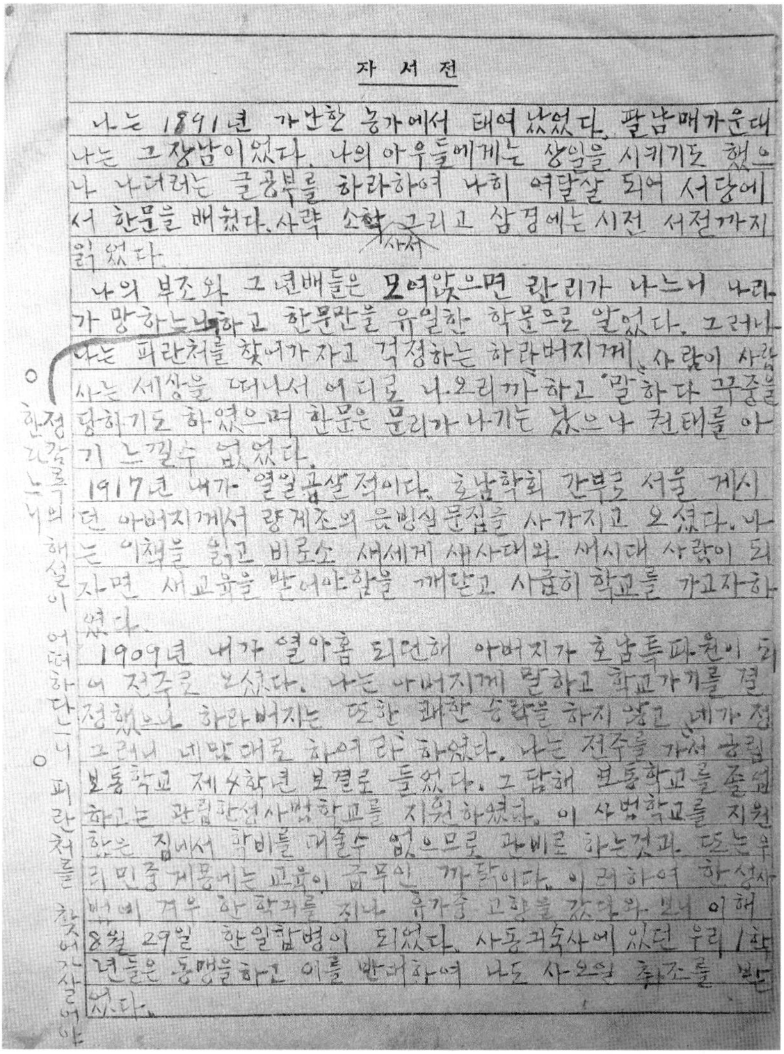

자 서 전

나는 1891년 가난한 농가에서 태여 났었다. 팔남매가운데 나는 그 장남이었다. 나의 아우들에게는 상일을 시키기도 했으나 나더러는 글공부를 하라하여 나히 여덟살 되어 서당에서 한문을 배웠다. 사략 소학 그리고 삼경에는 시전 서전까지 읽었다.

나의 부조와 그 년배들은 모여앉으면 란리가 나느니 나라가 망하느니하고 한문만을 유일한 학문으로 알었다. 그러나 나는 피란처를 찾어가자고 걱정하는 하라버지께, 사람이 사람사는 세상을 떠나서 어디로 나오리까 하고 말하다 꾸중을 당하기도 하였으며 한문은 문리가 나기는 났으나 권태를 아니 느낄수 없었다.

1917년 내가 열일곱살적이다. 호남학회 간부로 서울 계시던 아버지께서 량계초의 음빙실문집을 사가지고 오셨다. 나는 이책을 읽고 비로소 새세계 새사대와 새시대 사람이 되자면 새교육을 받어야함을 깨닫고 시급히 학교를 가고자하였다.

1909년 내가 열아홉 되던해 아버지가 호남특파원이 되어 전주로 오셨다. 나는 아버지께 말하고 학교가기를 결정했으나 하라버지는 또한 쾌한 승락을 하지 않고 네가 정 그러냐 네맘대로 하여라 하였다. 나는 전주로 가서 공립보통학교 제4학년 보결로 들었다. 그 담해 보통학교를 졸업하고는 관립한성사범학교를 지원하였다. 이 사범학교를 지원함은 집에서 학비를 대줄수 없으므로 관비로 하는것과, 또는 우리 민중 계몽에는 교육이 급무인 까닭이다. 이리하여 한성사범에 겨우 한 학기를 지나 [illegible] 고향을 갔다와 보니 이해 8월 29일 한일합병이 되었다. 사동기숙사에 있던 우리 1학년들은 동맹을하고 이를 반대하여 나도 사오일 출조를 받았다.

※ 이 자서전은 1950년 서울대학교 재직 중 6·25사변으로 대학이 점령당한 후 공산군에게 이력서와 함께 제출한 것으로 보인다.

자서전

이병기

나는 1891년 가난한 농가에서 태여났었다. 팔 남매 가운데 나는 그 장남이었다. 나의 아우들에게는 상일을 시키기도 했으나 나더러는 글 공부를 하라 하여 나히 여달 살 되어 서당에서 한문을 배웠다. 사략, 소학, 사서 그리고 삼경에는 시전, 서전까지 읽었다.

나의 부조와 그 년배들은 모여앉으면 란리가 나느니 나라가 망하느니 정감록의 해설이 어떠하다느니 피란처를 찾어가 살어야 한다느니 하고 한문만을 유일한 학문으로 알었다. 그러나 나는 피란처를 찾어가자고 걱정하는 하라버지께 "사람이 사람 사는 세상을 떠나서 어디로 가오리까" 하고 말하다 꾸중을 당하기도 하였으며 한문은 문리가 나기는 났으나 권태를 아니 느낄 수 없었다.

1917년 내가 열일곱 살 적이다. 호남학회 간부로 서울 게시던 아버지께서 량게초의 음빙실문집을 사 가지고 오셨다. 나는 이 책을 읽고 비로소 새 세계, 새 사대와 새 시대 사람이 되자면 새 교육을 받어야 함을 깨닫고 시급히 학교를 가고자 하였다.

1909년 내가 열아홉 되던 해 아버지가 호남특파원이 되어 전주로 오셨다. 나는 아버지께 말하고 학교 가기를 결정했으나 하라버지는 또한 쾌한 승락을 하지 않고 "네가 정 그러니 네 맘대로 하여라." 하였다. 나는 전주를 가서 공립보통학교 제4학년 보결로 들었다. 그담 해 보통학교를 졸업하고는 관립한성사범학교를 지원하였다. 이 사범학교를 지원함은 집에서 학비를 대줄 수 없으므로 관비로 하는 것과 또는 우리 민중 계몽에는 교육이 급무인 까닭이다. 이러하여 한성사범에 겨우 한 학긔를 지나 휴가 중 고향을 갔다 와 보니 이해 8월 29일 한일합병이 되었다. 사동 긔숙사에 있던 우리 1학년들은 동맹을 하고 반대하여 나도 사오일 취조를 받었다.

그담 해 1911년에는 일요일마다 하는 주시경 선생의 조선어강습원에 다녔다. 예서 나는 조선어문학의 기초지식을 얻고 그 뒤 그 연구를 계속 하여왔다.

한성사범을 졸업하고 보통학교 교원을 다녔으나 일제의 노예교육에 항상 불만을 품고 있었다.

나는 1919년 三·一운동을 게긔로 하여 보통학교 교원을 사직하고 서울로 와서 하경렬 리해동과 련락하고 호남지방 또는 만주, 봉천 등지로 돌아다니며 선전을 하였다. 그리고 리해동의 긔숙하고 있는 집을 찾어갔다가 잠복하고 있던 형사들에게 잡혀 종로 경찰서로 가 三, 四일을 봅시매를 맞고 나와 세부란스 병원에서 수 주일 치료하였다.

1921년에는 권덕규, 리상춘, 임경재 들과 조선어연구회를 조직하여 나는 그 간사의 한 사람으로 줄곳 그 임무를 맡어보았으며, 1931년에 이르러 리극로의 주재로 이 사업을 확장하고 조선어학회라 개칭하고 사전편찬, 표준어사정, 철자법통일, 문짜보급운동을 하는데 나도 참가하여 1931년 내지 1933년 七, 八월 휴가 중에 태전, 전주, 군산, 송정리, 라주, 령광, 령암, 목포, 순천, 려수 등지로 순회 강습을 하였다. 강습은 일제 관헌의 금지와 감시로 인하여 퍽 곤난을 겪었으며 송정리에서는 사흘이나 묵어 개회도 못했다. 그려도 나의 강습을 받은 이는 三千여 명에 달했었다.

1937년에는 총독부 사회과장 김대우가 최남선, 리광수 등을 시켜 일정의 보조기관인 소위 문예협회를 조직하고 조선문화인을 망라하여 강제로 가입케 하며 내게는 김대우가 친히 사람과 서신을 四, 五차 보내어 가입을 강요했으나 나는 마침내 거절하고 말었다.

1934년에는 리병도, 송석하, 리윤재 들과 진단학회를 조직하고 진단학보를 간행했으며 1939년에는 리태준 주재인 문장사의 동인이 되어 문장 잡지를 간행하였다.

1942년에는 조선어학회 사건에 검거되어 홍원 함흥에 수금되었다가 만 일개년만에 긔소 유예로 나왔다. 나와서는 본적지 여산으로 돌아가 밭도 갈고 김도 매고, 풀도 베고 하여 알뜰한 농민 생활을 하였다.

하루는 밭에 김을 매고 있노라니, 밭머리로 지나는 사람이 "일본이 어제 항복하였다"고 한다. 나는 밭을 다 매고 집으로 돌아왔다. 솝니(리리) 세무서에 다니는 아우가 왔다. 아우의 말을 들은즉 과연 일본이 항복하였다. 나는 너무도 기뻐서 수일 동안은 밤에도 잠이 안 왔었다.

그 이튿날 여산리에 나아가 여산 민회를 조직하고 나는 부회장으로 추천되었다. 연일 회의를 하던 바, 나는 회장 대리로 임시 의장이 되었다가 솝니서 온 잔재한 일본 군경에게 불의의 습격을 당하였다. 총칼을 손에 든 군인과 경부 七, 八 명이 나를 둘러싸고 "일본이 다시 일어나 싸운다." 하고 공갈 위혁을 하더니 "조선은 해방되었으니 완전히 독립하여 미군을 쫓아내라." 하고 꾀고 달래며 여산리에 잔재한 일본인을 보호해 달라는 것이다. 이는 여산리서 한 십 리쯤 되는 황화정이서 청년들이 순사를 때렸다는 소문을 듣고 그들이 추럭을 몰아 황화정이로 가다가 우리가 많이 모여 있는 것을 보고 달려들어 이러한 교활한 수작을 함이었다. 나는 다만 랭소하였을 뿐이었다.

그 뒤에는 지방 인사들에게 끌려 전주, 솝니, 군산으로 조선어문과 조선문화에 대한 순회 강연을 이십여 일 하였다.

1945년 八·一五 이후 서울 있는 친구들은 속히 서울로 오라는 기별들을 했으나 시월 중순에야 나는 서울로 왔다. 진단학회 간부인 송석하, 조윤제가 나를 군정청 편수관으로 추천하였으며, 편수국에서는 최현배, 장지영이 있어 나를 끌기도 하였다. 나는 시월 말에 편수관이 되었다.

이해 십이월 중순에는 문학가동맹의 전신이던 문화건설중앙협회 고전부장으로 추천되었고 그담 해 1946년 팔월에는 문학가동맹 부위원장으로 추천되었다. 이 때문에 "문맹을 탈퇴하라. 안으면 죽이겠다."는 익명서도 받었으며 성명서를 내라는 권고도 받었으며, 1949년 팔월에는 서대문서에 잠시 피검도 되었으며, 문리대 국문과에는 빨강이 많다 하여 내 연구실에서 좌익독서회를 했다느니 내가 빨강이 학생들을 지도했다느니 하며 학도호국대나 문교부에서는 나를 퍽 괴롭게 하였다. 그래서 나는 전후 그런 사실의 유무를 "해방전후 신변한화의 일절"이라는 제목으로 1949. 9. 25.~27일까지 서울신문 문화란에 련재하여 표명하였다.

19. 가람 이력서(1950, 이앙배 소장)

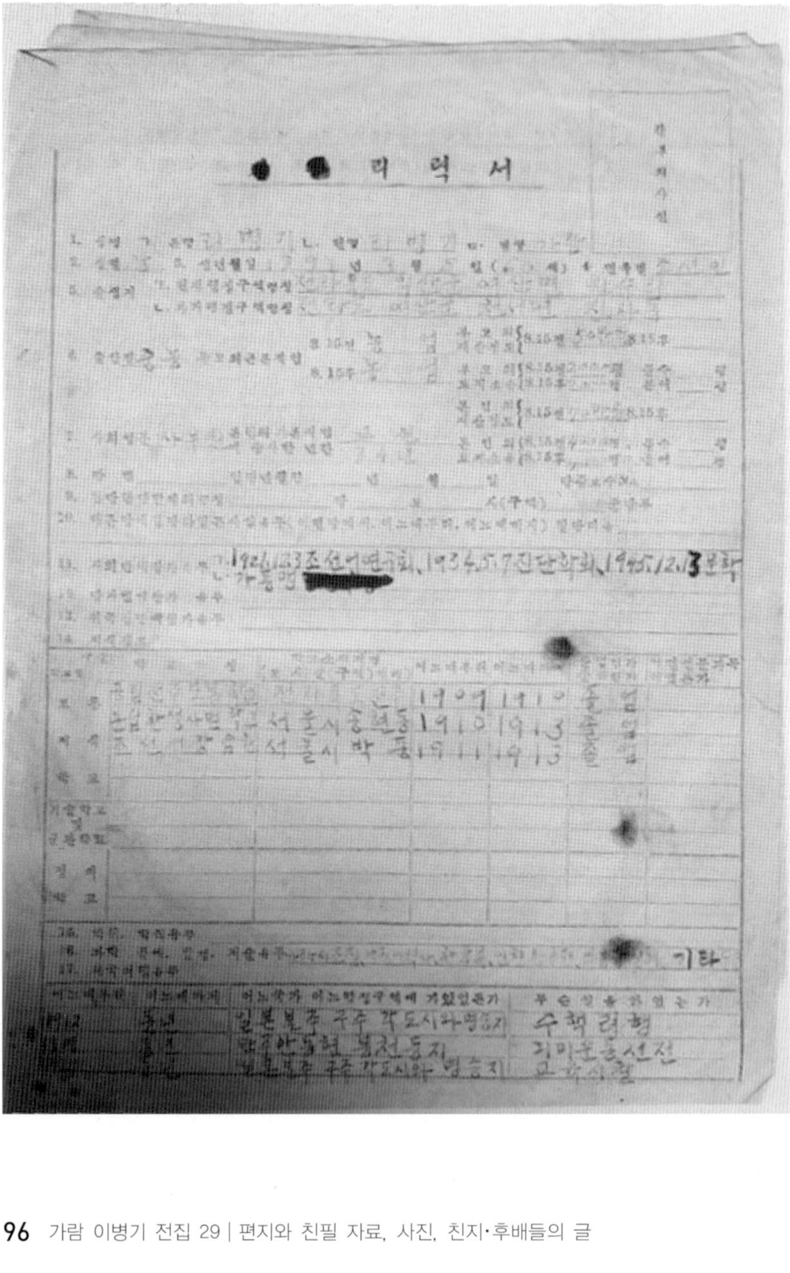

20. 가람 이력서(1951, 전북대학교, 이앙배 소장)

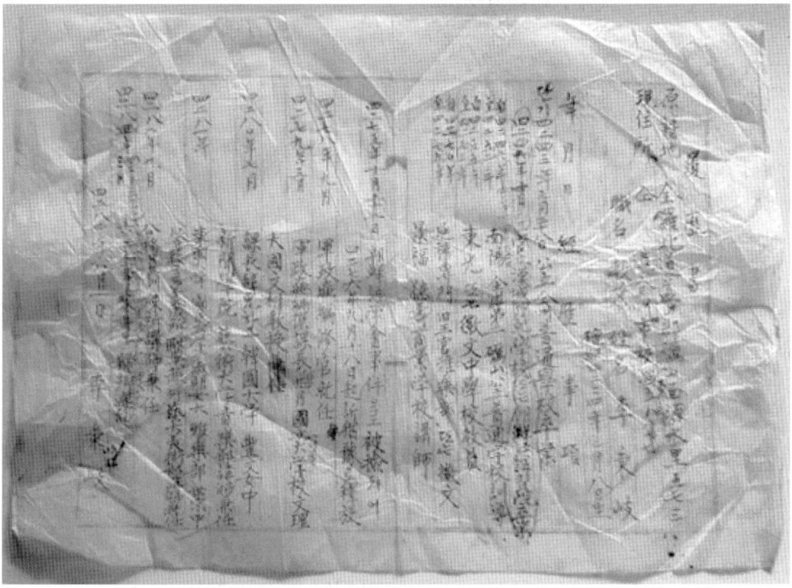

21. 가람의 필적 감정

—[구본진의 필적]〈37〉 올곧은 시조시인 이병기[2]

구본진

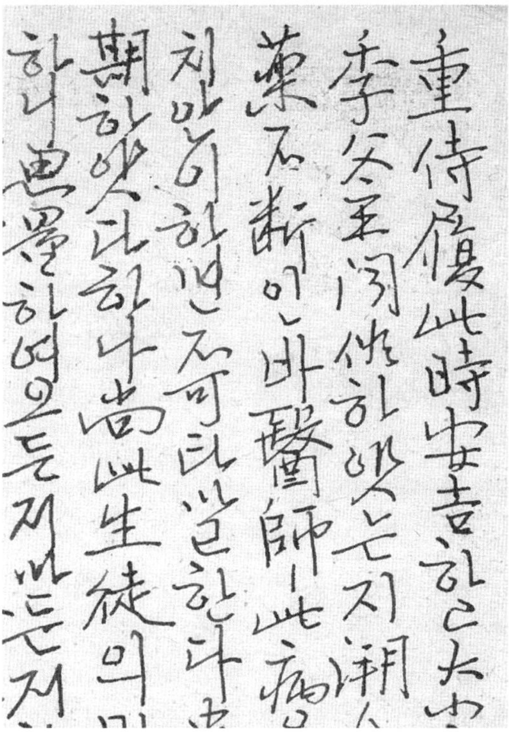

'난초' '별' 등 우리에게 익숙한 시조를 남긴 가람 이병기. 그는 시조 혁신의 방향을 제시한 기념비적 논문인 '시조는 혁신하자'를 썼고 서지

2 구본진, 「[구본진의 필적]<37> 올곧은 시조시인 이병기」, 『동아일보』, 2013. 12. 14.
*구본진 변호사·필적 연구가

학, 국문학에서도 많은 업적을 남겼다. 국어국문학 및 국사에 관한 방대한 문헌을 수집해서 서울대에 '가람문고'가 설치됐다. 묻혀 있던 고전 작품들, '한중록' '인현왕후전' '요로원야화기' '춘향가'를 비롯한 신재효의 판소리 등을 발굴했다. 선생의 글씨를 분석해 보면 감성보다는 이성이 발달하고 올곧아서 시인보다는 학자나 지사에 더 어울린다. 하지만 선생이 남긴 주옥같은 시조들을 보면 시인이나 예술가에게는 감성이 중요하기 때문에 올곧기 어렵다는 주장은 핑계에 지나지 않음을 보여준다.

정확한 정사각형을 이루고 균형이 잡혀 있는 글씨는 독창적이지 못하고 배운 대로 하며 보수적이고 이성적이며 조심스럽다는 것을 의미한다. 이런 사람에게는 기회주의적 성향이나 변덕스러움을 찾아보기 어렵다. 유연성이 떨어지고 경직된 글씨는 의지가 강하고 비판적이라는 것을 알려준다. 모음의 시작과 끝에 삐침이 두드러지는데 이는 의지가 매우 강한 것을 알려준다. 선생은 조선어학회 사건으로 옥고를 치렀을 뿐 아니라 그의 후기시조는 비리의 고발, 권력의 횡포에 대한 저항이 담겨 있다.

선생의 글씨는 속도가 느린 편이다. 느린 글씨는 정확하고 사려가 깊은 사람들이 주로 쓰는데 학자, 완벽주의자들에게서 많이 보인다. 글자 간격이 유난히 좁은 것은 스스로 판단하고 자의식이 강하며 자기표현과 자기인식에 엄격하다는 것을 알려준다. 새롭거나 다른 환경에 적응을 잘하는 편은 아니다. 하지만 규칙성이 두드러져서 신뢰할 만하고 의지와 집중력이 있다는 것을 알 수 있다. 글자를 이루는 부분 사이의 공간에 여유가 있고 부드러움도 간간이 보여서 스스로 제자복, 화초복, 술복이 있는 '삼복지인三福之人'이라고 자처할 수 있었나 보다.

Ⅳ. 가람께 보낸 편지들

(최승범 소장, 유족 제공)

1. 가람께 보낸 정인승鄭寅昇의 편지

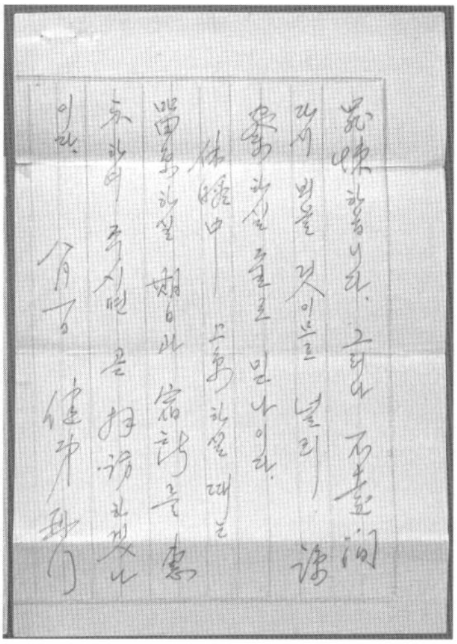

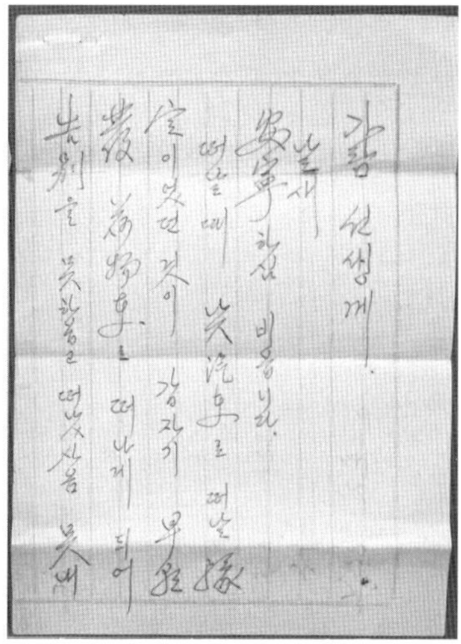

2. 가람께 보낸 전광용全光鏞의 편지

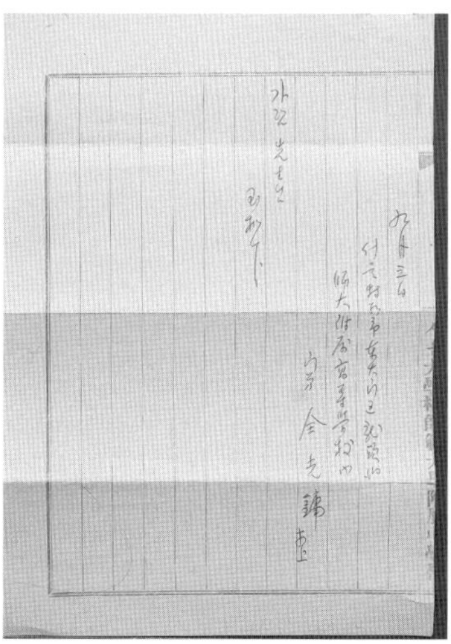

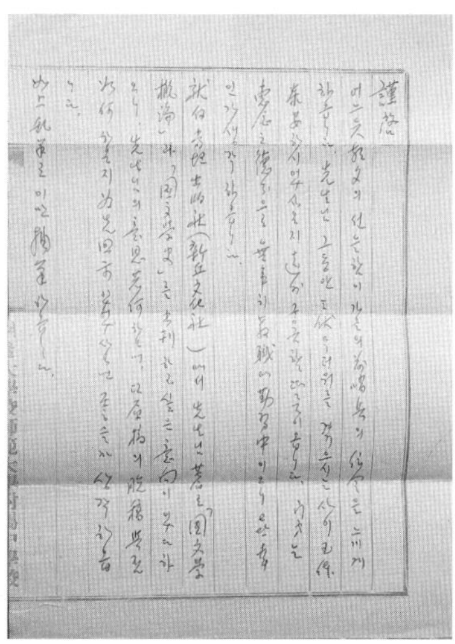

3. 가람께 보낸 홍순채洪淳采의 편지

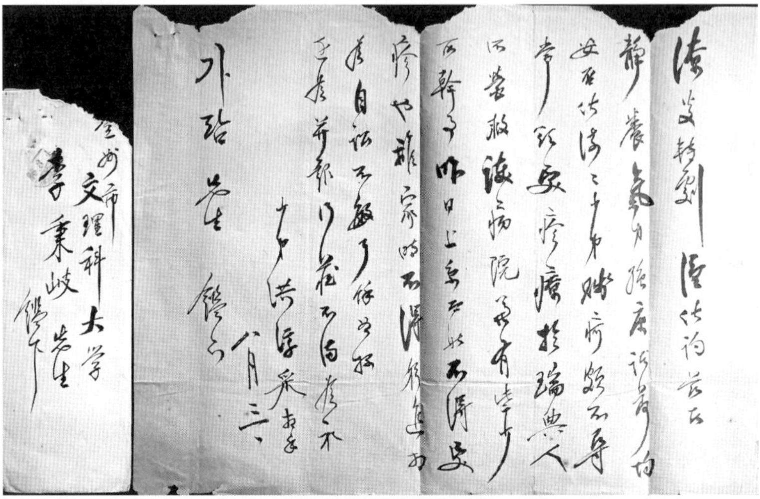

4. 가람께 보낸 장하보張河步의 편지

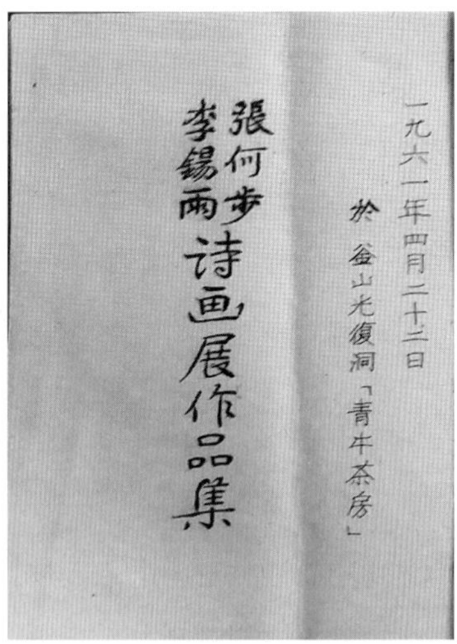

5. 가람께 보낸 이종익(신구문화사 사장)의 편지

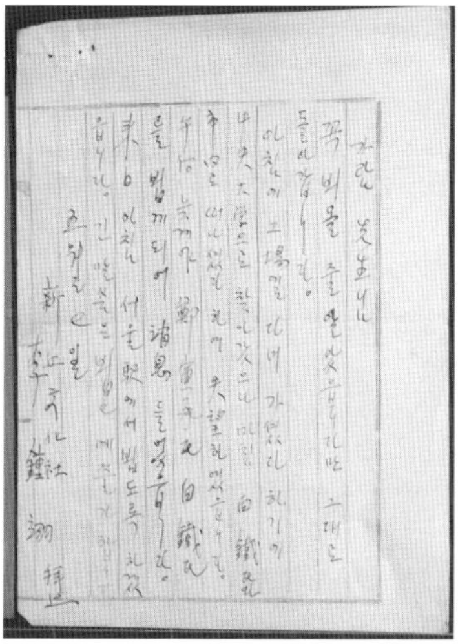

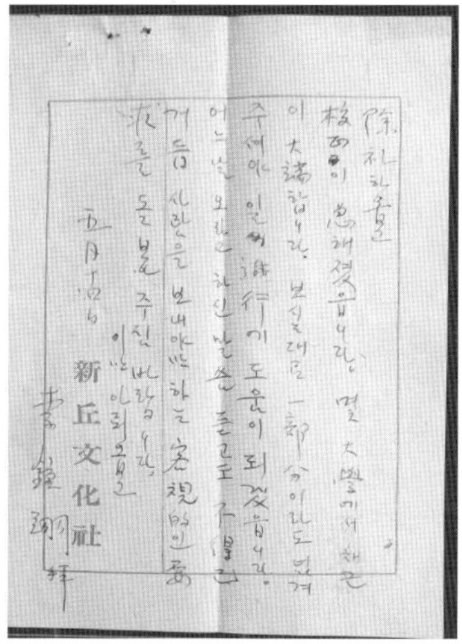

6. 가람께 보낸 사촌 동생의 편지

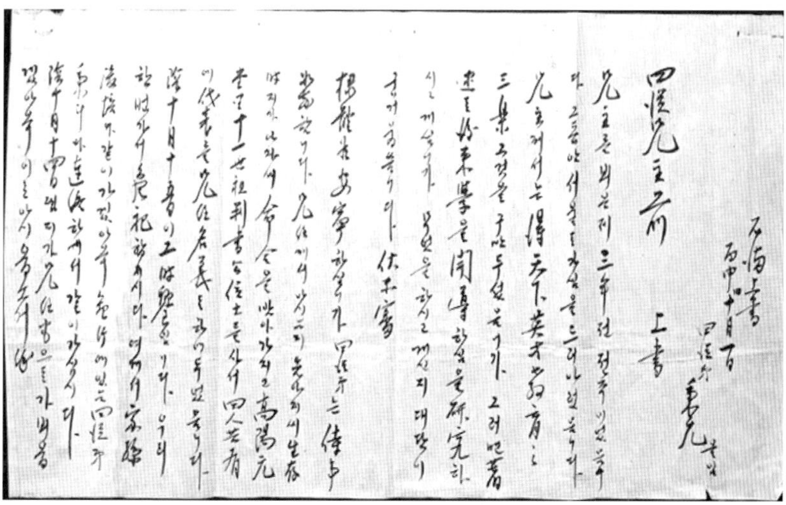

7. 가람께 보낸 이태극의 편지

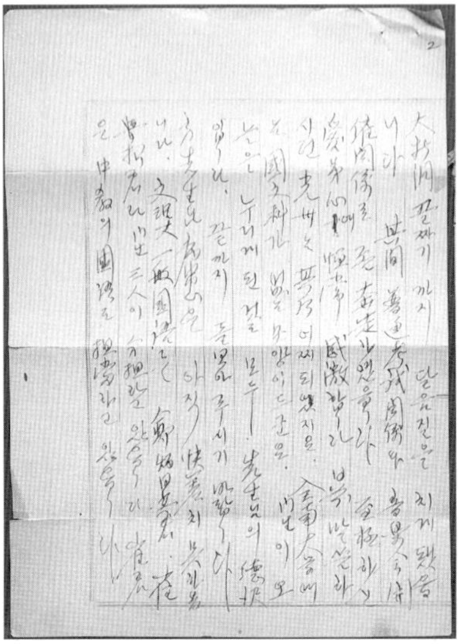

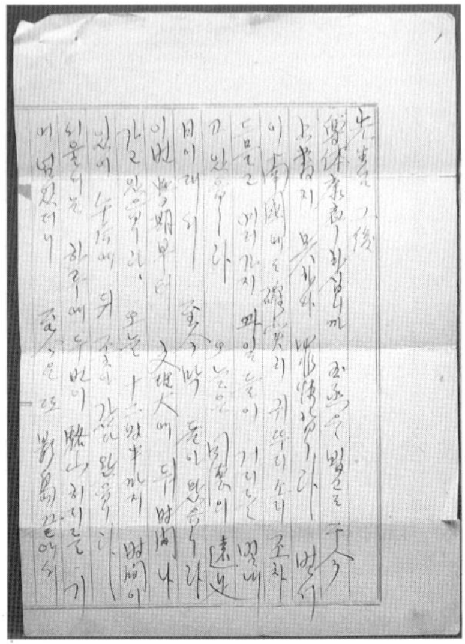

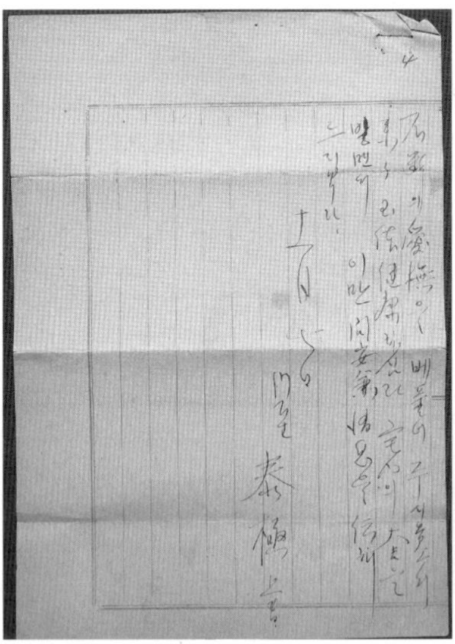

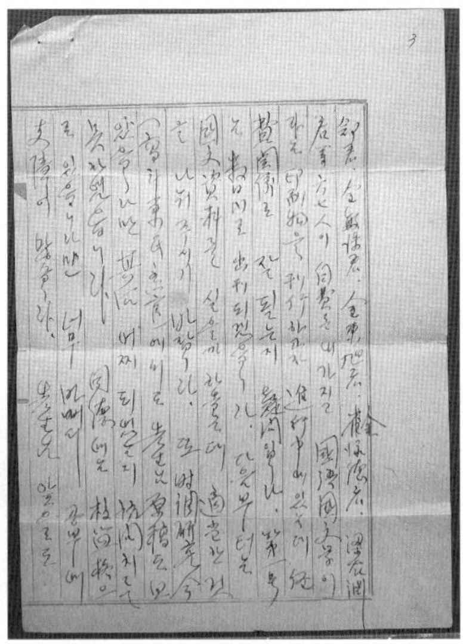

8. 가람께 보낸 박재삼의 편지

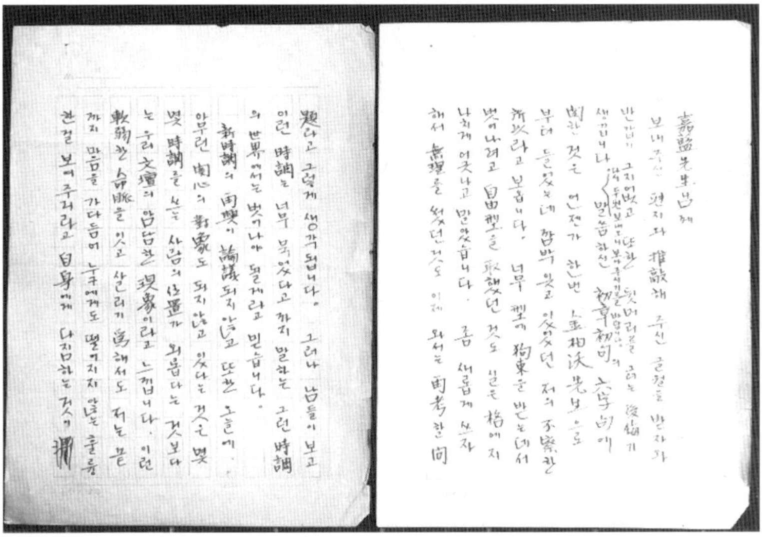

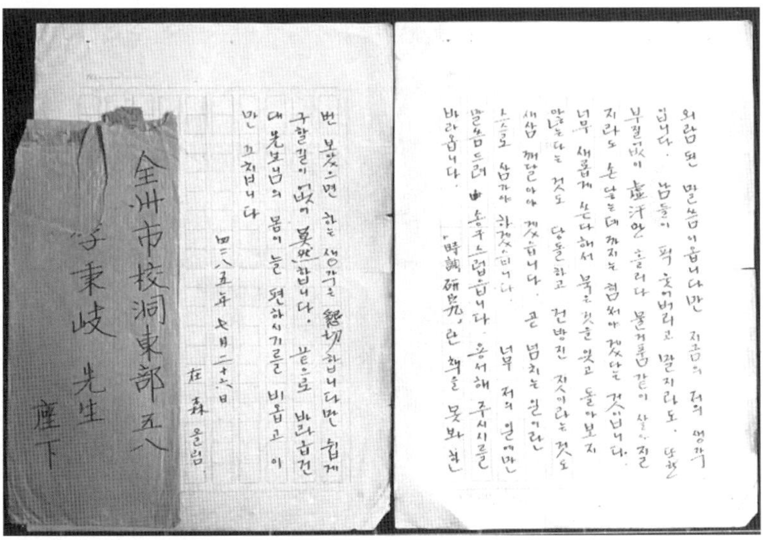

9. 가람께 보낸 석정의 편지

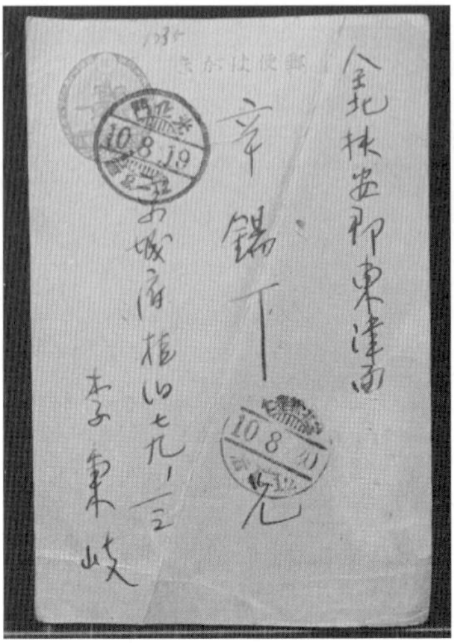

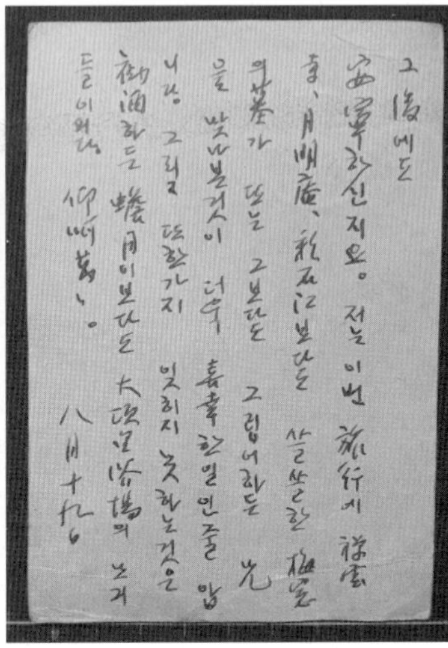

10. 가람께 보낸 석정의 편지

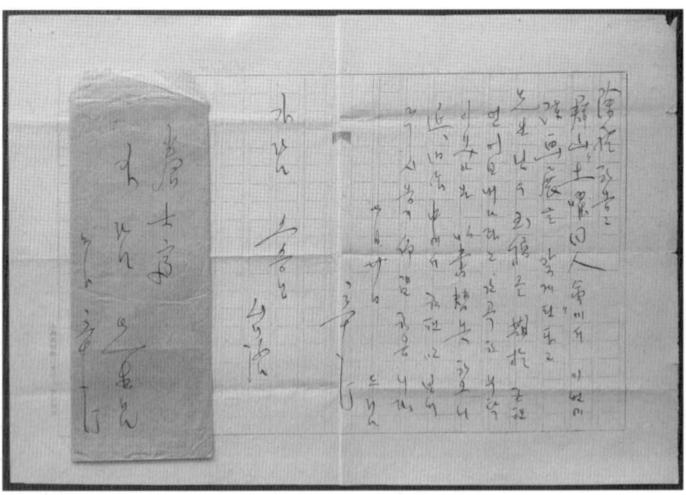

11. 가람께 보낸 석정의 편지(1950년대)

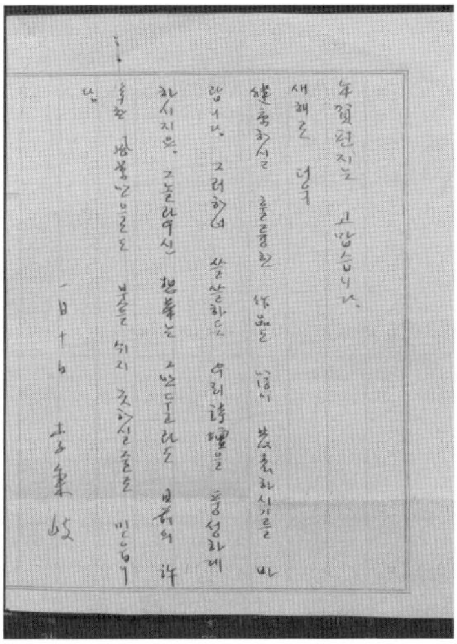

12. 가람께 보낸 석정의 편지(1960년대)

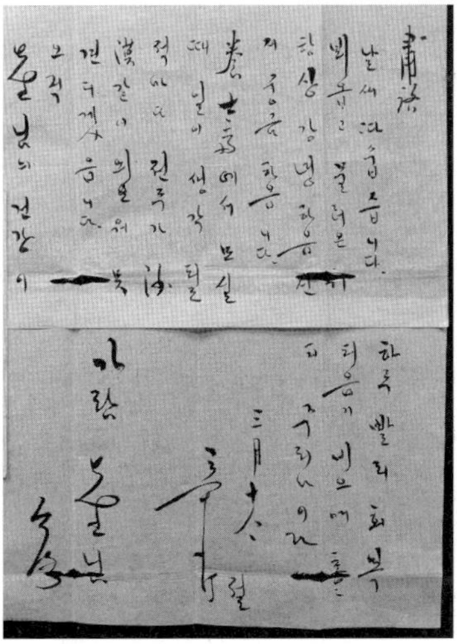

13. 가람께 보낸 권용두權容斗의 편지

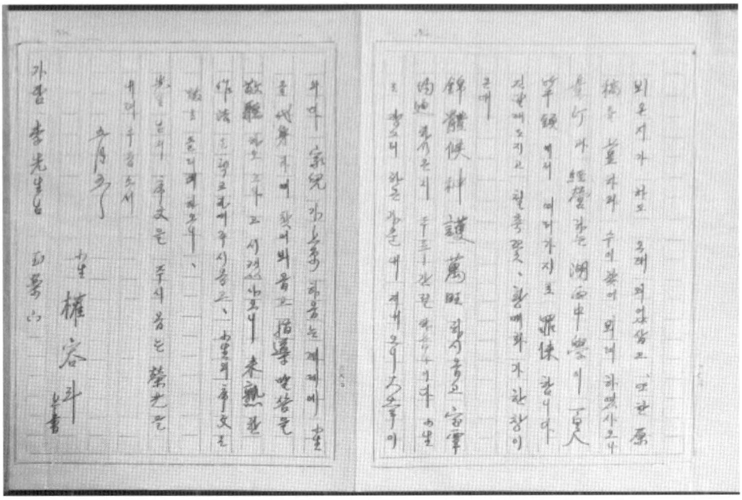

14. 가람께 □주석珠石의 편지

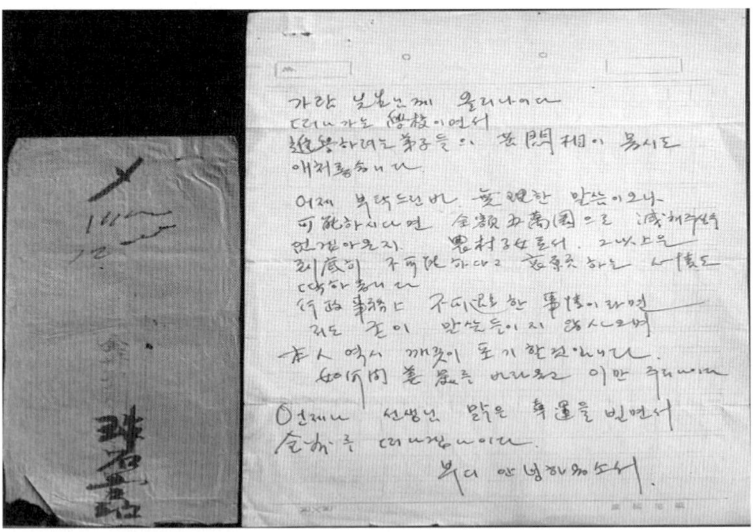

15. 가람께 보낸 조병희의 편지(1961. 1. 30.)

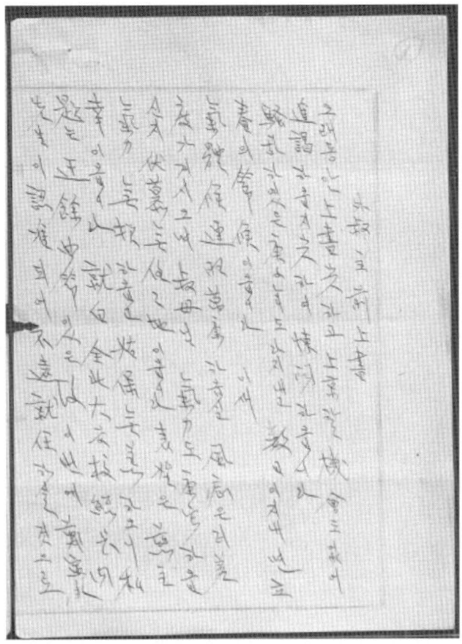

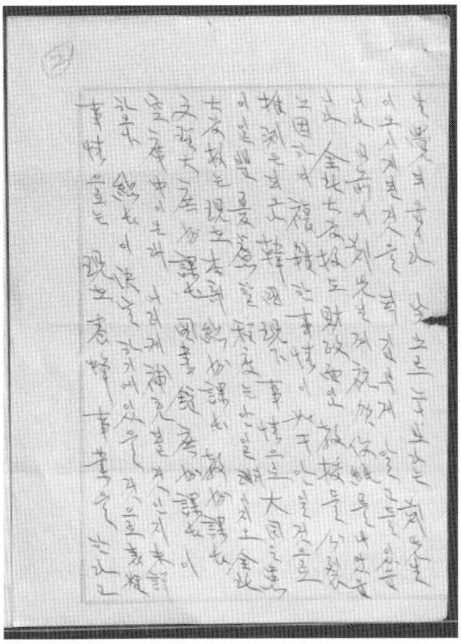

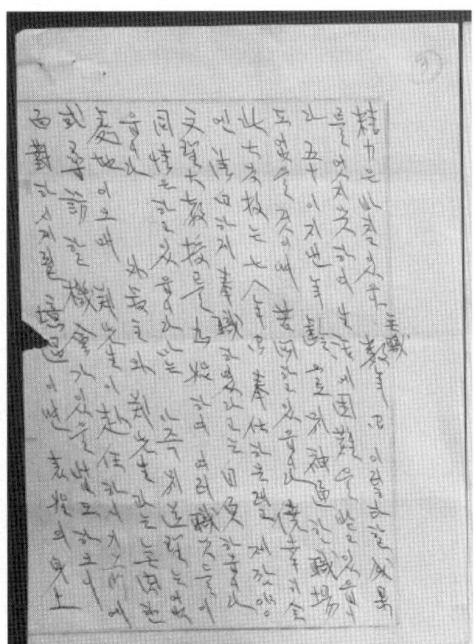

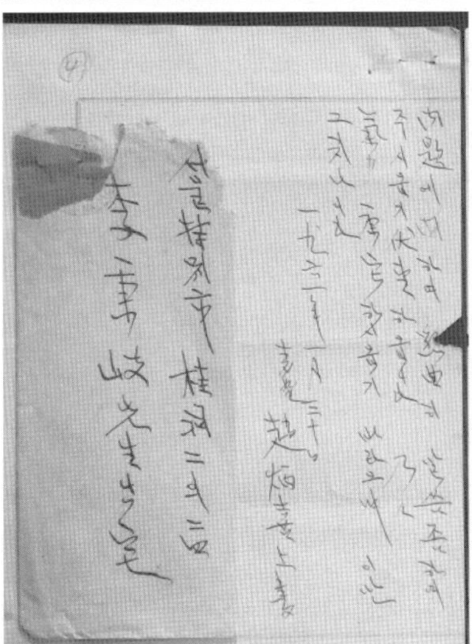

16. 가람께 보낸 이겸노(고서점 통문관 사장)의 편지

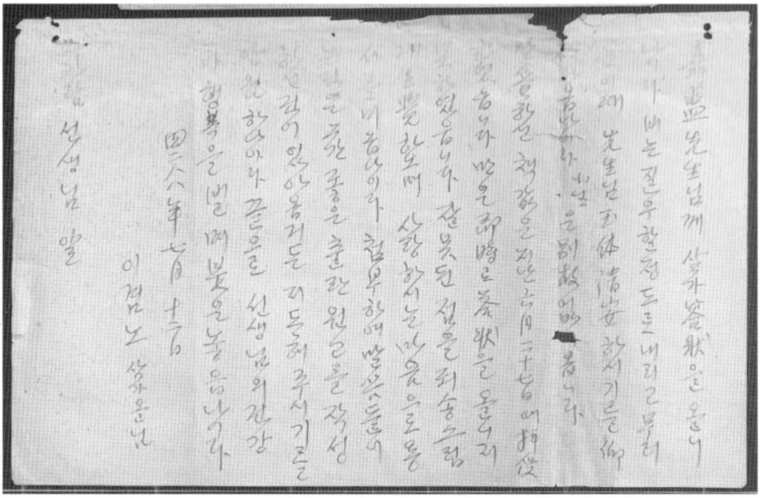

17. 가람께 보낸 조병래趙炳來의 편지

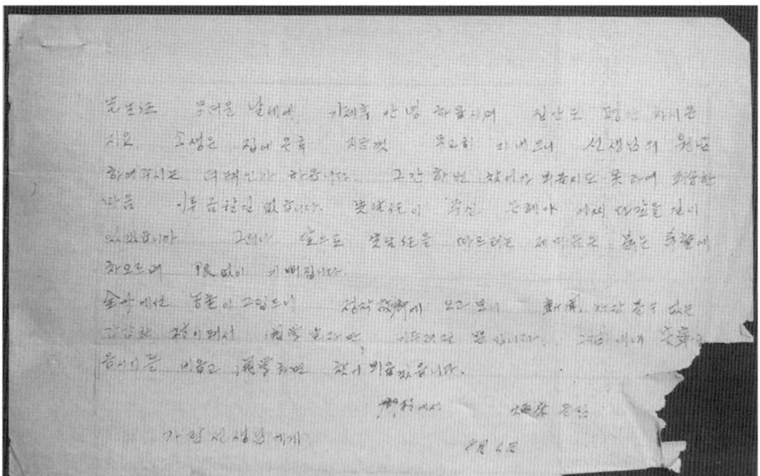

가람 이병기 선생
사진

일러두기

1. 이 책은 가람 관련 사진을 모아 엮은 것이다.
2. 여기에 실은 사진들은 가람의 유족의 앨범(가람 며느님 유재희 소장)과 손주 이양배 씨 소장 사진, 최승범 교수 소장 자료들을 중심으로 실었다.

Ⅰ. 가람 생가 풍경

1. 생가 전경

용화산 줄기를 배산으로, 동쪽으로 노령산맥의 지맥에서 분기된 천호산을 안산으로 입지한다. 조선 후기인 1844년에 건립된 이곳으로 가람의 조부 이조흥은 이사하여 터를 잡고 당호를 수우재守愚齊라 했다. 수우재는 안채의 일부가 정지(부엌)와 이어진 ㄱ자형의 고패집으로 구성되었으며, 4칸의 사랑채와 3칸의 고방채, 안채의 뒤쪽에 장독대를 중심으로 여유로운 민가 정원구성을 이루고 있다. 조선 말기 선비 집안의 배치를 따르고 있다는 선생의 옛집은 소박하다. 넓지 않은 터에 초가지붕을 얹은 안채 사랑채 고방채가 옹기종기 있고 6대를 이어온 터전이다. 방 옆에 헛간을 들이고 문간을 텅 비었는데 사는 게 편리하게 했을 뿐 어떤 형식을 따르지 않아 나그네의 발걸음을 붙들기에 맞춤한 검소하고 단정한 아름다움이 매혹적이다. 전라북도 지방문화재 기념물 제6호로 지정되었다.

생가 내외의 공간구성은 담장과 건축물의 영역이 세분화된 가운데 동선 변화가 나타나고 있어 시선의 다양함을 느낄 수 있으며, 사랑채 전면에 위치한 단아한 장방형의 연지, 곳곳에 산치散置된 괴석 그리고 차경 목적으로 낮게 둘러친 담장 등에서 소박한 미의식을 느끼게 하는 정원은 연지 주변에는 배롱나무, 살구나무, 일본목련, 산수유, 향나무, 배롱나무, 동백나무 등이 식재되었으며, 내원에는 감나무, 대추나무, 자두나무, 모과나무 등 유실수 위주의 실용적 식재가 이루어지고 있으며 승운정 후면에 악센트용으로 식재된 수령 200년 이상의 탱자나무는 특히 주목된다.

2. 안채 전경

3. 사랑채 전경

사랑채는 아궁이칸을 두었고 5량 같지만 자세히 보면 3량이다. 가람 선생은 사랑채에 기거를 하였으며, 이곳 서재를 진수당이라 하였다.

4. 사랑채의 수우재守愚齋와 진수당鎭壽堂

편액扁額과 주련柱聯이 보인다. 가운데 편액은 호 가남柯南

5. 수우재 앞 못 우담愚潭

6. 사랑채 옆 승운정勝雲亭

승운정기勝雲亭記

내가 약관弱冠일 때에, 집에서는 여러 빈객을 청하여 장차 삼가三嘉의 예를 행하고자 하였다. 그렇지만 집이 좁은데다 정원과 뜰은 퇴락하여 무릎을 움직이기도 어려울 지경이었다. 이에 정자 하나를 엮었다. 그 잔치를 베푸는 날에는 빼어난[勝] 벗과 빈객賓客들이 구름雲처럼 모여들어 서로 더불어 기뻐하며 손뼉을 쳤다. 이로 인하여 그 정자의 이름을 승운勝雲이라고 하게 되었다. 해는 천호산에서 솟아나고, 구름은 용악으로 돌아간다. 꽃은 피어서 그윽한 향기를 내고, 연못은 깊어서 서늘하다. 소나무 사이의 달은 맑고도 밝으며, 눈 덮인 대나무는 영롱하다. 그렇지만 빼어난 벗들의 모임이 어찌 한가한 날의 초대에서 말미암는 데 그칠 뿐이겠는가? 절로 풍치를 즐기는 선비에게 사랑받는 바 있을 것이요, 특히 이 정자에서는 많은 모임이 베풀어질 것이로다. 그 이름을 짓는 것이 마땅하였으니, 그 기문을 짓는 것이 또한 없을 수는 없도다. 그런 까닭에 이에 기문을 쓴다.(1917년 3월 31일 일기 중에서)

7. 승운정勝雲亭 옆 탱자나무

전북기념물 112호로 지정된 이 탱자나무 관련 기록은 정확히 알 수 없으나 가람 고조부(도술)가 연산 병암리에서 여산면 삼수골로 이사하여 이 지역에 정착하였다고 하고, 조부(조흥) 때 생가가 건립되었다고(1884년) 하므로 수령은 약 160~220년 정도로 추정된다. 둘레가 60cm 총 높이는 5.2m이고, 지상 1.6m 높이에서 6개의 가지로 나누어지고 다시 작은 가지가 동서쪽, 남북 쪽으로 뻗어진 원추형으로 수관을 형성하고 있는 독특한 형태를 나타내고 있다.

8. 가람 이병기 생가와 묘, 문학관

위에서 조망한 가람 생가

익산시 여산면 원수리 용화산 자락에서 나온 용리산(306.8m)과 선인봉(253.9m)이 한팔씩 벌려 포근하게 감싼 진사 마을에 가람 이병기 생가와 문학관이 있다. 생가 뒤로 울창한 대나무숲이 골바람을 막아준다. 이곳 양지녘에 위치한 생가와 묘는 가람 이병기 선생이 태어나고 묻힌 곳이다.

Ⅱ. 가람의 선조들

1. 연안이씨延安李氏 11대조 연평부원군延平府院君 이귀李貴

2. 연안이씨延安李氏 10대조 사우당四友堂 이시담李時聃

3. 조부 동우東愚 이조흥李祖興과 조모 진주 정씨(1916. 6. 1.)

'1916년 6월 1일. 목요일. 맑음. 오전 11시에 조부모 두 분을 모시고, 가성사진관嘉城寫眞館에 가서 정오에 진영-두 분이 서 있는 모습-을 촬영했다.'는 이 사진에 대한 일기 기록이 있다(가성사진관은 전주에 있었음).

4. 부친 저운 이채李保

5. 부친 이채李保와 숙부 이신李信

6. 부친 이채李俫의 영신학교永新學校 (현재 부안 줄포초등학교) 교감 임명장(1910. 3. 30.)

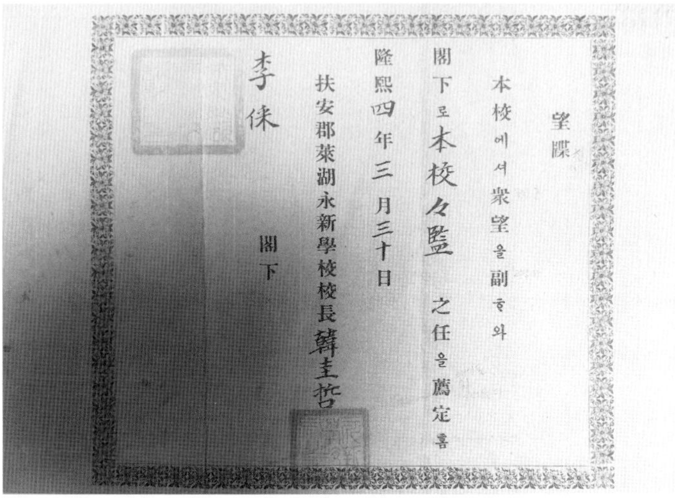

望牒

本校에서衆望을副ᄒᆞ와

閣下로本校々監之任을薦定홈

隆熙四年三月三十日

扶安郡萊湖永新學校校長 韓圭哲

李俫 閣下

7. 부친 이채李俫의 부안扶安 건선乾先(현 줄포) 면장 임명장(1911. 8. 2.)

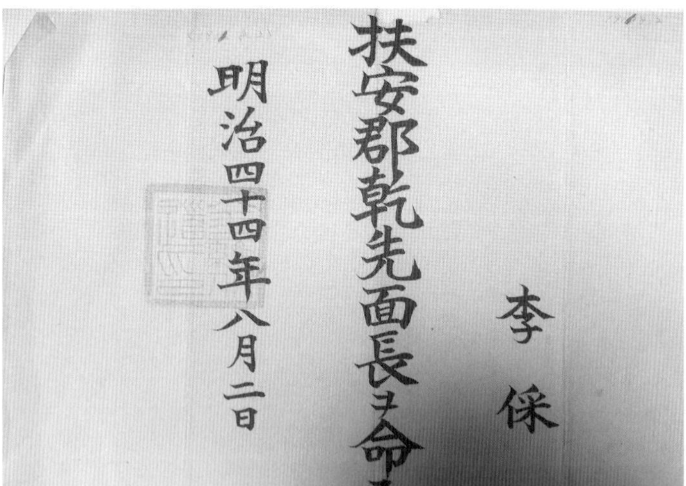

李俫

扶安郡乾先面長ヲ命ス

明治四十四年八月二日

8. 부친 건선면장乾先面長 이채李倸의 여행허가증(1911. 11. 23.)

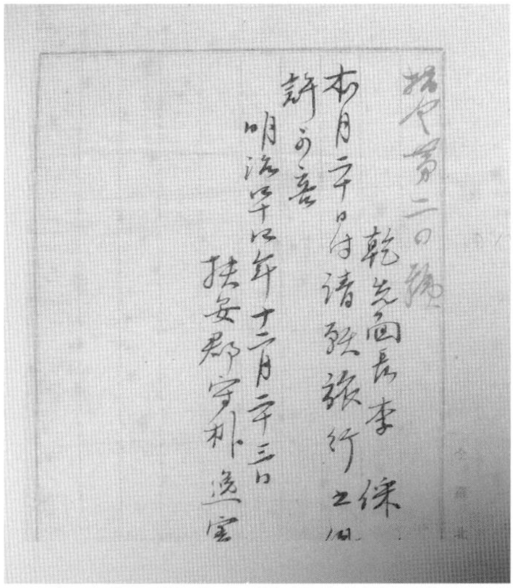
乾先面長李倸
本月二十日付請願旅行之件
許可ス
明治四十四年十一月二十三日
扶安郡守

9. 부친 이채李倸 건선乾先(현 줄포) 면장 면함(1912. 6. 30.)

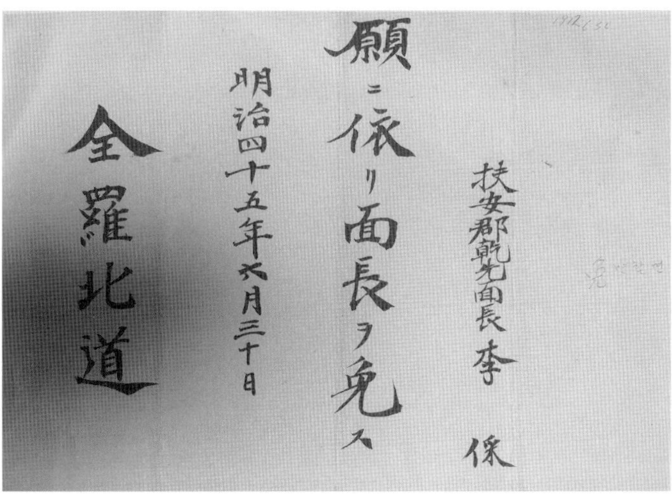
扶安郡乾先面長 李 倸
願ニ依リ面長ヲ免ス
明治四十五年六月三十日
全羅北道

Ⅲ. 학창 시절

1. 전주공립보통학교 시절

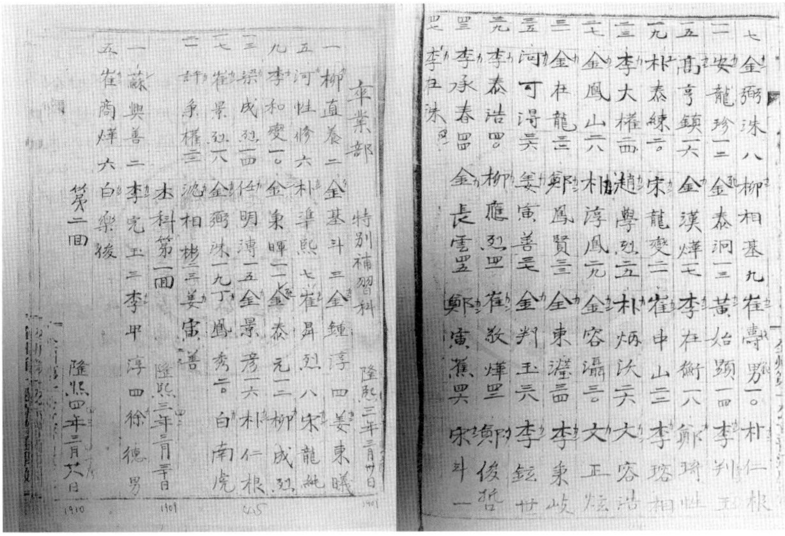

1) 가람의 전주공립보통학교 졸업자명부, 1910. 3. 8.

2. 한성사범학교 시절(1910. 3.~1913. 3.)

1) 한성사범 기숙사 벗들과 함께, 앞줄 오른쪽 가람, 1912. 3. 17.
'동실同室의 벗들과 천연당天然堂에 가서 촬영했다.'는 일기 기록이 있다. 천연당은 김규진金圭鎭(1868~1933)이 서울에 세운 사진관으로 1907년에 일본에서 사진기 조작법을 배우고 돌아와서 이 사진관을 열었다.

2) 한성사범 시절 가람의 수업과제물 그림(삼성출판박물관 소장), 1910. 3.~1913. 3.

Ⅳ. 훈도·교사 시절

1. 남양공립보통학교 훈도 시절(1913. 4.~1914. 3.)

1) 남양공립보통학교 훈도 시절, 앞줄 가운데 가람, 1913. 4.~1914. 3.

2) 남양공립보통학교 훈도 시절, 1913. 5. 28. 학무위원 및 동관同官 일동, 앞줄 두 번째 가람.

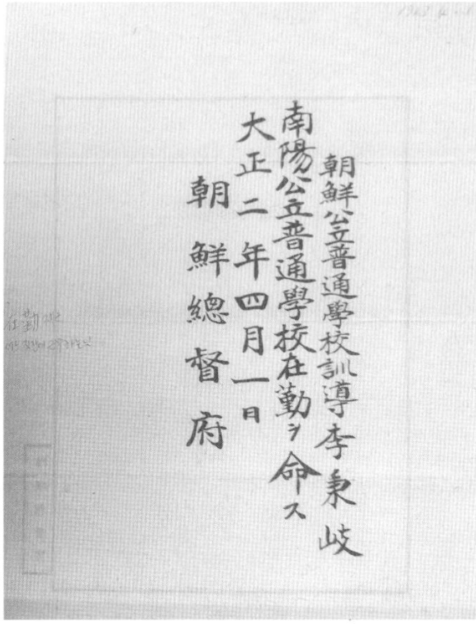

朝鮮公立普通學校訓導李秉岐
南陽公立普通學校在勤ヲ命ス
大正二年四月一日
朝鮮總督府

3) 남양공립보통학교 훈도 임명장, 1913. 4. 1.

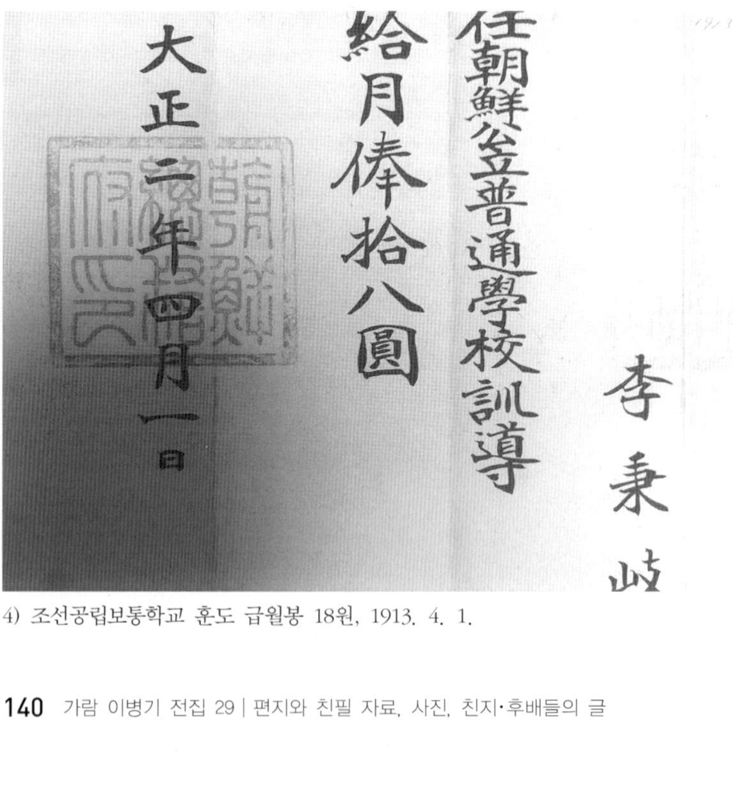

李秉岐
任朝鮮公立普通學校訓導
給月俸拾八圓
大正二年四月一日

4) 조선공립보통학교 훈도 급월봉 18원, 1913. 4. 1.

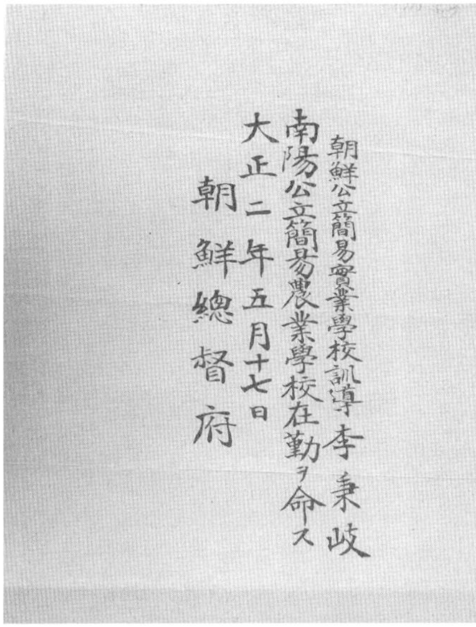
朝鮮公立簡易實業學校訓導 李秉岐
南陽公立簡易農業學校在勤ヲ命ス
大正二年五月十七日
朝鮮總督府

5) 남양공립간이실업학교 훈도 임명장, 1913. 5. 17.

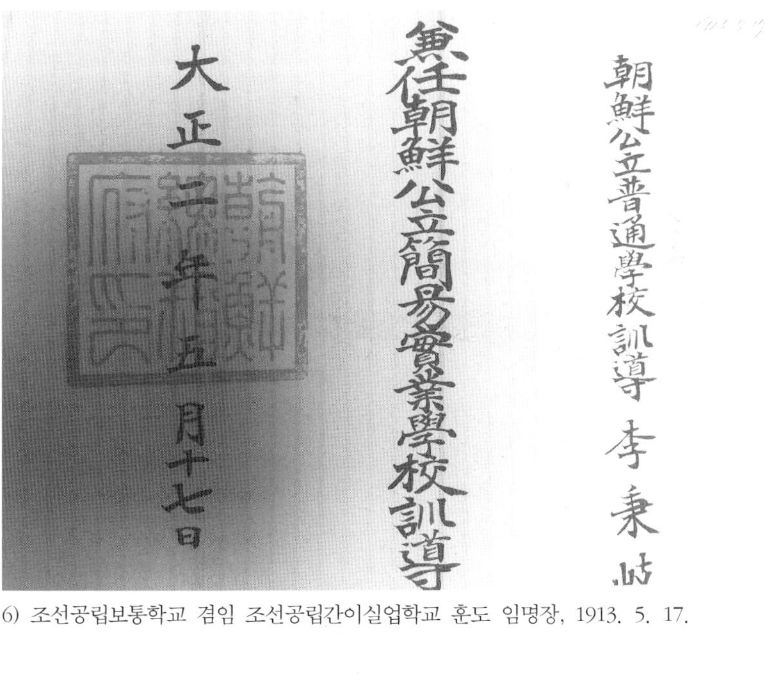
朝鮮公立普通學校訓導 李秉岐
兼任朝鮮公立簡易實業學校訓導
大正二年五月十七日

6) 조선공립보통학교 겸임 조선공립간이실업학교 훈도 임명장, 1913. 5. 17.

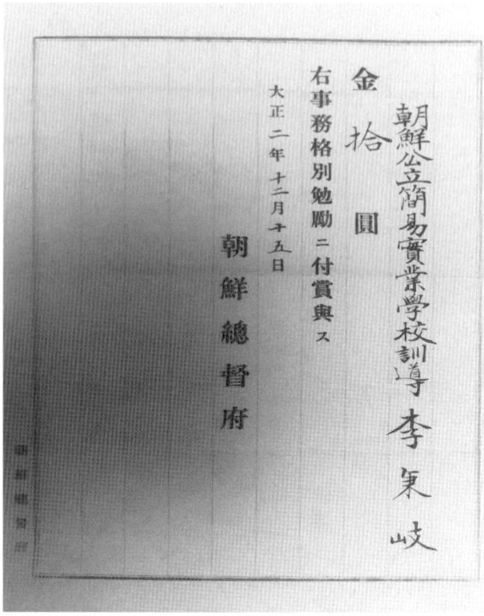
朝鮮公立簡易實業學校訓導 李秉岐
金拾圓
右事務格別勉勵ニ付賞與ス
大正二年十二月十五日
朝鮮總督府

7) 면려 상여금 증서, 1913. 11. 15.

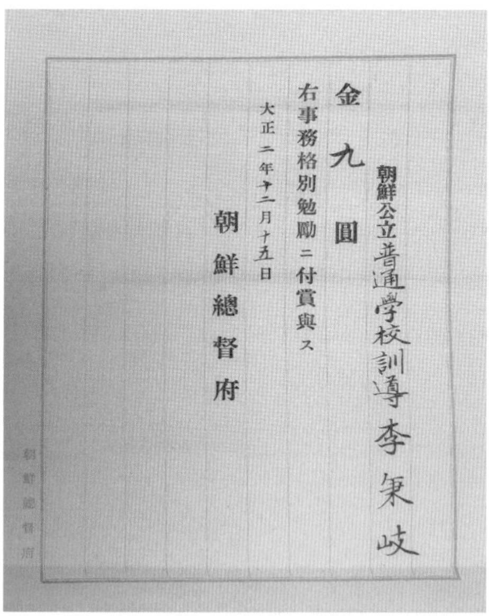
朝鮮公立普通學校訓導 李秉岐
金九圓
右事務格別勉勵ニ付賞與ス
大正二年十二月十五日
朝鮮總督府

8) 면려 상여금 증서, 1913. 12. 15.

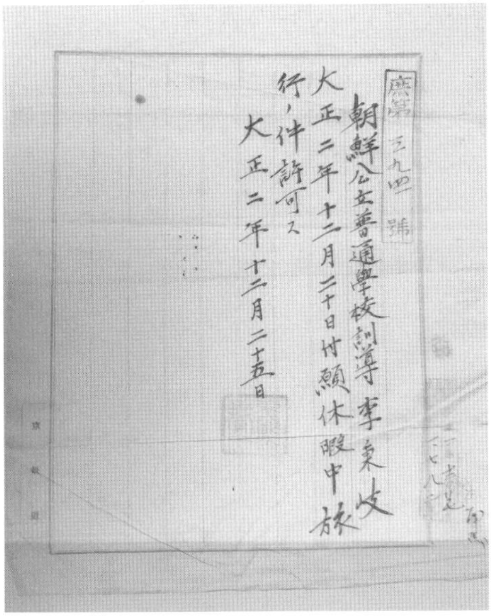

廣第 三九四 號

朝鮮公立普通學校訓導 李秉岐

大正二年十二月二十日付願休暇中旅行ノ件許可ス

大正二年十二月二十五日

9) 휴가 중 여행허가증, 1913. 12. 20.

10) 가람이 훈도 시절 착용한 칼, 1914. 2. 3. 동경東京의 대곡형제상점大谷兄弟商店에서 칼을 주문하여 1914년 2월 14일 받았다는 일기 기록이 있다.

2. 전주제이공립보통학교 훈도 시절(1914. 3.~1917. 7.)

1) 전주 가성사진관에서 찍은 사진, 1914. 3. 7.

2) 증명사진, 1913~1915년 경

3) 경복궁에서, 뒷줄 오른쪽 네 번째 1915년경

4) 전주 제이공립보통학교 이상로 선생 사은회 기념, 셋째 줄 가운데 가람, 1915. 2. 21.

5) 전주 제이공립보통학교 제2회 졸업 기념, 1915. 3. 25. 앞줄 가운데 가람.

6) 전주 제이공립보통학교 제4회 졸업 기념, 1917. 2. 21. 앞줄 왼쪽 네 번째 가람.

7) 전주 제이공립보통학교 4학년 이병기 선생 석별 기념, 1917. 7. 8. 앞줄 가운데 가람.

8) 전주 제이공립보통학교 4학년, 1917. 7. 앞줄 왼쪽 두 번째.

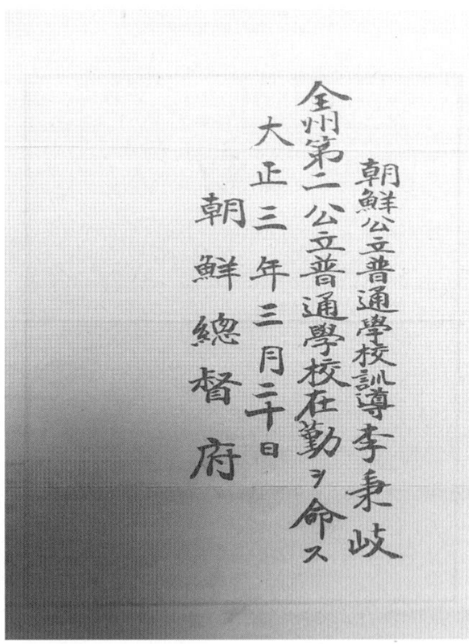

朝鮮公立普通學校訓導李秉岐
全州第二公立普通學校在勤ヲ命ス
大正三年三月二十日
朝鮮總督府

9) 전주 제이고등보통학교 발령장, 1914. 3. 20.

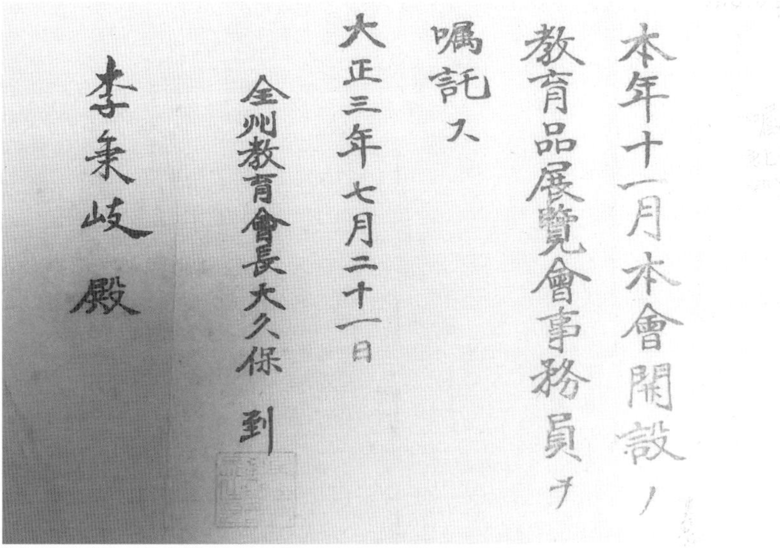

本年十一月本會開設ノ
教育品展覧會事務員ヲ
囑託ス
大正三年七月二十一日
全州教育會長大久保到
李秉岐殿

10) 전주교육회 개설 교육품전람회 사무원 촉탁장, 1914. 7. 21.

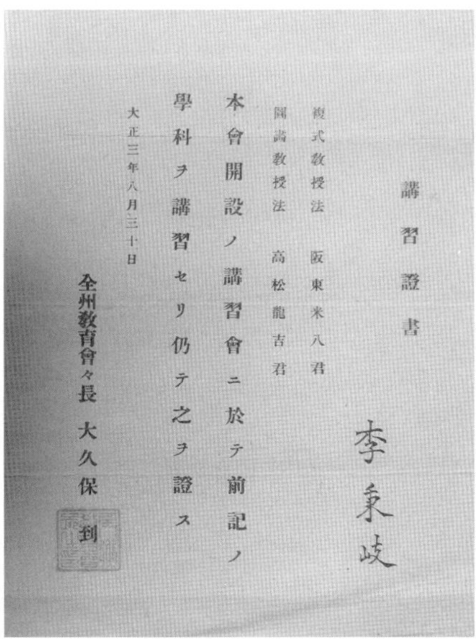

講習證書
李秉岐
複式教授法 阪東米八君
國語教授法 高松龍吉君
本會開設ノ講習會ニ於テ前記ノ
學科ヲ講習セリ仍テ之ヲ證ス
大正三年八月三十日
全州教育會々長 大久保到

11) 강습증서(복식교수법, 국어교수법), 1914. 8. 30.

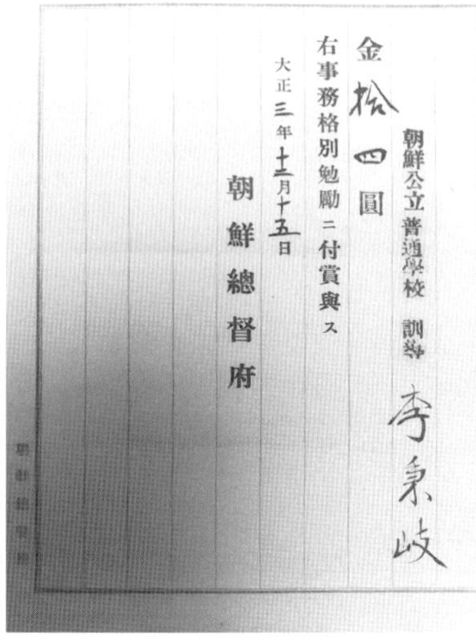

朝鮮公立普通學校 訓導 李秉岐

金 拾四圓

右事務格別勉勵ニ付賞與ス

大正三年十二月十五日

朝鮮總督府

12) 면려상여금 증서, 1914. 12. 15.

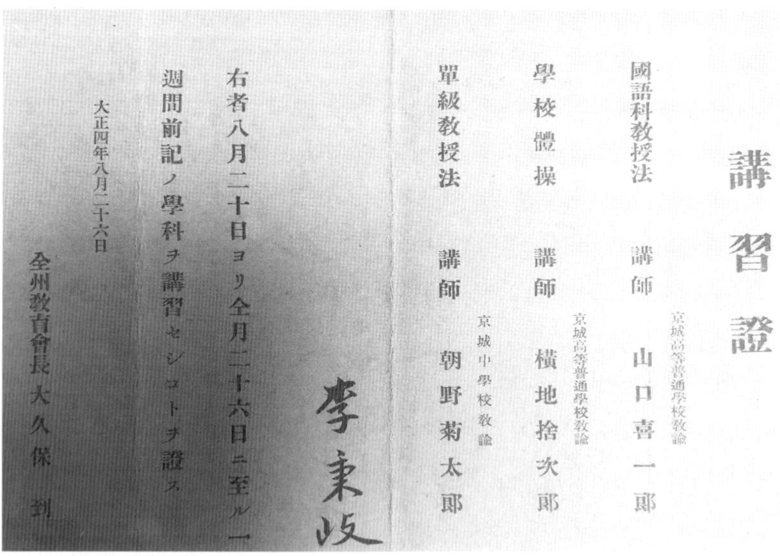

講習證

國語科教授法 講師 京城高等普通學校教諭 山口喜一郎

學校體操 講師 京城高等普通學校教諭 横地捨次郎

單級教授法 講師 京城中學校教諭 朝野菊太郎

李秉岐

右者八月二十日ヨリ仝月二十六日ニ至ル一週間前記ノ學科ヲ講習セシコトヲ證ス

大正四年八月二十六日

全州教育會長 大久保 到

13) 강습증(국어과교수법, 학교체조, 단급교수법), 1915. 8. 26.

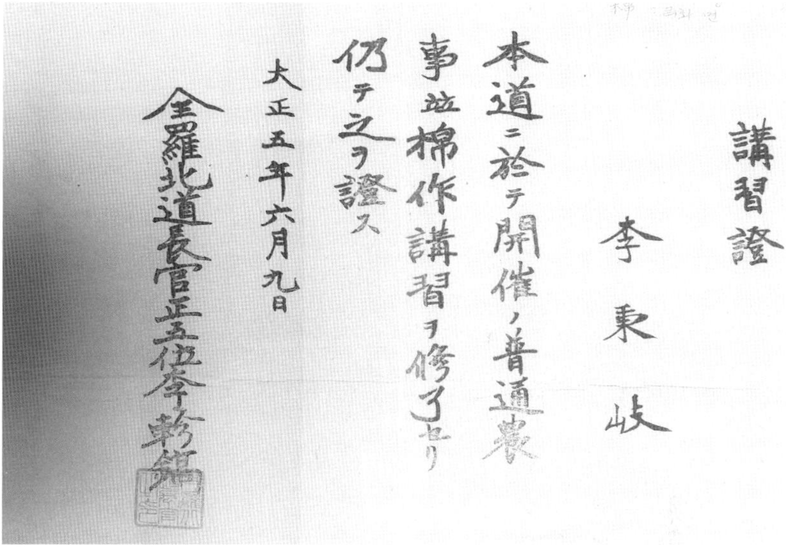
講習證
李東岐
本道ニ於テ開催ノ普通農事並棉作講習ヲ修了セリ
仍テ之ヲ證ス
大正五年六月九日
全羅北道長官正五位李軫鎬

14) 보통 농사와 면작 강습 수료증, 1916. 6. 9.

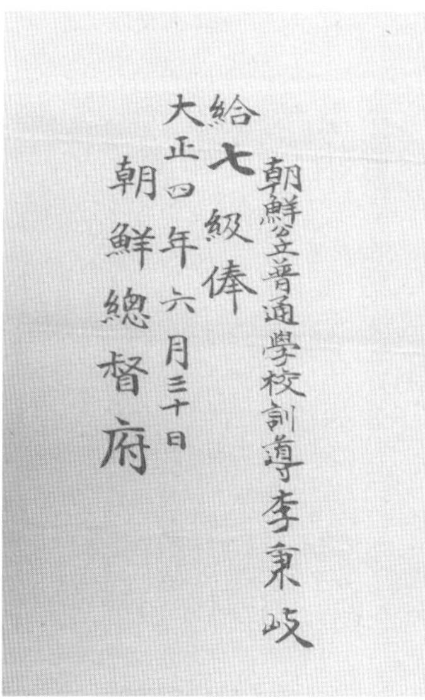
朝鮮公立普通學校訓導 李東岐
給七級俸
大正四年六月三十日
朝鮮總督府

15) 급7 급봉 증서, 1915. 6. 30.

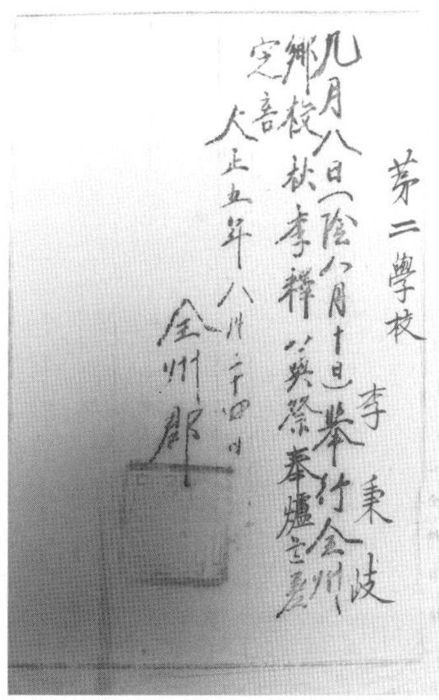
第二學校 李秉岐
九月八日(陰八月十日)擧行全州
鄕校秋季釋奠祭奉爐
定差
大正五年八月二十四日
全州郡

16) 전주향교 제례(9. 8. 음 8. 10.) 봉로에 명함, 1916. 8. 24.

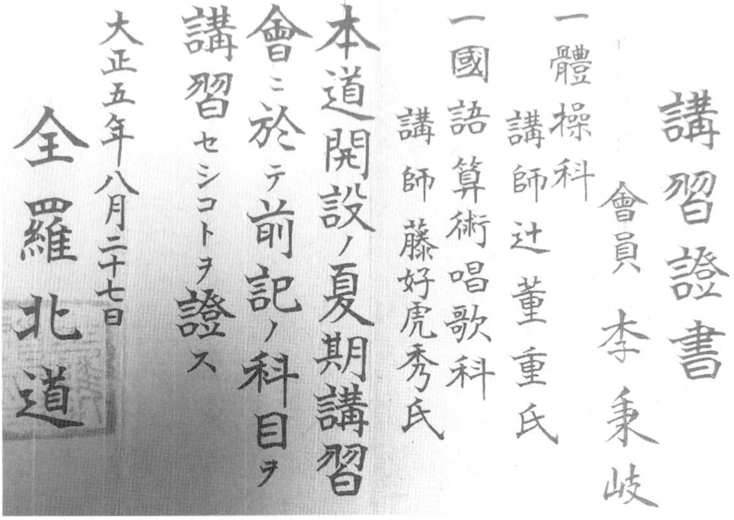

講習證書

會員 李秉岐

一體操科 講師 辻董重氏

一國語算術唱歌科 講師 藤好虎秀氏

本道開設ノ夏期講習會ニ於テ前記ノ科目ヲ講習セシコトヲ證ス

大正五年八月二十七日

全羅北道

17) 강습증서(체조과, 국어 산술 창가과), 1916. 8. 24.

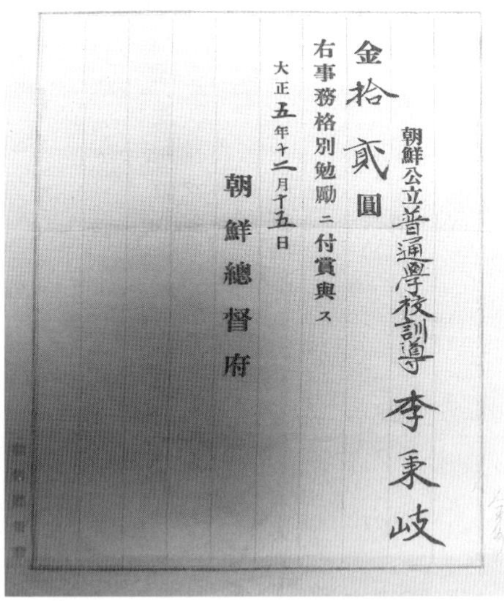

朝鮮公立普通學校訓導 李秉岐

金拾貳圓

右事務格別勉勵ニ付賞與ス

大正五年十二月十五日

朝鮮總督府

18) 면려 상여금 증서, 1916. 12. 15.

3. 여산공립보통학교 훈도 시절(1917. 6.~1919. 5.)

1) 여산공립보통학교 제5회 졸업생 기념, 1917. 앞 줄 왼쪽 두 번째.

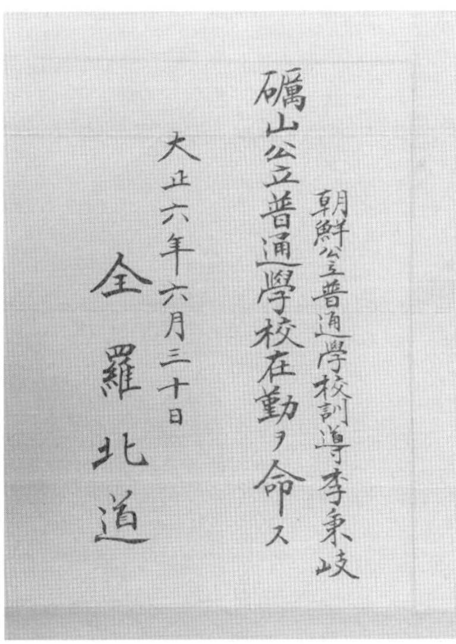

朝鮮公立普通學校訓導李秉岐

礪山公立普通學校在勤ヲ命ス

大正六年六月三十日

全羅北道

2) 여산공립보통학교 발령장, 1917. 6. 30.

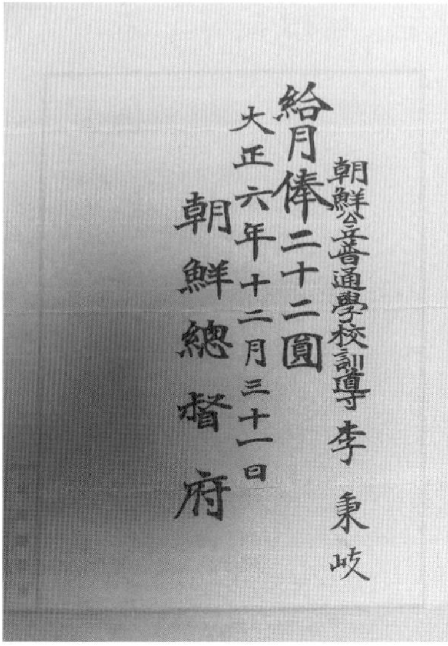
朝鮮公立普通學校訓導 李秉岐
給月俸二十二圓
大正六年十二月三十一日
朝鮮總督府

3) 월급 증서, 1917. 12. 31.

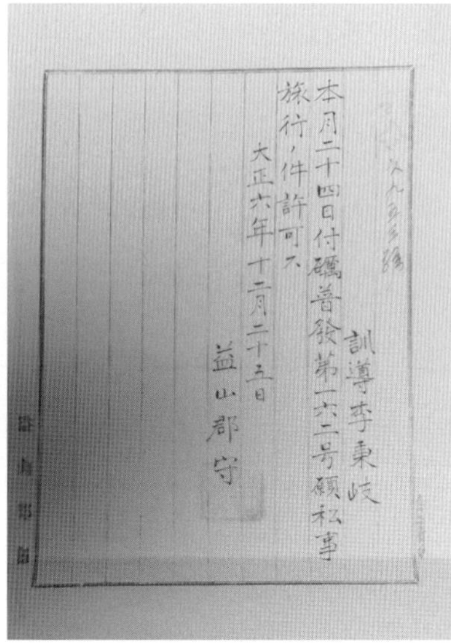
訓導李秉岐
本月二十四日付礪普發第一六二号願私事旅行ノ件許可ス
大正六年十二月十五日
益山郡守

4) 여행허가증, 1917. 12. 15.

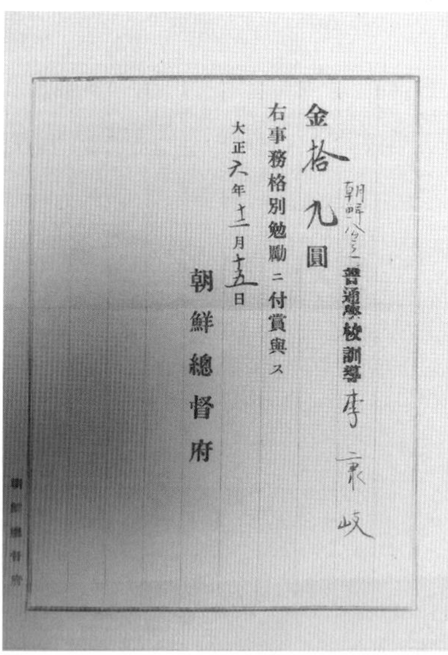
朝鮮公立普通學校訓導李秉岐
金拾九圓
右事務格別勉勵ニ付賞與ス
大正六年十二月十五日
朝鮮總督府

5) 면려 상여금 증서, 1916. 12. 15.

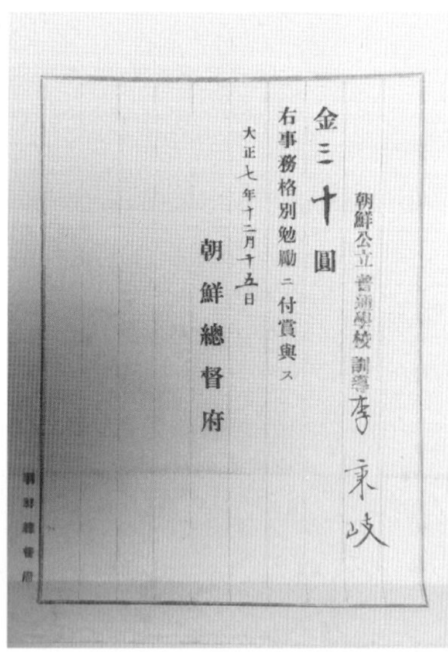
朝鮮公立普通學校訓導李秉岐
金三十圓
右事務格別勉勵ニ付賞與ス
大正七年十二月十五日
朝鮮總督府

6) 면려 상여금 증서, 1918. 12. 15.

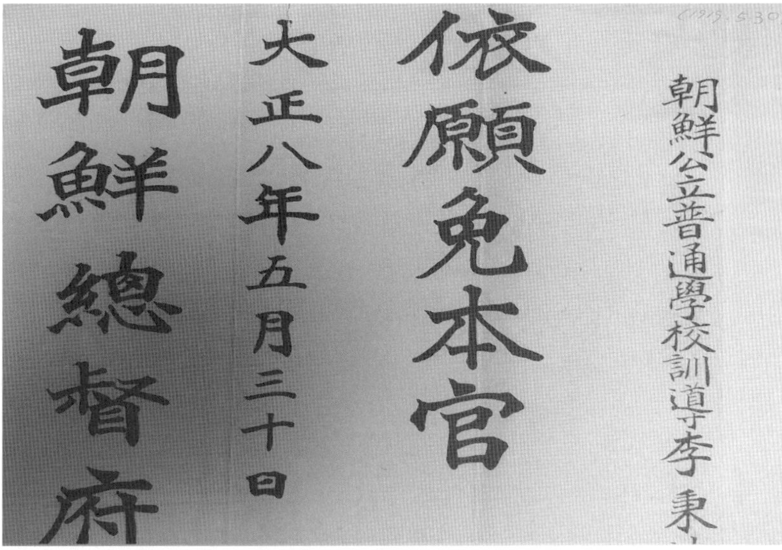
(1919. 5. 30)

朝鮮公立普通學校訓導李秉

依願免本官

大正八年五月三十日

朝鮮總督府

7) 조선공립보통학교 훈도 면직 증서, 1919. 5. 30.

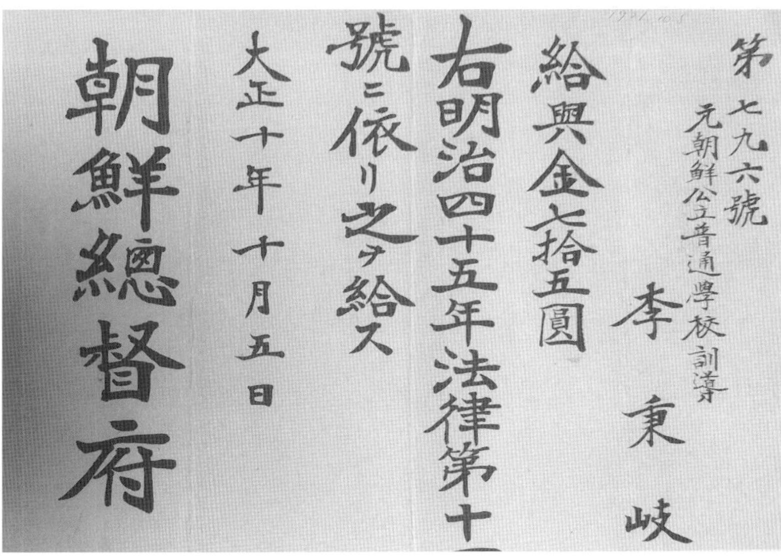
1921. 10. 5

第七九六號

元朝鮮公立普通學校訓導

李 秉 岐

給與金七拾五圓

右明治四十五年法律第十

號ニ依リ之ヲ給ス

大正十年十月五日

朝鮮總督府

8) 퇴직금 증서, 1921. 10. 5.

9) 여산 독립만세 운동 기념비

1919년 3월 10일 밤에 여산 새슬막(신막)에서도 조선자주독립 깃발을 앞세우고 만세운동이 일어난 것을 기념하여 세운 기념비. 가람의 부친(이채)과 숙부(이정) 등 가족들이 참여했고 이로 인해 가람은 학교를 사직하는 계기가 되었다.

4. 휘문고등보통학교 교사 시절(1924. 4. 5.~1938. 3. 31.)

1) 휘문 평양수학여행 기념, 1925~1929

2) 휘문 경주수학여행 불국사에서, 1927~1931. 뒷줄 가운데 가람.

3) 휘문학교 소풍, 1924~1938

4) 휘문 극문우 일동, 1931. 가운데 줄 오른쪽 세 번째 가람, 왼쪽 네 번째 정지용.

5) 휘문학교 교사, 1924~1938

6) 휘문학교 교사, 1924~1938

7) 휘문학교 교사, 1924~1938. 앞줄 오른쪽 일곱 번째 가람

8) 진관사 뒤 계곡에서, 1936. 7. 19.

9) 광주 풍납리 토성 답사, 1939. 2. 12.

Ⅴ. 조선어학회 활동과 한글 운동

1. 조선어학회 활동

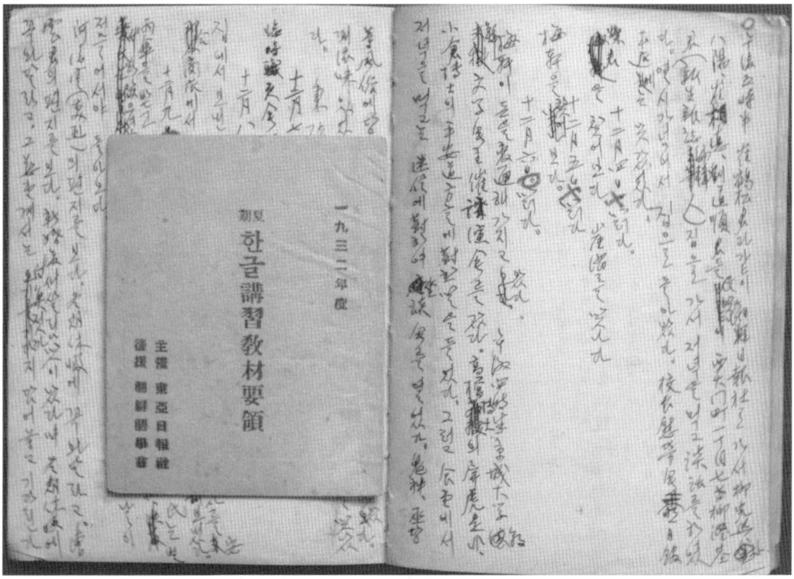

1) 가람일기 속에 보관된 『1932년도 하기 한글강습교재 요령』(주최 동아일보사 후원조선어학회)

이하늘과이따우에

거듭퍼진「한글」의빛

『보배로운우리글을뭇사지기려보、우리글퍼친날을해맛도록잇지말자』

「正音頒布八回甲紀念式」

◇가갸날잔치◇

2) 가람이 참석한 가갸날 기념행사 사진, 동아일보 1926. 11. 6.

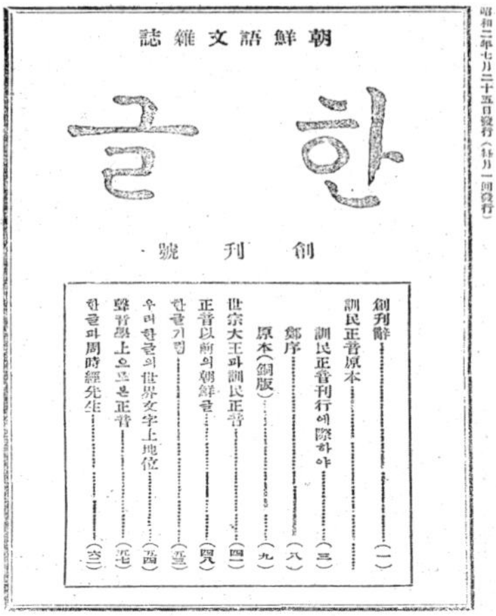

朝鮮語文雜誌

한글

創刊號

昭和二年七月二十五日發行（每月一回發行）

3) 『한글』 동인지 창간호 표지, 1927. 2.

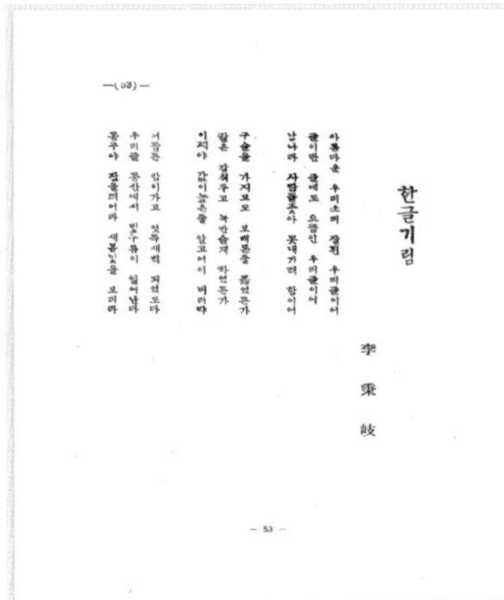

—(53)—

한글기림

李秉岐

— 53 —

4) 『한글』 동인지 창간호에 실린 가람의 시조 「한글기림」, 1927. 2.

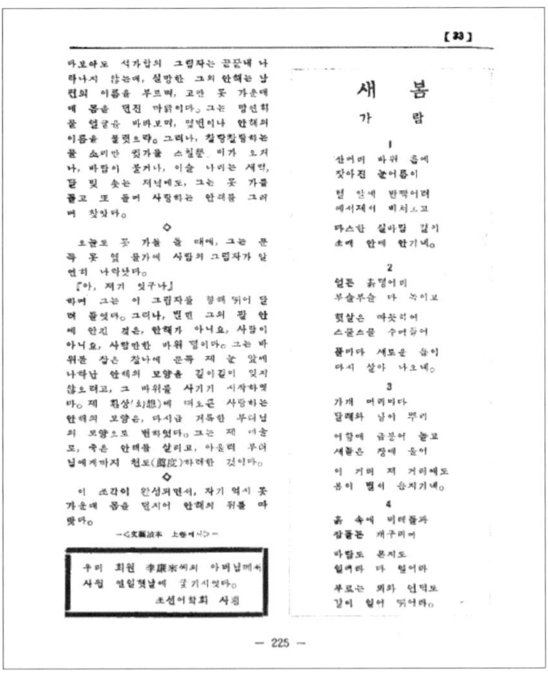

[33]

다보아도 석가탑의 그림자는 끝끝내 나타나지 않는데, 실망한 그의 안해는 남편의 이름을 부르며, 고만 못 가운데에 몸을 던진 까닭이다。그는 망연히 못 얼굴을 바라보며, 얼빈이나 안해의 이름을 불렀으랴。그러나, 찰랑찰랑하는 물 소리만 귓가를 스칠뿐. 비가 오거나, 바람이 불거나, 이슬 나리는 새벽, 달 빛 숫는 저녁에도, 그는 못 가를 돌고 또 돌며 사랑하는 안해를 그리며 찾았다。

◇

오늘도 못 가를 돌 때에, 그는 문득 못 옆 물가에 사람의 그림자가 알연히 나타났다。

「아, 저기 잇구나」

하며 그는 이 그림자를 향해 뛰어 달려 들엇다。그러나, 벌떤 그의 팔 안에 안긴 것은, 안해가 아니요, 사람이 아니요, 사람만한 바위 덩이다。그는 바위를 잡은 찰나에 문득 제 눈 앞에 나타난 안해의 모양을 길이길이 잊지 않으려고, 그 바위를 사기기 시작하엿다。제 환상(幻想)에 떠오른 사랑하는 안해의 모양은, 다시금 거룩한 부더님의 모양으로 변하엿다。그는 제 예술로, 죽은 안해를 살리고, 아울러 부더님에게까지 천도(薦度)하려한 것이다。

◇

이 조각이 완성되면서, 자기 역시 못 가운데 몸을 던지어 안해의 뒤를 따랏다。

—〈文藝讀本 上卷에서〉—

우리 회원 李康來씨의 아버님께서
사월 열일햇날에 굿기시엇다。
조선어학회 사뢰

새 봄

가 람

1

산머리 바위 틈에
잦아진 눈어름이
볕 앞에 반짝어려
예서제서 비쳐오고
따스한 실바람 결이
소매 안에 안기네。

2

얼은 흙덩어리
부슬부슬 다 녹이고
햇살은 따끗하여
스물스물 수며들어
풀마다 새로운 움이
다시 살아 나오네。

3

가개 머리비다
달래와 냉이 뿌리
어항에 금붕어 놀고
새들은 장에 울어
이 거리 저 거리에도
봄이 벌서 움지기네。

4

흙 속에 버레들과
잠품는 개구리며
바람도 몬지도
일어라 다 일어라
부르는 뫼와 언덕도
같이 일어 뛰어라。

— 225 —

5) 『한글』 제1호(한글학회)에 실린 가람의 시조 「새봄」, 1932. 5.

6) 조선어학회 철자위원회 총회 기념, 1933. 1. 3. 개성 고려청년회관에서
한글맞춤법통일안 제일독회를 마친 조선어학회간부들. 앞줄 왼쪽부터 이세전, 이상춘, 이극로, 권덕규, 장지영, 이희승, 최현배, 이윤재, 공진환, 한 사람 건너 정인승, 뒷줄 왼쪽부터 김윤경, 이갑, 이탁, 김선기, 이만규, 이병기, 신명균

7) 조선어철자법통일안 제정위원들 화계사에서, 1933. 7. 26.
앞줄 왼쪽부터 이탁, 정열모, 이세정, 최현배, 김선기, 둘째 줄 이희승, 김윤경, 가람, 이상춘, 셋째 줄 신명균, 이강래, 이만규, 정인섭, 이윤재, 이갑

8) 조선어학회 수난 투옥으로 순국하신 선열들, 1942.10~1945. 8.

9) 조선어학회 회원들을 연행해 재판을 진행하는 일제(국가기록원), 1942년

10) 조선어학회사건 '수난자동지회' 창립 기념 사진 1949. 6. 12.

이 사진은 49년 6월 12일 조선어학회 사건에 직간접으로 관련된 동지 22명이 월례 모임을 갖고 기념으로 찍은 사진이다. 이들은 이 모임을 「조선어학회사건 수난자동지회」(일명10·1회)로 이름지었다. 앞줄 왼쪽부터 김윤경, 정세권, 안재홍, 최현배, 이중화, 장지영, 김양수, 신윤국. 가운데 줄 왼쪽부터 김선기, 백낙준, 장현식, 이병기, 정열모, 방종현, 김법린, 권승욱, 이강래, 뒷줄 왼쪽부터 민영욱, 임형규, 정인승, 정태진, 이석린

11) 조선어학회 여러 선생님을 모시고, 앞줄 왼쪽 가람, 1945. 11. 18.

12) 조선어학회 사건 관련 인사들 사진, 1949년경. 신윤국, 이중화, 윤병호, 최현배, 김양수, 정태진, 정인승, 서민호, 권승욱, 이병기, 김윤경, 이석린, 정열모, 장현식 등. 출처 : '한글학자들의 겨레사랑', 국립중앙박물관

13) 조선어학회 회원들과 조선호텔에서, 1949. 12. 11. 앞줄 오른쪽 세 번째 가람.

14) 한글학회 야유회 진관사에서, 1957. 6. 2. 맨 뒷줄 오른쪽 두 번째 가람.

15) 한글학회 회원들과 회합을 마친 뒤 새 절로 오르는 계단에서, 1959. 7. 19. 앞줄 오른쪽 가람

한글반포五一一주년

市公館서 盛大한記念式

뜻깊은이날 功勞者에施賞

世宗聖德追念

校洞國民校庭

16) 한글반포 511주년 시공관서 성대한 기념식, 조선일보, 1957. 10. 10.

2. 한글 강습 및 강연

1) 충청남도 도·군 직원 강습 후 구도 부여시찰기념, 1948. 10. 6. 가운데 줄 왼쪽 두 번째 가람, 고란사, 사비루, 백화정, 낙화암이 보인다.

2) 부산강습소 가람-한결 선생 초빙 기념 사진 1952. 1. 아랫줄 왼쪽에서 2번째부터 이병기, 김정한, 김윤경, 허웅, 뒷줄 왼쪽부터 정병육, 이주홍

3) 한글 강연 1950년대

朝鮮語講習 일월이일부터

「조선어강습 1월 2일부터」, 조선일보 1928. 12. 29.

安國洞敎會에서 한글講習會 닷새동안開催

「한글 강습회 금14일부터 닷새 동안 개최」, 조선일보 1929. 1. 14.

한글講習會 今日부터開始

「한글강습회 금일부터 개시」, 조선일보 1929. 2. 18.

十四日부터 한글講習會 안국동유치원서 安洞敎會主催

「14일부터 한글 강습회」, 조선일보 1929. 1. 10.

朝鮮사람 朝鮮글 한글研究熱旺盛 蓮池洞勉勵靑年會主催로 十八日부터講習會

「조선사람 조선글 한글연구열 왕성 18일부터 강습회」, 조선일보 1929. 2. 9.

十八日부터廿三日까지 한글講習開催

「18일~23일까지 한글 강습 개최」, 동아일보 1929. 2. 8.

各地한글講習

「각지 한글 강습」, 동아일보 1932. 7. 30.

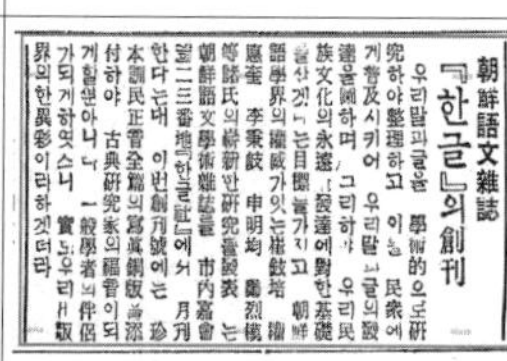

朝鮮語文雜誌 『한글』의創刊

「조선어잡지 『한글』 창간」, 조선일보 1927. 2. 23.

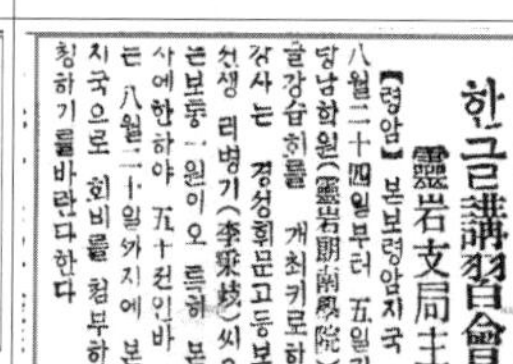

한글講習會 靈岩支局主催

「한글 강습회 영암지국 주최」, 동아일보 1931. 8. 15.

第一回 常識普及短期講座 通俗大學
時日 十一月十一日부터 六日間每夜七時
處所 京城貞洞第一禮拜堂
主催 京城貞洞엡웟靑年會
後援 朝鮮日報社學藝部

「제1회 상식보급단기강좌통속대학」, 조선일보 1929. 11. 8.

期日 二月二十三日下午七時부터
處所 市內蓮池洞蓮洞敎會傳道室
한글, 朝鮮近世史講習會
講師 權悳奎 李秉岐 李瑄根 張志暎
會費 參拾錢
主催 蓮洞靑年勉勵會敎育部
後援 朝鮮日報社文化部

「한글, 근세사 일주일간 계속 강습」, 조선일보 1931. 2. 19.

第一回 朝鮮語講習會
主催 東亞日報社
後援 朝鮮語學會

「제1회 조선어강습회」, 동아일보 1931. 8. 15.

第二回 朝鮮語講習會
主催 東亞日報社
後援 朝鮮語學會

「제2회 조선어 강습회」, 동아일보 1932. 7. 16.

最後的決定이될 한글綴字法討議
廿七日高麗靑年會館에서 斯界大家十七名會合

「한글철자법토의 27일 고려청년회관 사계대가 17명 회합」, 조선일보 1932. 12. 30.

한글標準決定次 斯界權威一堂會合
朝鮮語綴字委員總會

「개성서 10일간 조선어철자법총회」, 조선일보 1932. 12. 24.

綴字法最後決定
한글權威者委員會

「철자법최후결정」, 동아일보 1932. 12. 24.

科學的한글마춤법 統一案을完成
會合二百回·五百時間研究
한글記念日에發表

「과학적 한글마춤법 통일안을 완성」, 동아일보 1933. 10. 21.

朝鮮硏武館主催로
한글講習會開催
五月十四日부터 一週日동안
本社學藝部後援으로

「조선연무관주최 한글 강습회 개최」, 동아일보 1934. 5. 10.

한글統一의第二段

標準語를制定

【温陽에서來月二日査定委員會】

各界人士網羅會合

「한글 통일의 제2단계 표준어 제정」, 동아일보 1934. 12. 30.

百五十餘人의會合

한글委員十八人을慰勞

和氣靄靄하게談笑

「백오십여 인의 회합 한글위원 18인을 위로」, 동아일보 1933. 11. 9.

「한글 강사 기념」, 동아일보 1931. 10. 1.

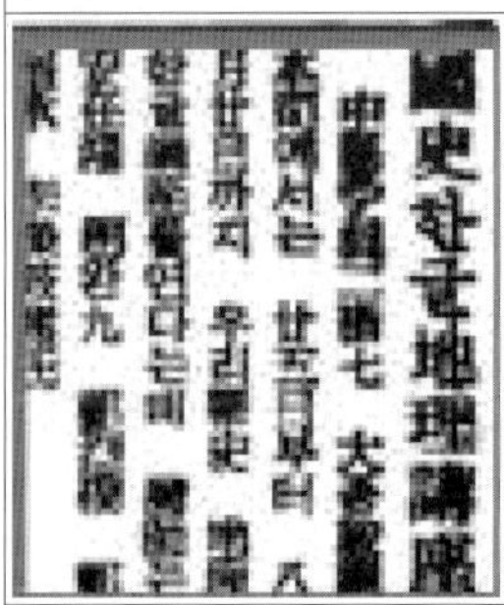

國史한글地理講座

「국사 한글 지리 강좌」, 동아일보 1949. 8. 2.

「국어, 교육과 강습」, 경향신문 1949. 8. 6.

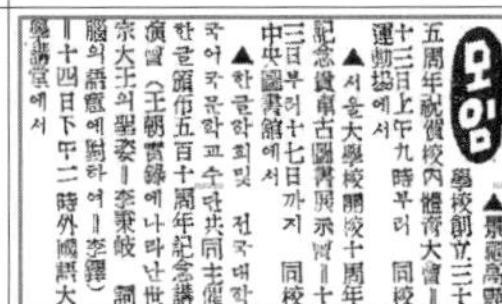

모임

「한글반포 오백주년 기념강연회(이병기)」, 조선일보 1956. 10. 13.

4) 신문에 실린 한글 강습 광고와 기사

Ⅵ. 해방 후

1. 군정청 편수국 시절 가람(1945. 10.~1947. 7.)

1) 군정청 편수국 근무 시절, 1945. 10.~1947. 7.

2. 서울대학교 교수 시절(1946~1950)

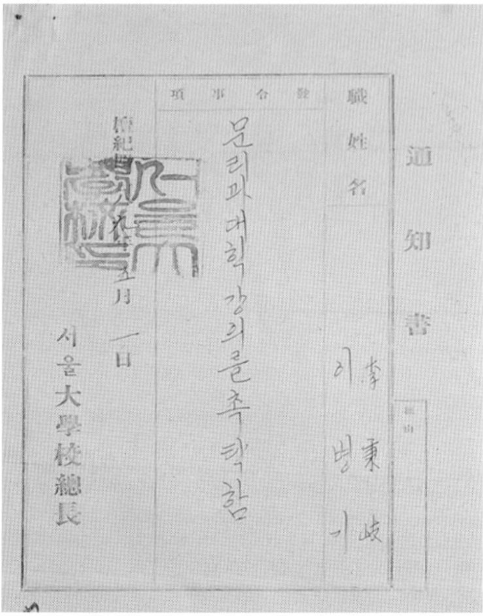

通知書

職姓名 李秉岐 이병기

發令事項 문리과 대학 강의를 촉탁함

檀紀 五月 一日

서울大學校總長

1) 서울대학교 문리과 대학 강의 촉탁 통지서, 1946. 5. 1.

2) 서울대 국문과 야유회, 홍릉 임업시험장, 1948.

3) 서울대 국문과 야유회, 홍릉 임업시험장, 1948, 이희승, 조윤제, 가람(오른쪽 머리 부분)

4) 서울대 국문과 야유회에서 홍겨운 한때, 홍릉 임업시험장, 1948, 가운데 춤추는 분이 가람

3. 전북대학교 교수 시절(1951~1956)

1) 전북대학교 문리대학장 시절 1952~1956

2) 전북대학교 문리대학장 시절, 1952~1956.

3) 전북대학교 문리과대학 1회 졸업 기념, 1953. 11. 30. 앞줄 오른쪽 네 번째.

4) 국립전북대학교 문리과대학 졸업 기념, 1955. 3. 19. 앞줄 가운데 가람.

5) 국립전북대학교 문리과대학 국문과 졸업 기념, 1955. 3. 19. 앞줄 가운데 가람.

6) 전북대학교 문리대 철학과 졸업 기념, 1955. 3. 19. 앞줄 가운데 가람.

7) 전북대학교 졸업 기념, 1955. 3. 19. 오른쪽 세 번째 가람.

8) 전북대학교 문리과대학에서, 1955. 3. 19. 앞줄 김교선, 가람, 김근수, 뒷줄 최승범, 김종인, 김준영, 박병순, 허정석

9) 전북대학교 학생과 교수들, 1955. 3. 19. 둘째 줄 가람과 김두헌 총장

10) 전북대학교 국문과 졸업 기념, 1954~1956

11) 철교 앞에서, 1952~1956

12) 철교 앞에서 가람과 제자 최승범 교수, 1952~1956

13) 가람과 제자 최승범 교수, 1952~1956

14) 제자와 함께, 1950년대

15) 전북대학교에서, 1952~1956

16) 양사재에서 가람과 포광 김영수 교수, 1952~1956

17) 재경전북학우회주최 제1회웅변대회기념, 1955. 8. 24. 둘째 줄 가운데.

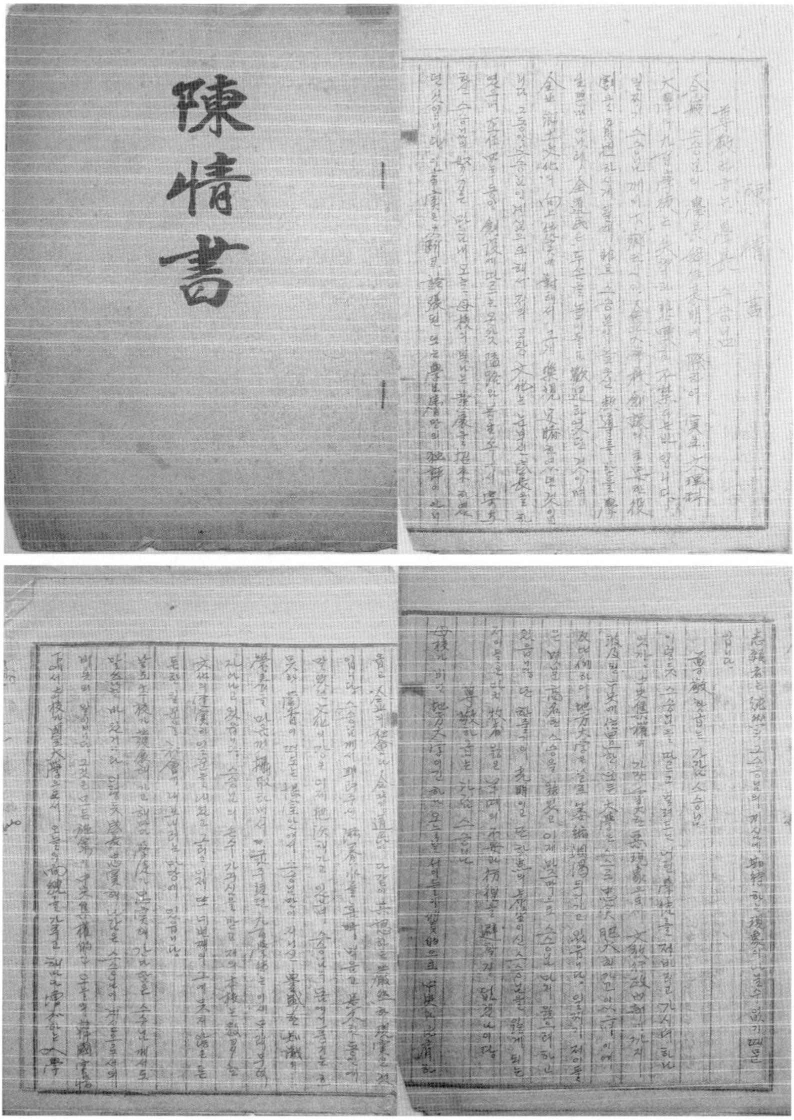
陳情書

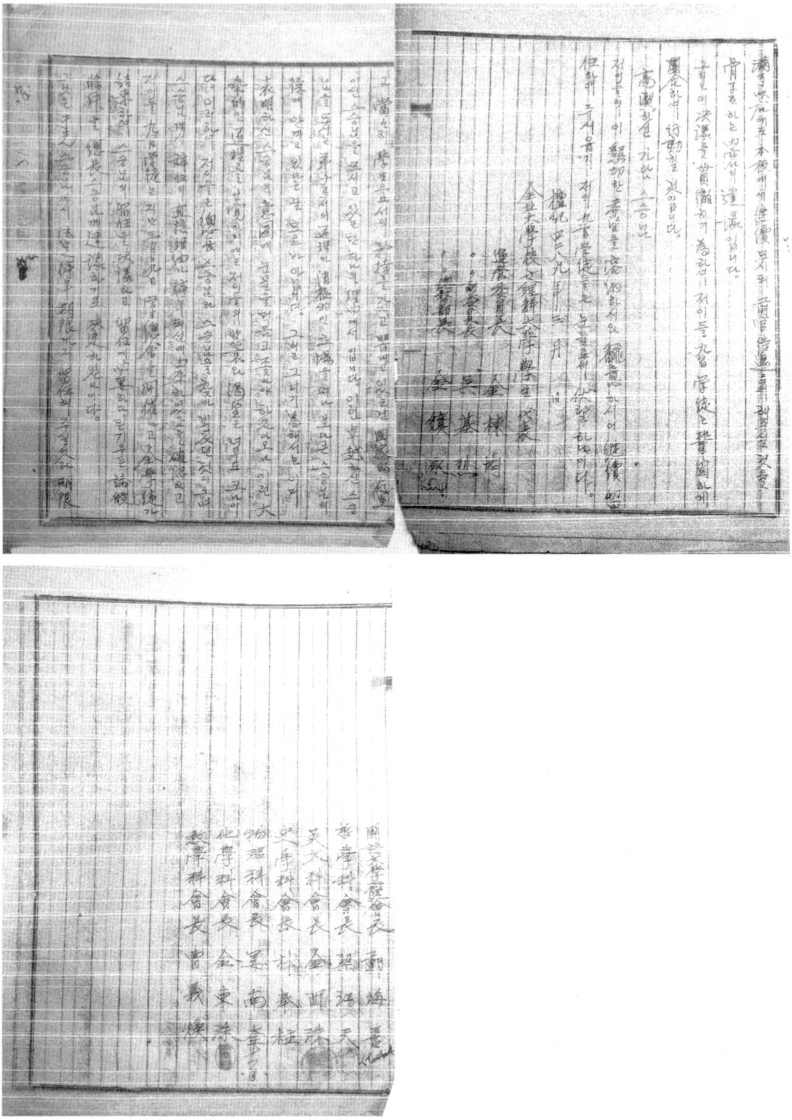

18) 전북대학교 유임 진정서(1956. 3.)

진정서陳情書

존경尊敬하옵는 학장學長 스승님

금반今般 스승님의 학장學長 사임辭任 표명表明에 제製하여 실実로 문리과대학文理科大學의 9백九百 학도學徒는 실망失望과 비탄悲嘆을 불금不禁하는 바입니다. 일찍이 스승님께서 하향下鄉하시어 전북대학교全北大學校 창설創設의 주요主要한 역할役割을 부담負擔하시게 될 때 비단非但 스승님의 높으신 교도敎導를 받을 학생學生뿐만 아니라 전도민全道民은 두 손을 높이 들고 환영歡迎하였던 것이며 전북全北 향토문화鄉土文化의 향상向上 결실結實에 대對해서 크게 낙관樂觀 안도安堵하였던 것입니다. 그동안 스승님이 계심으로 해서 저의 고장 문화文化는 누부신 성장成長을 하였으며 재임在任 4년 동안 창설創設에 따르는 온갖 애로隘路와 고생苦生 속에서 처방處方하신 스승님의 노력努力은 마침내 오늘 모교母校의 빛나는 발전發展을 초래招來하였던 것입니다. 이 사실事實은 결단코 과장誇張된 또는 학생층學生層만의 독평獨評이 아니옵고 전북全北의 사회社會와 전북全北의 도민道民이 다같이 심인甚認하는 엄연嚴然한 현실現實일 것입니다. 스승님께서 뿌려주신 자양수滋養水를 홈빡 먹음고 장구長久한 동안에 말랐던 문화文化의 땅은 이제 비옥肥沃해가고 있으며 스승님의 몸에서 난향蘭香이 떠도는 온실溫室안에서 스승님만이 지니신 풍성豊盛한 지식知識의 영양榮養을 마음껏 섭취攝取하면서 굶주렸던 9백九百 학도學徒는 이제 무럭무럭 자라나고 있습니다. 스승님의 손수 가꾸심을 받고 저의 본교本校는 수다數多한 문화文化의 건실健實한 일꾼을 내었고, 그리고 이제 또 네 번째의 그에 못지않은 튼튼한 일꾼을 내보내려는 마당에 있습니다.

날로 본교本校가 발전發展해가고 해마다 학도學徒가 충실充實해 간다 함은 스승님께서도 말씀한 바 있거니와 이렇듯 성장成長 충실充實해 나감은 스승님이 계심으로서의 비롯된 일입니다. 그것은 모든 시책施策이 중앙집권적中央集權的인 오늘의 한국韓國 실정하實情下에서 본교本校가 국립대학國立大學으로서 오늘의 면모面貌를 갖추고 해마다 증가增加하는 입학入學 지원자志願者는 당연當然히 그 스승님의 계심에 기대期待하는 현상現像이 아닐 수 없기 때문입니다.

존경尊敬하옵는 가람 스승님

이렇듯 스승님을 따르고 밀려드는 어린 학도學徒를 저바리고 가시려 하나잇가. 중앙집권中央集權의 가장 중대重大한 악현상惡現象으로써 문교文教 행정行政 내부內部에까지 파급波及된 중앙中央에 위치位置한 모든 대학大學은 스스로 충실充實 비대肥大해가고 있으며 이에 반비례反比例하여 지방대학地方大學은 날로 위축萎縮 학갈涸渴되어 가고 있습니다. 일찍이 저이들은 몇 분 고명古名한 스승을 잃었고 이제 마즈막으로 스승님마저 잃으려 하고 있습니다. 단 한줄기의 광명光明이고 단 한 점点의 희망希望이신 스승님을 잃게 되는 저이들은 마치 목자牧者 잃은 양 떼의 불안不安과 방황彷徨을 피避할 길 없겠나이다.

존경尊敬하옵는 가람 스승님

모교母校가 비단 지방대학地方大學이긴 하나 오늘날 저이들이 질적質的으로 중앙中央과 비견比肩하고 당당當當히 학생으로서의 긍지矜持를 가지고 뽐내고 있는 건 국가적 존재存在이신 스승님을 모시고 있는 단 하나의 이유理由에서입니다. 이런 탁월卓越하신 스승님을 모시는 제자弟子로서의 도리道理가 소극적消極的인 입장立場을 떠나 보다 큰 스승님의 덕德에 안끼고 있다는 걸 모른바 아닙니다. 그리고 그러기 위해서는 이미 표명表明하신 스승님의 의도意圖에 눈물을 머금고 좇아야 하겠아오나 이런 대승적大

乘的인 도리道理를 생각하기에는 저이들의 비애悲哀와 갈망渴望은 너무도 크나이다. 이리하여 저이들은 총장總長 스승님과 스승님을 찾아뵈었던 것이오며 스승님께서 사임辭任의 직접 이유理由가 정년停年이 되심에 유래由來하였음을 확인確認하고 저이들 9백九百 학도學徒는 지난 삼월三月 구일九日 학생學生 총회總會를 개최하고 전학도全學徒가 결속結束하여 스승님의 유임留任을 결의決議하고 유임留任에 필요必要하다 믿기우는 제반諸般 조건條件을 총장總長 스승님께 건의建議하기로 결정決定하였나이다.

그것은 우선于先 스승님께서 법정法定 정년停年 기한期限까지 유임留任해주실 것과 기한期限 만료滿了 이후以後에도 본교本校에서 계속繼續 모시되 그 전관前官 대우待遇로서 해주실 것을 골자骨子로 하는 내용內容의 건의建議입니다.

그리고 이 결의決議를 관철觀徹하기 위해서 저이들 9백九百 학도學徒는 확고確固하게 단합團合하여 행동行動할 것입니다.

고결高潔하신 가람 스승님

저이들의 이 간절懇切한 희망希望을 용납容納하시와 번의翻意하시어 계속繼續 유임留任하여주시옵기 저의 9백九百 학도學徒들은 눈물로써 복망伏望하나이다.

단기 4289년 3월 일

全北大學校 文理科大壑 學生代表

運營委員長 金棟均

運營副委員長 吳基烈

運營總務部長 金鎭泳

國語文學科會長 鄭海善

哲學科會長 梁江天

英文科會長 金西洙

史學科會長 朴奉柱

物理科會長 姜南圭

化學科會長 金東洙

數學科會長 曺義煥

4. 전북 문인·제자들과 함께

1) 문인들과 함께, 1952~1956

문인들과 함께, 1952~1956

문인들과 함께, 1952~1956

문인들과 함께, 1952~1956

문인들과 함께, 1952~1956

2) 전북 문인들과 함께, 1952~1956. 앞줄 김해강, 가람, 석정, 뒷줄 최승범, 박병순.

3) 가람과 석정, 1952~1956

4) 군산에서 시문학강좌 개최, 문인들과 함께, 1955. 1. 26.~30. 앞줄 가람, 석정, 셋째 줄 왼쪽 이병훈 세 번째 김영송 네 번째 고은

5) 가람 동인회 사하집 『새벽』 출판기념회, 전주 삼원다방, 1954. 3. 19.

6) 남원 광한루 강연(서남지부전투사령부 주최) 후 남원 명지호텔 앞에서, 1954. 7. 24.
박항식, 최승범, 구름재, 백양촌, 석정, 가람, 김해강

7) 남원 광한루에서 문인들과 함께, 1954. 7. 26. ①

남원 광한루에서 문인들과 함께 ②

남원 광한루에서 문인들과 함께 ③

8) 양사재에서 지인들과 함께, 1956. 7. 8.

9) 백련과 함께 양사재에서, 1956. 7. 8. ①

1954년 8월 27일. 백련꽃이 두 대 나와 한 대는 피었다. 닢은 4, 5대다. 소공을 청하고 사진 박는 이를 불러 소공과 촬영하고 처와 양배와 촬영하고 처와 난초, 계수와 촬영. 이재수 군이 와 종일 문의, 필기. 신석정, 백양촌, 김해강, 최승범 군이 와 백련 완상.

1956년 7월 8일. 소공, 포광, 박병순, 최승범, 허정석, 농대 김용철 군이 왔다. 바야흐로 만발하는 풍란을 사진하였다

백련과 함께 양사재에서 ②

백련과 함께 양사재에서 ③

10) 가람이 키우던 난

11) 결혼식 주례

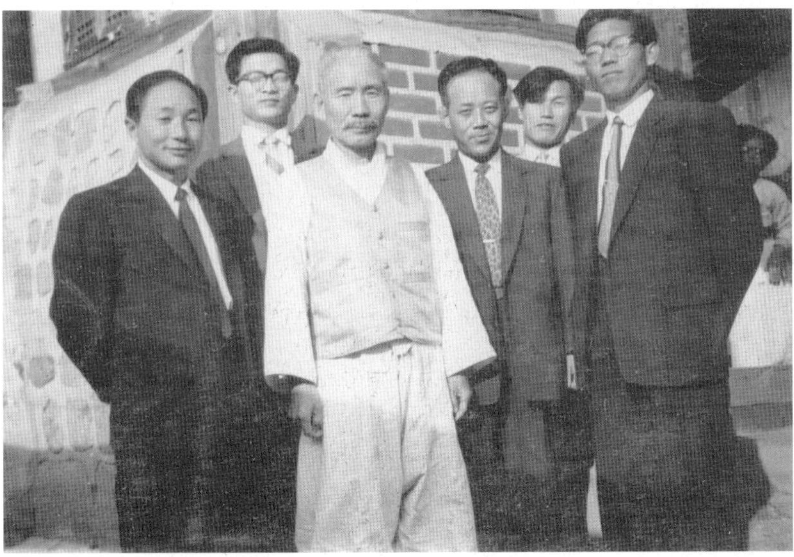

12) 지인들과 함께 1960년대 ①

지인들과 함께 1960년대 ②, 여산 생가에서, 가람 뒤 차남 경희 씨 최승범

지인들과 함께 1960년대 ③, 여산 생가에서

5. 학술원상 수상(1960. 7. 17.)

1) 제5회 학술원상 수상 기념, 1960. 7. 17. ①
앞줄 왼쪽부터 이종륜, 가람, 조복성, 박종홍, 뒷줄 이희승, 이병도 안동혁

제5회 학술원상 수상 기념, 1960. 7. 17. ②

6. 전북대학교 명예문학박사 수여식(1961. 6. 8.)

1) 전북대학교 명예문학박사 수여식, 1961. 6. 8.

2) 전북대학교 명예문학박사 수여식에서, 1961. 6. 8. ①

명예문학박사 수여식에서 ②,
정인승 총장과 함께

명예문학박사 수여식에서 ③

명예문학박사 수여식에서 ④, 1961. 6. 8.

3) 명예문학박사 수여식에서 가족들과 함께

4) 명예문학박사 수여식에서 부인과 손주와 함께

5) 명예문학박사 수여식에서 삼형제분(병룡, 병철)

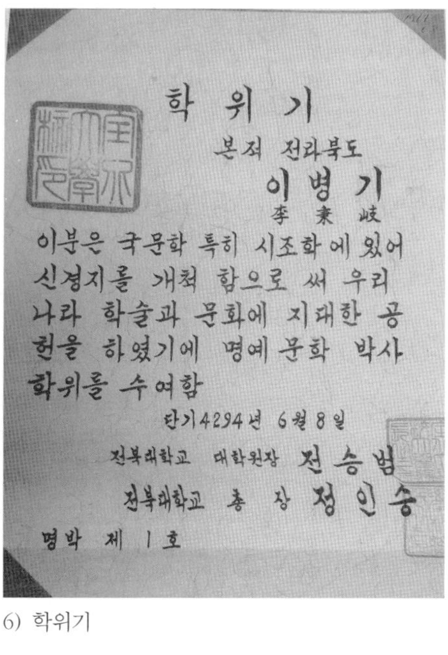

학 위 기

본적 전라북도

이 병 기

李 秉 岐

이분은 국문학 특히 시조학에 있어
신경지를 개척 함으로 써 우리
나라 학술과 문화에 지대한 공
헌을 하였기에 명예 문학 박사
학위를 수여함

단기4294년 6월 8일

전북대학교 대학원장 전 승 범

전북대학교 총 장 정 인 승

명박 제 1 호

6) 학위기

7. 고희기념(1961. 11. 26.)

1) 고희기념 동료 및 제자들과 함께, 여산 생가에서, 1960. 11. 26. 정인승, 김상기, 이희승, 조윤제, 사모님과 손주들, 최현배, 이병도, 백철, 이태극, 양주동, 박종화, 김근수, 김동욱, 남광우, 박재삼, 이능우, 임동권, 전광용, 이종익, 정병욱

2) 고희 기념, 생가에서, 1961. 11. 26.

3) 고희 기념, 생가에서, 1961. 11. 26.

8. 출판기념회 (?)

1) 연대 내용 추정 불명확—출판기념회 (?) 전북대학교 1950년대

9. 장서 기증(1963. 5. 24.)

1) 서울대학교도서관에 장서 기증 1963. 5. 24. ①

서울대학교도서관에 장서 기증 ②

서울대학교도서관에 장서 기증 ③

서울대학교도서관에 장서 기증 ④

10. 영결식(1968. 11. 28. 별세)

1) 영결식장 ①. 가람 영결식은 전라북도 문화인장으로 여산 남초등학교 교정에서 엄수되었다. 이날 영결식에는 학술원장 이병도 박사, 한글학회 권승욱 씨, 문인 백철 씨를 비롯한 친지와 제자들 약 2천 명이 모여 국문학계에 끼친 고인의 공적을 되새기고 명복을 빌었다. 가람 선생의 유해는 고향 생가 뒷산 선영 용화산 기슭에 안장되었다. 1968. 12. 3.

영결식장 ②

영결식장 ③

2) 운구 행렬 ①

운구 행렬 ②

운구 행렬 ③

운구 행렬 ④

3) 조문객 일동 ①

조문객 일동 ②

4) 남은 유족들 ①

남은 유족들 ②

5) 가람 선생 묘소 ①

가람 선생 묘소 ②

Ⅶ. 가람 기념

1. 가람 시비 제막식(전주시 다가공원에 건립, 1969. 11. 30.)

2. 가람 시비

1) 가람 시비 전주시 다가공원

2) 가람 시비 전북대학교 삼성문화회관 앞

3) 가람 시비 여산초등학교

4) 가람 시비 여산휴게소

5) 교가비 여산초등학교

6) 여산초등학교 개교 100주년 기념비

7) 가람 이병기 선생 상

8) 가람 이병기 선생 기념비

9) 가람 이병기 박사 묘비석

10) 가람 이병기 선생 기념비 제막식, 1998. 11. 28.

12) 가람 문학관(2017년 개관)

3. 가람의 서재

1) 가람의 필사筆寫 모습

2) 가람의 서재에서 최승범 교수와 함께

3) 매화옥 서실, 동아일보 1959. 10. 15.

조선일보 1961. 3. 19.

동아일보 1962. 7. 16.

조선일보 1963. 5. 30.

동아일보 1963. 5. 31.

경향신문 1963. 6. 6.

조선일보 1968. 12. 6.

4) 여산 생가 서재

4. 가람의 초상들

부인 김수 여사

1966년

5. 공로패 훈·포장

1) 한글 반포 516주년 세종문화 큰잔치 공로패 1962. 10. 8.

건국포장 1977. 12. 13.

건국훈장애국장 1990. 12. 26.

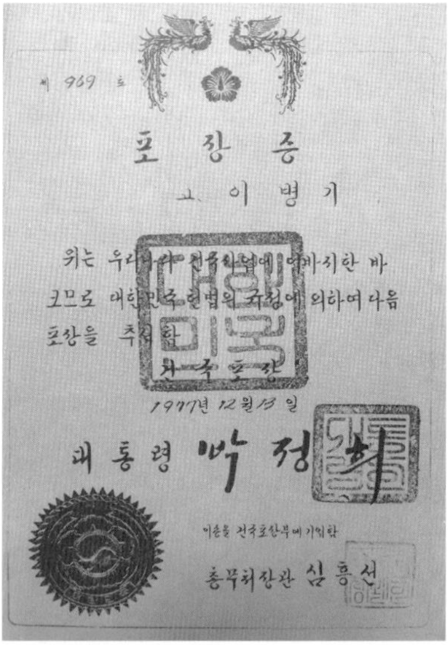

제 969 호

포 장 증

고 이 병 기

위는 우리나라 건국사업에 이바지한 바 크므로 대한민국헌법의 규정에 의하여 다음 포장을 추서함

건국포장

1977년 12월 13일

대통령 박 정 희

이훈을 건국포장부에 기입함

총무처장관 심 흥 선

건국포장 1977. 12. 13.

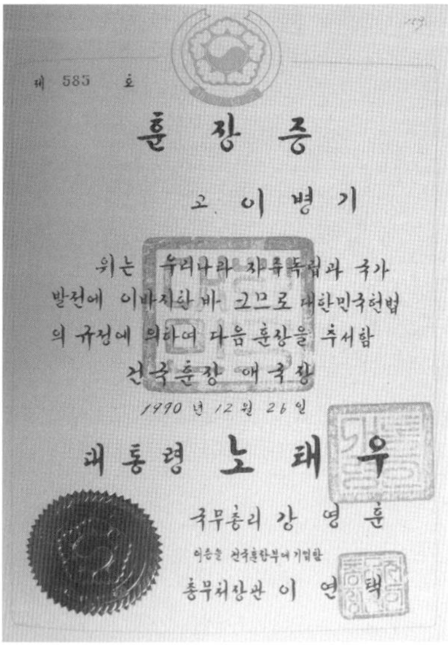

제 585 호

훈 장 증

고 이 병 기

위는 우리나라 자유독립과 국가 발전에 이바지한 바 크므로 대한민국헌법의 규정에 의하여 다음 훈장을 추서함

건국훈장 애국장

1990년 12월 26일

대통령 노 태 우

국무총리 강 영 훈

이훈을 건국훈장부에 기입함

총무처장관 이 연 택

건국훈장애국장 1990. 12. 26.

2) 훈·포장

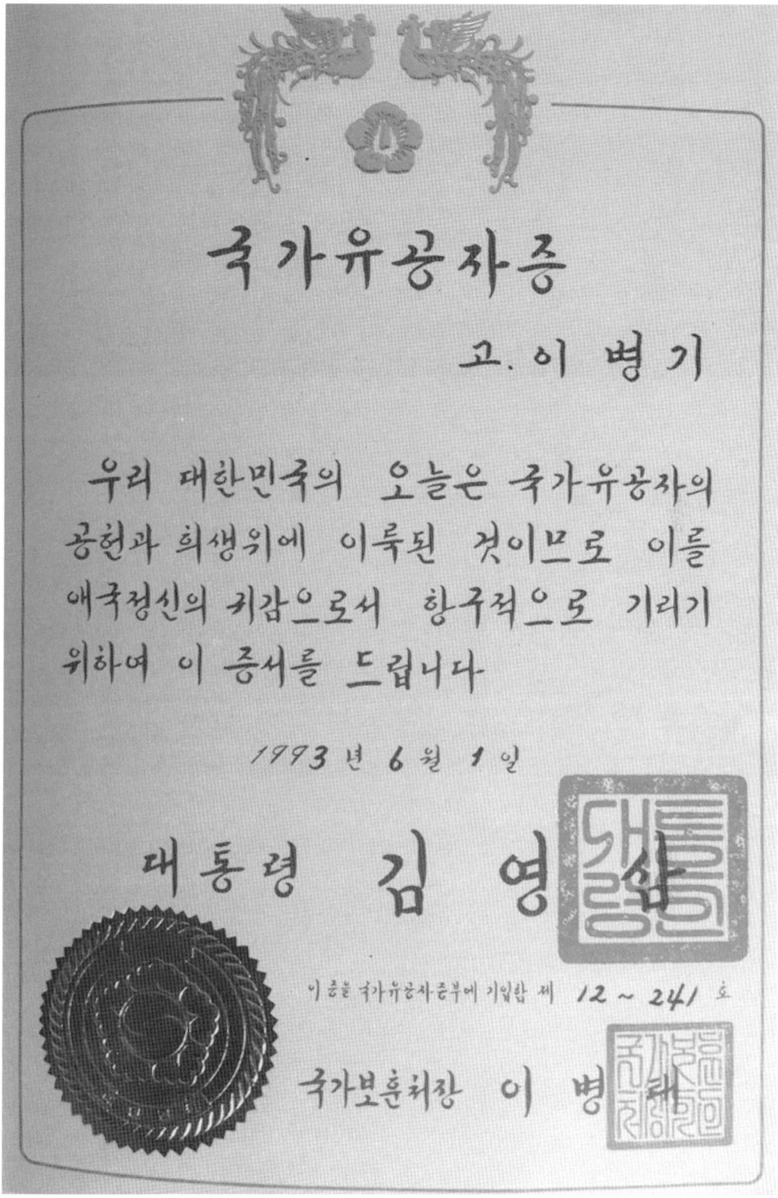

국가유공자증

고. 이 병 기

우리 대한민국의 오늘은 국가유공자의 공헌과 희생위에 이룩된 것이므로 이를 애국정신의 귀감으로서 항구적으로 기리기 위하여 이 증서를 드립니다

1993 년 6 월 1 일

대통령 김 영 삼

이 증을 국가유공자증부에 기입함 제 12 ~ 241 호

국가보훈처장 이 병 태

3) 국가유공자증, 1993. 6. 1.

6. 유품

1) 유품(가람문학관 전시)

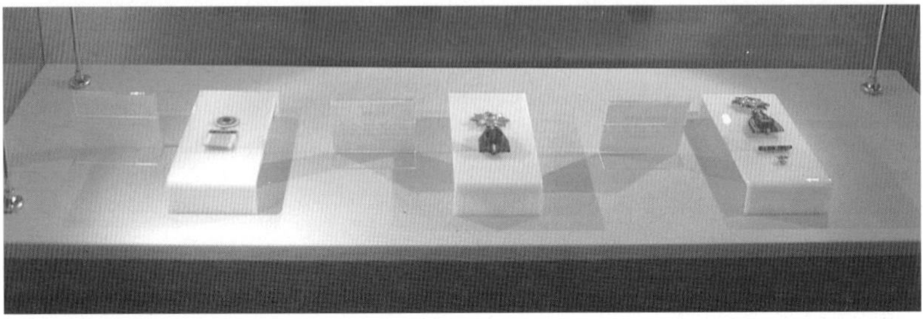

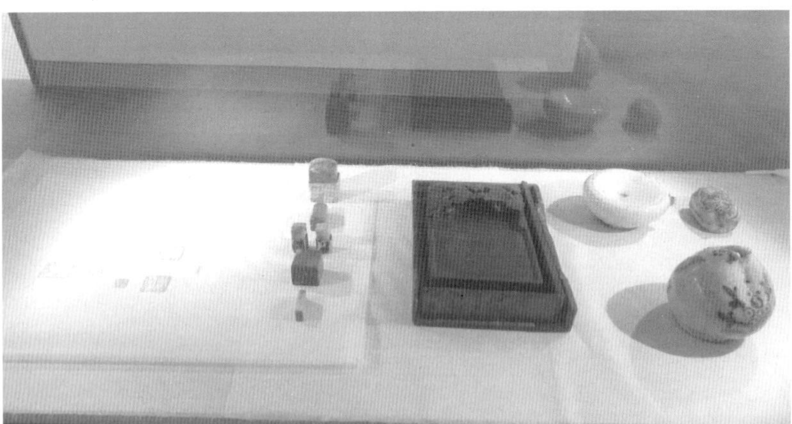

독립기념관개관기념
대통령

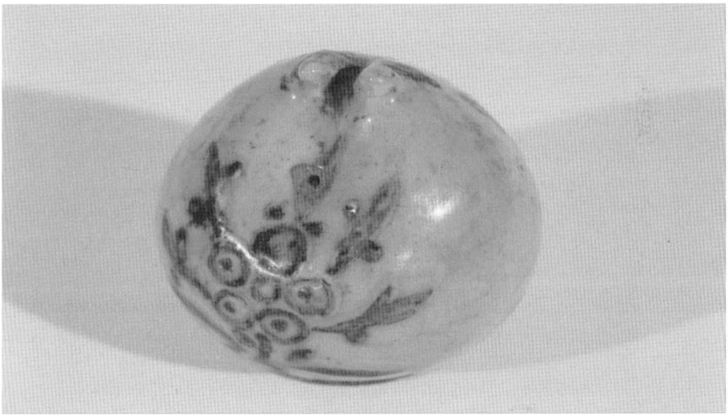

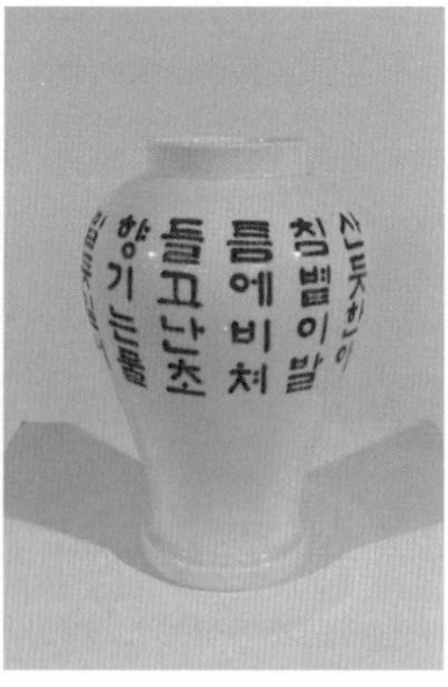

창볕이 발
틈에 비처
들고 난초
향기 는몸

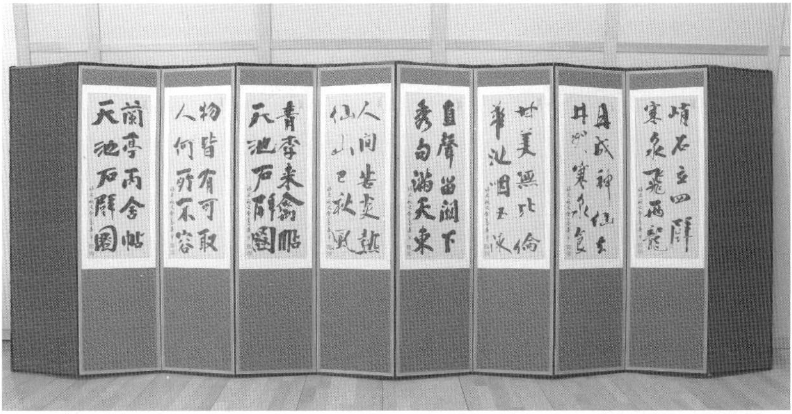

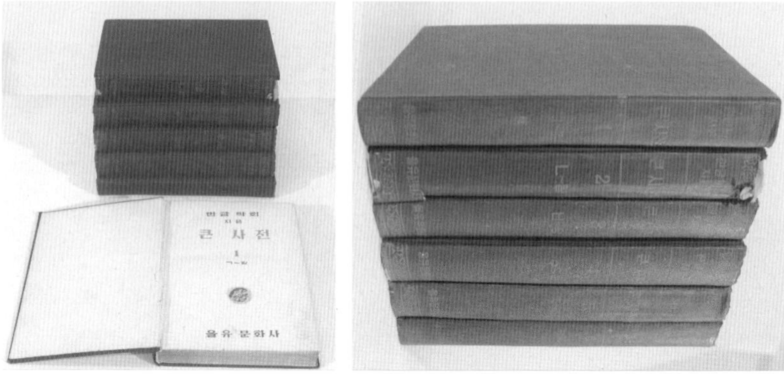

한글학회 큰사전

가람 인장과 낙관

2) 가람 일기(가람 며느님 유재희 소장)

일기함

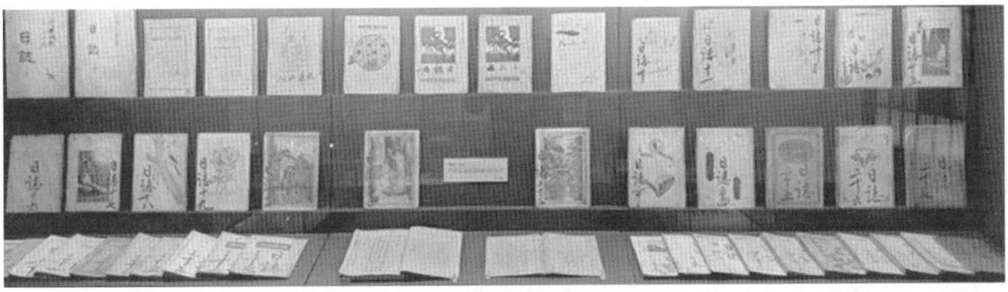

일기 34권 표지(가람문학관 전시)

펼쳐 놓은 33권의 일기

6. 현판과 편액

1) 수우재守愚齋 현판

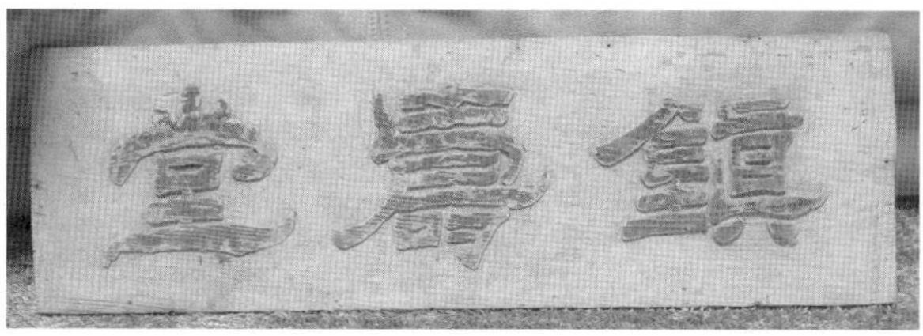

2) 진수당鎭壽堂 현판

3) 승운정勝雲亭 현판

4) 가남(가람의 다른 호) 편액

Ⅷ. 가족사진

1. 가족사진

1) 장남 동희 수송유치원(종로구 수송동) 입학 기념, 1931. 3. 18.

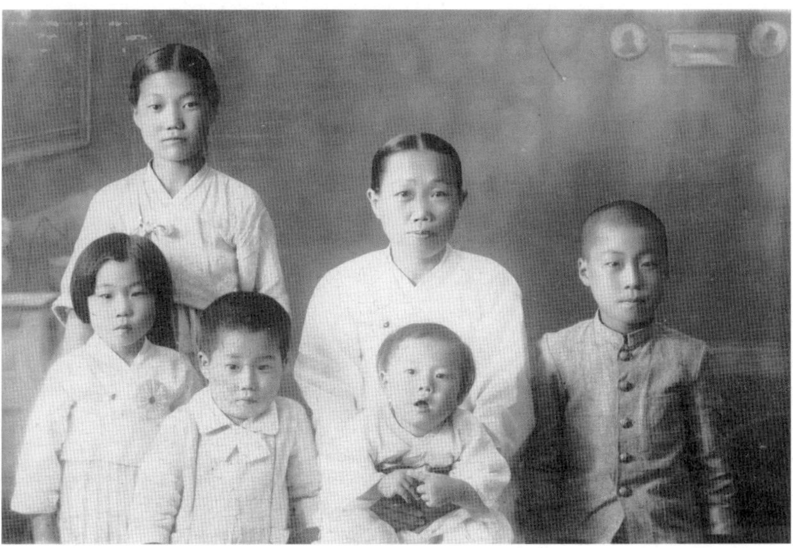

2) 가족사진(한희(7세), 경희, 종희, 복희, 가람 사모님, 동희, 계동 79-13), 1934년

3) 태화관(영양 강의, 건강검진 하는 당시 보건소)에서, 가운데 원장 옆 경희, 종희, 한희(7세), 한희 뒤 가람 사모님, 1934년

4) 차남 경희 근화유치원 졸업기념, 1936. 3. 13.

5) 가족사진(경희, 가람 사모님, 종희, 순희, 큰고모아들 종석, 동희, 한희(15세 경기고녀 1, 2학년 교복), 계동, 1941년)

6) 가람 회갑연, 1953. 1. 17.

7) 부인 회갑연, 1952. 3. 5.

8) 계동 매화옥에서, 1950년대

9) 첫 손녀 앙배를 안고 양사재에서, 1950년대

10) 가람과 장손주 앙배와 함께(『여원』 표지 1961년)

11) 창경원 가족사진, 1960. 6. 5.

12) 수우재 안채에서, 순희 딸 현옥, 가람, 부인, 병룡, 종희, 1960년대

13) 말년 여산 생가 수우재 너럭바위 위에서, 1960년

14) 회혼례(1966. 12.) ①

회혼례 ②

회혼례 ③

회혼례 ④

회혼례 ⑤

회혼례 ⑥

2. 가람의 자손들

1) 장남 동희

2) 차남 경희

3) 삼남 종희

4) 장녀 순희, 1993.

5) 차녀 한희, 2015. 12. 23.

6) 일기를 끝까지 보관하신 둘째 며느님 유재희 여사, 2015. 4. 11.

7) 가람 선생을 돌보며 마지막까지 생가를 지킨 셋째 며느님 윤옥병 여사, 2010. 12. 14.

8) 둘째 며느님과 손주 희경, 원배, 2017. 4. 15.

9) 현재 생가 옆에 살면서 할아버지를 추억하고 기리는 손주 앙배 씨 부부, 2017. 2. 5.

10) 가람일기 촬영 후 유족과 전집간행위원들, 2015. 4. 11.
(앞줄 오른쪽 셋째 가람 며느님 유재희 씨, 손주 원배 부부와 증손주)

가람 이병기 선생의 친지·후배들의 글

일러두기

1. 여기에 수록된 글들은 가람 선생을 생전에 가까이 알고 지낸 친지·후배들이 가람에 관한 이야기를 쓴 글을 중심으로 한데 모아 엮은 것이다.
2. 가람 선생이 살아계셨을 때의 행적과 인간적 면모, 일화 등을 비롯하여 돌아가신 후 발표된 추모의 글, 그리고 그의 학술적 업적을 대표적으로 보여주는 논문 몇 편을 연대순으로 실었다.
3. 원문의 한자어는 가독성을 위하여 '한글漢字' 식으로 표기하였다.
4. 출전은 각주로 표시하였으며, 발표 일자는 신문은 연월일까지 잡지는 연월까지 밝혔다.
5. 원문의 표기법을 존중하되, 띄어쓰기는 현재의 한글 맞춤법과 표준어규정에 따르는 것을 원칙으로 하였다.

설중방란기雪中訪蘭記[3]

이태준李泰俊

소위所謂 난蘭이라고 할 게 두어 분盆 있으나 기를 줄을 몰라 잎이 막된 데다 건란建蘭은 지난 구월九月에 꽃이 졌고 사란絲蘭은 아직 부리가 어린 때문인지 조석朝夕으로 드려다보나 화경花莖이 나오지 않는다. 잎만으로는 단조單調롭다. 꽃보다도 잎을 더 사랑하는 이가 있다 하나 우리 초연자初戀者에겐 먼저 꽃이요 그 꽃이 떨치는 향기香氣가 아쉽다.

일전日前에 누가 삼월온실三越溫室에서 난蘭을 보았다 하기에 가보니 사란絲蘭과 풍세란豊歲蘭 맻 분盆이 나와 있었다. 대만산臺灣産인 풍세란豊歲蘭은 활엽수活葉樹와 같이 잎이 번질번질하고 바야흐로 피이려는 화경花莖이 고사리처럼 서너 대씩 솟아 있었다. 다른 난蘭보다 아취雅趣는 적어보히나 여름 그리운 설중雪中에 여름을 다분多分히 품은 풍세豊歲는 마음을 몹시 끌었다. 그러나 마침 연말年末이라 내여보내기만한 내 주머니는 그것을 바라보기만 할밖에 없었다. 그 이튼날도 가보고 또 그다음 날도 가보되 꽃봉오리는 날래 열리지 않었다. 날래 열리지 않는 것을 보니 더욱 집으로 가저오고 싶었다.

3 이태준, 「설중방란기雪中訪蘭記」, 『시와 소설』, 1936. 3.

『이 풍세란豊歲蘭이란 것두 향기香氣가 있습니까.』

『건란建蘭처럼 팍 향기香氣가 좋습니다.』

점원店員은 그 윤택尹澤한 잎을 쓰다듬어까지 보히었다.

그러나 메칠 뒤에 가보니 내가 사고 싶든 분盆은 이미 임자를 얻어 팔려버리고 말았다. 우울憂鬱하게 돌아온 수삼일數三日 후後이다. 지용芝溶 형兄에게서 편지가 왔다.

『가람 선생先生께서 난초蘭草가 꽃이 피였다고 22일二十二日 저녁에 우리를 오라십니다.

모든 일 제처놓고 오시오, 청향복욱淸香馥郁한 망년회忘年會가 될 듯하니 질겁지 않으리까』

과연果然 즐거운 편지였다. 동지 섯달 꽃 본 듯이 하는 노래도 있거니와 이 영하零下 20도二十度라는 엄설한嚴雪寒 속에 꽃이 피였으니 오라는 소식消息이다.

이날 저녁 나는 가람 댁宅에 제일 먼저 드러섰다. 미다지를 열어주시기도 전前인데 어느듯 호흡呼吸 속에 혹 끼처드는 것이 향기香氣였다.

옛사람들이 개향십리開香十里라 했으니 방房과 마당 사이에서야 놀라는 자者ㅣ 어리석거니와 대소大小 수십十數 분盆 중中에 제일 어린 사란絲欄이 피인 것이요 그도 단지 세 송이가 핀 것이 그러하였다. 난蘭의 본격本格이란 일경일화一莖一花로 다리를 옴츠리고 막 날아오르는 나나니와 같은 자세姿勢로 세 송이가 피인 것인데 방房 안은 그다지도 향기香氣에 찼고 창호지窓戶紙와 문틈을 새여 밖앝까지 풍겨나가는 것이였다.

우리는 옷깃을 여미고 가까이 나아가서 잎의 푸름을 보고 뒤로 물러나 횡일편橫一編의 묵화墨畫와 같이 백천획百千劃으로 벽壁에 어리인 그림자를 바라보았다. 그리고 가람께 양란법養蘭法을 드르며 이 방房에서 눌러 일탁

一卓의 성찬盛餐을 받았으니 술이면 난주蘭酒요 고기면 난육蘭肉인 듯 잎마다 향기香氣였었다.

풍세란豊歲蘭 두어 분盆도 내가 삼월온실三越溫室에서 보든 것처럼 화경花莖이 불숙불숙 올려 솟았다. 이것들이 모다 피인다면 그때는 문을 열어 놓지 않고는 앉았기 어려울 것이다.

주인主人 선생先生은 이야기를 잘하신다. 객중客中 지용芝溶 형兄 웃음소리가 맑다. 청향청담청소성淸香淸談淸笑聲 속에 진잡塵雜을 잊고 반야半夜를 즐기였도다. 다만 한限됨은 옛 선비들을 따르지 못하야 여차양야如此良夜를 유감이무시有感而無詩로 도라온 것이다.

병자년丙子年 정월正月 하한下澣

가람 이병기李秉岐 주해註解 한중록恨中錄을 읽고[4]

이병도李丙燾

근세조선近世朝鮮의 궁정사宮廷史 가운데는 자못 극적劇的이며 소설적小說的인 장면場面으로 재료材料 그대로 남어있는 것이 많지만 근자近者 동료同僚 이병기李秉岐 교수敎授의 상세詳細한 주석註釋을 가加한-<인현왕후전仁顯王后傳>, <한중록恨中錄>과 같은 것은 材料 그대로 어떤 形式을 갖춘 한 훌륭한 고전古典이요 문학적文學的 작품作品이라 하겠다. 특히 근세近世 궁정문학宮廷文學의 호개쌍벽好個雙璧으로 이 두 책을 추推하고 싶다. 그러나 무엇보다도 내용이 내용인 만큼 궁정비사宮廷祕史의 일면一面과 내지乃至 궁정宮廷을 중심으로 한 권귀權貴 사회社會의 생활生活 양모樣貌 사상思想 감정感情을 여실如實히 엿볼 수 있는 호개사료好個史料로서의 가치價値를 더 인정認定치 아니할 수 업다. 전자前者는 숙종肅宗 조朝의 포사褒姒라 할 만한 장희빈張禧嬪과의 삼각관계三角關係로 일시 폐출廢黜을 당하였던 인현왕후仁顯王后 민씨閔氏의 눈물겨운 일생一生을 적은 전기傳記로 그 작자作者가 제삼자第三者 궁녀宮女?임에 대對하여 후자後者 즉 한중록恨中錄은 영조

4 이병도, 「가람 이병기李秉岐 주해註解 한중록恨中錄을 읽고」, 『경향신문』, 1947. 9. 26.

英祖 조朝 궁정宮廷의 일대一大 참극慘劇의 주인공主人公인 장헌세자莊獻世子 즉 사도세자思悼世子의 바루 부인夫人인 혜경궁惠慶宮 홍씨洪氏가 갑년甲年에 그 강기强記와 깊은 추억으로 불행不幸한 세자世子의 일생(생장生長 성격性格 품행品行 참변慘變의 전말顚末 등)과 아울러 뼈ㅅ골에 사모친 자기自己의 기박奇薄한 일생一生을 눈물로 구슬꾀어 엮은 일종의 자서전自敍傳이라 하겠다. 자서전인 만큼 한중록恨中錄은 전자前者에서와 같은 다소多少 과장적誇張的이고 수식적修飾的인 문구보다도 자못 솔직率直하고 근엄謹嚴하고 전아典雅한 붓끝으로 행여나 사실事實의 진상眞相을 잃을까 하는 안타가워하는 마음으로 써낸 것이므로 사료적史料的 가치價値를 더 많이 내포內包하고 있는 것으로 평가評價되어야 할 것이다. 또 분량分量으로 보든지 풍부豐富한 어휘語彙 심각深刻한 관찰觀察 우아優雅한 필치筆致로 보든지 전자前者에 비길 수 없는 바가 있음을 부언附言하여 둔다.

방간坊間에는 한중록恨中錄의 언문본諺文本 한역본漢譯本의 종종 사본寫本이 행하여 그 사이에 다소 이동異同의 부분部分도 있는 바 이李 교수敎授는 연전年前에 비교적比較的 호본好本을 손에 넣어 이래邇來 타본他本과 실록實錄 기타其他를 대조對照 비교比較하는 동시同時에 일일이 친절한 주석註釋을 베풀어 우리 고전문학古典文學의 한 지침指針과 향도嚮導가 되게 하여 이번에 널리 강호독자江湖讀者의까지 나누아지게 된 것을 기꺼워하는 바이다. 더욱이 국문학國文學 교재敎材의 빈약貧弱을 느끼는 이때에 있어 이러한 양심적良心的인 주해註解가 미본美本으로 장식粧飾되어 나온 것을 이 방면方面의 교원敎員 학도學徒와 함께 기뻐하여 마지않는다.(백양당白楊堂 발행發行 정가定價 백오십원百五十圓)

존경尊敬하는 마음은 불변不變[5]

—10년十年 장長이어서 형님兄任과도 같고

예동학인汭東學人(김두헌)

가람을 알고 지낸 것은 가람이 휘문중학교文中學校 교사로 있을 때부터이니 아마도 수십 년래十年來의 교분交分을 가진 셈이다.

그때는 어쩌다가 만나면 서로 인사나 하고 지냈을 정도度이었으나 각별恪別한 친교親交를 맺게 된 것은 8·15八·一五 해방解放 이후以後의 일이다.

서울대학교大學校가 해방解放되는 해 늦은 가을부터 발족發足한 지 약約 반년半年을 지났을 때 문리과대학文理科大學의 교수진을 강화强化하고자 이곳저곳에 학자學者를 탐색하는 중中에 이병도 교수와 김상기金庠基 교수와 나 서이서 그때 문교부文敎部 편수국局에서 국어國語 교과敎科 편찬編纂의 중직重職을 맡고 있던 가람을 찾아 문리대文理大 국문학國文學 교수로 모셔왔었다. 그 후後로 문리대文理大의 중견中堅을 이루고 있던 문과文科에 십여

5 예동학인汭東學人(김두헌), 「존경尊敬하는 마음은 불변不變」, 『전북대학교보』 第26호, 1956. 6. 22.

* 김두헌金斗憲(1903~1981) : 일제 강점기부터 활동한 대한민국의 윤리학자이며 교육인. 호는 예동汭東. 1945년 경성대학 문리과대학 철학과 주임교수가 되었고, 1950년 대한민국 문교부 고등교육국장을 지내기도 했다. 문교부 국장으로 근무하면서 자신이 국립대학교 전환에 산파 역할을 한 전북대학교의 총장으로 1952년에 이동하였으며, 숙명여자대학교 총장을 거쳐 1960년부터는 1972년까지 건국대학교 대학원장을 지냈다.

十餘 교수와 함께 참으로 격의隔意 없이 친밀親密하게 지냈다. 가람은 교수회의敎授會議 때엔 언제나 별別로 발언發言도 없고 도리어 여러 교수들의 야단스럽게 토의討議하고 있는 것이 몹시 귀찮스럽게 여기는 표정表情을 하였지만 가람은 실상 이야기 잘한 분으로 천하天下에 유명有名하다.

강의講 시간時間이 되면 가람의 이야기로 터진 학생學生들의 웃음소리가 와글와글하여 옆 교실敎室의 수업業에 곤란困難할 지경이었다.

사석私席에서는 의례히 이야기를 혼자서 도맡아버리고 특特히 주석酒席에서는 음담陰談 보따리를 풀어내면 언제나 웃음판의 주인공主人公이었다.

그리고 가람은 술에 취醉한지 자기 이야기에 취醉한지 모르겐 된다.

나는 가람의 이야기를 무척 즐기면서도 어떨 때는 이야기를 혼자서 도맡아버린 것이 얄미웁기도 하였다.

그러나 얄미운 중中에도 재기才氣가 넘치는 가람의 이야기를 나는 언제나 또 듣고싶어 한다.

6·25동란六·二五動亂이 터져서 27일二十七日날 새벽에 남하南下의 길의 떠나던 도중中에 나는 가람은 내가 생각하는 것보다 오히려 태연泰然하게 느끼는 태도道로 남하南下할 뜻을 가지고 있지 않았다.

조반朝飯을 차렸다고 하였으나 먹을새 없이 작별作別하면서 피난용避難用으로 집에서 가지고 나왔던 쌀 두어 서너 되와 손에 들었던 부채를 가람에게 맡기고 떠났다.

9·28환도九·二八還都 후後 얼마 안 되어 가람은 다시 만났을 때 가람은 내가 맡겼던 부채를 그대로 다시 돌려주었다.

9·28환도九·二八還都 후後 서울에 잔류하던 사람들의 고초는 참으로 컸었다 생활生活도 곤란困難하였고 본의本意 아닌 부역附逆도 하였다는 등으로 서울은 매우 어수선하였다.

이때에 가람은 교직教職을 사임辭任하고 서울을 떠나 귀향歸鄕하였다. 미구未久에 전북대학교全北大學校가 창설設될 무렵 부산釜山에 있던 나는 전주全州서 대학大學 설치設置 관계關係로 온 친구親舊에게 가람을 소개紹介하고 향리鄕里에서 모셔 나오도록 권고勸告하였다. 가람은 이에 응應하여 다시 교편敎鞭을 잡고 전북대全北大 문리과대학장文理科大學長으로 취임就任하였다. 이때부터 가람과 나는 다시 내 직장職場의 동료同僚가 되었다.

당시時 여러 교수들과 지방地方 유지有志들이 가람을 고덕高德한 학자學者로 섬기어 학장學長으로 추推대하였다.

이는 의당한 일이요 전북대학교全北大學校로서는 미상불 반가운 일이었다. 그러나 나는 가람이 학장學長의 직분職分에는 그다지 적임任이라고 생각하지 않았다. 실상 6년六年 동안 학장學長의 직職을 맡았었으나 가람이 학장學長으로서의 직분職分을 완수完遂하였다고 나는 생각하지도 않는다. 이는 나 혼자뿐 아니라 다른 사람도 그렇게 생각할 것이다. 그러나 그렇다고 해서 이로 말미암아 가람의 인격人格이 훼손된다거나 내가 가람에 한 존경이 감소 된다거나 한 것도 아니다. 가람더러 학장學長이 적임任이 아니다 하면 가람은 도리어 이를 감수할 것이다. 가람은 규율規律이나 사무事務나 행정行政에 구애를 받기를 꺼리어하고 거기에서 초탈超脫하는 것을 스스로 즐기며 남도 그러한 데에 가람의 본바탕이 있다고 보기 때문이다. 나는 이러한 중中에 가람을 존경한다.

가람은 나보다 10년十年 이상以上의 연장年長이다. 그러기에 공무公務 이전以前에는 집안 형兄임처럼 대접한다. 가람은 원래元來에도 학생學生들에게 교실敎室에서 강의하는 것을 무척 즐긴다. 미상불 반가운 것이다. 그러나 나는 가람에게 강의보다 저술에 주력注力하도록 가끔 권한다. 가람은 아직도 정력精力이 절륜絶倫하여 강의講義도 하고 저술著述도 하려는 욕심

慾心이 여전如前이다. 그러기에 가람은 교육공무원教育公務員의 정년제停年制에 구애拘礙받는 것을 몹시 싫어하는 모양 같다. 가람은 나에게 권勸하기를 술도 취醉토록 마시고 직무職務에 너무 지성至誠스럽게 할 것 없이 슬금슬금 해두라고 한다. 나는 가람의 뜻을 알고 고맙게 생각한다.

그러나 나는 가람에게 권하기를 술을 많이 마시되 직무職務에 규율을 지켜서 정성精誠껏 해주기를 바란다고 한다.

가람의 내의 뜻을 알고 고맙게 생각할 것이다. 이는 가람과 나와 피차彼此 이 성격性格의 차이差異에서 나오는 일이다. 가람은 나에게 자자분한 사소些少한 일을 버리고 대범하게 처리하기를 바랄 것이다. 나는 가람에게 대범할 때는 대범해도 공사公事에는 좀더 규율 있고 치밀하게 처리處理하기를 바란다. 이러한 피차彼此의 권고告를 잘 듣기만 하면 거기에 아름다운 조화調和가 있을가 하면서 나는 가람의 노이익장老而益壯을 빌어마지 않는다.

강호江湖·월광月光은 불상이不相離[6]

—『가람』 즉 강호卽江湖요 포광包光 즉卽 월광月光정

포광산인包光山人(김영수)

전북대학교全北大學校 문리과대학장文理科大學長 가람 이병기李秉岐 선생은 일전日前에 문리과대학장文理科大學長을 사직辭職하시고 서울로 이주移住하게 되었다. 금반今般 6월六月 제2주간第二週間 강의차講義次로 본本 대학교大學校에 돌아오신 이 기회機會를 이용利用하여 전북대학교全北大學校에서는 가람 이李 선생을 위爲하여 석별회를 6월六月 13일十三日을 기期하여 개최開催하게 되었다. 이날 포광包光은『가람과 나』라는 논제論題로써 담화談話하여달라는 부탁을 회석會席에 참여하여 이렇게 조리 없는 말로써

6 포광산인包光山人(김영수),「강호江湖·월광月光은 불상이不相離」,『전북대학교보』 제26호, 1956. 6. 22.

* 포광 김영수包光 金映遂(1884~1967) 불교학자. 포광이 67세 되던 1950년 한국동란을 맞이하고는 향리로 돌아왔는데, 이것이 인연이 되어 원광대, 전북대에 재직하게 되었다. 전시 전북연합대를 거쳐, 69세인 1952년 전북대 교수로 재직하면서 원광대에 출강하고, 2년 후 70세 되던 1953년 원광대 교수로 옮기고 전북대에 출강했다. 당시 원광대에는 박길진(1915~1986) 학장을 비롯하여 이병기(1891~1968), 전원배(1903~1984), 서병재(1904~1989), 고형곤(1906~2004) 서경보(1914~1994) 등 걸출한 인물들이 있어 교유하는 마당이 마련된다. 74세인 1957년 원광대에 한국불교문제연구소를 개설하여 소장에 임하고, 이듬해 전라북도 문화상을 수상했으며, 78세 되던 1961년 전북대에서 명예문학박사 학위를 받았다.

출처 : 불교평론(http://www.budreview.com)

되는대로 피간로담을 하여보았다. 『가람과 나』라는 논제論題는 지금 내가 논단에 올라온 즉경卽景에 의依하여 『가람과 포광包光』이란 제목으로 바꾸어가지고 설명說明하여 보려고 하는 것이다. 『가람』이라고 호號를 지은 그 본의本意는 본인本人 『가람』 이외以外의 사람으로서는 도저到底히 알아낼 도리道理가 없는 문제問題이다고 할 것이다. 그러나 사람 사람이 다 같이 삼촌三寸의 설舌을 가지고 있는 이상以上 제각기 생각대로 한번 늘어놓은 것도 무방한 놀음일 것이다. 그래서 필자筆者는 이렇게 해설解說하는 바이다.

세조世祖께서 등극登極하시기 전前에 석보상절이라 석가 불타의 행장行狀을 선술하였는데 그 부왕 세종世宗께서는 『월인천강곡月印千江曲』이라는 가곡을 지어서 석보상절의 구절구절을 찬양하였었다.

그 『월인천강月印千江』이란 그 문구文句는 화엄경華嚴經에서 나온 말이다.

화엄경華嚴經의 게송 1절一節을 번역하면

> 『부쳐께서 분신分身하여 시방세계十方世界 나타나사 무상묘법설명無上妙法說明하사 고해 중생衆生 건지심은 구름 없는 만리장천萬里長天 원만무결청량월圓滿無缺淸凉月이 세간천만강하중世間千萬江河中에 인현함과 같으니라』

할 것이다. 이와 같이 화엄경의 게송 대의大意를 의취하여 월인천강月印千江이라고 곡명을 명명命名하였을 것이다. 그리고 이 천강千江이란 강자字를 정음正音으로 해석解釋하면서 『가람』이라고 번역하여 쓴 것을 본다면 한자漢字로 쓰기 전에 우리말로는 『강』을 『가람』이라고 하였던 것이 틀림없는 사실事實이었을 것이다.

지금 『가람』 선생先生께서 이 『가람』이란 것을 택취擇取하여 호號를 지은 그 의지意志는 가람 자신自身이 청정무하淸靜無瑕한 정신학자正信學者가 되어서 독존獨尊 혜월慧月의 내조來照 인현現하기를 희망希望하는 생각生覺에서 『가람』이라고 호號를 하였을 것이다. 그리고 또한 필자筆者는 공교스럽게도 호號를 포광抱光이라고 하지 안했던가, 포광包光이란 본래本來 의미意味는 나의 자당慈堂께서 몽중夢中에 해를 안아보고 임신하였다고 하여서 포광抱光이라고 호號를 작作하였던 것을 후일後日에 와서 재방才傍을 떼어버리고 포광包光이라고 쓰게 된 것이니만치 포광包光이란 광光은 태양지광太陽之光인 것이 분명分明한 일이지만 지금 가람 선생의 천강지天江之 『가람』 중에 조명照明하자고 한다면 태양太陽은 일광日光으로서는 격格이 맞지 아니하기 때문에 포광包光이란 광자光字로써 포광包光이란 광자光字를 이해理解하여 가면서 『가람』 선생先生을 상종相從하자는 것이다.

그러므로 앞에서 『가람과 나』라는 논제論題를 『가람과 포광包光』이란 것으로 바꾸었지마는 지금 또한 이것을 『가람과 달』이라는 논제論題로 바꾸어 보기로 하는 것이다

『가람과 달』이란 그것은 두 물건이 서로 여이어서는 안 되는 것이다.

세상에서는 동정추월洞庭秋月을 치는 것이지 공산명월空山明月이라든지 강천모설江天暮雪 같은 것은 세인의 환영歡迎을 받지 못하는 것이다.

가람 선생先生과 포광包光과는 호가 가람과 달이기 때문에 가람과 포광包光이 교유交遊한 이래以來 20년二十年이란 긴 세월歲月이 흘러가는 동안에 안 보면 보고 싶고 만나면 이별別하기를 싫어하는 것이다.

금반今般의 석별회惜別會도 가람과 나를 위爲하여 전북대학교全北大學校에서 개최開催한 것처럼 필자筆者는 생각生覺하는 것이다. 이것은 포광包光

자신이 아전인수我田引水의 견해見解로서 자기自己 생각生覺만 가지고 하는 말이겠지만은 내 마음으로 다른 선생先生들의 마음을 미루어본다면 다른 선생들도 나와 같이 가람 선생을 만났다면 떠나고 싶은 생각生覺이 없을 것을 짐작할 수 있는 것이다.

이것은 다른 것이 아니라 구당협, 무협, 서릉협西陵峽의 삼협三峽이라는 칠백 리七百里 청산靑山 속으로 흘러 내려오는 만리장강萬里長江(가람)과 같이 쏟아져나오는 이야기 바람에 도취陶醉해서 이별하기를 싫어하는 것도 한 가지의 이산理山일 것이다.

포광包光이 가람 선생先生과 상회相會하기를 좋아하고 갈리기를 싫어하는 것은 만리장강萬里長江과 같이 흘러나오는 이야기에 도취陶醉해서 그런 것은 아닐 것이다.

가람 선생先生이 촌학구村學究와 같이 그 생각生覺이 고리타분하지가 않고 모든 세속世俗에 초월超越하여 그 처신處身이 탈속脫俗인 것이 많기 때문에 가람 선생의 그것을 나는 좋아하여 항상恒常 갈리기를 싫어하는 것이다.

그러기에 나는 문리대학교文理大學校를 강의講義하려고 나가면 기회機會 있는 대로 가람 선생先生을 학장실學長室로 찾아갔던 것이다. 학장실學長室을 찾아갔다가 만일萬一 가람 선생을 만나지 못하는 때가 있을 적에는 나는 무엇을 잊어버린 것이나 같아 퍽 섭섭하게 생각生覺하였던 것이다. 이것이 『가람과 나』라는 것이다.

노애공魯哀公 십사년十四年 준 서西 획린

인간人間 가람[7]

김충선金忠善

인간人間 가람을 논論하라고? 이것은 감내하기 곤란한 고역苦役의 하나이다 웨? 첫째는 평소에 존경하고 있던 선생先生을 이렇한 무딘 펜 끝으로 『러취』 하고 싶은 생각生覺이 전연全然 나지 않는 것이오, 둘째로는 가람을 왈가왈부曰可曰否할 능력이 없는 것이다. 일러 나려오는 말이 군자君子라야 능지군자能知君子 한다고 가람을 평評할랴면 가람에 접근接近할 수 있는 사람이여야 할 것이다마는 가람과 같은 나는 하늘과 땅이다. 이렇한 내가 어떠케 가람을 논論한다고 감히 펜을 들 것이냐? 마는 강청强請도 있을뿐더러 묵묵默默히 일언반구一言半句도 없음은 오히려 선배에 대對한 예禮를 다하지 못하는 느낌이 있어 억지로 펜을 들기로 한다. 물론勿論 이것은 개미가 『탕크』를 향하는 것과 가튼 무모無謀한 것이다. 그러나 소경이 코키리 감상感賞하드시 엉뚱한 오제誤祭를 몇 마디 하여 볼가 한다.

가람의 이름을 처음 들은 것은 지금으로 35년三十五年 전前일이다. 때마침 3·1운동三·一運動 직후直後로 새로운 학면學面을 우리의 역사歷史를 우리의 글을 갈구할 때였다. 때에 선생先生은 출중出衆한 학글 학자學者로

---

7 김충선, 「인간人間 가람」, 『전북대학교보』 第26호, 1956. 6. 22.

알려졌다

마음으로 사숙私淑은 하였으나 불행不幸하게도 뵈울 기회機會를 얻지 못하였다 그 후後 20년二十年에 가까운 세월이 흘은 16년十六年 전前에 휘문중학徽文中學에 교편을 잡으며 □□ 뵈울 수 있는 기회機會를 얻었다. 때마침 가혹苛酷한 왜정倭政은 한국韓國에서 그 고유한 문자文字와 언어言語를 말살할 의도意圖에서 우리 교육자敎育者의 뜻이라는 미명美名 하下에 소위所謂 『조선어朝鮮語』의 사용使用을 금禁하고 『조선어朝鮮語』 교육敎育을 중지中止하였을 때이다. 그때 가람은 습자선생習字先生 노릇을 하였다. 응당應當 초조焦燥하였어야만 할 선생先生의게는 그 빛이 뵈이지 않하였다. 우리의게는 뵈이지 않는 무었이 보였던지 그러한 풍랑風浪에는 애수를 느끼기에는 너머나 그릇이 컷던 모양이다. 그후後 얼마 아니하여 소위所謂 『조선어학회사건朝鮮語學會事件』이란 일제日帝의 최후最後의 발악적發惡的인 사건事件이 발생發生하였다. 이 그물에 얼케 단천斷川에서 뜻하지 않이한 고생을 하셨다.

8·15해방八·一五解放을 만나 가람은 다시 때를 만났다. 그때의 가람의 이름은 왕王과도 같았다. 그를 따르는 무리 그를 모시고 하는 업적業績은 낼 수도 없이 많하였다

다방면多方面으로 지도적 역할을 하든 중中 6·25사변六二五事變을 만났다. 선생은 고향인 여산으로 내려왔다. 이곳에서 대학大學이 되는 바람에 문리대학장文理大學長 선생님으로 모시었든 것이다. 내가 가람의 가람다운 내 손을 조석朝夕으로 뵈울 수 있든 것은 이곳으로 전조轉調한 2년二年 남짓한 다일多日이었다. 이곳까지 펜이 흘르고 나니 인간人間 가람을 론하는 것이 않이고 그의 약력略歷을 소개한 듯한 우수운 글이 되었다.

용두사미龍頭蛇尾라더니 긴 허두에 짤막한 고리를 매저보자 빨게 버슨

가람 모욕탕에 들아간 가람은? 그는 본직本職이 주례主禮이고 점차漸次로 교수敎授 학장學長을 거처서 양조업자造業者의 선전담宣傳擔까지를 겸섭兼攝까시는 실례失禮면 망언일화妄言逸話도 가득이다. 그는 매일같이라면 어폐가 있지마는 적어도 주周에 몇번은 주례主禮를 하신다. 식장式場에서는 구수한 몇 마디 신혼부부新婚夫婦가 일생一生을 두고 잊지 못할 말을 꼭 하신다. 그럼 왜? 담배와 소금에 전매청專賣廳에 속屬하듯이 주례主禮가 가람의게만 속屬한 것인가? 이것이 만인萬人의 존경尊敬을 받는 가람 선생의 면상인 것이다. 인생人生 일생一生을 통通하여 가장 중귀重貴한 이날의 주재主宰를 가람의게 매낌은 인생人生 행로行路의 진수眞水 하에서 후일後日이 가람과 가치 되기를 원願하는 한 쌍의 원앙인 것이다. 이것은 절문이피 존경尊敬을 한 몸에 모으신 가람의 단면인 것쯤은 이 무딘 필자筆者의게도 느껴진다

교수의 직職에는 충실忠實하시고 학장學長의 직職에는 도장圖章 잘 찍기로 유명有名하시다. 그 밑에서 보좌역補佐役을 다한 모某 과장課長의 이야기 빌어 말하면 심껏 기가 김빠진 맥주와 갔다고 꾸중하는 일이 한 번도 없고 방에를 들어가면 도장圖章부터 끄내시니 그러한 말이다. 이 얼마나 훌륭한 성격性格이냐? 부하部下의 인격人格과 능력能力을 절대絶對 신임信任한다(아! 고맙다) 이것은 대인大人이라야 하는 일이다.『알렉산더』대왕大王의 일화逸話가 생각生覺이 난다. 전승戰勝 직후에 냉수욕冷水浴를 하고 잘못의 고열高熱이 나서 위급危急할 때 시의侍醫가 약藥사발을 가저왔다.

때마침 측근자側近者인 부하部下 1명一名이 땀을 흘이며 쪼쳐와서『대왕大王의 약에는 독약이 들었습니다』하고 고告하였다. 때에 왕王은 청이불문聽而不聞하고 약을 다 마시고 미구未久에 완쾌完快하였다.

이것이 아무나 할 수 있는 일이냐? 하는 사람만이 한다. 더펴놓고 도장

圖章을 찍는 것이 않이고 믿고 찍는 것이다.

사람을 믿을 줄 아는 사람만이 사람으로부터 믿음을 받을 것이다. 믿지를 못하고 밤잠을 못 이루는 졸부拙夫에 신하에 얼마나 그릇이 크냐? 대현大賢은 대위大尉와 같이 뵈이는 법法이다. 가람은 어디까지나 시인人이다. 시인人이라기보다는 시화化한 분이다. 맘이시요 행동行動이 시이다. 시를 짓는 것이 아니고 시를 토한다. 어느 땐가의 일이다. 다방茶房에를 모시고 갔더니 『마담』이 『시조時調를 한 수首』 하고 청하였다. 선생은 즉석卽席에서 써주었더니 이 시조調가 그 다방茶房을 향기롭게 하였고 가람은 항상恒常 공차를 마시다 동기動機를 만들었다. 시를 지어준 것이 아니고 토하였던 것이다. 시와 사무事務가 거리距離가 멀다. 시인詩人에게 사무事務를 요구要求하는 것은 개에게 때를 지키라고 하고 닭에게 도적을 지키라는 것과 같다. 우리나라의 신□시의 개척자인 정지용이 연상聯想이 된다. 철저히 일을 모르던 지용이 생각生覺이 난다.

끝으로 한마디를 꼭 할 말이 있다. 술 말이다. 장소場所를 가리지 않고 때를 가리지 않고 종류種類를 가리지 않는다. 청탁淸濁을 병음倂飮 하신다. 학자學者의 직職을 그만두신다고 그러나 최후最後의 이 직職만은 가람과 행동行動을 같이할 것이다

주례主禮체와 선전상宣傳相(?)의 양직兩職만 확보確保가 되면 가람은 살아 있는 것이다. 가람은 『강江』이란 말이다. 강江에는 틀림이 없으나 이것은 양자강揚子江이다

깊이도 알 수 없고 길이도 알 수 없는 『가람』이다 『정년停年』이란 두 글자가 안타갑다. 왜 인생人生에게는 수한壽限이 있을가? 홍안紅顔 백발의 가람에게 왜 시간時間의 제한制限이 있는가? 늠실늠실 흐르는 가람이 부럽다(四二八九, 六, 一九)

가람론[8]

—한 부분적部分的인 소묘素描

신석정辛夕汀

당초 나의 분分야가 아닌 데서 여러 번 붓 들기를 사양보다는 차라리 단념斷念하던 것을 외우 구름재의 성화같은 재촉에는 어찌할 도리道里가 없어 노선배老先輩 가람의 극極히 작은 한 부분적인 소묘인 것을 부제副題에 명시하게 된 이유理由는 한 시인을 논論한다면 그 성장과정을 가계보의 내적內的 발전에 대對한 지식智識쯤은 졸업卒業해야 할 것인데 나는 노선배老先輩 가람에 대對하여 당연 가져야 할 이 정도의 지식知識에 지나치게 상식적常識的 준비準備가 없는 것을 부끄러워하고 다만 무모無謀하게도 이정里程도 모르는 여행旅行을 떠나는 모험을 범犯하게 되는 것을 전前제해둔다.

부산나게 『가람시조집時調集』을 읽고 남령南嶺의 『가람론』을 섭렵해보았으나 역시亦是 내가 떠나는 여행旅行의 이정표는 아니었다. 다만 인간人間 가람 생활인으로서의 시인 가람을 자기류自己流로써 보자는 것이 소론의 목적目的하는 길이다.

---

8 신석정, 「가람론」, 『전북대학교보』 제26호, 1956. 6. 22.

× ×

일찌기 로맨·로랑은 깐디의 자서전 불역佛譯 서문序文에서 『진리眞理는 실험에 쓰이는 우주적인 요소要素나 마치 요즈음 칼리포니아의 마이첼손 실험실에서 아인슈타인의 빛(광光)을 쓰듯이』라고 말하였다.

나는 이것을 뒤바꾸어 『생활生活은 실험에 쓰이는 심적요소心的要素』라고 말하고 싶다. 그것은 시의 영원한 고향故鄕, 생활生活이기 때문에……

× ×

그러면 여기서 잠시 해방 전에 엮어진 『가람시조집時調集』을 펼쳐보기로 하자, 『천마산협天摩山峽』에서 숲을 벗어나와 산山봉우리를 발견發見한 가람은 『하얀 옥玉 깍아 세운 듯 봉 하나이 솟았네』 하고 마치 천진天眞란 만한 소년少年처럼 경이驚異한다. 요리조리 돌아 굴을 겨우 벗어나니 앙상한 배화 서리 눈인 양 돌도 희고 트이는 깜언 허공虛空에 봉이 새로 솟는 다로 시작始作된 『가섭봉葉峯峰』 또한 주옥珠玉이 아닐 수 없고 그대로 절창絶唱이 아닐 수 없다.

그리고 제2부第二部의 『난초蘭草』 이하以下의 서정情에도 과연果然 그 관조의 묘를 극치極致를 이루었다 아니할 수 없을 것이다. 그러므로 가람을 가리켜 시조時調를 현대화現代化한 공로자功勞者라고 말할 뿐 아니라 시조時調를 사적史的으로 추구追求한 이 이론理論으로 분分석한 이 비평에 기준準을 세운 정녕寧 한 주석가요 계통적的으로 보급普及시킨 이가 바로 가람이라고 지용은 말하였으며 송강 이후以後에 가람을 손꼽는 이유理由가 여기 있을 것이다. 그런데 가람의 서정情이 현대인現代人의 호흡에 알맞도록 현대화現代化되었다거나 그 기교면에 있어 완미完美에 가까우리만치 걸출했다거나를 내가 여기서 새삼스럽게 문제問題로 삼고 싶은 것은 아니다. 그것은 이미 자타自他가 공감共感하는 사실事實이기 때문이다. 다만 내가 문제問題 삼고 싶은 것은 이 작품作品들의 내용에 있어 과연果然 얼마만치 우리 자신의 양식糧食이 될수 있으며 여기서 품기는 생활生活의 강렬强烈한 내음새를 얼마만치 우리는 맡을 수 있을가에 그 초점点이 있는 것이다. 가람은 이조李朝 말엽末葉과 일제시대日帝時代를 생활生活해 왔고 또 오늘을 생활生活하고 있는 시인이다.

그러나 나는 『가람시조집時調集』이 형성形成하고 있는 작품作品 세계世界에서 이조李朝 말엽末葉과 일제日帝를 생활生活하고 온 가람의 가쁜 호흡을 추호도 찾아낼 길이 없었다. 오직 찾아볼 수 있다면 이조李朝 말엽末葉이나 일제시대日帝時代에나 또 오늘에도 한결같은 자연自然을 고요히 관조觀照하는 동양적東洋的인 정밀精密이 전권全卷을 흐르고 있음을 볼뿐이다.

그렇다고 해서 나는 여기서 작품作品의 내용內容 주의主義를 가져오려는 의도意圖는 아니다. 내용內容의 편중偏重은 오랜 옛날의 오류誤謬이었던 것이다. 다만 새 세대를 생활生活해오면서 가람은 그 무서운 역사적歷史的 강압强壓마저 멀리 피하여 스스로 마련해 놓은 안식처安息處에서 『난초蘭草』와 『매화』와 『수선仙』에 정情을 드렸다면 그것은 확실確實히 시대적時代的 현실성現實性을 완전完全히 떠났다고 보지 않을 수 없다. 어찌 생각하면 가람의 이 작가적作家的 태도態度가 소란騷亂과 압박壓迫이 거듭되던 그 세대代에 대한 통렬痛烈한 비판批判 이상以上의 효과效果를 거두었다고도 말할 수 있을는지 모르겠지만 냉정冷情하게 생각할 때 가람의 작품作品 세계世界는 현실現實과는 너무나 현격한 거리距離에 위치位置했던 것만은 부정否定할 수 없는 사실事實일 것이다.

그렇다고 해서 나는 가람의 작품作品 세계世界에서 시대적時代的 사회성社會性이나 어떤 정치성政治性을 요구要求하는 고집을 부리려고 하는 것은 아니다.

시인詩人 가람은 자신自身의 가장 비극적인 체험體驗에서 우러나왔을 『홍원저조原低調』를 우리가 읽어보드라도 거기서 우러나오는 생활生活의 냄새보다는 차라리 지나치게 동양東洋적인 수묵화 같은 자연自然을 우리는 역력히 볼 수 있지 않은가?

너무 실리적實利的인 이야기 같지만 예술藝術도 그 궁극窮極에 가서는 과학科學과 마찬가지로 인간사회人間社會의 요구要求에서 출발出發하는 것이 타당妥當한 말이라면 시인詩人 또한 인간사회人間社會의 요구要求에서 선발된 가장 우수優秀한 역군役軍임에 틀림없다.

그렇다면 시인詩人의 눈에 비치는 삼라森羅 만상萬象에 그치는 자연自然 그것이 아니다. 인간사회人間社會의 한 공동체共同體와 관련성關聯性이 있는 한限 그 시인詩人의 관조觀照나 호흡呼吸은 마구 그 시대적時代的 현실성現實性을 몰각沒却한다거나 망각忘却할 수는 없을 것이다.

그러나 우리는 노 가람을 위하여 안심安心해도 좋다. 금년今年 65六十五세의 가람은 불굴의 정열情熱로서 지용이 말하듯 코키리의 보법步法으로 생활의 밀림密林을 헤치고 있는 것이다.

『가람시조집時調集』의 안일安逸하고도 협착한 세계世界에 정착定着 안주安住하기를 원願하지 않고 『부산釜山』과 『국제시장』이 풍자적 신개지新開地에서 또는 『밀보리』와 『첫눈』의 생활감生活感은 그대로 우리 심장心臟에 육박하고도 능能히 남음이 있다.

『밀보리』 1연一聯 종장終章에서 『우리는 지금에 너나 바랄 밖에 없다』고 하였으며 『첫눈』 2연二聯 종장終章에서는 『우리의 곤한 살림은 더욱 기한飢寒만이네』라고 절규絶叫하고 있는 것이다. 그뿐 아니라 미발표 『농촌화첩農村畫帖』에서는 『오좀』과 『똥』까지 등장登場하는 대담한 『리아리

즘』에까지 도달到達하고 있다.

후반기後半期의 가람은 이렇게 새로운 길을 모색摸索하고 개척開拓하기에 『피카소』의 정열情熱로 임臨하고 있는 것이다

『로맨·로랑』이 그의 교수敎授 『루낭』에게서 들은 이야기를 나는 여기서 상想기하고 이 소론少論의 끝을 맺기로 하자.

『인류人類의 길은 산山길이다. 나선형線形으로 올라간다. 때로는 뒷걸음질하는 것 같지만 역시 오르고 있는 것이다.』

새로운 세계世界로 새로운 세계世界로 전진前進하는 노老 가람은 확실確實히 지금 산山길을 오르고 있는 것이다.

국문학과 가람[9]

김준영金俊榮

(가람 퇴임시가회退任詩歌會 석상席上에서 한 김준영金俊榮 선생先生의 논지論旨를 전기傳記함)

오늘 가람 선생의 퇴임시가회退任詩歌會를 열게 됨에 있어 “국문학國文學과 가람”이란 제목으로 이야기하라는 허락을 받았습니다. 그러나 나로서는 이러한 제목에 알맞은 이야기를 전개하기에 지극히 어려운 일입니다. 그렇다는 것은 국문학과 가람에 대한 이야기를 하자매 필연적으로 가람 선생의 국문학적 지위라는가 또는 국문학에 대한 공적의 일부나마 말하여야겠고 그러기 위해서는 선생의 학설의 일면이라도 소개하지 않으면 안되겠읍니다만 나로서는 가람 선생의 학문의 세계를 □□없이 들여다볼 수도 없거니와 또 그러한 시간마저도 없으므로 오늘은 그저 생각나는 대로 또 그중에서도 몇 가지만 들어서 말하고저 합니다.

가람 선생을 이야기하자면 먼저 가람과 시조를 말하지 않을 수 없습니다.

그렇다는 것은 가람 선생은 시조의 새로운 경지를 개척하였기 때문이

9 김준영, 「국문학國文學과 가람」, 『전북대학교보』, 1956. 6. 22.

니 즉 과거의 시조가 너무나 형식적 구애를 받아 현대의 복잡한 사상 감정을 표현하기에는 불가능하던 것을 連作의 형식을 취함으로써 어느 정도 자유스러운 형식으로 바꾸어 놓았기 때문입니다. 물론 과거에도 연시조連時調의 형식을 취한 것이 없는 바는 아니나 그런 것은 한 계통의 노래를 모은 것에 지나지 않아 명편이 분립分立된 것이고 가람 선생이 시험한 연작連作은 명편의 형식은 같으나 내용으로 보아 전체가 한편을 이루는 연장체連章體로 그 성격이 다릅니다.

사실 문학의 형식이란 목적과 내용을 담기 위해서 존재한 것이고 또 과거에는 시조가 그 창唱을 주로 하였으나 오늘엔 내용을 주로 하기 때문에 연작의 형식을 고안치 않았드라면 거기에 담아질 수 있는 내용의 것에 한하여 시조의 형식을 버릴 수밖에 없었을 것이니 그 범위가 좁아져 자연 쇠퇴할 운명에 놓여있던 것을 연작의 형식을 취하므로써 자유스럽게 되었습니다. 그리고 그 작풍作風에 있어서도 옛날의 시조가 투어套語나 그밖의 형식어의 연결이 아니면 그 내용이 연군적인 것이나 교훈적인 것이 많았었는데 가람 선생께서는 완전한 서정시로서의 시조를 시범하여 현대 자유시에 접근하였으니 결국 그 형식과 내용을 현대인에 알맞게 인도했다고 하겠습니다.

(…중략…)

또 하나의 크나큰 공적은 국문학 서적의 발굴입니다. 일제하에 있어 우리 국문학(조선문학)은 거의가 생각할 여지도 없었던만큼 서적이 나날이 인멸하여 갈 때 선생께서는 여기에 유의하여 서적을 널리 수집하고 그 내용을 밝혀 우리 국문학사에 크나큰 공적을 쌓았습니다.

일례를 들면 궁중문학의 삼대 작품이라고 일컫는 계축일기, 인현왕후전, 한중록이나 그 밖의 의유당일기, 요로원야화기 같은 것도 선생께서 발굴하여 학계에 소개한 것이고 또 우리 극가의 중요한 자료인 신오위장 전집이라든가 낱낱이 책명을 들어 말할 수 없습니다만 그밖에 소장하신 많은 서적이 모두 국문학에 다시 없는 책들입니다. 그리고 각지를 순회하시면서 민요·민속 방언 등을 수집하여 학계에 새로운 자료를 제공하였고 또 서지학에도 조예가 깊으셔 여기에 대한 모든 지식을 학계에 전해 주셨습니다. 이 서지에 관한 학문은 원본의 판별이나 고증 또는 연대 판정을 위해서 고전을 연구하는 자에 중요한 학문인바 이 방면에 있어서도 선생께서는 누구보다도 많은 지식을 가지고 있습니다.(…중략…)

작품의 세계를 간단히 살필까 합니다.

선생께서는 문학에 있어서도 많은 활약을 하셨습니다. 물론 시조에 있어서는 누구보다도 많은 작품을 써서 시범을 보여주었거니와 그 외에 수필 기행문학도 또한 적지 않습니다.

이제 이러한 작품을 종합하여 볼 때 우선 그 용어부터 되도록 한문숙어를 피하여 우리말을 쓰기에 많은 노력을 하였고, 그 내용면에 있어서도 예사로운 내용인듯한 정서가 은은히 풍기며 평이하고 간결한 문장을 써서 희망과 淡淡한 풍미風味가 우러나 가람 선생의 소박한 모습을 그대로 들여다 보는 것 같습니다. 본시 작품이란 작자의 얼굴이요 심정이라고 하지만 그것이 절대적인 것은 아니어서 어떠한 사람에 있어서는 그 인간성과 작품 내용이 동떨어지는 경우도 많습니다.

그러나 가람 선생의 작품은 허식을 배격하는 점이나 은은히 건강하고 맑은 향기가 풍겨 나오는 점이 어쩌면 그렇게도 가람 선생을 닮았나 모르겠습니다. 그래서 가람 선생을 잘 아는 사람이 그 작품을 읽을 때면 내용이 가람 선생의 인격율이 숨어 있는 것을 깨닫게 될 것입니다. 사실 작품에 있어 인격율이란 크나큰 힘을 가지고 있는가 합니다.

예를 들면 어떠한 시기심과 박해심에 충만한 인간이라든가 벅겨먹은 과일 껍질 하나도 남에게 던져주기를 싫어하는 그런 사람이 교훈적이고 도덕적인 행위를 촉구하는 수필을 썼다면 그 작자를 아는 사람이 그 글을 읽을 때 거기서 어떠한 교훈을 받기는커녕 도로혀 그 허위성에 분개심을 느낀다는 것은 누구나 경험한 일일 것입니다. 특히 시인에 정적인 면이 없이 이익만을 따지는 그런 인간 제게 유익한 말이 아니면 우렁과 같이 껍질을 꼭 다물어버리른 그러한 인간이 어떠한 인정과 정의를 노래한 것을 볼 때면 그 시가 마치 고양이 죽은 데 문상간 쥐새끼 울음소리 같이 느껴져서 싫어지는 때가 퍽 많습니다.

(…중략…)

이와 같이 작품은 그 사람의 퍽 소언素言함과 대조되어 내용 이상의 효과를 거둘 때도 있고 반면에 내용이 묵살되는 경우가 많습니다.

그러나 가람 선생의 수필 같은 것에서는 어떠한 기상을 구성하려거나 교훈을 목적하지도 않고 하나의 느낌을 서술해서 생활을 표현했을 때도 평소의 생활과 인격이 대조되어 내용 이상의 감흥과 교훈을 주는 일이 많습니다.(…중략…)

가람 선생께서는 학술면에 있어서도 공로가 다대한 반면 문학적인 면에 있어서도 좋은 작품을 내주시고 그 작품은 가람 선생의 온화하고도 허식 없는 인격이 깃들어 독자들이 많은 감흥을 더하게 합니다.(…중략…)

가람 선생은 우리 국문학의 개척자이고 건설자로서 일제 때부터 오늘에 이르기까지 우리 문학을 위하여 전심전력을 기울여 왔고 이후에도 그러리라 믿으며 그 공로에 심심한 결의를 표하는 바입니다.

문찬재文餐在 기자記者

송읍送泣[10]

— 가람 스승님을 보내고

박병순朴炳淳

울어도
울어 보아도
가실 수 없는 일이어…

미리
가신단 말씀
한마디 없이 그만 훌쩍 가십니까…

그 품안
하늘하여 살아온 전
어이 어이 하라고

▲

10 박병순, 「송읍送泣」, 『전북대학교보』 第26호, 1956. 6. 22.

백발 흩날리며
흔연히 하시는 뜻은

이 겨레 문화文化로써
바치려 함이오나

갑자기
가시는 정情은
이에 어찌 하리까?

▲

임이 가신 뒤에
봄비가 내립니다

임이 울어 가신
눈물만 같습니다

무너진
가슴을 안고
밤을 새워 웁니다

▲

서울 전주 사이
그리 멀건 없다 해도

서로 일에 분매이다
하마 정이 성그리다

천리千里를
지척咫尺을 삼아
그 맘 이어 주소서

속續·양사재수음養士齋數吟[11]

— 이곳에 가람 스승님이 계신다

최승범

설 매雪梅

하마 천장에도 다을듯한 매화梅花남게
양력陽曆으론 섣달 그믐 활짝 꽃이 피었다
잔마다 떠도는 향을 가득 담아 마실까!

난초蘭草

화분花盆도 청청靑靑 빛갈 난초蘭草도 싱싱하다
들이며 산山이며가 봄은 아직 머언데
부듯이 봄을 안고서 대공 솟아나다 오른다

11 최승범, 「속續·양사재수음養士齋數吟」, 『전북대학교보』 제26호, 1956. 6. 22.

서재書齋

책장에 감아놓은 만권서萬卷書의 서재書齋인데

난초蘭草·매화梅花분에 수선화水仙花의 온형蟹이어

여기서 길러내신 게 보배로운 국학國學이다

(구고舊稿에서)

시심詩心과 해학諧謔의 생애[12]

고故 가람 이병기李秉岐 박사 대쪽같이 청렴한 성격 황폐한 시조계時調界 혼자 지켜와 자연의 아름다움과 해학에 넘치는 인정을 노래해 온 가람 이병기李秉岐 씨의 작고는 위당 정인보 씨의 납북으로 황폐한 시조 시단에 한줄기 남은 빛마저 앗아갔다.

58년에 발병, 기거조차 자유롭지 못하던 중 64년 향리인 전북 익산으로 내려가 그가 좋아하던 자연을 벗삼더니 마침내 자연 속에 묻혀버리고 말았다.

1881년 익산에서 태어난 가람은 한성사범과 조선어강습원을 나왔다. 그는 개화의 물결을 타고 번져가는 자유시에 압도되어 재래의 전통적인 시조가 쇠퇴함에 이를 안타까이 여기고 시조 창작에 몰두하였다. 그의 작품 경향은 대체로 자연에 대한 아름다운 예찬의 성격을 띠고 있지만 6.25 동란 후에는 사회 현실에 대한 관심을 보이고 생활 시조를 내놓기도 했다.

가람은 시조시인으로서뿐만 아니라 대쪽같은 청결한 성격으로 조선어학회 사건에 관련, 1년간 옥고를 치르기도 했으며 국어의 학문적인 체계화에도 큰 노력을 기울였다. 가람이 해방 후 서울대학교의 교수로 있을

12 「시심詩心과 해학諧謔의 생애」, 『경향신문』, 1968. 11. 30.

때 그의 제자였던 이태극 씨(이대 교수·시조 시인)은 "학문에 대한 정열과 나라에 대한 높은 지조를 갖고 있으면서도 언제나 제자를 아끼고 자기 작품을 아끼던 분"이라고 그를 회고했다.

인간성은 퍽 소탈하지만 남의 도움을 받는 것을 싫어해 임종을 맞은 익산의 수우재 뜰을 반신불수의 몸으로도 꼭 혼자 오르내렸다고, 그러면서도 최근까지 술을 입에서 놓지 않았다는 것도 그의 고집이 얼마나 센가를 보여준다.

가람의 고집은 위당의 그것과 함께 유명해 둘을 서로 말도 잘 안 나누는 상극이었는데 가령 위당이 <한중록閑中錄>이라고 부르면 가람이 <한중록恨中錄>이라고 불러 맞섰다. 서울대 교수를 지낸 후 중앙대 교수, 전북대문리대학장을 역임 그는 <가람시조집>과 <국문학개설國文學槪說>, <국문학전사國文學全史>(백철 공저)의 저서 외에 <요로원야화기要路院夜話記>, <한중록恨中錄>, <의유당일기意幽堂日記> 등의 역서가 있다.

친일문학론[13]

임종국

끝까지 지조를 지키며 단 한 편의 친일 문장을 남기지 않은 영광된 작가들도 적지 않았다. 복강福岡 감옥에서 옥사한 시인 윤동주尹東柱, 폐허廢墟 파에서 변영로卞榮魯 오상순吳相淳 황석우黃錫禹, 조선어학회朝鮮語學會에 관계하면서 시와 수필을 쓴 이병기李秉岐 이희승李熙昇, 젊은 층으로 조지훈趙芝薰 박목월朴木月 박두진朴斗鎭 들의 청록파靑麓派 3三 시인과 박남수朴南秀 이한직李漢稷의 문장文章 출신, 제일 먼저 붓을 꺾었다는 홍노작洪露雀과 김영랑金永郎 이육사李陸史 한흑구韓黑鷗, 이들의 친일 문장을 필자는 현재 조사한 범위 내에서 단 한 편을 발견하지 못했다. 비록 지조를 지켰다는 이야기지만 이들의 이름이 이 같은 책에서 언급된다는 사실 자체가 그들에게는 하나의 모욕일 것이다.

13 임종국, 『친일문학론』, 평화출판사, 1963, 467쪽.

가람 이병기李秉岐 박사[14]

여섯 간 초가 사랑채 수우재守愚齋에 기거하던 노학자 <가람> 이병기李秉岐(72) 박사는 부인 김金 여사의 시중을 받으며 여덟 살짜리 손자의 말동무가 되고 있었다.

불그레 혈색이 좋은 노안에 미소를 지으며 왼손으로 자리를 권한다. 토방에는 난초가 무성하다.

<가람>이 그의 고향인 이곳 전북全北 익산益山에 내려오기는 그의 건강이 나빠진 후부터다.

6년 전 10월 9일 <한글날> 기념식에 참석했다가 뜻밖에 병상에 눕게 되었다. 처음 1년쯤은 기거를 자유로이 할 수 없었고 맥박경화증으로 실어증失語症마저 겹쳐 말까지 잃었었다.

찾아오는 동료나 제자들과 더불어 누구보다도 얘기하기를 좋아하고 오고 가는 사람을 문밖에 나와 맞아주고 문밖까지 바래다주던 그에게는 생각할 수 없이 안타까운 정경이 아닐 수 없었다.

『고맙소, 이젠 아주 건강이 좋아졌어요, 날이 따뜻해지면 또 서울에 올라갈 예정이요.』

띄엄띄엄 하는 말이지만 분명한 발음이다. 이제 보통 대화에는 불편을

---

14 「가람 이병기李秉岐 박사」, 『경향신문』, 1964. 1. 22.

느끼지 않는다고 하지만 그의 유명한 재담才談과 기담奇談을 생각할 때는 아까운 생각과 서운함이 앞선다.

해마다 날씨가 따뜻하면 서울 계동 집으로 간다. 그 집은 옛날의 많은 제자들이 찾아들던 곳이고 큰아들 경희京熙(35 당인리발전소 근무) 씨가 살고 있다. 고향엔 전북대학을 졸업하고 농사를 짓는 둘째 아들 종희宗熙(32) 씨가 살고 있다. 손자와 손녀는 모두 13명, 그는 지금도 좋아하는 술을 즐기고 있다. 하루 세끼의 반주 석 잔은 그의 건강 회복에 도움이 되었다고 한다. 그래서 이웃 사람들은 <가람>을 자손복과 술복에 잠긴 분이라고 말한다.

이제는 가족들의 부축이나 지팡이 없이 짧은 거리의 산책을 즐기는 <가람>은 지난해 10월 3일 정읍井邑군 고부에 세워진 갑오甲午 <동학東學혁명기념탑 제막식>에 그 기념탑 추진위원장의 자격으로 참석했다. 이보다 앞서는 <익산益山군민의 노래>와 <함열咸悅중고 교가>의 작사도 하였다.

『9월 1일 처妻(김수金洙 여사(71) 양배良培 앙배昻培(손자)가 서울서 오다. 병룡秉龍(계씨)이가 오다. 술을 마시다. 맑았다 흐리다.』 토막토막 묵필로 적은 이글은 하루도 빼놓지 않고 쓴다는 <가람> 옹의 일기의 한 구절이다. 일기 중에는 시조를 읊은 것도 있다. 만년의 고독과 가족이 그립고 찾아줄 손이 그리움을 말해주는 내용의 것이었다.

짚불처럼 꺼지려는 기억력을 되살려가며 애써 적은 것 같은 일기장을 노박사 <가람> 옹은 사뭇 대견스러운 표정으로 내어 보인다. 소년처럼 자랑스러운 표정이다.

반세기 동안을 국문학에 공헌해 온 이병기 박사는 특히 시조의 창작과 이론을 겸해서 개척한 분이다. 고시조에서 현대시조로 넘어오는 가교를 세운 분이다. 고시조의 형에 구애되지 않고 현대시상과 같은 생각으로 작품을 쓸 수 있는 길을 터주었다.

그는 서울대학 전북대학 중앙대학에서 교수를 역임했고 <시조時調란 무엇인가>·<가람시조집時調集>·<역대시조선>·<현대시조선총>·<시조론時調論>·<국문학전사國文學全史> 등 약 20편의 저술 작품을 내놓았다.

『내가 보고 싶은 책은 언제든지 보여달라고 부탁해놓았지….』

그가 생명처럼 소중히 여겨 간직한 귀서 등 4천2백여 권에 달하는 장서를 지난 5월 서울대학에 기증하면서 다짐을 받았다는 말이다.

무명 한복차림의 <가람> 옹은 고개를 들어 사뭇 근엄한 표정이다. 옛날과 같이 교단에서 시를 논하고 문학을 논하고 싶다는 것이다. 보고 싶은 책을 밤을 새우며 읽어야겠다고 말한다.

하루바삐 이 노학자의 소원이 이루어지기를 바라는 마음 간절하다. 옛날의 그 다정히 손을 맞는 태도와 기고氣高한 성품과 유창한 기담, 재담이 고독에 꽃피듯 되살아나기를 마음속으로 빌면서 자리를 일어선다.

토방의 난초가 추위에 떨고 있다. <가람>은 시조 다음엔 난초를 사랑하여 기르고 시를 읊었다.

『꽃은 하얗고도 여린 자짓빛이다.
높고 조촐한 그 품이며 그 향을
숲속에 숨겨져 있어도 아는 이는 아노니.』

– 시조時調 풍란風蘭에서

—망각忘却 속에서②

가람 이병기李秉岐[15]

어디서 싱싱한 파도 소리가 밀려온다. 발잔등에 물거품이 와 닿는가 싶다. 솔뫼를 넘는 바람 소리다. 정자도 빈 채, 사랑채 마루도 빈 채, 일그러진 방문 안에서 <드르렁드르렁...> 누구의 잠이 깊다. 그 문 위엔 <수우재>라-, 오후 5시 25분, 그리고는 아무 인기척도 없다. 그냥 마루에 걸터 앉았다.

산을 업고, 동남향으로 질펀한 벌판, 만평도, 10만 평도 넘을 평야를 가로질러 이따금 <버스>가 오고 간다.

전주에서 논산행 <버스>를 타고 먼짓길 1시간 20분을 달리면 <새실매기>라고 외친다.

아슬히 서편에 보이는 솔뫼와 뽀얀 대숲 논두렁을 10분 걸어 그리로 가면 바로 <가람> 이병기 옹이 머무르는 연당이 다가온다. 전북 익산군 원수리 진사동의 13대를 이어온 이 고가는 기둥 돌 하나 비뚤지 않다. 마당엔 회갑이 지난 동백 한 그루가 노익장 하다. 백련은 잎사귀가 더러 시들고 있었다. 동짓달 눈보라를 기다리는 석창포는 너무 청청하다. 탱자가 송글송글 여물고, 밤은 아름이 들었다. 연당의 가을은 깊었다.

그 얼마 만에야 방문이 열리더니, 고운 손이 먼저 나온다. 걸음을 겨우

---

15 「가람 이병기李秉岐」, 『중앙일보』, 1965. 10. 2.

가누는 노인-, <가람>이었다. 갑사 저고리에, 조끼에, 연분홍 바지에… 오른편 어깨엔 진흙이 묻어 궁금했다. 이 옹은 무척 낯선 방문객을 반기며 손을 어루만진다. 싸늘한 손이 곱디곱다. 그저 반갑기만 한가 보다. 『아하, 아하...』 <가람>은 그 이상의 말을 할 줄 몰랐다.

이병기 옹(75)이 한국의 시단에 첫발을 내디딘 것은 거의 반세기에 가깝다. <삼장 정형시>의 명맥이 가물가물할 무렵 그는 단편 소리와도 같은 시조를 읊으며 그 중흥을 꿈꾸었다. 『밀림을 헤쳐나가는 코끼리의 보법』이라는 비유는 시인 정모(납북)가 <가람>의 자세를 두고 한 말이다. 정하고 조촐하고 향기 높은 품은 그의 시조에 담긴 맥박이었다.

우리나라 근대문학이 서구에 마음껏 기울어지려 하던, 그 적적한 시절에 그는 <한국적 리리시즘>을 오로지 지키고 있었다. <가람시조집>(백양사 출판) 이 나온 것은 그가 가인이 된 지 30년 만(1947년)의 집대성, 『저, <수우재>란 글, 누가 쓴 것인가요?』

『어어, 저어, 기이.., 김...』 하다가 <가람>은 <볼펜>을 달란다. <김>이라면서 <정>자를 써놓고 안타까와 한다. 이 옹의 「불편함」을 사람들은 <실어증>이라고도 하고 <기억상실증>이라고도 하며 가슴 아파한다. 아뭏든 오늘의 <가람>은 기억도 대화도 없다. 저녁 8시 취침, 아침 9시 기상, 그리고는 하루 종일을 약주로 지낸다. <가람>을 모시는 막내아들 종희(34) 씨는 『술로 다스려야 되는 중풍을 앓고 계신다』고 말한다.

그의 노모(74)가 한참 만에 소반을 들고 나온다. 도토리묵 한 접시, 메밀묵 한 접시, 생밤에 곶감을 얹어 한 접시, 털북숭이의 민물 게젓과 약줏잔 둘, 은주전자에서 보라빛 술이 솔솔 나온다. 향긋한 냄새, 가슴이 환해진다. 온몸에 퍼지는 향기는 <두견주>의 그것이라 했다. 진달래가 피는 춘 3월, 찹쌀로 담은 약주 항아리에 그 꽃 잎사귀를 여며 넣는단다.

밤이랑, 대추랑, 곶감이랑, 석류랑...을 알맞게 띄우고 백일이 지나면 맑은 웃물이 괸다. 바로 그 술을 따라주는 것이 아닌가! 핑하는 취기, 『들마다 늦은 가을 찬바람이 움직이네, 벼 이삭 수수 이삭 으슬으슬 속살이고 밭머리 해그림자도 밭븐듯이 가누나』(가람작 <늦은 가을>에서)

어느새 땅거미가 지고 있었다. 『가람』은 손을 이끌고 방으로 들어간다. 깡통제 석유 등잔, 그 불빛에 보이는 것이라고는 포대기 한 장과 <비닐> 베개와.., 그것이 다였다.

화려한 노래만 남고, 지금은 무언의 망각 속에서 <가람>은 산다. 8천권의 진본·희서가 그득하던 『진수당』엔 무쇠 자물쇠가 <공허>를 지키고.

63년 6월에 『가람』은 4천2백5권의 귀중본을 추려 서울대 중앙도서관에 기증했었다. 그리고는 회한도 없이 하향, 영탄도, 회고도 아닌 망각의 초토를 그는 서성대며 고희를 보낸다.

『모옷 가! 아녀! 모옷...』

<가람>은 저편까지 전송을 해주는 것이었다. 어디서 또 파도 소리, 그것은 솔뫼를 넘는 바람 소리였다.

서문序文[16]

이희승李熙昇

지금으로부터 약約 15년年 전前의 일이다. 이병기李秉岐 교수敎授의 회갑回甲을 축하祝賀하기 위하여, 동료同僚 또는 제자弟子 중中의 유지有志 수십여인數十餘人이 발기發起하여 <가람 이병기 선생 회갑기념사업회李秉岐先生回甲記念事業會>를 설립하였었다.

그리하여, 그 사업事業 중中의 하나로 기념논문집祈念論文集을 간행刊行하려, 널리 원고原稿를 학계권위學戒權威들에게 청탁請託하여, 그 편찬編纂을 서두르고 있었다. 그러나 천만千萬 몽상夢想 밖에도 6.25 동란動亂이 발발勃發하매, 이 박사李博士의 회갑기념사업回甲記念事業은 속절없이 중단中斷되고 말게 되었다.

필자筆者도 그 발기인發起人 중中의 한 사람이었으며, 일이 이렇게 되매, 이 사업事業에 관계關係를 가졌든 사람들은 못내 유감遺憾의 뜻을 금禁할 길이 없었다.

내가 가람을 처음 알게 된 것은 대학생시절大學生時節, 가람이 휘문의숙徽文義塾(휘문중고등학교徽文中高等學校의 전신前身) 교사敎師로 계실 때였

16 이희승, 「서문序文」, 『가람 이병기박사 송수논문집』, 삼성출판사, 1966. 10. 25.

다. 당시 필자筆者는 학생學生의 신분身分으로 조선어연구회朝鮮語研究會에 자주 드나들었으며, 가람은 이 연구회研究會의 창설자創設者의 한 사람이요, 또 충실忠實한 회원會員이었다. 그리하여, 가람 선배先輩와 필자筆者는 홑벌아닌 교의交誼를 맺어 왔다.

조선어연구회朝鮮語研究會는 그후 조선어학회朝鮮語學會로 이름을 바꾸었으며, 일정말기日政末期에는 이 조선어학회사건朝鮮語學會事件으로 같은 날(1942년年 10월月 1일日) 왜경倭警에게 검거檢擧되어, 홍원경찰서洪原警察署와 함흥형무소咸興刑務所의 옥고獄苦를 함께하였다. 특特히 홍원경찰서洪原警察署에서는 만滿 1년年 동안 같은 감방監房에서 영어囹圄의 고초苦楚를 만끽滿喫하면서 서로 위로慰勞하고 격려激勵하여 앞날의 광명光明을 꿈꾸고 갱생更生을 다짐하였었다.

우리의 꿈은 헛됨 없이 실현實現되어 8.15광복光復으로 왜적倭敵의 철쇄鐵鎖에서 해방解放되었으며 즉시 조선어학회朝鮮語學會를 중건重建시켜, 되찾은 국어國語의 교육敎育을 위하여 온갖 정열情熱을 기우렸든 것이다.

미군정美軍政이 실시實施되매, 가람은 문교부文敎部 편수국編修局 편찬과장編撰課長으로 취임就任하고, 필자筆者는 경성대학京城大學(서울대학교大學校의 전신前身)으로 들어가게 되었다. 얼마 후 필자筆者는 다시 가람을 서울대학교大學校 문리과대학文理科大學 교수敎授로 맞이하는 심부름의 구실을 하였으며, 이리하여 가람과 필자筆者는 같은 학원學園의 동료同僚가 되었든 것이다.

가람이 우리나라 고유固有의 정형시定型詩인 시조문학時調文學을 부흥復興시키는데 공로功勞가 큰 것은 주지周知의 사실事實이며, 현대시조現代時調창작創作에도 선구先驅가 되어 사도斯道 후진後進에 좋은 수범垂範을 보였고, 또 이의 사표師表가 되었든 것이다.

가람은 그 천성이 호방불기豪放不羈하고 소탈담박踈脫淡泊 하며, 풍담諷談과 해학諧謔을 좋아하여, 사람을 대對하든지 조좌중稠座中에 임臨하였을 적에는, 담론談論이 풍발風發하여, 그야말로 이야기가 냇물과 같이 줄줄 흘러나와 그칠 줄을 모르므로, 다른 사람에게 개구開口의 기회機會를 허락許諾지 않았든 것이다. 그리하여 가람의 독특獨特한 해학諧謔과 풍자諷刺로 좌중座中을 매료魅了시키고, 폭소爆笑를 불러일으키는 일이 상례常例로 되어 있었다. 그뿐 아니라, 때로는 강의講義하든 교실敎室에서도 외설猥褻한 이야기를 극極히 태연자약泰然自若한 태도態度로 엮어 나가는 일이 있어서, 학생學生들로 하여금 포복절도抱腹絶倒의 경지境地에 빠지게 하는 것이 비일비재非一非再였든 것이다. 가람이기에 이런 일을 능能히 무난無難하게 치러 넘기든 것이요, 다름 사람으로서는 도저히 효빈效嚬도 할 수 없는 노릇이었다.

이와 동시同時에, 가람은 가장 청향淸香이 높은 매화梅花와 난초蘭草를 즐기어 재배栽培하여 그 유아幽雅를 감상鑑賞하는 고상高尙한 취미趣味의 소유자所有者이기도 하다. 또 그는 지독한 애주가愛酒家였다.

한글학회(조선어학회朝鮮語學會의 후신後身)에서 편찬編纂한 <큰사전>(전6권全六券)이 완성完成되든 해의 한글날(1957년年 10월月 9일日), 한글학회와 을유문화사乙酉文化社(큰사전 발행자發行者)가 공동주최共同主催로 서울대학교大學校 교수회관敎授會館에서 기념축연紀念祝宴을 베풀었을 적에, 가람은 다른 음료飮料를 섞지 않은 순양주純洋酒를 고뿌로 여러 번 거듭하고, 취기대발醉氣大發하여 호장豪壯한 기염氣燄을 토吐하다가, 파연후罷宴後 귀가도중歸家途中 계동桂洞 골목 노상路上에서 졸도卒倒한 일이 있었다. 지나가는 어떤 학생學生이 이 광경光景을 보고, 다름 아닌 가람 선생先生인 것을 인지認知, 즉시 그 댁宅에 알려 주어, 가족이 나와서 떠메어 귀댁歸宅

하였든 것이다.

그 후 가람은 구사일생九死一生으로 생명生命만은 구救하였으나, 전신불수全身不隨의 중풍中風으로 기와起臥를 자유自由롭게 하지 못하는 폐인廢人이 되어 버렸었다. 이와 같이 하기를 해를 거듭한 후에, 그야말로 기적적奇蹟的으로 재기再起하여, 가람 선배先輩는 오늘날과 같은 형수亨壽와 건강健康을 만회挽回하게 되었으니, 이것은 실實로 하늘이 내린 행운幸運이 아닐 수 없다. 아니, 그보다도 가람과 같은 천품天品으로 세사世事에 악착齷齪하지 않는 달관達觀의 혜택惠澤이 아닐 수 없다. 이것은 실實로 가람 형兄자신自身을 위爲하여, 또는 우리 국어문학계國語文學界를 위爲하여 여간 다행多幸이 아닌 것이다.

15년年이 지난 오늘날, 전북지방全北地方의 유지有志와 그 제자弟子들이 주동主動이 되어 <이병기박사송수논문집李秉岐博士頌壽論文集>을 간행刊行하게 된 것은, 이 일을 시작하다가 중단中斷하고만 우리들의 자괴심自愧心을 한限없이 불러일으키는 동시同時에, 일이 영절永絶에 그치지 않고, 만시晩時의 탄歎은 있으나마, 완미完美한 결실結實을 보게 되어 가람형兄의 학덕學德과 일평생一平生 제자弟子 훈육訓育에 시종始終한 그 업적業績의 훌륭한 기념탑紀念塔을 이룬 데 대對하여 무한無限한 환희歡喜를 느끼어 마지않는다.

특特히 이 논문집論文集에 수록收錄된 29편篇의 주옥珠玉같은 글은 가람의 인격人格과 더불어 영세永世에 빛날 것이며, 또한 이 일을 열심熱心히 추진推進시키어 유종有宗의 미美를 거두게 한 그 제자弟子들의 은사恩師에 대對한 성념誠念과 열의熱意를 충심衷心으로 찬양讚揚하여 마지않는 바다.

이 이야기를 듣고 감회感懷에 넘치는 바 있어, 귀동대동 몇 마디를 두서없이 적어 이 귀貴한 책의 첫머리를 더럽히는 것을 못내 부끄러이 여기며 붓을 놓는다.

1966년年 10월月 1일日

일석一石 이희승李熙昇
삼가 적음

가람 형兄의 영면永眠을 곡哭함[17]

이희승李熙昇

시작詩作 교단敎壇의 78년年… 가람 선생先生 생애

『…종이 한 장으로 우주宇宙를 가렸지만… 그러나 나의 임종臨終도 네 앞에서 하려 한다』고 <창窓>을 읊다. 정말 그 창호지 앞에서 별세別世한 국문학國文學의 석학碩學 가람嘉藍 이병기李秉岐 박사博士는 1891년一八九一年 전북全北 익산益山에서 출생出生, 한성사범漢城師範과 조선어강습원朝鮮語講習院을 졸업하고 17一七세 때 <음빙실문집飮氷實文集>을 우리말로 표현表現함으로써 시조時調를 짓기 시작했다.

동광 휘문고보高普 교사 등으로 교편을 잡다 1942년 조선어학회사건으로 피검, 일 년만에 석방된 적이 있는 가람 선생은 1923년一九二三年 이후로 시조時調와 논문論文 수필隨筆 등을 『조선문단朝鮮文壇』에 수다히 발표하여 황무지였던 한국고전문학韓國古典文學과 시조時調의 초기初期 개척자開拓者가 되었다. 해방解放이 되자 미군정청美軍政廳 편수국 편찬과장을 거

17 이희승, 「가람 형兄의 영면永眠을 곡哭함」, 『동아일보』, 1968. 11. 30.

쳐 서울대大 문리대文理大의 국문학國文學 고전古典 부문을 도맡았고 53년五三年 전북대학全北大學 문리대학장文理大學長과 56년五六年 중앙대학大學 교수 등을 거쳐 한국예술원회원韓國藝術院會員을 역임歷任했다.

63년六三年 5월五月 평생平生을 모아 가다듬고 정리한 국문학國文學 관계 장서藏書 사천四千여 권을 서울대大 중앙도서관中央圖書館에 기증해서 『가람문고文庫』를 설치한 이李 박사의 자작自作 저술著述로는 『가람시조집時調集』 『역대시조선歷代時調選』 『한중록閑中錄』 『요로원야화기要路院夜話記』 『근조내간선近朝內間選』 『국어문학명저國語文學名著』 외 다수多數가 있다.

지조志操와 달관達觀의 노학老學

가람 이병기 형兄이 가시다! 놀라운 비보悲報다. 전연 예상 밖의 일이라고는 할 수 없지만 그러나 필자筆者에게는 근래近來에 드문 슬픈 소식이다.

팽상彭觴이 일반이란 말이 있다. 사람은 수壽를 하거나 어려서 죽거나, 이 세상에 태어나서 살다가 가기는 마찬가지란 뜻이다. 이 말을 필자筆者는 이렇게도 해석解釋하고 싶다. 장수長壽를 하나 요절夭折을 하는 애닯고 원통하기는 마찬가지라고.

가람 형兄은 칠십팔七八 세의 향수享壽를 하였으니, 나이가 아깝다고는 할 수가 없다. 그러나 우리는 수요壽夭로써 애도의 척도尺度를 삼을 생각은 조금도 없다. 오히려 그 인품人品 지조志操 학식學識 업적業績 등等과 같은 인생人生과 가치價値가 우리로 하여금 더욱 슬프게도 안타깝게도 한다. 여기에 또 한 가지 크게 작용作用하는 것은 우정友情이다. 가람 형兄은 참으로 낙천가樂天家였다. 세사世事를 달관達觀하여 아무리 당면한 고초와 비애悲哀가 클지라도 안색顔色에 나타내는 일이 없었다. 일정시대日政時代에 조선어학회朝鮮語學會 사건事件으로 같은 감방監房에서 수년數年을 지낸 일이 있다. 인간人間 이하以下의 박대와 혹형酷刑을 당하면서도 오히려 전도前道에 광명光名이 가득찬 언사言辭로 동지同志의 고초를 위로慰勞해주곤 하였다.

또 그 해학이 절품絶品이었다. 수삼인數三人만 모인 자리에서라도 항상 포복절도抱腹絶倒할 기담奇談과 소화笑話로써 좌중座中에 춘풍春風을 불러 일으키었다.

전기前記한 사건事件으로 홍원경찰서警察署 감방監房에서 수난水難할 적에 일제日帝 말기末期의 발악發惡으로 그들은 우리에게 휼계譎計와 협박으로써 창씨創氏를 강요하였다. 동지同志들의 거개가 이에 굴하지 않을 수 없었으나 유독 가람 형兄만은 완강히 이에 불응不應하였다. 이러한 일은 왼금으로 생각하는 것과는 달리 실지에 봉착한 당사자로서는 여간 어려운 일이 아니다. 형兄의 지조志操가 얼마나 높고 굳었던가는 이 한 가지 일만으로도 짐작하고도 남음이 있다.

형兄은 우리나라의 현대現代에 있어서 시조부흥時調復興의 창도자唱導者였다. 적어도 시조時調를 사랑하고 국문학國文學을 운위하는 사람으로서는 시조時調! 하면 가람을 연상聯想하게 되고, 가람! 하면 시조時調가 앞서게 된다. 시조론時調論과 시조작법時調作法에 대한 많은 논문論文을 발표發表하였고 『가람시조집時調集』을 공간公刊하여 낙양洛陽의 지가紙價를 올린 일은 아직도 우리 기억에 생생하게 살아있다.

오늘날 우리 시조時調 문학계文學界의 활동活動이 그다지 활발하다고는 할 수 없지마는 『시조문학時調文學』이란 전문지專門誌가 꾸준히 자라고 있고 많은 단간單刊의 시조집時調集이 나타나게 된 것은 이를 가람의 영향影響과 공로功勞로 돌리지 않을 수가 없다.

이밖에, 형兄은 조선어학회朝鮮語學會(지금의 한글학회)의 전신前身인 조선어연구회朝鮮語硏究會의 창립創立 동인同人이었고 표준어사정標準語査定, 철자법통일안제정綴字法統一案制定, 큰사전편찬 등 국어國語 국문학國文學 방면의 여러 분야分野에 위원委員으로 활약하였었다.

가람 형兄은 가시다. 그러나 맥맥脈脈한 그의 생명生命은 우리 문화사상文化史上에 영구히 존속存續될 것이다. 하지만 청수淸秀한 그 면모面貌와 분방한 그 해학을 천애天涯 어느 곳에 가서 다시 보고 들을 수 있으리오, 애절哀絶 통절痛切할 따름이로다.

가람 형兄이시여! 형兄의 명복冥福을 비는 이 아우의 기도를 들으시는가, 아무쪼록 안면 하시라, 안면安眠하시라, 어이 어이!

<성대대학원장成大大學院長>

곡 가람 선생[18]

신석정

… 난초 가꾸시던
임의 웃음소리
말씀에도 묻어오던
그윽한 난초 향기
도도한
임의 장광설
인제 아득한 저이고
두견주·연엽주
국화주로 달래시며
쌓으신 국문학의
드높은 뫼부리는
가셔도
오는 뒷날을
더욱 더 빛내올 것을

18 신석정, 「곡 가람 선생」, 『전북 매일신문』, 1968. 12. 1.

'가람'의

뻗어 간 줄기

연연히 이어

날로 벅차는

바다를 이루오리다….

가람의 영 앞에[19]

노산 이은상

(내가 가람과 사귄 지 50년-, 일찍 그의 성격과 생애를 물에다 비겨 말한 일이 있었다.)

샘 솟아 흐르는 물 여흘여흘 노래하고
모여서 호수 되면 달과 별이 잠겨 놀고
한바다 이루고 나면 호호탕탕 하더니

(그는 평소에 난초를 사랑했고, 난초를 노래했고, 그래서 그 자신이 난초같은 사람이었다.)

웃음 핀 그 얼굴에 떠오르던 난초 향기
먼 시골 숨어 있어도 맡아지던 난초 향기
흙 밑에 묻힌다 해도 안 사라질 그 향기

(일제 말기에 한글학회 사건으로 그와 나는 같은 감방에서 1년 동안 같이 났었다.)

---

19 이은상, 「가람의 영 앞에」, 『조선일보』, 1968. 12. 1.

같은 방 옥살이에 주고받던 노랫가락
언제나 그 생각하면 곁에 누운 듯 따숩더니
이 저녁 목소린 들리는데 사람은 어디로 갔소.

(그는 제자들을 많이 길렀다. 남쪽 고향보다 더 따뜻한 제자들의 가슴 속에 길이 깃들 것이다.)

이 겨울 눈이 쌓인들 차운 줄이나 아랴마는
남쪽 고향은 땅속도 혹시 덜 차울는지
그보단 문생들 가슴 속에 포근히 안겨 쉬시오.

(그는 한글학자였다. 국문학자였다. 그리고 술을 즐겼던 시조작가였다.)

접동새 운다 적막하리까 쉿사람들 그 무덤 찾아
다 못 마신 매화주 병 채로 기울여 따뤄 놓고
시조를 읊으옵거든 웃고 들으시구려.

(1968. 11. 29.)

학자學者로서-시인詩人으로서[20]

— 가람 이병기李秉岐씨의 생애生涯

한 손에 책을 들고 조으다 선뜻 깨니
드던별 비껴 가고 서늘 바람 일어오고
난초蘭草는 두어 봉오리 바야흐로 벌어라

— 이병기작李秉岐作 〈난초蘭草〉

국문학계國文學界의 태두泰斗며 시조시인時調詩人인 가람 이병기李秉岐 박사가 향년 77세로 29일 새벽 3시 전북全北 익산군益山郡 석산면石山面 원수리源水里(진사동眞絲洞) 향제鄕第에서 작고했다.

가람은 1891년 3월 5일 그곳에서 변호사의 장남長男으로 태어났다.

가람이 처음 고혈압高血壓으로 졸도卒倒를 한 것은 57년 10월 9일 한글날 <한글 큰사전>(전全 6권卷·한글학회편찬)이 완간된 그해의 기념축연紀念祝宴)을 서울대 교수회관敎授會舘에서 베풀고 귀가歸家 도중이었다. 그 서울댁宅이 있던 계동桂洞 골목 노상路上에 졸도卒倒한 그를 지나가던 어떤 학생學生이 발견하고 댁宅에 알려 모셔가게 했다.

그 후 전신불수全身不隨의 중풍中風으로 누워있다가 차츰 회복되어 60년께는 서울에서의 모임에도 가끔 참가했었다.

20「학자學者로서-시인詩人으로서」,『조선일보』, 1968. 12. 1.

59년 겨울 어느 날 계동댁桂洞宅으로 가람을 찾았을 때에 그 문방文房에서는 사방탁자四方卓子와 문갑文匣, 석상碩床, 고서古書들 사이에 유자와 먹의 향기가 그윽히 풍겼고 선생은 말을 중풍기中風氣로 더듬으면서도 『시조時調는 지금 중흥中興의 단계가 아니고 융성의 시기時期』라는 뜻을 열을 띠어가며 말했었다. 그때 이후에도 더러 서울에 오래 머물렀지만 가람은 이미 58년 3월에 익산향제益山鄕第에 내려가 있었고 63년 아주 낙향落鄕했다.

8세 때인 1898년에서 1908년까지 고향에서 한문漢文을 수학하던 가람은 양계초梁啓超의 음빙실문집飮氷室文集을 읽고 문득 우리나라가 신시대新時代, 신사조新思潮, 신문화新文化에 낙후되었음을 통감痛感, 신학문新學問에 뜻을 두게 되었다 한다. 13년 3월 관립한성사범학교官立漢城師範學校를 졸업하고 국어, 국문학, 국사학에 관계되는 문헌文獻을 수집하기 시작하는 동시에 시조時調를 중심으로 한 특가特歌, 산문문학散文文學을 연구하고 창작創作도 했다. 21년에는 권덕규權悳圭 임경재任暻宰와 조선어연구회朝鮮語研究會를 발기發起, 조직했고, 22년부터 동광東光, 휘문고보徽文高普 등에서 교편을 잡는 한편 시조時調, 한글, 한글문학에 대한 갖가지 활동을 널리 해왔다.

42년에는 조선어학회사건朝鮮語學會事件으로 피검被檢(기소유예起訴猶豫) 약 1년간의 옥고獄苦를 치르고 귀향했었다. 45년 해방 직후 서울에 와 동국대東國大, 국민대國民大, 숙대淑大(48) 등에서 교편을 잡았고, 다시 전북대문리대학장全北大文理大學長(52) 중앙대中央大(56) 서울대 대학원大學院(56) 등에서 후배를 양성했다. 54년부터 학술원學術院 회원(57년 추천推薦회원), 61년 전북대全北大에서 명예문박名譽文博, 62년 문화포장文化褒章을 받았다. 63년에는 4천2백5권의 장서藏書를 서울대大에 기증, <가람문고文

庫>로서 내처 보관되어 있다. 15권의 저서著書와 40여 편의 논문이 있는데 주요저서著書는 <가람시조집嘉藍時調集>(39) <국문학전사國文學全史>(57·백철공저白鐵共著) <시조時調의 개설槪說과 창작創作>(57) <국문학개설國文學槪說>(61) <가람문선文選>(66) 등, 한국 시조문학時調文學의 부흥을 이룩한 선구자先驅者 가람의 시조時調는 학자學者나 선비의 풍모와 격조를 지녔고 그의 인품人品은 『호방불기豪放不羈하고 소탈 담박淡泊하며 풍담諷談과 해학을 좋아했다.』(이희승李熙昇 박사의 표현).

슬프다 가람 님의 가심이여[21]

조종현趙宗鉉

"…… 슬픈 소식, 오늘 새벽에 가람 선생이 돌아가셨네……" 시외전화를 통한 신석정辛夕汀의 목소리다. 나는 수화기를 든 채 멍했다. 섭섭하다 슬프다 할 줄도 모르는 사이에 잠깐 시간은 흐른 것 같았다.

지금으로부터 12년 전 여름 금배조화金杯朝花를 사들고 석정石井과 같이 선생을 전주全州 교동校洞의 양사재養士齋로 찾아 뵈온 일이 생각났다.

삼베 중의 적삼을 입으신 선생은 언제나 소탈하고 진솔眞率하고 허식이 없고 인간적인 체취가 맑게 풍겼다.

맑게 풍겨오는 그 인간적인 체취의 맑은 기운 그대로가 곧 선생의 진면목眞面目이요, 참 생활이며, 고매한 인격이라 하겠다.

선생의 구수한 이야기, 흥겨운 입담은 방죽 물을 터놓은 것 같았다. 문학이면 문학, 사화史話면 사화, 만담도 구수하고 고전도 날개쳤다. 더구나 인간의 본연담本緣談에는 배꼽들 움켜쥐지 않을 수가 없었다.

오목대梧木臺 남천南川에서 목욕을 할 때였다. 육순六旬이 훨씬 넘으신 선생은 오히려 석정夕汀과 나를 보라는 듯이 물결을 반쯤 베고 누어서

21 조종현, 「슬프다 가람 님의 가심이여」, 『경향신문』, 1968. 12. 2.

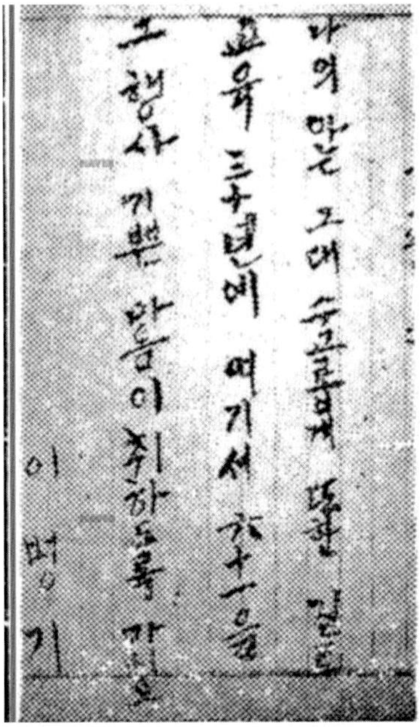

가람 이병기 선생이 고故 서원출徐元出 씨 화갑華甲에 써준 유묵遺墨

<응응응> 시조도 읊고, 호탕한 이야기는 인간의 생태를 그림 그리듯했다. 들을수록 정신적 부담없이 경쾌하면서도 말씀 말씀이 인간수양의 묘체요 인간 생활에의 풍자諷刺였다.

약주는 선생에게 있어선 감로수요, 세속적인 만담은 그대로 선생의 광장설廣長舌이며 한줄기 난초는 선생의 품격에 비해 오히려 우스운 것이라 할 것이다. 선생은 학자적인 훈향薰香이 그윽하면서도 예술적인 시인詩人의 낭만浪漫이 물결쳤다. 서민적인 학자요 동심적童心的인 시인詩人이라 하겠다.

선생의 출입이 부자유하실 때에 황黃조기 한 뭇을 사 들고 계동桂洞 서재書齋로 위문간 것이 또 어제런 듯하건만 슬프다. 오늘은 그림자 없는 걸음으로 천당불찰天堂佛刹로 소요하심이여! 그러나 메아리 없는 말씀 소리는 우리들의 귀에 쟁쟁하게 들려오나니…. 지난 기해己亥 오월五月에 보성중고普成中高의 고故 서원출徐元出 교장敎長 화갑華甲에 써준 이 유묵遺墨은 자못 갖은 감회感悔가 첩첩할 다름이다.

산山이 고아 물이 고아 여산礪山으로 가신다더니
오늘은 또 어디로 가시는데 가 어디시오
그림자 없는 걸음을 누가 따라가겠소.

〈시조시인〉

노사老師를 잃은 슬픔
—가람 선생先生 영전靈前에[22]

김상기金庠基(서울대 명예교수名譽敎授 사학史學)

오호라 가람 선생先生이시여! 선생先生은 마침내 가시고야 말았으나 인생人生의 무상無常이 다시금 서러워지나이다. 하늘이 우리를 돌보지 아니하여 우리 학계學界로 하여금 노사老師를 잃게 하고 문단文壇으로부터 거성巨星이 지게 되었도다. 선생先生은 비록 십 년 전에 난치難治의 병환病患에 신음하셨으나 우리는 오히려 회춘回春에 희망을 걸고 지내왔더니 이젠 적막한 강산江山에 어디에서 성해聲咳를 접接하리까.

가람 선생先生이시여! 선생先生께서는 국운國運이 기울던 구한말舊韓末에 이 땅에 태어나 기구한 길을 걸으시면서 민족적民族的 과업課業의 역군役軍으로 일생一生을 종시終始 하셨나이다. 선생의 엄박淹泊하고 깊으신 조예는 국어국문학國語國文學을 비롯한 국학國學 전반全般에 긍하였거니와 특히 시조문학時調文學에 있어서는 당년의 최육당崔六堂과 더불어 개척자開拓者로서의 업적業績을 쌓으시었으며 우리나라 서지학書誌學에 있어서도 황해원黃海圓원과 더불어 개산開山의 조祖로 숭앙崇仰 되셨나이다.

---

22 김상기, 「노사老師를 잃은 슬픔 –가람 선생先生 영전靈前에」, 『동아일보』, 1968. 12. 3.

내가 선생先生을 모신지도 동광학교東光學校 시절을 전후하여 어언 오십五十 개 성상을 겪게 되었는바 그동안에 쌓여진 추억도 천서만단千緖萬端이외다.

선생先生의 품성은 고결高潔 담박하시면서 다정多情스러워 언제든지 소탈하고 자연스러운 풍도風度로 우리를 대해주셨으며 시詩(時調) 주酒와 담론談論을 즐기시와 풍발風發하는 고담古談과 해학은 듣는 사람으로 하여금 시간時間 감을 잊게 하시곤 하였나이다. 선생은 또 난蘭과 매梅를 좋하하셨던 바 난을 가꾸는 데에도 독도獨到의 경지에 달하셨던 것입니다.

이는 1943년 가을철의 일로 기억記憶되거니와 선생이 조선어학회사건朝鮮語學會事件으로 오랜 옥고獄苦를 겪고 나오셨을 때에 <매화옥梅花屋>의 두실斗室로 선생을 찾아뵙고 정情다운 술잔을 서로 기울이면서 세사世事를 한탄恨歎할 제 선생은 안두案頭에 시든 채 놓여있는 두어 분盆의 난초를 가리키시며 『저것도 주인을 잃어 저 지경이야』 하시더니 얼마 후에 다시 <매화옥梅花屋>을 찾으매 시들었던 그 난초들이 다시 청청靑靑하게 소생蘇生된 것이 아닌가, 신기하게 여긴 나는 한 분의 분양分讓을 청하였더니 『군君과 같은 게으름뱅이는 주어야 허사虛事일 걸』 하며 싱긋 웃으시던 일도 이제는 고사故師를 기리는 추억追憶의 한 토막이 되고 말았도다.

오호라 선생이시여! 선생의 문하門下로부터 배출輩出된 제제다사濟濟多士는 선생의 뜻을 이어받아 이 나라의 문학계文學界에 이바지하고 있으며 그것이 다시 영원토록 물려 내려갈 것이오니 선생은 비록 가시었으나 산고수장山高水長한 선생의 유풍儒風과 유적遺跡은 길이길이 빛나오리다. 오호라 선생의 영靈이시여 편안히 쉬이소서, 고이 잠드소서,

시조時調와 술과 해학諧謔 속에[23]

— 고故 가람 이병기李秉岐 박사의 인간人間과 문학文學

정인승

학자가 귀한 오늘의 우리 사회, 특히 참다운 국학자가 더욱 귀한 오늘의 우리 사회에서 가람 이병기 박사가 세상을 떠난 사실은 우리에게 하나의 커다란 손실이 아닐 수 없으며, 따라서 하나의 커다란 불행이 아닐 수 없다.

조국을 좀더 알기 위해

가람은 일생 동안 풍부한 학식과 고매한 성격의 소유자로서 일찍부터 메마른 우리 생활에 부드럽고 윤택한 새 기풍의 시조 문학을 불러일으키기에 많은 공적을 쌓았고, 사랑과 고민과 허위가 많은 우리 사회에 항상 천진난만하고 무사기한 화해와 미담으로 평화로운 인간미를 불어넣어 왔다.

가람은 일찍이 한학자의 가정에서 엄격한 가훈 밑에 자랐으나, 시대

23 정인승, 「時調와 술과 諧謔속에 : 故 가람 李秉岐 박사의 人間과 文學」, 『신동아』 제53호, 1969. 1.

감각에 예민한 그의 천성은 그를 언제까지나 답답한 수우제水虞齊 글방에 만 붙잡아 두지를 않았다.

20세기 초두 구한말 격동에 풍운은 젊은 가람의 가슴을 한동안 설레게 했던 것이다. 새 학문의 세계, 새 지식의 광장, 새 사상의 조류, 이러한 모든 새로운 현상들은 젊은 가람의 발길을 매우 방황하게 하였다. 한때는 희망에 부푼 청운의 드높은 뜻을 품어 보기도 하였고, 어떤 때는 풍전의 등화와 같이 까무러져 가기만 하는 조국의 허무한 현실에 환멸을 느끼기도 하였다.

그러나 당시의 국제 정세를 조금씩 더 알게 되면 알게 될수록 젊은 가람의 가슴에는 조국에 대한 안타까운 열정이 더욱더 뼈저리게 심각해질 뿐이었다. 그는 마침내 우리는 우리 조국을 무엇보다도 먼저 잘 알지 않아서는 안 되겠다고 굳게 믿었다. 우리의 조국을 잘 알기 위하여는 잘 몰랐던 조국의 말을 올바르게 알아야 하고, 잘 몰랐던 조국의 글을 올바르게 알아야 하고, 그래서 잘 몰랐던 조국의 역사를 올바르게 알아야 하고, 그래서 잘 몰랐던 조국의 정신(얼)을 올바르게 알아야 하겠으며, 올바르게 앎으로써 이들을 잘 닦고 다듬고 기르고, 키우고 힘차고 빛나게 함이 곧 조국을 힘있게 하고, 빛나게 하는 길이라고 굳게 믿었다. 가람은 일생을 이 길로 한결같이 실천해 나아가기로 결심했다.

일찍이 한성사범학교, 조선어강습원 등에서 주로 조국어의 본격적 연구를 쌓았음을 비롯하여, 당시 국학 방면의 선배 또는 동지이었던 주시경, 최남선, 권덕규, 이윤재, 신명균, 장지영 등 여러분과 자주 교우하면서, 혹은 사숙 혹은 토의 등으로 국어학, 국문학, 또는 국사학에 관한 섭렵과 연구에 다각도로 각고 면려하는 한편, 기회 있는 대로 동지들을 규합하고, 학생들을 격려하여 민중 계몽의 실천 운동과 후진 양성의 일선

사업에 심신을 즐거이 바치었다.

1919년 3·1운동에 당황했던 일제 폭정이 일시적 완화된 기회에 약간의 숨돌릴 틈을 얻은 우리 사회는 비록 엄중한 단속 아래일망정 우리의 신문이 명색이나마 허가되고, 우리말의 교과서가 형식이나마 개정되고, 약간의 집회와 결사가 간신 간신히 용인되게 되매, 1920년 '조선일보', '동아일보'의 창간에 뒤이어서 다음 해부터는 가람을 비롯한 당시 서울 안의 각 사립학교 조선어 교원들로서 조국 의식의 불타는 보금자리인 조선어 연구회가 발기 조직되었으니, 이것이 그 뒤의 조선어학회이요, 지금의 한글학회인 것이다.

가람 자신의 몸담아 있었던 휘문의숙의 한구석에서 조용히 싹이 튼 이 뜻깊은 모임은 오직 조국에의 뜨거운 정성으로 우리말 우리글의 한마디 한 글자마다 알뜰히 닦아지고 쓸모 있게 다듬어져 감에 따라서 차츰차츰 온 겨레의 촉망과 신뢰가 커지고 두터워지게 되었으며, 이와 정반대의 비례로서 일제의 이에 대한 의구심과 탄압력은 나날이 늘어가고 시시로 가혹해져 가게 되었다.

조선어학회 사건으로 함흥 감옥에

1933년에는 오백 년 동안 녹슬어 버림받아 왔던 민족 최대의 국보인 한글은 많은 연마와 많은 실험을 거듭한 끝에 온 겨레의 통일된 정신으로 새로운 과학적 정리가 일단 완성을 보았고, 이어서 1936년에는 유사 이래 흐트러지기만 하여 왔던 각 지방 각 계층의 무표준한 각종 용어가 또한 많은 조사와 많은 토의를 거듭한 끝에 각 지방 지도층의 애국적 충심에 의한 호양과 협동의 정신으로써 한국 국어로의 표준어가 사상

처음으로 대체적인 원만한 사정이 이루어졌다. 모든 악조건이 중첩한 역경 속에서의 이와 같은 악전고투의 보람이 하나하나 피어린 열매를 맺어 감과 함께 민족의 역사적 숙망으로 일찍부터 여러 번 계획을 되풀이하여 오던 국어사전의 편찬 사업이 이 조선어학회를 중심으로 한 여러 동지들의 합심 협력에 의하여 가까스로 추진이 계속되매, 이를 비상한 의구심으로 노려보아 오던 일제는 이 이상 더 묵과할 수 없다고 보아 『큰사전』 원고가 거의 탈고에 이른 1942년 10월 1일 첫 새벽을 기하여 불시의 기습으로 학회 관계자 전원을 검속하고 학회의 존재까지 뿌리를 뽑아버리기를 서둘렀다.

전후 5, 6차에 걸쳐 30여 명을 잡아다가 홍원 경찰서에 몰아 놓고는 공등 형사 수십 명이 전문으로 분담해 가지고 매일 밤낮 갖은 고문으로만 1년 동안 하루 같이 두들겨 가면서 치안유지법 제1조에 꼼짝없이 옭아매기에 만전을 기했던 것이다.

대일본 황국 신민으로서 조선말은 무엇 때문에 연구하며 조선글은 무엇 때문에 연구하느냐? 철자법은 통일해서 무엇을 하며, 표준어는 사정하여 무엇에 쓰자는 것이냐? 한글 잡지는 무슨 목적으로 만들어 내며, 조선말 사전은 무슨 필요로 만들자는 것이냐? 한글날은 무슨 뜻으로 기념하며 한글 노래는 무슨 의도로 지어냈느냐? 여름마다 각지로 다니면서 한글 강습은 왜 하는 것이며, 틈틈이 기회만 있으며 학술 강연을 빙자삼아 눈가림의 집회는 왜 자꾸 하려 하느냐? 신문 잡지에 이러이러한 글은 무슨 의도에서 써냈으며 사전 원고에 이러이러한 문구는 고의적인 민족 사상의 고취가 아니냐, 이러한 가지가지 계획적인 구실 심문과 무자비 일변도의 강제 고문에는 한마디의 논리도 통할 바 없고 털끝만한 인간미도 용인될 수 없음이 그 사회에서의 오히려 당연한 일이었다. 잔인한 고문에 쾌감을 느끼는 그리고 그 능숙한 솜씨에 스스로 긍지를 느끼는 그 악랄한 무리들은 선량한 학자들을 마치 잡아다 놓은 쥐를 놀리는 잔인한 고양이와 같이 갖가지 방법으로 이리 치고 저리 치며, 엎치고 뒤치며, 차고 공구르며, 비행기 태우기며, 냉수를 퍼먹이기며, 빰따귀에 주먹질, 뒤통수에 뭇매질, 이루 말할 수 없는 갖가지 못된 짓을 마음껏 하는 것이 그들의 상습이었다.

우리로서는 평생에 상상도 못 했던 인간 지옥이 실제로 있음을 처음으로 알았다. 하늘을 부르짖고 땅을 두드려도 하소할 데가 없는 곳이 거기임을 처음 알았다. 이리하여 만 1년이 되니까 일행은 몸과 증거물들과 모두 함께 함흥의 형무소로 옮겨져 갔다. 거기서는 지긋지긋하던 고문은 없어지고 다시 예심이라는 새로운 심문이 시작되었다. 여기서부터는 가람은 좋은 꿈을 얻어서 몇몇 동지와 함께 기소유예로 일단 나가게 되었다.

마음껏 피운 해방 후의 업적

1943년 9월에 가람은 출옥했다. 이로부터 1945년 8·15까지 2년의 세월은 가람에게는 실로 값있는 휴양의 기회가 되었던 것이다. 물론 감시를 받는 몸이 되어서 피검거 이전보다도 더 행동에 제약이 따르기 때문에 번화한 서울 거리를 짐짓 떠나서 고요한 고향의 수우제로 다시 돌아가서 옛날의 수우제 생애와는 다른 새로운 구상의 설계도를 차분히 그려볼 여유를 가지게 되었다. 그런 의미에서는 도리어 불행 중 다행이라 할 수 있었다. 오래 찌들었던 심신의 피로를 푹 쉴 수 있음도 이 동안이었고, 시조 문학의 새로운 경지를 개척하게 된 연구력의 확충도 아마 이 동안에 착실히 원숙해졌던 것으로 여겨진다.

어찌 됐거나 조만간 오지 않을 수 없었던 세계 대세의 일대 전환기는 과연 오고야 말았다. 일제는 이 땅에서 그림자도 없이 사라지고 우리말 우리글이 와신상담, 30여 년의 피눈물 나게 가꾸어진 보람으로 자유로운 새봄을 맞아서 줄기찬 새잎 새 꽃으로 빛나는 새 문화의 건설이 시작되었다. 이제 가람의 평생소원은 뜻대로 실현될 수 있는 시대가 온 것이다. 이로부터 가람은 혹은 새 나라 교육의 실무 행정인 학교 교과의 편찬 책임을 몸소 맡아보기도 하였고, 혹은 최고학부의 인재 양성에 이곳저곳으로 분주하기도 하였고, 혹은 언론계, 출판계 등을 통하여 여러 가지 학술의 논저와 풍부한 창작들의 발표로 학계와 문단에 눈부신 업적으로 이바지하였다.

가람은 낙천가였다. 나보다는 8년이 앞선 외우로서 전후 40여 년의 고락을 같이하는 중에서, 나는 그의 성내는 일이 있음을 한 번도 본 적이 없다. 그는 항상 자연을 사랑하고 자연대로 살기를 좋아했다. 허식이나 가작을 꾸밀 줄을 몰랐다. 세간의 공리나 영욕에 관심을 갖지 않았다. 평생에 회해를 즐기되 항시 어린애같이 무사기했고, 술을 사랑하되 언제나 대인답게 세상을 달관했다. 그 마지막 생애의 10년간을 불행한 병마로 기거가 부자유했지마는, 그 낙천적인 천품과 달관적인 기질의 힘으로 능히 끝까지 태연한 정신으로 천수를 누릴 수 있었던 것이 아닌가 싶다.

낙천가의 일화

끝으로 붓을 거두기에 앞서, 가람의 유머러스한 이야기 중의 조그만 웃음거리, 한두 개만 적어 볼까 한다. 홍원 유치장은 감방이 다섯인데 우리 일행만도 30여 명인지라, 부득불 한 감방에 여러 명씩 섞어두지 않을 수 없었다. 나와 가람이 같은 감방으로 되었고 낮으로 앉는 자리, 밤으로 자는 자리도 나와 가람이 맞붙은 자리로 되었었다.

이따금 간수의 눈을 피해가면서 소곤소곤 이야기도 하게 되고, 때로는 희롱 삼아 글귀도 주고받고 하는 것이었다. 한번은 깊은 겨울 긴긴밤에 지루하고 괴로운 향수를 이기지 못해

공산에 달이 밝고 빈 뜰에 흰 눈이라
철장에 쓰러진 몸이 잠 못 이뤄 하는 적에
어디서 기러기 소리는 나의 애를 끊나니?

하고 가만히 읊조려 보았더니, 태연스레 빙그레 웃는 가람은 주어진 환경을 달게 여길 뿐, 무어 그리 초조해 할 것 있느냐는 듯이,

해진 옷에 실밥 뽑고 이쑤시개 바늘 삼아,
밥풀 단추 달아 입고, 속옷을 벗어내어
따뜻한 볕살 아래에 이 사냥을 하도다

하고 손가락으로 마루바닥에다 천천히 써 보이는 것이었다. 나는 가람의 낙천적인 기풍에 이따금 위로를 받곤 하였다.

가람은 서울 안 골목골목에 모르는 술집이 별로 없었다. 아무 데나 지나다가도 납작한 판자문으로 선문先文 없이 들어선다. 숱한 술꾼들이 깍두기 사발을 앞에 놓고 떠들썩하고 있다. 기왕이면 반반하고 조용해 보이는 그 옆집으로 가자 하면 그렇지 않으니 따라오라는 것이었다. 뚝배기보

다 장맛이 좋다는 격으로 가람이 가는 술집은 틀림없이 술맛이 좋다. 어떻게 술집마다의 술맛을 잘 알고 다니느냐고 물어보면 대답은 간단하다. "음식집이 조용한 것은 음식 맛이 없어서 손님이 안 들기 때문이라"는 것이다. 과연 음식집 찾는 경험 철학도 알아둠직한 일인 성싶다.

가람의 희해에는 누구나 그렇듯이 여자가 등장하는 일이 거의 예사이다. 또는 여자가 상대되는 일도 드물지 않았다. 그러나 가람의 희해는 언제나 자연 그대로의 예술적 표현일뿐, 조금도 저속한 구김살이 없다. 그러기에 아무리 떠들어도 누구에게 오해되는 일이 없다. 옛날 송나라의 대학자 정명도程明道가 기생과 농담을 주고받은 다음 날에 그 아우 정이천程頤川이 불쾌하게 책망하매, 명도는 웃으면서 "어제의 내 마음엔 여자가 없었는데, 그대의 마음에는 오늘까지 여자가 있는가?" 하여 아우가 도리어 스스로 부끄러워했다는 말이 있다. 가람의 여자관은 정명도의 기풍에 방불한 바가 있다고 할까?

가람은 갔으되 가람의 활달한 기풍과 순진한 인간미는 그의 고귀한 많은 업적과 함께 깊이 이 땅에 남아 빛나리라.

<신동아 제53호, 1969. 1.>

애도哀悼·이병기李秉岐 박사博士[24]

김선기

가람이 여희셨다는 부음을 신문에서 읽고 나는 가슴속에 슬픔이 서림을 깨달았다. 가람은 <문인>이요 <학자>요 <지사>다.

나는 문단에 발이 설으니 문인 가람을 깊이 모른다. 다만 가람은 노산과 함께 시조를 중흥시킨 큰 시인임을 들어서 안다. 또 그의 시조의 언어가 소박 단순하고 평이하여 특색이 있다. 마치 영국의 낭만시인 워즈워드의 시어처럼 맑고 순하고 친근함을 나는 깨달아 안다. 그러나 가람이 이 겨레에게 길이 간직하여야 할 주옥같은 글을 남기고 갔음이 틀림없음을 들어 안다.

가람은 국문학자이었다. 누구나 그의 강의를 들은 사람은 그의 정열과 순정과 박학과 강기에 놀랐다. 그리고 시조에 대한 그의 탁론을 듣고 속 깊이 영향을 받지 아니한 사람이 없다고 들었다. 그러나 나는 국문학에 문외한이라 그의 학문 조예가 눈뫼같이 높다 하여도 나는 그것을 안다 할 수가 없다.

가람이 계동에서 수십 년 사시는 동안 댁에 한번 갔는데 대문에 척

---

24 김선기, 「애도哀悼·이병기박사李秉岐博士」, 『현대문학』 169호, 1969. 1.

들어서자 그윽한 향취가 멀리 풍겨옴을 깨달았다. 그것은 건란의 향취였다. 그래서 가람이 애란가였음을 알았다. 나는 가람과 같이 40년 가까이 <한글학회> 관계로 국어운동을 하였기 때문에 그의 애국지정과 인품을 잘 알게 되었다.

1942년 10월 20일 저녁, 가람과 나는 <조선어학회사건>으로 검거되어 경기도 감방에서 하룻밤을 잤다. 그리고 다음 날, 21날 저녁에 경기도 경찰부 감방에서 나와 걸어서 서울역으로 끌려갔다. 그때 검거되어가는 것을 애닯게 여겨 경기도 경찰부 앞에 기다리고 있던 가족들이 근심이 가득 찬 얼굴로 뒤에 따라왔다. 그때 가람은 집에서 온 사람보고 부탁하는 말이었다. <거 난초를 좀 건사 잘하여라> 세상이 하 수상하여 한번 가면 언제 올지 모르는 그가 아무 다른 말을 하지 않고 <난초 건사 잘하라>로 한마디 하던 것이 늘 생각난다.

그는 시인이라 난초를 통하여 자연을 그리 사랑하였던 것이다. 풀 한 포기에 그다지도 정을 쏟던 가람은 바람처럼 갔다. 뉘라서 그 난초를 그렇게 사랑하여줄꼬.

가람과 나는 홍원까지 끌려가서 홍원경찰서 제3감방에 같이 갇히게 되었었다. 그뿐 아니라 가람과 나는 한 이불 속에서 석 달 남짓 같이 잤다. 이것이 어떤 인연이었던고 불가에서는 <일석동좌도 억겁지연>이라 하는데 전생에 어떤 인연을 가졌기에 죽고 삶을 같이하는 처지에 한 이불 속에서 자게 되었는지 아직도 모른다.

가람이 건란을 사랑하는 마음은 그의 인격의 상징이었다. 죽음의 두려움 속에서도 가람은 인생의 고귀함이 어디 있는지 항상 잊지 아니하였다. 그는 언제나 눈초리에 웃음을 머금고 있었다. 그는 자기만 웃을 뿐 아니라 남의 웃음을 자아낼 줄 알았다. 그래서 가람이 가는 곳엔 언제나 웃음

바다가 되었다. 따라서 그가 가는 곳에는 언제나 봄바람이 나부꼈다. 가람이 기껏 성냈댔자 천진스런 어린 아기가 성낸 표정이었다. <시삼백 일언이폐지하고 사무사詩三百 一言而廢之 思無邪>라커니와 가람은 <무사>의 경지에 든지라 성이 나도 노기를 자아낼 줄 몰랐다.

가람은 이렇듯 춘풍이 태탕한 반면에 뜻이 굳기가 철석과 같았다. 우리가 거의 한 햇 동안 경찰서에서 모진 고문과 학대를 받았고 또 창씨개명을 강권하여 모두 굴복하였다. 그러나 가람은 <환부역조換父易祖>하는 창씨개명을 끝까지 하지 아니하였다. 그는 뜻을 굽히지 않고 지킬 줄 아는 슬기와 꾀가 있었다.

나는 가람보다 나이 열여섯이나 적다. 그는 한 이불 속에서 나의 귀에다 대고 하나도 걱정할 것 없다고 격려하고 위로하여주었다. 그리고 그는 가끔 폭소를 자아낼 이야기도 하여주어 같은 감방에 있은 동지를 위로하였다.

단간 북창엔 성에가 앉고 흰 눈이 밖에 하얗게 왔을 적에도 마음과 몸이 언제나 더웠다. 가람은 두견주를 마시며 즐기다가 세상을 떠났다 한다. 병들어 낙향한 제도 어느덧 십여 성상인데 한 번도 찾아가서 그 다정한 목소리와 향기로운 멋을 볼 길이 없이 가고 말았다. 가람의 부음은 시조를 모르는 나에게 다음 글을 짓게 하였다.

단풍이 가득 피어 메마다 붉었고나.
두견주 가져오라 또 한 잔 딸라더니
가람은 어디 갔관대 빈 술잔만 남았는고.

가람의 얼 앞에 목놓아 우나이다. 가실 길 아무리 바빠도 한 번쯤 돌아다 보시고 가시기 비나이다.

영원의 세계로 가람의 옷자락이 사라지다니.

—남산 기슭에서 눈을 들어 호남을 바라보며

나의 편력遍歷 (32)

신라향가新羅鄕歌 연구 상上 국학기國學記[125]

양주동梁柱東

숭전崇傳 교수로 재직 10년간 알량한 영미英美문학지식으로 <세익스피어>·<에머슨> 등을 강講하는 한편 문단文壇에서 시詩와 평론과 수필과 번역을 그럭저럭 약간의 문명文名을 날렸다. 가르치고 글 쓰는 여가餘暇에는 길거리에 나가 노인들·지게꾼들과 장기將棋 두기로 일과를 삼았었다. 참으로 태평 한일월閒日月의 소견消遣, 국학國學에 대한 관심이야 어려서부터 옯진 않았었지만, 국사·한글 공부 등을 <취미> 정도로 했을 뿐 그에 관한 전문적 연구는 없었다.

더구나 어려서부터의 야망野望은 불후不朽의 문장文章에 있었으매, 시인詩人·비평가·사상인思想人이 될지언정 학자가 되리란 생각은 별로 없었다.

나로 하여금 국문학 고전古典 연구에 발심發心을 지어준 것은 일인日人 조선어학자 소창小倉 진평進平 씨의 <향가鄕歌 및 이두吏讀의 연구硏究>(1929)란 저서著書였다.

우연히 어느 날 도서관에 온 그 책을 빌어 처음은 호기심好奇心으로,

---

25 양주동, 「나의 편력遍歷(32) 신라향가新羅鄕歌 연구 상上 국학기國學記1」, 『매일경제』, 1969. 3. 6.

차츰 경이驚異와 감탄의 눈으로써 하룻밤에 그것을 통독通讀하고 나서 나는 참으로 글자대로 경탄驚歎했고, 한편으로 비분悲憤한 마음을 금치 못했다. 첫째, 우리 문학의 최고最古 유산遺産, 더구나 우리 문화文化 내지 사상思想의 현존現存 최고最古 원류原流가 되는 이 귀중한 <고가古歌>의 해독解讀을 천千여 년래 아무도 우리 손으로 시험치 못하고 외인外人의 손을 빌었다는 그 민족적 <부끄러움>, 둘째, 나는 이 사실을 통하여 한민족이 <다만 총·칼에 의해서만 망亡하는 것이 아님>을 문득 느낀 동시에, 우리 문화가 언어言語와 학문에서까지 완전히 저들에게 빼앗겨 있다는 사실을 통절히 깨달아, 내가 혁명가가 못되어 총·칼로 저들에게 대들지는 못하나마 어려서부터 학문과 문자文字에는 약간의 <천분天分>이 있고 맘속 깊이 <원願>도 <열熱>도 있는 터이니, 그것을 무기武器로 하여 그 빼앗긴 문화유산遺産을 학문적으로나마 <결사決死>적으로 전취戰取 탈환奪還해야 하겠다는, 사뭇 비장悲壯한 발원發願과 결의決意를 하였다.

소창小倉 씨의 저서著書를 읽은 다음 날 나는 장기판을 패어서 불 때고, 영미英美문학서는 잠깐 궤 속에 넣어두고, 상경上京하여 한글 옛 문헌 장서가藏書家 여러분-고故 일사一蓑 <방종현方鍾鉉>·육당六堂 <최남선崔南善>·일석一石 이희승李熙昇·가람<이병기李秉岐> 제씨諸氏를 역방歷訪하여 귀중한 문헌들을 한두 달 동안의 기한으로 빌었다. 그 국보國寶급의 장서藏書들을 아낌없이 빌려주던 제가諸家의 후의厚意를 나는 잊을 수 없다.

가람 시비詩碑[26]

이능우李能雨

일전에 전주全州에서 가람 이병기李秉岐 선생님 시비詩碑 제막식이 있었다. 이분이야말로 우리나라의 문화국文化國인 바를 생애를 바쳐 건립해주셨는데 적이 도道내 행사와 같이 되어 느낌이 야릇하였었다.

그러나 그런대로 또 관官의 직접적인 협력을 많이 받은 인상印象이 있어 일편 흐뭇도 하였었다.

전주全州 문화인文化人들의 애씀과 그 기뻐함은 두 말 할 것도 없이 참석한 이로 하여금 큰 감명을 받게 했거니와 시비詩碑의 자리도 다가多佳공원이란 아름다운 이름을 가진 시내 한 언덕 같은 뫼봉우리였었다.

저녁 추모회追慕會에는 코러스 회원 70명이나 된다는 어머니 합창단의 출연이 있었었다. 모두 20~20대의 젊은 어머니들이었다. 단團의 성격이 무척 신기로우며 참 좋은 조직이라고 찬탄해마지 않았다. 워낙이 호남湖南은 예술의 고장이었다.

이런 곳에 세워진 시비詩碑 비신碑身에 새겨진 선생의 시조時調는 <시름>이었다.

---

26 이능우, 「가람 시비詩碑」, 『경향신문』, 1969. 12. 3.

『그대 괴로운 숨지고 어이 가라하니, 좁은 가슴안에 나날이 돋는 시름, 회도는 실꾸리같이 감기기만 하여라.』..

『아아 슬프단 말 차라리 말을 마라, 물도 아니고 돌도 또한 아닌 몸이, 웃음을 잊어버리고 눈물마저 모르겠다.』

『쌀쌀한 되바람이 이따금 불어오다. 실낱만치도 볕은 아니비쳐든다. 친구들 외로이 앉아 못내 초조하노라』

대개 야만野蠻 일제日帝의 마지막 발악기에 홍원洪原 감옥에서 읊으신 것이 아닌가 짐작되거니와 그 아프신 기록이 족히 민족의 수난을 대언代言하신 면도 있어 새로곰 눈시울이 뜨거워졌다. 식式이 파한 뒤 두루마기를 입은 선생의 계씨季氏가 그 앞에서 저 시詩를 시조창時調唱으로 드높이 창唱하였다. 문득 동기연지同氣連枝의 정情을 실감케 하였다. 더불어 시조시時調詩의 그 겨레에 가장 가까운 처지에 있는 바를 느끼게도 하였다. 차차 수많은 농민들이 가람 선생님의 문학文學을 창唱하게 될 것이다. 한 민족民族의 시비詩碑와도 같다.

<숙대淑大 교수·국문학>

가람 선생의 학문[27]

정병욱

가람 선생님이 가신지 1년, 선생님의 생전에는 그분의 발길이 닿는 곳마다 선생님의 예술이 꽃피고 선생님의 학문이 울려 퍼지고 선생님의 웃음소리가 메아리쳤건만 이제 우리는 대한의 가람, 아니 세계의 가람을 이곳 전주에 빼앗긴 듯한 느낌을 금할 길 없습니다. 이제 선생님을 뒤따르던 못난 제자의 한 사람으로서 선생님을 추모하는 이 자리에서 선생님의 학문을 다시 생각하면서 여러분과 함께 선생님의 명복을 빌까 합니다. 한마디로 말씀드려 선생님의 학문은 신비 바로 그것입니다. 시인으로서는 높고 깊은 예술의 세계를 가졌듯이 학자로서는 범용한 사람들이 도저히 헤아릴 수 없는 신비로운 세계를 지니고 계셨기 때문입니다.

오늘날 우리가 좌우로 모시고 의지하고 있는 그분의 유저遺著 중에서도 『국문학전사』 『국문학개설』 그리고 『가람문선』은 읽으면 읽을수록 새 맛이 나고 새로운 해석을 일깨우게 하는 신비로운 학문의 향기를 끊임없이 뿜어주고 있음을 어찌 제 하나만의 느낌이겠습니까... 참으로 놀랍고 흐뭇한 일이 아닐 수 없읍니다. 다음으로 선생님의 학문을 말할 때에

27 정병욱, 「가람 선생의 학문」, 『전북문학』, 1970. 1.

그분의 정확하고도 착실한 직관력에 놀라지 않을 수 없읍니다.

그분이 생전에 수집하신 그 많은 국문학의 자료 중에서 그분이 이것이야말로 꼭 학계에 소개해야 할 가치 있는 고전이라고 판단하신 작품은 어김없이 놀라운 고전적인 가치를 지닌 작품들이었습니다. 보십시오, 오늘날 하고 많이 소개되는 새로운 자료들에서 가람 선생님께서 이것이라고 내어놓으신 『한중록』 『인현황후전仁賢皇后展』 『의유당일기』 『요로원야화기』 『어우야담』, 그리고 『역대시조선』의 수준을 넘어선 작품을 찾아볼 수 있읍니까, 우리는 그분의 놀라운 직관력에 다시 한번 머리를 숙이지 않을 수 없읍니다. 그러나 그분의 직관력은 결코 우연의 소산이라고는 생각할 수 없는 일임을 우리는 생각해야겠읍니다. 그 직관은, 그분의 세밀하고도 정확한 과학적인 사고방식은 평소의 그 분의 박람강기博覽强記하는 노력의 소산임을 또한 잊어서는 안 될 것입니다. 이렇게 그분의 학문적 배경은 해박하였던 것입니다. 거기다가 그분의 타고나신 예술적인 재능이 그분의 직관력을 길러내는 데에 결정적일 구실을 하였다고 생각합니다. 이러한 선생님을 잃은 우리의 안타깝고 답답한 심정을 어찌 다 말씀하겠읍니까.

<『전북문학』 1970. 1.>

분서기焚書記[28]

이희승

(…전략…)

이렇듯 한 권 두 권씩 알뜰히 모아온 장서藏書를 6·25 전란戰亂 후 9·28 수복 당시-정확히 말하여 1950년 9월 27일 새벽에 원인 모를 화재로 가족들의 목숨만 겨우 구출하고 장서藏書와 함께 필자에게 딸린 재산이라고 할 것은 종이 한 장 안 남고 깨끗이 소화燒火되어버리고 말았다. 가족들은 집이 아까우니 하면서 통곡을 하고 있었지만, 필자는 어안이 벙벙한 무감각 상태였었다. 오늘날까지도 이 타버린 장서만이 잃어버린 자식처럼 애닮을 뿐이다.

그러데 이중에서 한 가지 천만다행한 일이 있다. 이것도 30년대의 일이지만 예의 이성의李聖儀 씨가 주자본鑄字本(을해자乙亥字) 『금강경삼가해金剛經三家解』(언해본諺解本)을 가지고 와서 1백 원을 요구하는 것이었다. 당시에 필자는 그 가격이 지나치게 비싸다는 것을 알고, 좀 감하여볼 생각으로 거절하여 돌려보냈다. 그 가격으로는 살 사람이 달리 없으리라고 믿었기 때문이었다. 그 후 종무소식이다. 이상하게 여겨 알아보았더니,

28 이희승, 「분서기焚書記」, 『신동아』, 1973. 6.

가람 이병기李秉岐 형(당시 휘문고등학교 교사)이 일금 1백 원을 아끼지 않고 매수하였다는 것이다. 그 책이 다행히도 가람의 손에 들어가서 오늘날까지 남아 있게 되었고, 근년에는 영인본까지 출판되었다. 그 당시 필자가 이 책을 매입하였더라면 오늘날 그 면모조차 볼 수 없을 것이 아닌가, 필자는 이같이 장서를 소실하고 나서 우리나라의 임진 이전 판본의 서적이 드문 이유를 뼈에 사무치게 깨닫게 되었다.

가람을 말한다[29]

정병욱

문학과 술과 난蘭, 벗, 그 속에서 가람 스승의 꽃잎처럼 흩어졌던 담소談笑, 이제 다시는 찾을 길이 아득하다. 그러나 50년이란 세월을 두고 어김없이 적어 남기신 선생의 『일기』와 한 권의 『가람시조집』은 우리의 현대문학 역사상에서 어느 누구도 감당을 해낼 사람이 있을 것 같지 않다.

50년이란 긴 세월을 두고 꾸준히 일기를 쓰셨다는 그 사실만으로써 누구나 가람 스승의 인간상을 짐작할 수 있을 것이다. 성실성과 인내력 없이는 도저히 성취할 수 없는 일이기 때문이다.

더구나 청백하고도 정치精緻한 문체文體로 엮어진 선생의 일기는 문학이면서 역사이기도 하다

오늘날 우리는 한 권의 『가람시조집』을 갖고 있다. 그러나 그 한 권의 『가람시조집』은 수천 권의 현대 시집을 감당할 만한 의의를 지니고 있다. 전통적인 문학 형태 속에 새 사상과 새 감정을 담아서 어색하지 않고 오히려 현대시를 앞지르는 시의 세계를 개척하셨다는 면에서 어느 시집

29 정병욱, 「가람을 말한다」, 『독서신문』 1973. 7. 8.

도 『가람시조집』을 앞지를 수 없기 때문이다.

선생은 멋으로 사시고 멋 속에서 세상을 뜨신 분이다. 술은 스승의 벗이요, 난은 선생의 다정한 여인이었다.

그리고 책은 선생의 벗이면서 또한 스승일 수도 있었을지 모를 일이다.

그리고 그 많은 벗들은 대개가 선생의 제자였다. 워낙 그릇이 크신 어른이었기로 이 짧은 글 속에 선생의 문학과 인간을 그려낼 수는 없다. 다만 '멋 속에 사시다가 가신 어른'이라고 일러두자.

<『독서신문』 1973. 7. 8.>

일기초·1[30]

김수영

1955년 2월 2일

가람 이병기 선생을 뵈옵고 온 것이 뜻깊은 일이라고 생각하면서 기차 안에서도 그와 신석정 씨와 같이 박은 사진을 신기롭게 꺼내 본다.

예술의 힘으로 커진 사람은 인간으로도 큰사람이 된다는 표본 같은 이가 가람 선생이라고 생각한다.

일주일 동안 연거푸 마시게 된 술 때문에 몸은 매우 피곤하지만 이번 군산 여행은 기대하였던 바와 같은 정신의 청량제를 넣어주었다고 할 수 있다.

가람 선생의 수집력(문학적)에 새삼스러이 감탄한다. 역시 여러 가지를 보아야 한다.

① 설화說話 : 민족民族 ② 외담猥談

지용芝溶·상허尙虛를 칭찬하는 가람은 역시 예술지상주의적인 경향이 농후하지만 그가 가지고 있는 자료(민족설화 같은)가 한없이 탐이 난다.

30 김수영, 「일기초·1」, 『시여 침을 뱉어라』, 민음사, 1975. 6.

그와 같은 환경 안에 2, 3년 푹 파묻혀보는 것도 결코 무익한 일은 아니라고 생각하지만…….

또 하나 가람은 대우大愚를 아는 사람이다. '겸손'- 그것도 고도의 겸손을 가지고 그리고 '청춘'과 '인생'을 가지고 있다.

과연 가람 선생이라고 경탄하였다.

술 좋아했던 가람[31]

이병도李丙燾

가람 이병기李秉岐 씨는 계동에서 나와 담장 하나 사이에 살았다. 그는 나보다 5년 위였는데 아침저녁으로 얼굴을 대하며 살았는데 하루만 안 보여도 서로 궁금해했다. 그와는 분야는 다르지만 아주 친하게 지냈다.

당시 그는 휘문 교사로 있을 때인데 가세가 넉넉하지도 못하면서 고서를 많이 사들였다. 그와 만나면 거의 책 이야기였다. 이번에는 어떠한 귀한 책을 어떻게 구했다는 것이다.

그는 술을 좋아했다. 술이 취하면 마음에 거칠 것 없이 웃어 재끼는 그 너털웃음은 일품이었다.

조선어학회 사건으로 옥고를 치르고 나온 그는 해방 후에 진단학회가 창설될 때 동지로 참여했다.

진단학회는 1934년에 조직됐는데 <진단학보>를 만들었다. 진단학보는 우리나라 최초의 학술잡지였다. 진단학회의 창설 멤버는 나와 가람 이외에도 이희승李熙昇 김상기金庠基 이상백李相佰 손진태孫晋泰 송석하宋錫夏 김두헌金斗憲 씨 등이었다.

31 이병도, 「술 좋아했던 가람」, 『명사교유도』, 주간시민사, 1976. 12. 6.

<진단학보>는 역사에 국한된 것이 아니었으며 가람은 초기부터 시조時調의 기원에 관한 논문을 싣기 시작했다.

가람은 해방 후에 군정청 학무과에 있었다. 그런 것을 이희승李熙昇과 내가 설득해서 서울대에 데려왔다. 6·25 뒤에는 전북대학교에 가 있었다.

그는 술을 너무 좋아했고 또 술을 너무 많이 먹어 결국은 쓰러졌다. 그런 뒤 그는 반신불수가 됐다.

그 불편한 몸으로 우리 집에 와서도 그는 술을 내놓으라고 했다. 『술 먹고 그렇게 됐는데 술은 무슨 술이냐』고 하면 그는 『술 먹고 죽는 일은 없다』며 한사코 강요했다. 그래서 정종을 내놓으면 그는 달게 마시곤 했다.

그는 불편한 몸으로 10여 년 더 살다 76살인가에 세상을 떠났다. 그는 꽤나 호탕한 기질이었고 강의 시간에는 여학생이 있거나 없거나 외설적인 이야기를 잘해 학생들을 웃기곤 했다.

가람 선생先生과 나[32]

김상옥金尙沃(시인詩人)

겨레가 일제日帝의 사슬에서 풀려날는지, 영영 풀려나지 못할는지 기약할 수 없는 어느날, 나는 시골뜨기 10대 소년으로 서울 계동桂洞에 있던 가람 선생댁을 찾았다.

그때는 조선어朝鮮語(국어라고 하지 않았다)는 학과에서 이미 제외되어 이 땅 어느 학교에서도 가르치지 않았다. 가람 선생은 그동안 사립 중학에서 담당하시던 그 <조선어朝鮮語>를 그만두시고 마지 못해 습자만을 가르치시고 계셨다.

선생은 사실 행세한 서가書家는 아니었으나 요즘 내로라하는 어떤 서가보다 뛰어난 글씨를 쓰신 것이다. 선생이 즐겨 쓰시던 체體는 <황산곡黃山谷이었다.

앞에서 말한 대로 내가 가람 선생先生댁을 찾아간 날은 추운 겨울이었다. 서재에는 고서가 꽉 쌓여있고 의흥자사宜興紫紗와 같은 중국분中國盆에 건란建蘭·소심素心 등을 심었는데 그 난분蘭盆을 하나하나 담요에 싸서 아랫목에 늘어놓고 선생은 몸소 싸늘한 윗목에 쪼그리고 앉아 계셨다.

32 김상옥, 「가람 선생先生과 나」, 『경향신문』, 1980. 6. 25.

『문장文章』이란 잡지에 선생의 천薦으로 <봉숭아>가 당선되고 또 당선되고 또 동아일보東亞日報에 <낙엽>이 뽑히고 난 다음이어서 나를 몹시 반겨주셨다.

이렇게 뵈온 이후 편지 왕래가 있었으나 선생은 태지苔紙 두루마리에 먹글씨로 은근한 사연을 적어 보내셨다. 선생의 한글의 궁체宮體 글씨 역시 아주 빼어난 것이다. 내가 선생께 올린 편지 중의 하나가 해방 후 국정교과서國定敎科書에 선생의 답서와 함께 실렸었다.

해방 후에는 자주 뵈었는데 중풍中風에 고생하시던 그 어느 날(이날도 역시 추운 겨울이었다) 계동桂洞 막바지에 있던 선생의 댁을 배방拜訪하였는데 내 목소리를 어떻게 알아들으셨는지 어줍은 동작을 하시고 대문까지 나오셔서 맞아주셨다.

이날은 짐을 빼앗아 여관旅館에도 못 가게 하시고 평소 쓰시던 사랑방에서 나를 묵게 하셨다. 사모님께 군불을 지피게 하시고 몇 번이나 구들목을 손수 만져보시기까지 하셨다.

참으로 자상하신 스승! 이 땅에 이토록 자상하신 스승은 아마 이 가람 선생이 마지막이 아닐까 싶다. 한지漢紙에 인쇄된 초판본 <가람시조집嘉藍時調集>을 펼쳐놓고 옛 스승을 대하듯 바라본다.

가람 님 생각[33]

고두동

유곡幽谷 물바위마냥
닦이고 헹군 임의 기품器品
깃들인 그 풍류야
학을 이웃하였거니
선비와 어엿한 정이
이에 어이 더하뇨.

한밤에 찾아온 시신詩神
잠을 앗아 닭 울리고
은유隱喩 직소直訴 그 사경寫景에
묘을 다한 정성 수법
따른다 뉘가 따르리
어이 이루 말하리

하해河海로 남겨 둔 글월

33 고두동, 「가람 님 생각」, 『가람문학』 창간호, 1980. 10. 19.

해와 달이 항시 논다
고고孤高히 거닌 자취
앞지른 이 뉘 없거니
대인大仁은 하늘도 아는가
이리 빛에 젖는구나.

第81화 30년대의 문화계(103)

박종화朴鍾和[34]

조용만

끝으로 시를 쓰다가 늦게 소설가로 등장한 월탄 박종화 이야기를 할 차례인데, 월탄에 대한 이야기는 앞서 『금삼의 피』를 시작할 때 많이 나왔으므로 별로 할 이야기가 없다.

가람 이병기는 유명한 시조 시인이다. 그는 안서 김억과 가까운 사이이고 해방 전에는 휘문고보에서 한글을 가르쳤고 해방 후에는 서울대 교수를 지냈다. 서울대학 때에는 여학생이 많이 있는 국문학 교실에서 아슬아슬한 음담을 섞은 강의를 해 유명했다.

그는 월탄집 술자리에는 반드시 초청되어 우스갯소리와 음담을 늘어놓으면서 술을 마셨는데 가람은 항상 월탄을 가리켜 『월탄은 완복지인이야』 하고 치켜세웠다. 완복지인이란 말은 오복을 갖춘 사람이란 뜻이다. 첫째, 장수하고 둘째, 부모가 구존하고 셋째, 형제자매가 다 무고하게 잘 있고, 넷째, 현숙한 부인 밑에 자녀가 많고 다섯째, 집안이 부유하여 굽힐 데 없는 사람이어야 한다고 우리들에게 이병기는 설명하였다.

월탄도 이것을 인정했는지 해방 전 조선일보에 『여심악』이라는 수필을 썼다.

---

34 「第81화 30년대의 문화계(103)- 박종화朴宗化」, 『중앙일보』, 1984. 11. 19.

제81화 30년대의 문화계(105)

안서岸曙 김억金億[35]

조용만

(…전략…)

안서는 1921년 그동안 여러 잡지에 게재해 온 외국 시인들의 번역시를 한데 묶어 『오뇌의 무도』라는 이름의 시선집을 발간하였고, 1923년에는 안서 자신의 창작시를 묶어 처녀시집 『해파리의 노래』를 출판하였다. 이어 창작시집으로 『봄의 노래』 『금모래』 『지새는 밤』 등을 간행하였고, 인도의 시성 <타고르>의 『기탄잘리』 『원정』 『신월』 들과 한시 역시집으로 『망우초』 『야광주』 『중국여류시선집』 등을 간행하였다.

안서 시의 특징은 시의 말미를 <러라> <서라> 또는 <외다>로 막는 것인데, 가령 『지금은 가을, 흩어지는 때러라』 할때에 『지금은 가을, 흩어지는』까지는 현 시점을 이야기한 것인데, 거기다가 <러라>라는 과거를 붙이면 모순이 생긴다고 해서 많은 비평가들이 이 점을 지적하였다.

안서와 가람 이병기는 친한 사이여서 술자리에서 만나면 안서가 가람을 향해 『그 싱거운 시조 좀 고만 써!』 하면 가람은 안서한테 『그 <러라>

---

35 「제81화 30년대의 문화계(105)-안서 김억」, 『중앙일보』, 1984. 11. 21.

<외다> 좀 고만 써!』하고 서로 웃으면서 응수하였다.

그러나 안서는 대꼬챙이같이 빳빳한 사람이어서 불의와는 절대로 타협하지 않았다. 일제 말기에 비굴하게 군다고 해서 오랜 친구인 서춘·춘원과 절교한 이야기는 안서의 의연한 면목을 보여준 것이다.

책에도 액厄이 있다[36]

이겸로

모질고 사나운 운수를 액厄이라고 한다. 책에도 액厄이 있게 마련인데 이것을 서액書厄이라고 한다. 책은 고금의 절보絶寶이기 때문에 조물주의 시기로 액厄이 반드시 따른다고 이규경李圭景도 설파說破한 바 있다.

(…중략…)

7, 8년 전 어느 날 서徐모 씨가 찾아왔다. 문안에 들어서기가 바쁘게

<산기山氣 선생先生 『금강경삼가해金剛經三家解』라는 책이 귀한 책입니까>

고 묻는 것이었다. 물어온 책은 상당히 귀중한 책이었다. 물론 나는 이래저래 귀한 책이라는 설명을 대략 들려주었다.

필자는 서 씨가 그 책을 갖고 왔는가 은근히 기대하고 있었는데 그는 4×6판 정도의 얄팍한 필사본 한 권을 내놓고 그 책장을 뒤집어 보라는 것이었다.

---

36 이겸로, 「책에도 厄이 있다」, 『通文館 책방비화』, 민학회, 1987.
  * 이겸로(1909~2006) 일제 강점기와 대한민국의 고서적 전문가.

몇 장 되지는 않지만 그것이 바로 『금강경삼가해金剛經三家解』의 낱장이었다. 어떤 몹쓸 사람의 소행일까, 아깝게도 책장을 반절半切하여 뒤집어 매고 그 공백空白 면에 까맣게 잡문이 묵서墨書되어 있었다.

『금강경삼가해金剛經三家解』는 5권 5책인데 세종世宗 28년에 세종의 비妃 소헌왕후昭憲王后가 세상을 떠나자 세종은 그의 명복을 빌기 위해 여러 가지 불전을 국역 또는 발행하였는데 『금강경삼가해金剛經三家解』도 그중의 하나이다. 세종의 명으로 국역은 세조世祖 때에 됐고 간행은 성종 13년(1482)에 되었다.

사용 활자는 단종端宗 3년(1455)에 강희안姜希顔의 글씨를 자본字本으로 주조한 을해자乙亥字이며 이 책 원본의 권1은 결본缺本이고 권2~5까지는 현재 서울대학교의 가람(이병기李秉岐) 문고에 비장 된 유일본이다. 초간 때 3백 부를 발행하였는데 근 5백 년의 긴 세월이 흐르는 동안에 전부 무산霧散되고 지금 단 한 벌이 고아처럼 남은 것이다. 이렇게 귀한 책이 낱장으로 그것도 반절半切된 채로 입수됐는데 <썩어도 준치라 값도 상당히 주었고 그것을 끌러 맞추어 보니 아홉 면面 반半이었다.

(…중략…)

그런데 이 중에서 한 가지 천만다행한 일이 있다. 이것도 30년대의 일이지만 예의 이성의李聖儀 씨가 철자본鐵字本(을해자乙亥字) 『금강경삼가해金剛經三家解』는 그 가격이 지나치게 비싸다는 것을 알고 좀 감하여볼 생각으로 돌려보냈다.

그 후 종무소식終無消息이다. 이상하게 여겨 알아보았더니 가람 이병기李秉岐 형(당시 휘문고보徽文高普 교사)이 금金 1백 원圓을 아끼지 않고 매수하였다는 것이다. 그 책이 다행히도 가람의 손에 들어가서 오늘날까지 남아 있게 되었고 근년에는 영인본까지 출판되었다.

그 당시 필자가 이 책을 매입하였더라면 오늘날 그 면모조차 볼 수 없을 것이 아닌가, 필자는 이같이 장서를 소실하고 나서 우리나라에 임진壬辰 이전 판본板本의 서적이 드문 이유를 뼈에 사무치도록 깨닫게 되었다.

필자 역시 얼마 전에 『금강경삼가해金剛經三家解』 전질全帙이 어느 사찰에 있다는 말을 들었을 뿐 그 후 그 책에 대한 다른 이야기는 듣지 못했다.

1959년 9월 15일 인쇄, 동년 동월 20일자로 『양금신보梁琴新譜』를 영인판으로 발행하였는데 서序는 고 가람 이병기 선생, 해제는 이혜구 박사, 발은 장사운 박사가 각각 썼다.

가람 이병기 선생은 그때 겨우 보행 출입은 하였지만 중풍으로 말더듬이가 되고 손이 떨려 서문을 썼지만 글자를 익을 수가 업소 문맹이 이어지지 않는 것을 장사운 박사가 간신히 문맥과 말을 얽어매어 서문의 체모를 갖추게 되었다.

그대 가람 선생은 계동 막바지 중앙고교 앞 언덕빼기에 살았는데 어려운 걸음걸이로 가끔 나를 찾아오곤 하였다. 중풍이니만큼 약주 대접은 할 수 없었고 다방으로 안내하는 도중에 가람 선생은 가끔 '다방에 가서 뭐하나, 어디 가서 막걸리나 한자 하지' 하였다. 그러나 그럴 수가 없으므로 다방에서 홍차에 약간 위스키를 섞어 대접하곤 하였다.

가람嘉藍 이병기李秉岐 선생先生[37]

— 초대면시初對面時 무례폭소기無禮爆笑記

공인空人 차칠선車七善

(…전략…)

때는 1951년 무더운 여름 팔월초순 구사일생九死一生으로 6·25 때 안 죽고 조반朝飯 석죽夕粥으로 살아가는 판인데 군산사범학교群山師範學校 최교장崔校長님으로부터 인편人便으로 기별寄別이 왔는데 가람 이병기李秉岐 선생께서 중앙학교中央國校에 계시니 그곳에서 만나라는 것이었다.

필자筆者가 부모父母 처자妻子와 정든 고향故鄕을 떠나서 만주滿洲로 가게 된 까닭은 일제日帝의 전세戰勢가 점차漸次로 불리不利해지자 최후最後의 발악發惡으로 1938년 우리말의 사용使用 금지禁止와 일본어日本語의 상용常用을 강요强要하더니 1940년부터는 창씨創氏를 강권强勸했으며 심지어는 동아東亞와 조선朝鮮의 양대兩大 민족民族 신문新聞을 폐간廢刊시켜 버렸고 조석朝夕과 행사行事 때마다 <황국신민서사皇國臣民誓詞>를 암송暗誦케 하는 등等 온 천하天下가 암흑세계暗黑世界가 되어서 눈뜬 맹인盲人이며 귀머거리 세상世上이요 숨통이 막혀서 못 살게 되는 생지옥生地獄인데 쓸

---

37 차칠선, 「가람嘉藍 이병기李秉岐 선생先生」, 『상서』 9권, 한국장서가회, 1989.

만한 젊은 청년青年들은 감언이설甘言利說과 협박脅迫 등으로 격전지激戰地인 동남아東南亞 방면方面에 총알 방패로 보낸다. 그렇자니 인심人心은 불안不安해지고 기피忌避하는 경향傾向이 농후濃厚하여 청년 된 자신自身들은 물론이거니와 부모님들의 고초苦楚 역시 말 못할 지경至境이었다.

(…중략…)

매월每月 한 차례씩 신경新京(지금 장춘長春 봉천奉天(지금 심양瀋陽 등에 정기적定期的으로 출장出張이 있어서 봉천奉天에 갈 때에는 우리 교포僑胞가 운집雲集해 살고 있는 서탑西塔에 들려서 우리네 서점書店에서 여러 가지 교양서적敎養書籍을 구매購買했는데 우연한 기회機會에 <학해學海>라는 도서圖書가 눈에 띄었다. 내용內容을 보았더니 국내의 유명한, 문사文士들의 주옥珠玉같은 글이며 가람 이병기李秉岐 선생님의 <시조강좌時調講座>가 있는데 책가冊價가 무려無慮 오원五圓이 아닌가! 눈 딱 감고서 책冊을 사 가지고 기차汽車에서부터 읽기 시작始作해서 여러 번 통독通讀하여 시조時調에 대對하여는 어느 정도 초보적初步的인 상식常識을 얻게 되었다.

또한 그 어른의 여러 종種의 시문詩文을 읽노라면 심신心神의 정화淨化는 물론이고 애국愛國 애족愛族하는 민족성民族性의 함양涵養과 역사의식歷史意識의 조성造成에 도움이 되며 수양면修養面에 있어서도 교과서적敎科書的인 지도력指導力이 풍만豐滿 했었다.

그 후부터 뵙지 못한 그 어른을 동경憧憬과 존경尊敬으로, 귀향시歸鄕時에는 그 어른의 저서를 구매購買하면서 장서藏書가 늘어나는 쾌감快感도 겪지 않았었다. 흐르는 세월 속에서 만주생활滿洲生活 6년에 해방解放이 되었으며 북한北韓 땅 만포진滿浦鎭으로 이주移住해서 3년 동안 공산共産치하治下에서 그릇된 인생극人生劇을 보다가 1948년 9월 말 새 정부政府가 수립樹立됐다는 소식消息을 듣고서 우리 두 내외가 신고辛苦 끝에 38선을 넘어서 귀향歸鄕하게 되었다.

(…중략…)

그러던 것이 만교晩交로 알게 된 최 교장崔校長님으로부터 가람 선생님을 소개紹介받게 되었는데 여러 가지로 좋게만 생각했던 인상印象과는 딴판으로 참으로 크게 실망失望하였다. 그 어른의 글을 보면 문체文體나 내용內容이 매끈한 것으로 보아 인물人物도 미남형美男形인 멋지신 문사文士로 생각했는데 예상豫想과는 판이判異하여 폭양暴陽인 여름철에 밭에서 풀 매다가 호미자루를 놓고서 일어선 농부農夫 같았는데 이발은 언제 했는지 모르겠고 면도를 한 지도 오랜 것 같았으며 윗도리 여름옷도 찌들어진 퇴색退色된, 삼베 셔츠를 입고 있어서 볼품없는 농촌의 촌로村老 같았다. 내 생각에 이분이 참으로 가람 선생이신가 믿어지지가 않아서 성명姓名만 말하고서는 침묵沈默 일관一貫으로 실내의 형편形便을 주시注視할 뿐이다.

시내의 유지급有志級과 문학文學을 애호愛好하는 중년 이상의 남녀들 모두가 20명가량인데 세 사람쯤 이외에는 모두가 구면舊面인 인사人士들, 선생님을 중심中心으로 구수한 환담歡談이 연속連續 연발連發하는데 그 어른의 말씀만은 구수하고 재미가 있으며 친근감親近感이 풍부豐富하여 인인술引人術이 대단하시다. 나는 무엇인가 한마디를 해야겠는데 말문이 안 열린다. <선생님 죄송하지만 저 담배를 피우겠습니다>라고 하면서 담배를 권勸했더니 사양 않고 받으신다.

지금부터는 초대면初對面 무례無禮 폭소爆笑의 장면場面인데 필자筆者는 원래가 저돌적猪突的인 면이 있어 소년少年 때에 부통령副統領을 역임歷任하신 김성수金性洙 선생, 국회의장國會議長의 곽상훈郭尙勳 선생, 초대初代 국무총리國務總理에 국방부國防部 장관長官으로 1920년에는 만주滿洲 대륙大陸에서의 청산리青山里 대첩大捷으로 김좌진金佐鎭 장군將軍과 같이 무훈

武勳을 수립樹立한 이범석李範奭 선생, 이러한 어른들에게 버릇없이 당돌唐突한 짓을 해서 사람들을 놀라게 했으며, 성과成果도 거둔 바 있었는데 습성習性을 천성天性인 양 가람 선생님한테도 버릇없는 짓거리를 감행敢行해서 지금 생각해도 등골이 오싹하고 후회後悔가 막심莫甚하다.

문問…선생님, 오늘 처음 뵙니다. 그런, 저는 <학해學海>에 실린 시조강좌時調講座를 감명感銘 깊게 읽어서 시조時調의 지식知識을 얻었읍니다.

답答…아! 그렀습니까? 고맙소.

문問…그런데 선생님 안 뵙는 것이 좋을 뻔했습니다.

답答…왜 그렇오?

문問…선생님의 글을 읽고서 선생님의 용모를 생각할 때 말쑥 단정하시고 외모까지도 근사한 줄로 알았습니다. 춘추 어떠하신지요?

답答…올해 환갑 예순한 살이오.

문問…금방 밭에서 호미자루를 놓고 오신 것 같은데 왜 그리 못생겼습니까?

이때 실내室內의 분위기雰圍氣는 긴장되었으며 이 자가 어쩔려고 버릇없이 망언을 하나 하는 경악과 분노의 눈초리가 필자에게, 집중되었으며 실내의 공기는 참으로 예측할 수 없었다. 나 자신도 뒷일이 어떻게 될는지 퍽이나 불안不安하였다.

가람 선생께서는 박장대소 호걸웃음을 웃으시더니 황소와 같으신 걸걸한 음성으로

답答…나보고 못생겼다는 말은 생전에 당신한테서 처음 듣는 말이오, 나는 러시아의 문호인 <톨스토이> 보다도 독일의 문호 <괴테> 보다도 잘생긴 사람인데 무슨 말을 그렇게 하시오, 라고 하시더니 또 명랑하게 웃으시니 실내의 여러 사람들도 모두가 폭소의 연속이다.

문問…선생님 <톨스토이>나 <괴테>를 언제 보셨으며 잘 아십니까?

답答…보지는 못했어도 잘 알고 말고 잘 알다 뿐인가

그렇게 말씀 하시며 호걸웃음을 또 웃으시니 실내의 모든 사람이 또 웃는다. 이래서 분위기는 일신 되었으며 화기가 감돌았고 긴 여름 해는 서산으로 넘어갈 준비를 하는 것 같았다. 사범학교 최 교장님 중앙국고 권 교장님 두 분이 무엇이라고 귓속말을 하더니 <자 여러분 지루하셨겠읍니다. 매사는 간 주인이라고 우리가 모시는 대로 같이 가십시다> 하더니 경향 간에 소문 높은 <청춘옥>으로 안내한다.

군산의 명주인 백화수복으로 술잔이 왔다 갔다 하는데 가람 선생님의 애주愛酒 호주好酒 다주多酒의 통음 하시는 광경은 참으로 선인仙人이며 달인達人이시고 어디서 그렇게 청산유수와 같은 말씀과 우스개소리가 쏟아져 나오는지 정겨운 장관이 아닐 수 없다. 이십여 명의 사람들은 한마디의 댓구도 못 하고 가람 선생님 한 분만이 시종여일 인생론 역사담 남녀간의 애정 문제 등 입담도 좋으시고 사회 상식까지 해박하시다. 저녁 식사까지 끝내니 열 시경이다. 만취에 만복으로 작별 인사들을 나누고서 가람 선생님을 여관으로 모신 후에 최·권 두 교장님과 다방으로 들어가니, 최 교장 말씀이 <차 선생이 가람 선생님에게 왜 그리 못생겼냐>고 할 때는 참으로 놀랐으며 가람 선생님께서 그 말을 들으시고 <톨스토이>

와 <괴테>를 인용하시며 실내를 웃음바다로 만드신 것은 참으로 예상치 못했던 일이라면서 그 어른께서 화내지 않으시고 그렇게 하시니 더 훨씬 인격이 돋보인다고 칭찬이 대단하다.

나 역시 동감이어서 큰 인물人物은 도량度量이 다르다는 것을 재인식再認識하고서 통행 시간 안에 귀가歸家하느라고 땀투성이가 되었다. 다행多幸하게 다음 해인 1952년부터는 선생님께서 전북대학교全北大學校 문리과대학장文理科大學長으로 후학後學의 양성養成에 전념專念하시게 되셨기로 호기도래好機到來를 포착捕捉해서 8월 중순中旬 군산예술동인회群山藝術同人會 주최主催로 이병기李秉岐 신석정辛夕汀 김수영金洙暎 선생 등 세 분을 모시고 2일간 <문학文學의 밤>을 개강開講하여 좋은 성과成果를 얻었으며 전주全州에 사시는 동안에는 댁宅에까지 찾아가서 노소동락老少同樂의 주석酒席에서 문학文學의 훈도訓導 말씀도 퍽으나 경청傾聽했는데 뵈옴이 거듭될 때마다 정의情誼가 두터워져서 마치 부자간父子間의 친숙감親熟感까지 있었다.

나중에는 꾸밈없는 용모風貌와 그분의 그대로의 언행言行이 존경尊敬으로 승화昇華되어 갔으며 내 생애 역시 교훈 그대로 외부내빈外富內貧에 안빈낙도安貧樂道를 이어가며 살고 있다. 앞으로의 여생餘生이 빠듯한 판인데 무엇이라 더 바랄 건 없으며 산전수전山戰水戰 가시밭길을 방황하면서 늙었으니 후회後悔인들 없겠는가? 우연의 일치라 할는지 1962년 3월 가람 선생님께서는 만시지탄晩時之歎은 있으나 문화훈장文化勳章을 받으셨으며 필자筆者도 사소些少한 일이나마 소성훈장素星勳章을 받았는데 이는 오로지 덕망德望이 높으시며 교화敎化의 역량力量이 돈독敦篤하신 가람 선생님의 음덕陰德으로 한평생의 수은受恩이다.

늦게까지 잠 못 자고 전전 반칙 하다가, 가람 선생님과 동배주同杯酒

하면서 이런저런 세상世上 잡화雜話와 우스개소리를 하던 일들이 명멸明滅하는데 선생님은 가셨어도 못생긴 후배後輩는 선생님이 살아 생전의 경모지성敬慕之誠의 발로發露로 조문粗文을 드리오니 천상天上에서 천행天幸 하심을 기축祈祝드리나이다.

한恨 서린 늙은 몸이 거칠은 가시밭길
여생餘生도 머지않고 남은 것 후각後覺일 뿐
젊어서 못다 한 일을 뉘라서 안다 하랴.

무상無常한 염량세태炎涼世態 고금古今이 여일如一 커늘
무엇이 시是요 비非냐 흑백黑白이 불명不明 코나
무거운 짐 보따리를 두고 가서 쉬리라.

고은의 자전自傳소설

나의 산하山河 나의 삶 〈59〉[38]

고은高銀

(…전략…)

가을은 노령산맥이나 김제 만경 평야에만 오는 것이 아니었다. 전란이 지나간 황량한 항구에도 와 있었다. 계절은 이 땅의 사람에게 거의 종교적 역할을 맞고 있다. 그만큼 사람들의 정서와 사색을 결정적으로 좌우한다. 아, 신흥동 초가집 골목에서 들리는 이른 밤 다듬이질 소리와 해망동 공원 마루에 올라가면 콧구멍 가득히 들어오는 바다 냄새, 그리고 이 골목에서 저 골목으로 날쌔게 건너가는 도둑고양이한테서도 가을을 충분히 경험하는 것이다.

이런 가을의 10월은 북폭北爆을 위한 K8 미공군 기지의 전폭기와 세이버 전투기들이 바쁘게 날아가는 항구의 하늘 아래에서 그 누구도 한가하게 놓아주지 않는다. 벌써 피난민 가운데는 현지 사람보다 훨씬 부지런하고 심지가 옹골차서 어엿한 일본식 자택을 사들인 일도 생겨났다. 과연 바위 위에도 억새풀이 우거질만 했다.

38 고은, 「나의 산하山河 나의 삶」 <59>, 『경향신문』, 1991. 11. 20.

이런 항구에서의 문학이란 일단 외설인지도 모른다. 그래서인가 군산에서는 처음 있는 문학강연회에 대한 관심이 모아졌다. 도둑놈만 잡는 수사관과 형사도, 세관 촉탁도, 수산물 거간꾼도 <아, 문학강연회 광고를 봤소>라고 송기원 김순근 영감들에게 인사를 청하기도 했다.

강연 장소는 중앙로 1가 YMCA 2층 강당이었다. 가람 선생은 일제가 떠난 뒤 서울대 문리대에서 <한듕록> 따위를 술 취한 채 강의하다가 전쟁으로 전주에 낙향, 전북대 문리대 학장을 맡고 있었다. 그는 한글학회 사건으로 함흥형무소에 갇혀있다가 해방을 맞았다. 그 이전에는 일제 초창기 휘문고보 교사가 되어 긴 칼을 차고 다니던 때도 있었다. 시조時調를 신조新調라고 말하게까지 했던 현대시조의 영향력은 그로부터 나와 이은상으로하여금 대중정서로 넓혀지기도 한 것이다.

이 강사와 함께 올 시인 신석정 선생은 일제 강점기를 거의 그의 고향에서 보낸 전원생활로 <촛불>, <슬픈 목가>를 낸 시인인데 해방 직후 전국문학자대회 뒤의 술집에서 매우 인상적인 대회 찬가를 낭송해서 그것은 건설기 문단 진보 세력들에게 하나의 기념이 될 수 있었다. 이 때문이었는지 인공 당시에는 부안군 인민위원장으로 추대되어 잠깐 지내다가 수복 후 여러 친지의 도움으로 신분이 안정되어 전주북중 교사와 대학 강의로 지내며 <봄은 오고 나는 늙고 아 슬픈 평행선> 운운의 시를 쓰는 중이었다.

여깅 서울 명동 박인환 등과 한 패거리인 김수영이 합류하게 되었다.

전주에서는 두 강사만 온 것이 아니라 전주 이리 등지의 문학동인회에서도 우르르 몰려왔다. 강연회장은 초만원이었다. 나조차 절 안에 사는 사람 몇 명과 함께 거기에 갔다. 아니 그들에게 오라 하고 나는 먼저 나와 세 강사를 시청 앞 전원다방에서 만났다. 바로 우리 시화전이 열리고 있는 다방이었다.

송기원 회장의 작품은 장시여서 가로 1미터 세로 2미터 크기에 종이에 써 내려간 횡서橫書를 책으로 만들어 브리핑 차트처럼 걸쳐 놓고 다른 회원들의 것은 시와 그림의 단순한 액자들이었다. 정연길의 시 <비탈진 풍경>, 원형갑의 <미래> 등이 주목을 끌었다. 이병훈의 작품도 호평을 받았다.

이런 것들을 이병기, 신석정, 김수영 들이 관람했다. 그들은 시찰단 같았다. 다방의 의자들을 둘러놓고 그들과 동인들이 둘러앉았다. 가람 선생이 불그레 술기운으로 나를 지목했다. 내가 중이라 눈에 띄어서였으리라.

『고은? 고은의 시도 제법이네… 중이 시를 써야 석가여래가 좋아하지…』 하고 그가 웃음바다를 만들었다. 나는 그저 가슴이 벌렁거릴 뿐이었다.

그 강사들과 이른 저녁 음식을 나누었다. 그리고 강연장으로 갔다. 나는 단 한 마디도 허술하게 흘리지 않기 위해서 맨 앞줄 나무 의자에 앉았다.

이병기는 국문학과 시조에 대해서 맡고 신석정은 서정시, 김수영은 현대시에 대해서 강연했다. 이병기 선생의 능란한 말솜씨 말고는 두 시인 중에서 김수영은 더 어눌했다. 하지만 그가 무책임한 것처럼 내뱉는 말속에는 어떤 감각이 들어 있었다.

나는 너무나 많은 사람들이 모여들어 숫제 자리를 정리해서 입석으로 채운 청중들이 2시간 이상을 진지하게 보낸 것에도 새삼스럽게 감동했다.

아, 이 황량하고 생경하기까지 한 항구에도 이런 문학의 분위기가 있구나.

강연회의 성황盛況은 청중들이 그 강연이 끝난 뒤로도 흩어질 줄 모를 정도로 고조되었다. 밤늦게까지 강사들을 접대하는 동인들도 그들의 말 한마디라도 더 듣기 위해서 귀를 가다듬었다. 겨우 강사와 몇몇 전주 이리의 손님과 우리들은 사석私席에서 한 덩어리가 되었다. 가람 선생은 술에 푹 잠겨있다 나온 상태로 그 험악한 전란을 겪은 사람들에게는 걸맞지도 않은 풍자와 해학의 맛을 듬뿍 누리게 했다.

그는 전주 시내 교동의 전통적인 옛 기와집 마을의 자택 택호를 양사재養士齋라 해서 내리 제자들과 어울려 술과 난蘭의 향기를 나누고 있었다. 어쩌다 후배한테 한 장의 붓글씨를 써 주어도 고시古詩보다는 그 자신의 육성에 가깝게 <때로는 개도 사람보다 낫다>라는 한글 글씨였다.

훨씬 뒤 그의 만년에는 익산군 여산 생가로 돌아가 하루하루를 보내면서 붓으로 쓴 일기 <오전 ○시 ○분 대변보다> <대변 보다>라고 쓴 <대변일기大便日記>로도 유명했다.

이런 어른의 위엄있는 매력에도 불구하고 그 당시 우리 분위기는 신석정과 김수영 쪽에 더 기울어졌다. 석정 선생은 전주 시내 술집 주모들에게도 <석정 선생!> <석정 선생!> 하고 섬겨지고 있었다. 하물며 전북 일대의 문인 또는 문학 지망자들은 그에게 부모와 같은 역할을 맡겨주었다. 그가 한마디 『자네 시가 좋아』라고 말하면 그 말 한마디로 한 1년쯤이나 영광스러웠다.

나는 송기원 회장의 옛 연극 동료였던 김수영에게 더 기울어졌다. 그때까지 모더니즘의 문학은 무턱대고 기존의 문학에 반항하는 것으로만 알았다. 그런데 김수영은 가람 선생이나 신석정 선생에 대해서도 무척 경의를 나타내며 깍듯했다.

가람과 석정은 정윤봉 여사 등이 정중하게 모셨고 김수영은 송기원

회장과 우리와 어울려 개복동 다방과 술집을 전전하며 한층 더 친밀해졌다. 그 당시 서울의 문예지나 신문 한 귀퉁이에 학예란에 시 한 편이 실리면 바고 그 작자는 혜성이 되어 전국의 문예 애호가들에게 꿈같은 존재가 되었다. 그런 시인이었다.

(…중략…)

얼마 뒤에 내가 돌아온 것을 시자侍者한테서 들었는지 혜초스님이 그의 중관굴에서 내려왔다.

『그래 실컷 문사 노릇을 했느냐?』 하고 원만한 말투로 나를 얼러보는 것이었다.

『가람은 난초라기보다 머루, 다래이고 석정은 술이 아니라 술집 같았습니다.

『그거 제법이로다』

그 시절 그 사람

"교육엔 단절없다" 전시戰時 떠받친 주역들[39]

—52년 부산釜山강습소 가람-한결 선생 초빙기념

허웅(한글학회 이사장)

비록 누렇게 바랬기는 하지만 이 사진은 아직도 나에게 공부해야 하고 또 연구해야 한다는 어떤 사명감을 던져준다.

6·25전쟁이 소강 상태로 접어든 1952년 1월 부산 해운대에서 찍은 이 사진은 전쟁 중임에도 교육이 중단돼서는 안 된다는 생각에 당시 연세대와 서울대에서 후학들을 가르치던 가람 이병기 선생(국문학자)과 한결 김윤경 선생(국어학자)을 이곳으로 초빙, 강습소를 개최하다 잠시 짬을 내 찍은 것이다.

당시 나는 정병욱 교수(국문학자) 김정한 교수(소설가)와 함께 부산대에서 강의를 하고 있던 터였다.

지금이야 해운대가 교통도 편리하고 번화한 모습을 하고 있지만 50년대 당시만 하더라도 낭만적 분위기가 물씬 풍기는 조금 옛말로 표현하자면 풍류가 흐르던 곳이었다.

우리들은 이곳에서 오랜만에 약주도 함께 나누면서(한결 선생은 술을

---

39 허웅, 「"교육엔 단절없다" 전시戰時 떠받친 주역들」, 『경향신문』, 1992. 2. 26.

전혀 못했지만 가람 선생이나 정병욱·김정한 교수는 모두 대주가였다) 우리 글과 문학 이야기를 나누기도 했다.

사진을 찍은 지 40년이 지난 지금 나와 김정한 선생(84) 단둘만이 남게 됐다.

나머지 분들은 그들의 국어사랑 정신만을 이 땅에 남겨놓은 채 모두 이 세상을 떠났다.

가람 선생과 나[40]

장덕순(문학박사, 전 서울대 교수)

금년이 가람 선생 탄생 100주년이 되는 해이다. 가람 선생의 시비가 전주 다가공원에 세워져 있고, 선생은 한때 전주에 있는 전북대학교에 계셨으니 전주와 가람 선생의 인연은 깊다.

가람 선생은 나의 대학 때의 은사님이고, 또 술을 좋아하시는 선생님과 술을 함께한 추억이 여러 번 있다. 1948년인가 생각된다. 나는 가방을 들고 문리과대학으로 가려고 의과대학, 시계탑 앞을 지나려는데 저쪽에서 가람 선생과 지금도 생존해계신 성경린 선생이 걸어오시다가 마주쳤다. 가람 선생은

<강의는 있는가?>

<강의는 없습니다.>

<그럼 저기 가서 한잔 하세.>

때는 오전 중이었고, <저기>라는 곳은 우리 과에서 선생님을 모시고 잘 가는 선술집이다. 창경원(당시) 남쪽 담 옆에 있는 가건물인데, 몸이 비정상적인 남자 혼자서 선술집을 경영하고 있다. 소문에 의하면 대한

40 장덕순, 「가람 선생과 나」, 『전북문학』 제150호, 1992. 9. 30.

병원에서 이 집을 제공하고 그 주인이 죽으면 그 시체를 실험용으로 인수한다는 조건으로 경영권을 이 비정상인이요, 불구자에게 일임했다고 한다. 우리는 선술집을 <노틀담의 곱추집>이라고 부르며 자주 드나들었다. 그때 국문과 선생으로 약주를 좋아하시는 분은 가람 선생과 도남 조윤제 선생이었으니 술을 좋아하는 학생들은 이 두 분을 모시고 곱추의 집 출입이 잦아서 외상거래도 트고 있을 지경이었다.

가람 선생과 성경린 선생, 그리고 나 셋은 약주와 간단한 안주를 놓고 술을 마시었다. 가람 선생은 술은 청탁을 가리지 않았다. 그때에 무슨 이야기가 오갔는지 기억에 남아 있지 않으나 국악하시는 성 선생과는 거문고 이야기가 있었다. 가람 선생은 거문고를 가지고 계셨는데 그 악기에 관한 이야기인 것 같았고, 나에게는 해방 후 볼모지 상태에 있는 국문학에 관해서 이야기했던 것으로 기억한다.

당시 가람 선생은 57세쯤 되셨고 나는 20대 초반이었다. 가람 선생과는 여러 번 술자리를 함께 했으니 기억에 남는 것은 <곱추의 선술집>과 1950년, 6월 25일 가람 선생 댁에서이다. 마침 일요일이어서 동급생인 김삼불 형, 또 하나는 지금 이름도 잊어버린 친구인데 최형인 것만 기억에 남아 있고 소식을 모르고 있다. 그리고 나, 셋이서 소주 한 병(대두병)과 무슨 생선인지 큰 것 하나를 사 들고, 중앙중학교 앞(계동인가?)의 가람 선생 댁을 찾았다.

선생님은 혼자서 집을 지키고 있었다. 우리는 아랫방에 안내되었다. 윗방이 선생님의 서재였는데, 사실 우리는 서재에서 보고 싶은 책을 보려했는데, 그 계획이 빗나간 것이다. 가람 선생은 우리가 사가지고 간 생선을 머리와 꼬리 부분을 잘라서 찌개를 끓이라고 하고 생선의 가운데 토막을 새끼에 묶어서 처마에 매달아 놓으셨다. 이윽고 우리는 생선 찌개와 술을 상에 차리고 선생님과 마주 앉아서 술을 마셨다. 함께 간 친구 중의 최형이 찌개를 맡아서 했다. 사모님도 안 계신 부엌에서 장독대를 드나들며 장, 고추장을 퍼서 요리를 한 것이다.

<허! 생선찌개가 좋군, 술맛도 있구…, 저기 매단 생선은 내일……>

가람 선생은 이렇게 만족해하시며 우리가 가지고 간 술 한 병을 셋이서 모두 비웠다. 오후 세 시쯤 우리는 선생님의 집을 나왔다. 나와 보니 거리는 어수선했다. 인민군이 삼팔三八선 전역에 걸쳐 남침했다는 것이다. 군 트럭이 거리를 질주하고 있었다. 이렇게 가람 선생댁에서 6·25를 마지했던 것이다. 그해 가람 선생은 60세였었다.

<가람문선>(신구문화사 간행)에 실린 일기초抄에 보면 1950. 6. 25일조에 <문리대생 몇이 왔다. 인민군이 삼팔三八선 각처로 들어와 남진하고 있다 한다.>라고 간단히 적혀 있다.

이렇게 헤어진 이후 6·25동란으로 친구들은 자주 만났으나 가람 선생은 시골에 내려가시고, 나도 부산의 피난 생활을 했다. 부산에서 가람 선생이 한번 다녀가실 때에 뵙고 몇 해가 지났다.

어느 해인지는 모르겠으나 가람 선생의 회혼례回婚禮가 선생님의 고향에서 있다는 소식을 듣고 백영 정병욱 교수(작고), 천봉 이능우 교수와 나는 꼭 참석하기로 약속했다. 그러나 나는 독감 때문에 못 가고 두 분만이 다녀왔다. 그때 가람 선생님은 중풍으로 말씀을 잘 못하시었는데 두 제자를 만나시고 몹시 반가워하셨다고 한다.

그리고 가람 선생이 돌아가셨을 때에 공교롭게도 동창들이 모두 외국에 갔을 때이다. 나 혼자서 논산을 거쳐 수우재에 가서 문상을 했고, 그 장례 행열에 참석했다.

전주 다가산에서 시비 제막식 날이었다. 나는 제주도에 가서 현존하는 관·혼·상·제를 조사하고 광주를 거쳐 이리에서 택시를 타고 바로 다가공원에 이르렀으나 이미 제막식은 끝나고 다가공원은 텅 비어 있었다. 시비 앞에서 잠시 묵념하고 곧 전북대학에 가서 고하 최승범 교수를 만나서 정병욱 교수와 이능우 교수가 왔다가 벌써 서울로 갔다는 것이다. 당시는 전주에서 서울행 비행기가 있어서 나는 다음 비행기표를 예약하니, 두세 시간에 여유가 있었다. 나는 고하와 함께 어느 식당(그 이름은 잊었다)에 갔더니 시인 석정夕汀도 와 있었다. 석정은 고하의 빙장이신데, 이왕부터 나는 그의 전원적인 시를 퍽 좋아했다. 1940년경 일제는 점점 더 우리 민족의 자유를 박탈하며 조이기 시작했다. 이 무렵 석정 시인의 <슬픈 구도構圖>는 내 기억에 새롭다.

> 나와
> 하늘과
> 하늘 아래 푸른 산 뿐이로다.
> 꽃 한송이 피어낼 지구도 없고
> 새 한 마리 울어줄 지구도 없고,
> 노루새끼 한 마리 뛰어다닐 지구도 없다.
> 나와 밤과
> 무수한 별뿐이로다.
> 밀리고 흐는는 게 밤뿐이오
> 흘러도 흘러도 검은 밤뿐이로다.
> 내 마음 둘 곳은 어느 하늘 별이드뇨.

나는 그때나 지금이나 시인을 존경한다. 언젠가 정한모 시인이 살아 있을 적에 <나는 시인을 존경하네, 시인에게는 영안靈眼이 있고, 또 예언

자적 선견의 영심靈心이었거든, 내가 미처 생각지 못한 것을 시인은 용케 시로 읊으니까……> 운운 한 일이 있다.

석정의 <슬픈 구도>는 암흑기의 절망을 노래한 것이다. 절망적인 당시는 정녕 <보지도, 듣지도, 말하지도> 못하는 시대였다. 허나 석정은 <하늘의 별>에 희망을 가졌었다. <지구는 어두우나> 하늘을 내 가슴에 불러들인 그 시인의 가슴에 그래도 희망을 갖고 있어서 우리는 희망 속으로 인도했던 것이다.

가람 시비 제막에 만도晩到해서 다행히 뵙고 싶었던 석정 선생을 만나게 된 것은 참으로 기적 같은 만남이었다. 나는 이 글을 쓰면서 세 시인(가람, 석정, 고하)의 공통점을 찾아서 마무리를 지으려고 생각해 본다. 가람과 고하는 사제의 사이이면서, 같은 시조 시인이라는 공통점이 있고, 시 세계는 모두 자연을 사랑한다는 것이다. 그러나 좀더 구체적인 것은 <난蘭>이라는 것을 발견했다. 가람 선생의 초기 시조에

빼어난 가는 잎새 굳은 듯 보드랍고
자주빛 굵은 대공 하얀듯 꽃을 벌고
이슬은 구슬이 되어 마디마디 달렸다.

본래 그 마음은 깨끗함을 즐겨하여
정한 노래톱에 뿌리를 서려두고
미진도 가까이 않고 우로받아 사느니라

이 청정한 시 앞에서는 항상 엄숙해진다. 신석정 선생의 시에는

〈蘭〉이와 나는

산에서 바다를 바라다보는 것이 좋았다.
밤나무
소나무
참나무
느티나무
다문다문 선 사이사이로 바다는 하늘보다 푸르렀다.中略

〈蘭〉이와 나는
역시 느티나무 아래에 말없이 앉아서 바다를 바라다보는 순하디 순한 작은 짐승이었다.

이 시는 <작은 짐승>이라는 제목의 시(1939년의 지은 것)의 첫 절과 끝 절이요, 여기에서 <蘭>은 사람의 이름이라도 좋고, 자연의 <난>이라도 좋다. 시인의 머리엔 <미진도 가까이 않는> 난초가 있었기 때문이다.

그리고 최근에 나온 최승범 시인의 <蘭앞에서>라는 시집 같은 제목의 시의 끝머리

……이 아침
내 욕심이었다니
네 앞 서서
무렴하다.

난 앞에서는 사람의 욕심이 부끄럽기만 하다. <난은 순하디 순하고>, 세속에 물들지 않은 청순하다는 것이 세 시인의 공통점이다.

이제 가람과 석정은 타계하시었다. 그래도 나는 자주 전주엘 간다. 혹

시 전주를 지나갈 때에도 고하 선생을 불러내서 술 한잔으로 이미 가신 두 시인을 회상하곤 한다.

청순한 매실주를 마시며 말이다.

남은 온기溫氣[41]

—가람 선생 영전에

김상옥(시조시인)

계동 제일 막바지 물지게 진 젊은 아낙
말 좀 물읍시다. 가람 선생 댁이 어디요.
먹기와 낡은 오막집 눈으로만 가리키네.

대문을 두드리자 짐작으로 알으신 척
어줍은 걸음걸이 면도마저 잊으시고
너무나 외로우시던 참에 눈빛으로 반기시다.

서울에 오래 사셔도 시골서 갓 오신 티
그 말씀 그 웃음 어디 하나 다치신가.
구들목 남은 온기나 처럼 밤을 에워쌓더니

지금은 옛집 뒷산 흙으로 돌아가고

---

41 김상옥, 「남은 온기溫氣-가람 선생 영전에-」, 『한글』, 한글학회, 1994. 12.

그의 남긴 글은 밤낮으로 입에 올려
사람이 죽고 사는 일을 무관하게 하시네.

가람 이병기 님의 학문 세계 연구[42]

리태극(시조시인)

-차례-

42 리태극, 「가람 이병기 님의 학문 세계 연구」, 『문학한글』 제8호, 1994. 12.

벼리

가람은 한학의 조예도 깊었었지만 우리 글에 대한 관심도 커서, 일찍이 주 시경 선생에게서 국문의 이론도 배원고 <한글 맞춤법 통일안> 심의에도 적극 참여하였었다. 그의 학문 연구는 시조의 이론 정립과 체계 있는 연구보다도 <계축 일기>, <한중록>, 근조 내간近朝內簡 등의 수집 및 주해에 힘을 기울 였다. 만년에 와서 『국문학 전사』와 『국문학 개론』의 저술로 체계 있는 총결산을 이루었다고 본다.

그의 국문학 연구의 실적을 간추려 보면 다음과 같다.

첫째, 고전문학 작품들을 새로 발굴하여서 우리 국문학의 영역을 넓혀 주었다. 둘째, 고전문학사의 시대 구분을 여조 이전의 문학과 근조문으로 대별한 것인데, 이것은 정음 이전의 문학과 그 이후의 문학으로 2대별한 것이다. 셋째, 향가의 3구 6명을 3자로 본 것과 고래 시가를 별곡과 별곡체로 본 것도 새 견해다. 넷째, 근조 문학에서 시조·가사의 발전을 중요시하였고, 근조 전기를 산문의 맹아기로 보고 특히 <홍길동전>을 좋게 평가하였다. 다섯째, 극가劇歌의 제창이다. 근조 후기 소설들은 이 극가를 전제로 된 것이라고 주장하였다. 여섯째, 고전문학사의 결언에서 그 사상의 근원을 우리 전래 사상인 현묘玄妙의 도道에 두고 새로운 앞으로의 문학도 이를 바탕으로 전개 형성되어져야 한다고 한 것도 견고한 문학사관이라고 보겠다. 또한, 고전 시가의 형식 규정에서 4구 2절형과 6구 3절형으로 대별할 수 있다는 주장도 새로운 견해다.

1. 가람의 인품

가람 이병기 님은 평소에는 과묵하였으며 고전 섭렵과 연구 및 시 조 창작에 몰두하였다. 그러나 강단에 서면 유머 섞인 달변으로 청중 을 매료시켰다. 본래의 성품이 호탕하면서도 단순하였고 난초나 매화 를 좋아하듯 아취도 있었고, 특히 술을 좋아하여서 친구와 제자 들과도 잘 어울리었다.

또한, 그는 매이지 않는 풍도風度도 있었고 꾸밈이 없는 소탈함을 가졌었다. 그러나 학문 연구나 시조 창작에는 남달리 끈기를 지니고 탐구 천착하였었고, 관계 서책들을 생활비도 생각 않고 수집하였었다. 그의 장서는 서울대학교 국문학과에 기중 보관되어 있다. 이와 같이 의식주에는 별로 마음을 쓰지 않고 소위 한국의 고금에 통하는 선비였다. 그러므로 일생을 호화나 사치와는 거리가 멀었다.

또 그는 술을 매우 좋아하였다. 술의 청탁도 가리는 바가 없었다. 술이 거나해지면 평소의 과묵함은 달변으로 바뀌어 호탕한 웃음과 해학이 쏟아진다. 그러나 소탈함은 변함이 없다. 뇌일혈로 요양하던 사이에도 술은 늘 곁을 떠나지 않았다.

2. 가람의 학문 연구와 업적

가람은 한학의 조예도 깊었었지만 우리 글에 대한 관심도 커서, 일찍이 주 시경 선생에게서 국문의 이론도 배웠고 <한글 맞춤법 통일 안>심의에도 적극 참여하였었다. 그의 학문 연구는 시조의 이론 정립과 체계 있는 연구보다도 『계축 일기』, 『한중록』, 『근조 내간近朝內簡』 등의 수집 및 주해에 힘을 기울였다.

만년에 와서 『국문학 전사』와 『국문학 개론』의 저술로 체계 있는 총결산을 이루었다고 본다.

그의 꾸준한 국문 자료의 천착은 그가 서울대학교 국어국문학과 교수로 발탁되는 빌미도 된 것이라고 본다.

광복 후 경성 제국 대학이 국립 서울대학교로 새 출발을 할 때에, 그 국어국문 학과의 주임교수는 전 조선어문학과 출신인 조 윤제 교수가 맡고 이 희승, 이 숭녕, 방 종현 님들이 교수로 정해졌었는데, 조 교수 외에는 국어학 전공자들이어서 국문학 담당 교수 한 분을 찾던 중 네 분의 의견이 모여져서 이병기 님을 모시게 되었다. 이는 고전 자료 연구에 조예가 깊었던 것에 비중이 컸었다고 여겨진다. 시문 전반에 걸친 넓은 섭렵과 그 자료들에 대한 연구 업적이 인정되었던 것이었다고 보인다.

사실 조선어문학과의 교수들이 모두 일본인들이었기에 그 학과의 졸업생들도 체계 있고 깊이 있는 조선 어문의 전수들을 받지 못하였다. 따라서 그들은 각각 그 분야에서 독자적인 조사와 연구들을 하여서 새로이 우리 어문학의 이론과 체계들을 찾아 세우게 되었던 것이다. 이러한 면에서 이병기 님은 같은 길을 독자적으로 연구 터득하였던 것이었기 때문이 아니었나 생각된다. 특히, 시조의 이론 정립에서는 그 첫손가락을 꼽게 되어 있었던 것이었으므로.

(1) 시조에 대한 연구 업적

① 그 명칭의 고찰

시조의 명칭은 '시조時調'가 옳다는 것과 그 명칭의 문헌상의 첫 기록은 『석북집石北集』의 기록이 옳다는 것은 가람의 주장에 변함이 없다고 본다. 한편 『악학습령樂學拾零』에 있는 시조時調와 고조古調의 기록을 들어 『석북집』 이전에 이미 '시조時調'라는 기록이 있었다고 주장하는 것은 잘못된 해석이라는 것을 밝힌 바 있다(글쓴이 지은 『덜고 더한 시조 개론』 참조)

② 시조의 종류

가람은 <시조란 무엇인가>(동아일보, 1926. 11. 24일자부터 연재)라는 논문에서 "시조는 평시조, 엇시조, 사설시조의 3종이 있다."고 하여서 이것이 그대로 공인되다시피 되어 있었는데, 이것을 글쓴이는 '단·단형 시조短·短型時調와 중·중형시조中·中型時調, 장·장형시조長·長型時調가 옳다'고 밝힌 바 있다. 이것은 글쓴이의 주장이 옳다고 본다(『덜고 더한 시조 개론』 '제3절 시조의 유별' 참조).

③ 시조의 연원

시조의 연원을 신라의 향가 중 10구체와 관련 지은 것은 탁견이라고 볼 수 있으나 그 원형을 우리의 민요형에 두었다는 주장은 잘못이라고 본다(『덜고 더한 시조 개론』 '제3편 제2절 현재관' 참조).

④ 시조의 형태관

가람은 <시조란 무엇인가>에서 시조의 기준 형식을 다음과 같이 발표하였다(『덜고 더한 시조 개론』 '제2장 제1절 2, 시조 형식의 종래관' 참조).

초장 1구 6자~9자
2구 6자~9자

중장 1구 5자~8자
2구 6자~9자

종장 1구 3자
2구 5자~8자
3구 4자~5자
4구 3자~4자

이러한 기준으로서 각 구는 그 기준 자수 안에서 자유롭게 취할 수 있다고 보았다. 즉 3장 8구체로서 종장의 1구는 3자 고정이고, 그 밖은 기준 자수 안에서 자수의 증감이 자유롭다고 하였다. 물론 이것은 고 시조 작품들의 자수를 통계 낸 결과인 것이다.

이것은 다소의 제한 자수 안에서는 자유롭게 가감할 수 있는, 시조 본래의 자수율을 터득한 자수율의 기준율이라고 볼 수 있어 탁견이라 할 수 있다.

그런데 구 수를 8구로 보아 종장 첫머리의 3자를 1구로 보고, 그 나머지도 각각 1구씩으로 보아 초장과 중장의 자수 기준과는 맞지 않는 이치가 있다. 즉 현재 정설로 일반화되어 있는 3장 6구 —— 초장 3-4 3-4,

중장 3-4 3-4, 종장 3-5(6) 4.3조 기준과는 매우 거리가 멀다고 보인다. 그러나 자수 기준에서 정해진 자수의 범위 안에서의 자유율의 주장은 시조 본래의 율조를 살린 현대성이 있다고 볼 수 있다.

(2) 고전문학에 대한 새 자료의 발굴 제공

그는 여러 고전 자료들의 섭렵에서 새로운 자료들을 발굴하여서 학계에 제공함으로써 고전 연구의 영역을 넓혀 주었다.

① 한글로 쓴 산문들의 발굴과 그 주해 연구들

우선 세상에 알려져 있지 않았던 근조近朝 언간문들을 찾아 『근조 내간선近朝內簡選』을 펴냈다.

이것은 근조의 궁중의 내간들을 모은 것으로서, 궁중 생활의 단면들과 언문 즉 한글 실용의 실태를 알게도 하였고, 그 후 내간문 연구의 길잡이도 되었다.

② 근조 3대 국문 소설의 소개와 주해

『계축일기癸丑日記』, 『인현왕후전仁顯王后傳』, 『한중록恨中錄』의 세 권은 근조 3대 궁중 소설이라고 하고 있지만, 한편에서는 내간 문 또는 수필이라고도 한다. 어쨌든 나인內人들 또는 사도세자비思悼世子妃였던 혜경궁 홍씨의 친작이라는 데에도 뜻이 크다고 보인다. 가람의 힘으로 이러한 숨겨져 있던 글월들이 알려지게 되었고 국문학의 분야가 넓혀졌고, 후학들의 이 분야에 대한 관심과 연구들도 있게 하였다는 공은 큰 것이라 아니할 수 없다.

이 밖에도 『의유당일기意幽堂日記』, 『요로원야화기要路院夜話記』, 『가루지기 타령打令』 등도 발견 소개하여 주었다.

이렇게 단편적이긴 하였지만, 가람의 꾸준한 발굴과 제공으로 우리의 국문학의 영역이 넓어진 것만은 사실이오 그의 공헌은 크다고 아니할 수 없다.

(3) 가람의 국문학 연구의 총괄

가람은 시조에 대한 이론을 거의 정리하여서 『시조의 개설과 그 창작』(1957, 현대출판사)이라는 저서를 펴냈지만, 기타를 총괄하여서 사史와 논論으로 발표한 것은 그의 『국문학 전사』(1957, 신구문화사)와 『국문학 개론』(1961, 일지사)이다.

① 『국문학 전사』의 고찰

이 저서는 고전문학사 쪽을 가람이 맡고 현대문학사 쪽은 백철白鐵 님이 맡았기에 여기에서는 그 고전문학사 편만을 대상으로 한다. 이 『국문학 전사』 서론은 제3자적인 기술인 듯한데, 이것은 그 당시 이 전사를 책임지고 정리한 고 정병욱 교수의 집필로 보인다. 그 두 집필자의 의견을 들어서 종합하여 기술한 것으로 보인다. 즉 이 전사를 고전문학사와 신문학사新文學史로 이대별二大別하 였고, 그 고전문학사를 다시 여조麗朝 이전의 문학과 근조近朝 문학으로 이대별하였고, 신문학사를 다시 근대적近代

的 문학과 현대적現代的 문학으로 대별한 것은 탁견이었다고 본다.

가. 그 용어와 시대 구분의 타당성

그 시대 구분의 명칭을 '신라, 고려, 이조'니 '상고上古, 중고, 근고' 니로 하지 않고 '고전문학사'라고 한 것은 조선조 이전의 문학을 총괄 한 것이어서 매우 타당성이 있고, 또 그것을 여조 이전과 근조 문학으로 나눈 것, 이를 또 국자國字 이전의 문학기와 그 이후 즉 정음 문 학기로 본 것도 탁견이라 하겠다.

나. 국·한 문학사의 부록 첨가

'국·한 문학사國漢文學史'를 부록으로 한 것도 광역의 국문학사로 간주한 점도 다른 국문학사에는 없는 것이라서 장점이라고 보인다. 특히, 국문학사를 서술함에 앞서서 국문학의 개념을 정립시킨 것도 좋은 선례라고 본다.

종래에는 우리 말과 글로 서술된 것만을 국문학 작품으로 인정하였던 것인데, 여기에서는 정음正音이나 향찰鄕札 기록의 작품들 이외의 한문 기록의 작품이라도, 한국인이 한국인의 생활이나 감회를 적은 것이라면 한자 서술漢字敍述이라도 한국문학 작품으로 보아야 한다고 주장하였다.

다. 새로운 장르의 제창提唱

이 고전문학사 속에서 시정되어야 할 곳은 '제3장 통일신라의 문학-2, 이두吏讀의 사용'에서 '이두의 사용'은 '이두 및 향찰鄕札의 사용'으로 되어 향가는 거의가 향찰식 표기였다고 해야 할 것이다.

그러나 다음 세 가지 장르는 가람의 주장이 옳다고 보인다.

그 하나는 '제2장-(3) 시조 명칭의 기원'에서 말한 "시조時調라는 명칭의 첫 사용은 신 광수申光洙 저 『석북집石北集』의 기록이 처음이었"음은 앞에서 말한 바대로 아직은 정설이라고 보아야겠다.

그 둘째는 '제2장-(5) 소설 문학의 제문제'에 있는 '궁정소설' 문제도 전술한 대로 긍정되어야겠다.

그 셋째는 '제2장-(6) 극가 문학劇歌文學의 제창'도 새로운 명명 다. 종래에는 창극조唱劇調라 하였고 최근에는 '판소리'라 하는 신오위장의 다섯 마당의 창본唱本인 것인데, 이것은 가람의 명명命名이오 주장인 것으로 공감이 간다.

라. 기타 새 용어 및 새로운 견해들

㉠ 여음餘音과 별곡別曲

우리 시가에는 가락을 맞추기 위한 뜻없는 소리들이 사용되었었는데 예를 들면, "얄라리 얄라, 아으 다롱디리" 등인데 이것을 여음餘音이라고 하여서 널리 쓰여지게 되었다.

㉡ 별곡 명칭의 제창

'고려 가사' 또는 '고려 가요'라고 하여 고려의 시가를 일컬었었는데, 이것을 '별곡別曲'으로 불러 『고려사 악지高麗史樂志』 또는 이 승휴李承休의 『제왕운기帝王韻記』 등에서 고증을 내세워서 '별곡'이라고 부르게 되어 그 타당성이 공인되어지고 있다.

즉 신라 가요의 대표적인 명칭은 '향가鄕歌'요, 근조 가요의 대표적인 이름은 '시조'와 '가사'인데 유독 고려의 시가의 대표적인 이름이 없었던 것을 깨우쳐 준 것이다. 즉 그것은 '고려 가요'도 '여요麗謠도 아닌 '별곡別曲'이라 함이 옳다 함을 깨우쳐 준 것이다.

㉢ 기타 고시조집에 기재되어 있는 고려의 을파소乙巴素, 백제의 성충成忠, 신라의 설총薛聰의 시조는 본인들의 작품으로 볼 수 없다.

㉣ 가사체歌詞体의 발생을 고려 말경으로 본 것, 즉 여말의 나옹懶翁의 작품인 <서왕가西往歌> 등의 발견 등을 이유로 든 것,

㉤ 순 국문 기술의 새 문헌

서유문徐有聞의 <무오연행戊午燕行>, 의유당意幽堂 일기 중의 <동명일기東溟日記 이 산중李山重의 부인인 양주楊州 조씨 수기 <한산유찰韓山遺札 우염재雨念齋 조씨趙氏의 수기, 영조英祖 때 이 봉한李鳳漢이 그의 어머니에게 보냈던 <일본 기행日本紀行>, <화사花史>가 임제林悌의 작이 아니고 남 성중南聖重 작임을 밝히고, 그것이 비록 한문 기록이기는 하였지마는 오로지 『삼국유사三國遺事』기록체인 우리의 국·한문 기술체였음도 밝혔다.

㉥ <춘향전>의 기원 설화

<춘향전>의 기원 설화起源說話를 『삼국사기』에 있는 '도미都彌의 처' 얘기에 두었다.

㉦ 근대 소설의 선행은 극가劇歌

또 근조 소설인 <토끼전>, <춘향전> 등은 그를 내용으로 한 극가가 선행되었던 것이라고 보았는데, 이것도 거의 공인되어 있다. 극 근조 소설들은 거의가 극가가 선행되었다는 것이다.

㉧ <사모곡思母曲>의 유래

고려 별곡의 하나인 <사모곡>도 『고려사 악지』에 보면 '목주가木州歌'로 되어 있는데, 지금의 천안군 목천木川 지방에서 불리워지던 노래라고 고증하였다.

㉨ <보현십원가普賢十願歌>의 탐독 권장

또 그는 고려 초의 균여 대사均如大師가 지은 <보현십원가>의 의미가

심원하니, 이를 탐독할 것을 주장하기도 하였다.

ⓩ 『국문학 전사』의 결론

그러고는 이 고전문학사 부문의 총괄로서 다음같이 주장하였음도 주목할 대목이라고 본다.

즉 우리의 유원한 고유 사상인 현묘玄妙의 도를 높이 평가하고, 이 우리 민족의 근원 사상은 재래의 우리의 무격 사상巫覡思想과도 접목되어서, 그 후에 들어온 불교 사상이나 유교 사상과도 접목되면서 우리의 고유한 전통 사상으로서 뚜렷한 자리를 지켰었다. 또한, 고려 말경부터 들어온 성리학에 밀리기도 하였고 근조 후기에 들어 온 실학사상實學思想들의 우세 속에서도 그 본체를 잃지 않았다. 또 최근의 서구 문예 사조와도 대치하고 있으나 우리 본래의 전통 사상을 바탕으로 하여 이 외래 사조들은 여과 흡수하여서 우리의 문학 사상과 민족 사상을 견지하여야 한다고 강조하고 있다.

참으로 바르고도 고귀한 주장이 아닐 수 없다. 우리 문학의 나아갈 길을 명시하여 주고 있다고 본다.

또 가람은 숨겨져 있던 우리 문학 각 분야에 걸친 귀중한 자료들을 찾아 건져서 우리 문학의 올바른 체계와 줄기를 바로 세우려고 하였음을 높이 평가하지 않을 수 없다.

이상 그가 우리의 고전문학사에서 논술한 바들을 살펴서 그 공적들을 적기하여 본 것들이다.

② 『국문학 개론』의 고찰

앞에서는 그와 고전문학사 편과 국·한 문학사 편을 살폈는데 이번에는 그의 『국문학 개론』에 대한 고찰을 하여서 그의 학문 세계를 더듬어 보고자 한다.

이 『국문학 개론』을 보면 그 장르의 분류나 서술 체계상에서 볼 때 전술한 그의 고전문학사와는 상이 되는 점이 많다고 보인다. 즉 전기 고전문학사는 확실한 국문학사관에 입각하여서 각 시대 시대의 그 문학 서술이 분명하나, 이 개론은 국문학에 대한 뚜렷한 정신은 서 있다고 보이나 그 서술 내용들이 매우 단편적인 듯하게 보인다.

이 개론의 발간은 1961년 4월인데 그의 『국문학 전사』는 1957년 6월이니까 전사보다 개론이 4년 뒤에 나왔다. 따라서 모든 서술 체계나 그 내용들이 전사의 궤를 따랐거나 또는 그보다도 갖추어져 있어야만 할 것인데도 체계화되어 있지 않은 것은, 이 개론이 그의 와병 수년 후에 나왔지마는 실은 그가 각 대학에서 강의했던 초고들을 다시 정리도 못한 채 간행했기 때문에서였다고 추측된다.

그래서 하나의 개론서로서 총정리를 거치지 않았기 때문에 전체적인 체계가 잘 갖추어지지 않았고, 따라서 단편적인 서술이며 자료 소개에 치중된 것이 아닌가 생각된다.

가. 개론서의 서언 내용

그러나 전체적으로 보아 한문의 조예가 깊었는데도 국문으로 기술하였고, 특히 대중의 작품들을 많이 수집 소개하였고 은연중에 국민 문학 또는 서민 문학 면에 비중을 둔 것이 아닌가 하고 생각되기도 한다.

『국문학 개론』은 가람이 '서언緖言'에서도 밝힌 바와 같이 서울대학교 국문과에서 강의하였던 노트를 정리한 것이라 한다. 이 서언에서 그는 우리의 민족과 언어 그리고 우리의 기후와 풍토, 문화와 언어와의 관계들을 말하고는, 우리 국문학의 정의를 "우리의 국문학은 우리 민족의 사회 생활의 사상, 상상, 감정, 정서의 우리 국문으로서의 구상적인 표현이다." 라고 하여서, 어디까지나 '우리 민족과 우리 말글로서의 창작적 구상'을 근본삼고 있다는 것을 강조하였다. 그리고 이를 시가 문학詩歌文學과 산문 문학散文文學으로 대별하여서 기술하였다. 특히 우리 고전 운문들을 시가詩歌라고 한 것도 탁견이라고 보인다. 또한, '시詩를 서정시行情詩 중심'으로 본 것도 원칙적으로 타당성이 있다고 본다. 그리고 우리 시가의 율조에는 여음餘有이라는 것이 있어 그 특이성을 말한 것도 색다른 점이라고 하겠다.

나. 시가론에서 잡가 중요시

시가론에서 잡가를 앞세운 것이 특이하나 잡소리까지 넣은 것은 지나친 것 같다. 풍자적인 민요로서 <서동요>, <미나리와 장다리요>, <새야 새야 파랑새야> 등을 든 것은 좋으나 역시 시가로는 타당성이 적다.

창조間調에서 <경기 잡가>, <서도 잡가>, <남도 잡가> 등을 소개하였다.

특히, 그 형식에서 4 : 4조 3 : 4조를 기조로 하고 기타 변조가 있다고 하였고, 또 행行과 구句에서 4구 2절형과 6구 3절형을 기조로 하였다는 주장 곧 민요와 향가, 별곡, 시조, 가사에서 이렇게 2대별 된다고 한 것은 탁견이었다.

다. 향가에서의 4구체관

향가에서 <서동요舊童說>, <도솔가斑率歌>, <풍요風萬>, <헌화가獻花歌> 등 4수는 향가 아닌 민요로 본 것은 이견異見이었다. 그러므로 항용 현존

향가 수를 25수로들 보고 있는데, 앞에 든 4수를 제외한 21수라고 주장하였다.

라. 향가의 3구 6명

향가의 형식 면에서도 『균여전均如傳』에 있는 '3구 6명三句六名'을 3자 6자라고 주장한 것도 특이하나, 이것은 그 후 구句는 행行에 해당된다고 (이탁, <국어학 논고>) 주장한 바도 있고, 최근에는 3행 6구로 풀이한 소장 학자들의 주장도 있어 재고가 요청된다.

마. 시조 편에 대하여

시조 편에서는 그의 『국문학 전사』의 주장과 거의 같이 주장하고 있다. 특히, 그 형태에서 시조의 종류를 평시조, 엇시조, 사설시조라고 한 것과 그 율조 기준의 주장도 전사와 같아서 재고의 여지가 있다고 본다.

여기서 가람은 그 창곡 면에서 가곡歌曲에서 가사歌詞가 나오고 가사에서 시조창이 나왔다고 하였는데, 가곡과 가사와 시조창이 약간씩의 영향은 받았을지라도 곡조 면에서 각각 서로 독특한 면들을 지니고 있어서 이 설도 수긍하기가 어렵다고 여겨진다.

바. 시조 작품체

시조의 작품을 3대별하였다는 점이다. 즉 한문어체와 국어체가 그것이라고 하였다.

사. 별곡체의 주장

그는 전사에서 고려의 국어 노래들을 '별곡別曲'이라고 명명하였고, 소위 경기체가景幾體歌-조 윤제 님 주장-를 '별곡체別曲體'라 고 하였다. 글쓴이는 이것을 '한문어체 별곡漢文語体別曲'이라고 주장 한 바가 있다.

즉 순 국어로 기록된 <가시리>, <동동>, <청산 별곡> 등은 '별곡' 또는, 국어 별곡'이라고 하고, 한자어가 섞인 것 즉 <한림 별곡翰林別曲>, <관동 별곡關東別曲> 등은 '한문어 별곡'이라고 부르자고도 하고 있다.

아. 가사 문학의 백미

가사 작품의 대표적 작품으로 정 송강의 <사미인곡思美人曲>을 최고작이라고 칭송하였다. 또 그는 새 가사 자료인 <속 사미인곡續思美人曲>과 <별 사미인곡別思美人曲>도 발굴하여서 학계에 소개한 바도 있다.

가사에는 창이 있었는데 <사미인곡> 같은 정격 가사의 창은 오늘에 전해지지 않는다고 하였다.

자. 악장의 내용과 형식

악장樂章에는 <문덕곡文德曲>, <용비어천가龍飛御天歌>, <월인천강지곡月印千江之曲> 등이 있다. 그 형식이 2절 4구체가 대표적이며 대개 궁중 제례 때에 연주한다는 것인데, 그 대표적 형식을 2절 4구형이라 한 것도 타당성이 있다.

차. 극가의 명명

『국문학 전사』에서도 언급된 바와 같이 종래의 '창사唱詞', '판소리' 등으로 불리어졌던 것을 1947년 서울대학교 발표회에서 '극가劇歌'라고 하여야 된다고 발표한 이후, 그의 『국문학 전사』와 『국문학 개론』에도 이것을 내세웠다.

카. 산문부에서의 설화

전래의 민간 설화들을 예로 들고 후대 소설들의 바탕이 되었음을 강조하였다. 그러나 소설은 발단과 진전 그리고 인과 종결 등으로 구상 창작된 것이라는 일반론을 폈다.

타. 소설 편에 대하여

소설의 명칭, 형식, 종류 등을 말하였고, 특히 새로운 작품들을 들어서 그 가치성을 말한 것도 뛰어난 점이라고 본다.

예를 들면 『청구 야담靑邱野談』에 있는 <성훈업불망조강成勳業不忘糟糠> 같은 작품도 새로운 소개 작품으로 그가 발굴한 것이다.

또 소설을 단편·중편·장편 소설 등으로 나눔은 상례이나, 시점視點에서 일인칭 소설·삼인칭 소설로, 목적으로서 문제 소설·경향傾向 소설, 제재로서 농민 소설, 탐정 소설, 모험 소설·가정 소설·궁정 소설·골계滑稽 소설·연애 소설·과학 소설, 시대로서 역사 소설·현대 소설 등으로 분류된다고 하였다.

그 중에서 <한중록>의 뛰어남을 실제 내용들의 예를 들어 이야기한 것은 초유初有의 지적이었다. 과연 그 사건의 전개와 다스림의 혜안이 두드러졌고, 또 등장 인물들의 성격들을 단편적으로나마 밝게 적었던 것으로 보아, 실화이면서도 소설적 구성의 윗자리에 있었음을 실증하게도 하였다. 이러한 점 등에서 『계축 일기』, 『인현왕후전』, 『한중록』 등 세 편의 실화를 감히 궁중 소설이라고 지칭할 수 있었던 것이라고 주장한 것은 수긍하고도 남음이 있다고 본다.

그 밖에 전기체 소설의 제재와 사상들을 밝히고 또 내간이나 일기 등과 기행문 등의 새 자료들을 발굴하여 산문의 범위를 넓힌 것도 특 기할

만한 사실들이라고 본다.

파. 그의 결론부

이 개론 말미에 "본서를 하나의 재료 선집으로 보아도 좋겠다."고 솔직한 소회所懷로써 맺은 점에서 보아도, 가람의 꾸밈 없는 학자적 심회를 엿볼 수 있다고 하겠다.

3. 결언

이상 가람의 국문학 세계를 그 업적 면에서, 그의 단편적인 고전 문헌의 발굴 소개와 주석들과 그의 시조 연구들을 먼저 말하고, 다음에 그의 국문학 연구의 총괄이라고 할 수 있는 그의 저서인 『국문학 전사』와 『국문학 개론』에서 실제 주장과 내용들을 살펴서 논술하여 보았다.

결론적으로 볼 때, 그는 고려 말경부터 우리 겨레가 면면히 창작하여서 상하와 반서班庶가 모두 짓고 부르고 즐겼던 우리 고유의 전통 시인 시조時調에 대한 전반적인 고찰을 하여서 그 형식과 내용의 전통적인 기맥을 바로 찾아 체계화하여 놓고, 또 스스로가 시조의 내일을 지향하는 새 시조 작품들을 창작 발표하였다는 사실에서만도 우리 국문학에 끼친 공이 가히 독보적이라고 하여도 과언이 아니라고 본다. 그의 주장 중에 부분적으로는 타당성이 적게 생각되는 점들도 지적하여 두기도 하였다. 그러나 우리 국문학은 본래 황무지 상태여서 무無에서 유有를 찾아 체계화하고 논술화한다는 것은 참으로 벅찼던 것이 아닐 수 없다.

그러나 그는 그 황무지에 호미와 삽과 낫을 들고 개간하여서, 가꿀 것을 찾아 가꾸고 바로잡을 것을 찾아 바로잡아 놓은 개척자임에 틀림없었다. 그는 묵묵히 그 뜻한 바를 굽히지 않고 일생을 통해서 실로 물질적인 여유도 없이 전심전력하였음도 모두가 알고 있지 않나 한다.

또한, 그는 한문의 소양도 깊으면서도 조선어학회에 들어와 우리 글 우리 말 연구에도 남 못지 않은 공을 쌓았었다. 그래서 그가 찾아낸 고전 자료들이 우리의 내간內簡들, 궁중 소설들, 판소리 같은 것들이어서 실로 빈곤하였던 우리 고전문학에 기름과 소금의 작용을 하도록 하였던 점도 높이 사주어야만 할 것이라고 본다.

이제 그의 국문학 연구의 실적을 간추려 보면 다음과 같다고 하겠다.

첫째, 고전문학 작품들을 새로 발굴하여서 우리 국문학의 영역을 넓혀 주었다.

둘째, 고전문학사의 시대 구분을 여조 이전의 문학과 근조문으로 대별한 것인데, 이것은 정음 이전의 문학과 그 이후의 문학으로 2대별한 점이다.

셋째, 향가의 3구6명三句穴名을 3자로 본 것과 고래 시가를 별곡別曲과 별곡체別曲休로 본 것도 새 견해다.

넷째, 근조 문학에서 시조·가사의 발전을 중요시하였고, 근조 전기를 산문의 맹아기萌芽期로 보고 특히 <홍길동전>을 좋게 평가하였다. 더구나 궁정 소설宮延小說로 『계축일기癸丑日記』, 『인현왕후전仁顯王后傳』, 『한중록恨中錄』 등을 소개한 것은 특기할 사실들이라고 본다. 이 자료들은 그가 발굴 소개한 것들이다.

다섯째, 극가劇歌의 제창이다. 근조 후기 소설들은 이 극가를 전제로 된 것이라고 주장하였다.

여섯째, 고전문학사의 결언에서 그 사상의 근원을 우리 전래 사상인 현묘玄妙의 도道에 두고 새로운 앞으로의 문학도 이를 바탕으로 전개 형성되어져야 한다고 한 것도 견고한 문학사관이라고 보겠다.

일곱째, 그의 고전문학사는 그의 『국문학 개론』에 있는 자료를 바탕으로 하여서 서술된 것이라고 보이는데, 그의 『국문학 전사』는 그가 수집 정리한 새로운 고전 작품들을 바탕으로 서술 정리된 것이어서 그가 개론서 끝에서 맺은 말과도 같이 '고전문학 자료집'이라고 볼 수도 있다.

여덟째, 고전 시가의 형식 규정에서 4구 2절형과 6구 3절형으로 대별할 수 있다는 주장도 새로운 견해다. 그러나 시조의 종류를 평시조, 엇시조, 사설시조 등으로 3대별한 점과 시조의 형식을 3장 8구라고 규정한 것은 시정의 여지가 있다고 본다.

아홉째, 그의 국문학 연구는 생애를 통해 그가 발굴 소개한 새 자료들을 토대로 하여, 국문학의 여러 분야에서 새로운 자료들을 제공하여 주어서 국문학의 사史와 논論에 새 길을 터서 인도하여 주었다고 볼 수 있겠다.

특히, 국문학의 면면한 전통의 길과 어디까지나 우리 국문으로서의 작품들을 앞세운 점 등은 큰 공헌이 아닐 수 없다는 것을 강조하여 두는 바이다.

가람 이병기론 서설[43]

최승범

I

가람 이병기 선생(1891~1968)이 우리의 국학과 시문학에 남긴 업적은 실로 지대한 것이라 하지 않을 수 없다. 그러나 아직도 선생에 대한 연구는 미진한 것이 많다. 언젠가는 선생의 이모저모와 그 업적에 대한 총정리 같은 것이 이루어져야 할 것이다.

선생의 문하에서, 또 만년을 가까이 모신 바 있는 글쓴이는 선생을 잃은 애통한 마음이 날로 새로워지고, 또한 선생의 업적 정리에 초조한 느낌을 금치 못하고 있다.

우선 선생을 우러러 그 행장적行狀的인 면, 그리고 우리 국학계와 시문학에 남긴 업적을 간추려 보고자 한다. 뒷날의 보다 완벽한 '가람연구'를 바라는 뜻에서, 이 소론이 자그마한 그 서설적인 구실이나마 되어 주었으면 싶다.

---

43 최승범, 「가람 이병기론 서설」, 『문학한글』, 제8호, 1994. 12.
* 이 논문은 전북 대학교 논문집(제15집, 1973)에 발표하였던 것을 일부 보충하고 정리한 것이다.

2

먼저 선생의 행상적인 면을 살펴보고자 한다. 1966년 ≪가람문선≫의 편집위원의 말석에서 글쓴이는 선생의 '연보'年譜를 작성하여 본 바 있다. 이 <연보>(이병기, 1966 : 500~505)를 주축으로 하여, 여기에 그후 ≪가람일기≫(이병기, 1976) 등으로 밝혀진 약간을 보완하여 보고자 한다.

가람 선생은 구한 말, 전라북도 익산군 여산면 원수리 진사동(참실골)에서 변호사인 연안 이씨계의 장남으로 태어났다(1891. 3. 5.).

향리의 사숙私塾에서 한문을 수학 중, 16살에 충청남도 논산군 두마면 은동의 광산 김씨 문 수와 결혼(1906. 12. 5.)하였다. 어느 날 양 계초의 ≪음빙실문집飮氷室文集≫을 읽다가 깨달은 바 있어 신학문에 뜻을 세워 전주 공립 보통학교를 마치고(1910. 3.) 상경, 같은 해 4월 관립 한성사범학교에 입학하였다.

비교적 늦게 신학문에 뜻을 세운 선생은 한성사범학교에 입학한 해에 소위 '한·일 합병'이라는 망국한을 겪고 더욱 나라와 겨레라는 것을 생각, 사범학교의 과정을 밟는 한편 조선어 강습원에 나가 주 시경 선생의 조선어 문법 강의를 수강(1912)하였다. 이때로부터 우리 어문의 연구에 대한 뜻을 굳히었다.

한성 사범을 졸업(1913. 3. 23.)하고는 전주의 남양 제2 및 여산의 공립 보통학교 훈도로 재직하는 한편, 전주에서는 호영湖英 강습원에도 나가 학교 교육을 받지 못한 청소년들에게 우리의 어문과 전통적인 것을 일깨우며, 국학에 관한 문헌의 수집과 연구에 힘을 썼다.

3·1 운동 후 서울로 올라온 선생은 그해 8월과 9월의 두 차례에 걸쳐 만주를 드나들었다. ≪가람일기≫에서 보면 첫 번째의 만주행은 1919년

8월 12일~21일의 10일간이었고, 그 두 번째는 같은 해 9월 27일~10월 4일의 8일간이었다. 일기에서는 여행 목적을 분명하게 밝혀놓지를 않고 물가 이야기 같은 것으로 상업처럼 하였으나, 실은 상해나 미국으로의 망명을 꾀하였던 것 같다.

선생의 수필 ≪해방 전후기≫의 다음과 같은 구절,

> … 스물 아홉 되던 해 기미 독립 선언을 듣고 서울 와서 상해로 하여 미국으로 가려다 못 가고 어느 친구 집을 찾았다가 형사에게 끌려가 종로서에서 5, 6명 형사의 뭇 발길질과 뭇매를 맞아 보았다. 부모에게도 매를 맞아 본 일이 없던 나로서는 이게 처음이다, 무슨 된가? 수 일만에 나왔다. 나는 그 후 혹은 무역상과 봉천도 두어 번 가보고 후는 시골에도 가 있다 도로 서울로 와 중학 교사가 되어 이십여 년을 보내는 동안 나의 뜻하던바 고서적 몇천 권을 모았다.(이병기 1966 : 203)

로 미루어 보아서도 짐작할 수 있겠다.

이 수필에서는 만주행에 앞서 종로서에서 고역을 치른 것으로 되어 있으나, ≪가람일기≫에서 보면 두 번째의 만주행에서 귀국한 후 4일 만인 10월 8일~11일의 4일간에 걸친 일이었다.

> … 수당이 의원 리 해동 군을 차저보자 하며 한 가지 가보자 하더라. … 어느 골목 어느 대문 압헤 지내면서 그 집 문패를 상고하여 보다. 동저고리 바람으로 잇는 늙은 주인 한아와 모시 두루막이 입은 이, 검은 양복 입은 이 두 젊은이가 서로 이약이 하고 잇다가 와락 대문을 열고 '이리 드러오시오' 한다. '나는 리 해동이 차지러 왓소', '젊은 리해동이 예 잇소' 하고 억지로 끈다. … 그 다음에 수당과 림 대목을 억지로 고러

드린다. 우리네 몸을 뒤어 보다. 아모 것도 뺏긴 것은 업다. 꼭 붓들고 노치 아니 한다. … 경찰서로 가자 한다. … 종로 경찰서로 드러가다. 이칭 우로 끌어 안치다. 거의 어두어서 얼굴 넓은 미복한 일인 좌등이가 나를 오라고 손을 치며… 네 발 달은 둥근 의자에 안치다. 성명 본적 주소 나 경녁 오날 리 해동이 차저간 일 모다 뭇는다. 무르면서 적으며 적으면서 무러 이것저것 고지알개지알 성거스럽게 군다. … 그러드니 십여 명이 이러나서 나 잇는 데로 오다. 나를 한가운대 마루판에 끌이어 안치며 웬 안경 쓰고 박힌 사진 한 장을 보이며 '이것이 너 아니냐' 한다. 입 모습은 거의 나와 갓다. 얼굴 전형도 가튼듯하나 그 사진은 조금 넓다. 나는 '아니라' 하엿다. 뭇 무리가 구두발찜로 수업시 차다. 나는 '아니라' 하면 그 무리는 '너라' 하며 먼저 안것든 의자를 드러 마구 때리며 차다. … (가람일기, 1919. 10. 8.)

... 혹 도망할가 두려하여 쏙 수직하는 이 잇다. 뒷간만 가랴도 쏙 말하고 수직군 압양하여 간다. 일동일정을 저 맘대로 못한다. 경찰서를 사람들이 무서할만도 하겟다. … 다시 좌등이 나를 다리고 어느 방으로 드러가서 여러 가지 머리가 압흐도록 서가 달토록 다리가 저리도록 취조하엿다. … (가람일기, 1919. 10. 9.)

… 오날도 말 한 마디 뭇지 아니하고 볼머두다. … (가람일기, 1919. 10. 10.)

… 나도 처음 당한 일이오 수당도 처음 당한 일이라. 천여석 밧는 수당이야말로 이런 고생 더구나 뜻박게려니 노리탱탱한 설넝탕으로 요기하고 신발로 마구 밥고 다니는 마루판에서 거지발싸개 가튼 요때기 말고 자는 것 스스로 우습기도 하다. … 저녁에 강본경부가 먼저 수당과

리연이란 이 불러 나아가라 하더니, 그 다음에 나를 오라 하여 가로대 '그대는 단순한 장사나 하지 독립 운동에 참예하지 말지어라. 독립은 개인의 힘으로 못 되는 것이라' 하더라. 나는 대답하여 가로대 '독립은 시대가 시키는 것이라. 시대가 시키면 사람이 따라 하지마는 나는 무엇보담도 국가의 가장 힘쓸 것은 국가의 실력이니, 실력은 곳 산업 발전이라. 산업 발전하려고 그 한 부분되는 상업을 비롯함이라' 하고 나오다가 고등계 가서 나를 붓드러 오든 박관식군과 나를 취조하든 좌등을 차저보고 '그 동안 우리 때문에 매우 수고하엿소' 하고 작별하여 도라오아 주인 할머니댁으로 드러오니 그 사이 하도 념녀하시고 걱정되어 얼굴짜지 새칠하시엇다. … (가람일기, 1919. 10. 11.)

이 4일간의 일기로 선생이 종로서에서 겪은 고역의 대충 경유를 짐작해 볼 수 있겠다. 그 후 권 덕규·임 경재 등과 조선어연구회를 휘문 의숙에서 발기(1921. 11. 26.)·조직(1921. 12. 3.)하고, 그 간사에 피선되었다.

이도 ≪가람일기≫를 보아 알 수 있는 사실이다. 그런데 ≪한글 학회 50년사≫에는

임경재·최두선·이규방·권덕규·장지영·이승규, 신명균 등 7사람이 발기하여, 1921년 12월 3일 휘문 의숙(현 휘문 중·고등 학교)에서 '조선어 연구회'를 조직하니, 이것이 한글 학회의 탄생이요, 우리 나라 민간 학술 단체의 효시 이다.(한글 학회 1971 : 5)

라 하여 선생이 빠져 있음을 본다. 이는 한글 학회의 착오가 아닌가 싶다.

이 다음 해(1922)부터는 동광·휘문·보성·경복 및 덕수상 등 여러 고보高普에서 우리말 문법 및 작문과 습자를 가르치며 방학철이면 주로 조선

어연구회(1931년 '조선어학회', 1949년 '한글 학회'로 개칭)의 동지들과 같이 전국의 각지를 순회하면서 우리 말글에 대한 강연을 하였다.

한편, <한글 맞춤법 통일안>의 제정 위원(1930), 진단학회 회원(1934), 우리말 표준어사정위원(1935)과 연전(1938) 및 보성전문(1940)의 강사로 우리 말글을 위한 활동과 연구를 활발히 하였다.

그러던 중, '조선어 학회 사건'으로 피검(1942. 10. 22.), 홍원, 함흥에서 근 1년의 옥고를 치르고 나왔다(1943. 9. 18.). 이 동안의 일기는 유명한 <홍원저조> 29수의 시조(이병기 1966 : 138~141)로 대신하고 있거니와, 또한 앞에 든 선생의 수필 <해방전후기>에서도 이 무렵의 선생을 그려 볼 수 있다.

> ... 나는 교사로 늙으며 그럭저럭 오십이 세. 이해 가을에 조선어학회가 조선 독립 운동을 하는 단체라 하여 어학회 회원 중 이름이나 좀 일컫는 이는 모두 홍원 경찰서로 가게 되었다. 나도 그 한몫에 끼었다. 홍원서 돌이 되자, 함흥 감옥까지 갔었다. 일 년을 두고 취조를 받기란 세상에 못할 노릇이다. 당하는 우리보다도 취조하는 그들이 더 징글징글하다. 악마나 독사도 한때뿐이지 그렇게 오래오래 짓이길 수 있으랴. 그래도 홍원서 삼십여 명 가운데 하나 죽은 이가 없는 건 기적이었다. 함흥에 가서야 반수쯤은 그냥 갇혀있다가 둘이 죽고 해방이 되어 다 나왔다. 나는 돌을 지나 서울로 오니 적벽강산赤壁江山이다.(이병기 1966 : 204)

이 이듬해(1944) 서울에서 지나기가 어렵게 되자 고향으로 돌아와 농삿일을 보며, 더욱더 심해진 일경의 감시하에 실의에 차 있던 중, 8·15 광복을 맞았다.

… 하루는 산모퉁이 콩밭을 매고 있노라니, 밭머리로 지나가는 마을 사람이 어제 일본 천황이 항복을 선언하였다 한다. 곧이들리지 않는 말이다. 또 한 사람이 읍내를 갔다 오더니 똑같은 말을 한다. 날이 저물어 집으로 돌아오니 세무서에 다니는 내 아우가 이리서 나왔다. 과연 그 말이 확실한 줄 알았다. 며칠 밤은 잠을 이루지 못하였다. … (이병기 1966 : 205)

이렇듯 맞이한 8·15 광복 후 바로 선생은 농삿일의 손을 씻고, 고향 여산 국민학교의 교직원을 비롯하여 전주에서도 한글 강습 및 우리의 문화에 관한 강연 등을 하였다. 다음 일기에서 이를 볼 수 있다.

… 일주일간 한글 강습용 원고를 썼다.(가람일기, 1945. 9. 13.)

… 여산 학교礪山學校에 가 직원들과 이 응구 군을 모아 한글 철자의 대강을 말하였다.(가람일기, 1945. 9. 14.)

… 오전 열 시 연극장에서 '과거의 우리 문화'라는 제목으로 연설을 했다. 위아래 층에 가득히 모인 청중이 퍽 긴장하여 듣는다. 한 시간 반을 하였다. 이렇게 정숙히 듣기는 전주에서 처음 보는 바라 한다. …

전주 강습은 다 마쳤다. 6일 동안에 한글 쓰는 법을 거의 다 알렸다. 한 사람도 조는 이 없이 끝끝내 들었다. 매우 기쁜 일이다.(가람일기, 1945. 9. 22.)

선생은 광복 후 1개월 남짓을 고향에서 이렇듯 한글 강습과 계몽 강연 등으로 분주하다가 9월 말, 그동안 수집·귀장貴藏해 온 국학에 관한 문헌들을 트럭에 싣고 상경, 미군정청 학무국 편수관으로 취임(1945. 10. 29.)하고, 한편 서울대학교 문리과대학을 비롯한 여러 대학에 강의도 맡았다. 편수관을 사임(1947. 9. 5.)하고는 오직 서울대학교를 비롯한 단국대·동국대·국민대·숙명여대와 신문 학원·세종 중등교원 양성소 등에서 우리 어문학을 위한 후학의 양성에 노고를 아끼지 않았다.

6·25 전란으로 다시 귀향, 수복 후엔 전주의 명륜 대학과 전북 전시 연합 대학의 교수(1951)를 겸임하다 새로이 창설된 전북대학교의 초대 문리과 대학장(1952. 6. 8.)에 취임하였다.

전북대학교의 교수·학장직을 정년으로 퇴임(1956. 3. 30.)한 선생은 다시 상경, 중앙대학교 문리과대학 교수와 서울대학교 대학원 강사로 나갔다. 다음 해 한글날(1957. 10. 9.) 한글 학회에서 편찬한 ≪조선말큰사전≫의 출판 기념회에 참석하고 귀가하던 도중, 계동 입구의 노상에서 뇌일혈이 일어나 병석에 눕게 되자, 대학 강단을 사임(1958)하고 다시 귀향하였다.

귀장서貴藏書는 후일 서울대학교 중앙도서관에 기증(1963), 오늘날 '가람문고'의 일실一室로 소중히 보관되어 있다.

와병 초에는 언어 기능의 마비 등 중태였으나 차츰 회복되어 학술원 공로상(I960. 7. 17.), 명예 문학박사 학위(1961. 6. 8, 전북대), 문화포장(1962. 8. 15.) 등을 직접 나가 받고, 정읍군 황토현에 세운 '갑오 동학혁명 기념탑' 건립 추진위원장(1963) 일도 맡은 바 있다.

그러나 끝내 전신의 자유로운 쾌유를 못 본 채 10년 동안을 요양 중이던 향리의 수우재에서 '파도처럼 밀려오는 송뢰松籟에 해가 저물 듯'(이병기 1966 : 서문) 담담히 숨결을 거두니(1968. 11. 28), 향년 78세였다.

선생의 장례는 5일장으로 전라북도 문화인장(장의 위원장은 당시 전북대 총장 유 영대 박사)의 절차를 밟아 여산 남국민학교 교정에서 봉행하였고, 유택은 바로 수우재의 뒷동산에 정하였다.

수우재는 전라북도 지방 문화재로 지정(1973)되었고, 이제 홀로 된 막내 며느님(윤옥병)이 어려운 살림을 꾸려 가고 있다.

3

가람 선생의 인간성이랄까 인품의 편모를 엿볼 수 있는 주변 담을 살펴보고자 한다.

(1) 선생은 평생 애주愛酒를 하였다. '영양가야 밥보다도 술'이라는 지론이었고, 만년의 와병 중에도 모든 사람이 다 선생의 병환에 해롭다는 술을 끝내 '내 병과 술은 무관'이라며 돌아가시는 바로 그날까지도 경배傾盃를 멈추지 않았다. 여인이 따른 술잔은 좋아하였지만 요정이나 관舘은 싫어하였고, 전주에서도 장터의 복판에 있던 '곰보집'이나 변두리의 '혜경이집'이네 하는 서민적인 선술집을 즐겨 찾았다. 절에 따른 음주의 운치를 높이 사면서도, 청탁을 가림없이 술잔을 사양치 않고, 언제나 불급란不及亂 그대로의 대인 풍도였다.

> … 여산礪山에서 가져온 술에 바야흐로 뜰앞에 만발한 황국화黃菊花를 띄워 마셨다. 국향菊香이 방안에 가득하다.(가람일기, 1956. 11. 3.)

(2) 선생은 화제에 풍부하였다. 서너 사람만 모여도 언제나 좌중을 웃음이 난만한 꽃밭 속으로 이끌었다. 시간(강의 시간에도)과 장소(결혼 주례석에서도)를 가림없이 동서고금을 통한 해학적인 고담·기담·소화로

선생은 연방 그 독특·호방한 웃음을 곁들여 끝없이 흘러 넘치는 화제의 독무대를 이루었다. 젊은 날 선생은 새로 듣는 고담·기담·소화는 곧잘 수집·기록하여 두었던 것을 다음의 예로서도 짐작할 수 있다.

〈늙은 처녀〉

한 늙은 처녀가 어느 곳에 혼인을 정하고 혼인 날짜까지 작정하여 겨우 여드레가 남었다. 그러나 그 처녀의 마음에는 여드레도 퍽 더딘 것 같았다. 그리고 뒷간에 가 앉아서

다래다래 여드래

다래다래 여드레

하고 못노래를 부르는데 그 처녀를 따라와 그 옆에 앉았던 개 한 마리가 기다리다 기다리다 못하여

'아함'

하고 하품을 쳤다. 처녀는 깜짝 놀래며 하는 말이

아흐래가 웬말이냐

다래다래 여드레지[44]

(3) 선생은 퍽 낙천가이었다. 조선어학회 사건으로 같은 감방에서 고생한 일석 이희승의 말, "이때 가람은 인간 이하의 박대와 혹형을 당하면서도 오히려 전도에 광명이 가득찬 언사로 동지의 고초를 위로해주곤 하였다."[45]로 미루어보아서도 짐작할 수 있겠다. 뿐만 아니라, 이때 옥중에서 읊은 선생의 <홍원저조>(최승범 1973 : 75~79)에서도 선생의 낙천적인 일면을 잘 엿볼 수 있다.

---

44 1920년대 가람 선생이 쓴 노트에 수집·기록되어 있는 고담.

45 이희승, <가람형의 영면을 곡함>(1968. 12. 1, 동아일보).

이쑤시개 바늘 삼아 해진 옷을 얽어매고
밥풀을 손에 이겨 단추를 만들어 달고
따뜻한 볕을 향하여 이 사냥을 하도다.

법을 도가니 삼고 형으로 망치질하여
불로 녹이고 물로 식히고 하여
이 몸을 저의 맘대로 쇠와 같이 다루네.

손을 꼼작거려 사주팔자도 보고
종이를 접어 개구리도 만들고
콩고물 찹쌀가루로 큰 잔치를 베푼다.

(4) 선생은 화초를 사랑하고 꽃 기르기에도 일가를 이루었달만치 퍽 놀라웠다. 특히 배양이 제일 어렵다는 난초를 많을 땐 20여 종 30여 분이나 가꾼 것을 볼 수 있다.

> 나는 난을 기른 지 20여 년, 20여 종으로 30여 분까지 두었다. 동네 사람들은 나의 집을 화초집이라기도 하고 난초 병원이라기도 하였다. 화초 가운데 난이 가장 기르기 어렵다. 난을 달라는 이는 많으나 잘 기르는 이는 드물다.(이병기 1966 : 195)

선생의 일기에서 선생이 가꾼 난들의 종류를 보면, 건란·복주한란·풍세란·사란·오란·십육라한·철골소심·관음소심·신죽소심·일경구화·자한란·대만한란·풍란·도림란·춘란 등을 들 수 있다.

선생은 가끔 "빵은 육체나 기를 따름이지만 난은 정신을 기른다.", "고서도 없고 난도 없이 되잖은 서화나 붙여 놓은 방은 비록 화려·광활하다 더라도 그건 한 요리집에 불과하다."는 말을 잘하였다.

서울 계동의 당호를 '매화옥'이라 하리만치 매화 또한 사랑하였고, 전주 양사재에 우거할 때엔 앞뜰에 토관을 묻어 백련을 이식, 여름철 꽃이 벙글면 문우와 제자들을 불러 시주詩酒를 즐기곤 하였다.

선생이 난과 매화를 가꾸며, 터득한 바의 재배법을 기록하여 놓은 것을 보면 다음과 같다.

〈난의 재배법〉

1. 난의 종류는 많으나 관음소심란과 건란이 최양最良함.
2. 분은 자도紫陶의, 높이는 높고, 넓이는 좁은 놈이 좋음.
3. 난을 심을 때, 그 썩은 뿌리는 다 끊어내고 그 뿌리와 뿌리 사이에 모래를 끼게 하여 분 밑에는 적분 파편(아모쪼록 동골동골하게 맨들어)을 깔고(이는 물기를 흡수), 그 위에는 굵은 모래를 한 케 놓고, 그 위에는 좀 가는 모래를 깔고, 그리고 난근을 그 위에 놓고, 모래를 넣어 그 틈들을 채우고 물을 주어 갈앉힐 일.
4. 물은 4, 5일에 한 번씩 줄 일. 자주 너무 주면 뿌리가 티음.
5. 항상 음지에 두고 혹은 발로 가려 양지에 두기도 함. 일광은 하루에 한 시간 가량 쪼일 일.
6. 거름은 차 찌꺼기 같은 것을 씀.
7. 처음 순이 나올 때 물을 조심하여 줄 일. 순·엽 속에 물이 잠겨 부패되는 일도 있음.

〈매화 재배법〉

1. 납매臘梅가 좋음. 향기가 좋다.

2. 분은 역시 질흙분이 좋음.
3. 분재는 봄에 하되 밑에는 모래를 깔고 반사 반토의 혼합한 흙을 쓰고 매근에 붙은 흙을 떼지 말고 그대로 두며 굵은 뿌리만 자르고 털 같은 세근도 뜯어내고 보통 가는 뿌리는 잘 보존하여 심으되 흙이 골구루 그 뿌리 사이에 끼도록 하여 슬슬 덮고 물은 주어 저절로 갈앉도록 할 일.
4. 입추 후부터는 닢이 오글오글 마르고 꽃봉지가 생기기 시작하므로 물을 그 때부터는 5, 6일 만에 한 번씩 줄 일.
5. 거름은 깨묵을 독에 넣고 뜨물을 붓고 또 조기 생선 씻은 물 같은 것을 넣고 한 3년 묵히면 괴악한 냄새 나는 시껌은 썩은 물이 된다. 이걸 한 표주박에 물 20배를 더하여 쓸 일.
6. 분의 이종移種은 양력 11월부터 1월 이전에 함이 좋음. 그리하여 방안에 들여놓아 두면 잘 살음.[46]

(5) 선생은 우리 고문헌을 구하는 데엔 아까울 것이 없었다. 이는 한 핵이 낙질인 ≪금강경삼가해≫[47]를 구하는 데에 선뜻 3개월 분의 월급을 빚내어 샀고, ≪대한계년사≫[48]의 낙질이 어느 시골에 있다는 소식에 당일로 적잖은 노비를 마련하여 사람을 보냈다는 이야기로도 족히 짐작할 수 있다.

또 선생의 자술인

…서울로 와 중학 교사가 되어 20여 년을 보내는 동안 나의 뜻하던바

46 앞에 든 노트. 미발표 기록.
47 이 책은 한글 학회 출판부에서 1960년에 영인 간행하였음.
48 이 책은 국사 편찬 위원회에서 '한국자료총서' 제5권으로 1957년 상·하 두 책을 활판으로 간행하였음.

> 고서적 몇천 권을 모았다. 내가 처음 18원 월급을 받았으나 그 돈의 반 이상은 책을 샀었다. 나는 이걸 한 오락으로 여기려니와, 보다도 우리 국학에 당한 귀중한 문헌을 수집하자던 것이었다. 그러나 내게는 사고픈 책을 살 만한 돈이 없었다. 처자와 함께 호구하기에도 부족한 그 월급을 가지고 하고픈 대로 될 수 있었던가. 중학교 월급은 좀 나으나 씀씀이가 더 많아지니 항상 곤란하긴 전과 같았다. 자식에겐 맛있는 과실 한 개를 못 사다 주고 아내에겐 반반한 치마 한 벌도 못 해 입혔다. 그래도 좀먹고 썩은 책은 나의 방으로 모여든다.(이병기 1966 : 203~204)

로 미루어 보아서도 선생이 우리 국학에 관한 고문헌의 수집에 얼마나 노력하였던가를 알 수 있다.

4

선생의 학문 중에서도 우리의 국문학에 남긴 하 많은 공·업적 면에서의 몇 가지를 들어 보고자 한다.

(1) 국문학 사상 귀중한 고전문학 작품을 발굴, 학계에 소개하여 준 선생의 공적을 앞서 들지 않을 수 없다. 단행본으로 주해·상재된 것만으로도 ≪한중록≫(1939, 문장지 연재 후 백양당 간), ≪인현왕후전≫(1940), ≪역대시조선≫(1940), ≪의유당일기≫(1948), ≪근조내간선≫(1948), ≪요로원야화기≫(1949), ≪어우야담≫(1949), ≪가루지기타령≫(1949), 그리고 ≪역대조선여류문집≫(1950, 이병도 박사와 공편) 등을

들 수 있다.

특히, 선생이 발굴·소개한 이러한 국문학의 작품들은 모두가 어김없이 놀라운 고전적인 가치를 지니고 있다는 것이다. 이 점을 정병욱도 지적한 바, 선생의 '정확하고도 착실한 직관'에서 온 것이오, 그 직관은 또한 선생의 '세밀하고도 정확한 과학적인 사고 방식과 평소의 박람강기博覽強記하는 노력의 소산'이었던 것이다(정 병욱 1970).

(2) 우리의 국문학을 과학으로서 체계화하는 일에 선생은 선구적인 역할과 훌륭한 업적을 남기었다.

오늘날 국문학도면 누구나가 항시 좌우에 놓고 의지하지 않을 수 없는 ≪국문학전사≫(1957, 백철 공저), ≪국문학개론≫(1961)과 ≪가람문선≫(1966) 중의 <시조론>·<고전연구>편 등이 이를 단적으로 말하여 주고 있다.

특히, 선생은 이러한 저서에 있어 우리의 고전 작품들을 어느 누구보다도 정확한 문예 과학적인 안목으로 평가하여 그 작품에 사적·개론적인 좌표를 부여하였다. 그리하여 오늘날도 '읽으면 읽을수록 새맛이 나고 새로운 해석을 일깨우게 하는 신비로운 학문의 향기를 끊임없이 뿜어고'(정병욱 1970) 있는 것이다.

(3) 국문학상 선생의 학설 중 독특한 몇 가지를 들어 보면 다음과 같다.

① 우리의 시가 문학 장르에 '극가'를 설정한 것. 종래 불리워 오던 창극조, 또는 고대소설로 취급되어 오던 판소리 사설을 선생은 '극가'로 명명, 그 특성을 '내용이 극적 요소가 많고 체제가 소설보다도 희곡적이며, 문체가 산문체가 아닌 시가체'라는 세 가지로 요약 주장하셨다(이병기 1961 : 149).

② 우리 옛 산문의 문체를 담화체·내간체·역어체로 구분한 것(이병기

1966 : 475). ≪석보상절≫, ≪계축일기≫와 같은 것은 담화체요, ≪인현왕후전≫, ≪한중록≫과 같은 것은 내간체요, ≪경사언해≫와 같은 것은 역어체임을 예시하였다.

③ 가사 문학을 '가사체'의 문학으로, 그리고 그 효시 작품을 고려말 나옹 화상의 <서왕가>로 끌어올린 것. 종래의 설은 조선조 성종 때 정극인의 <상춘곡>에서 비롯되는 것으로 보았던 것이다.

> 가사歌詞와 가사歌辭는 이자 동의로되 그 뜻하는 바는 어떤 소리(調)의 노래(歌)를 말함이었다. 근조 말엽에 이르러 12가사라는 것이 불리게 되자, 가사체의 문학은 하나의 뚜렷한 시가형으로서의 자리를 차지하게 되었다. 이 가사체의 기원은 멀리 고려 말엽에서 찾을 수 있다. … 가사체가 고려 말엽에 이미 발생할 수 있었다는 생각을 더욱 굳게하여 주는 자료로는, 현재 해인사 장판 중 ≪염불보권문〉과 ≪신편보권문≫에 려말의 명승 나옹화상이 지었다는 〈서왕가〉라는 가사가 있어, 우리의 주목을 끌고 있다. 물론 이 노래는 후인이 전사하는 가운데에 약간 천와舛訛도 되고 개찬改撰도 있었으리라는 것은 추측되나, 그래도 얼마큼 그 원형을 지니고 있으리라고 본다.(이병기 1957 : 107-108)

④ 우리 옛 산문 문학에서 특히 일기·기행·내간·잡문 분야의 새로운 많은 재료를 수집, 그 장르 설정을 처음으로 하였다는 것(이병기 1966). 종래 국문학의 사史·개설류에서 소홀히 취급되었던 이러한 분야를 각기 두드러진 장르로 설정하여, 소위 오늘날 수필 문학의 사적인 계보를 정립할 수 있도록 하여 주었다.

⑤ 우리의 소위 한문학을 '국한문학國漢文學'이라 명명, ≪국문학 전사≫에서 따로이 그 사적인 정리를 한 것(이병기 1957 : 부록). 종래 국문학사

를 저술한 분들이 그들의 국문학 개념 규정과는 자가당착적인 이론 전개를 한 데 반하여(정병욱 1959), 선생은 국문학과 한문학을 엄격히 구분, 한문학 관계는 <국한문학사>로서 따로이 처리하였다.

⑥ 시조의 시형을 3장 8구체로 또 그 종류를 3종으로 본 것[49] 시조는 그 종장에 특이성을 두어야 할 시형임을 주장, 그 초·중장과 달리 종장은 4구로 처리하였다.

또한 시조는 흔히 말하는 문학 사전적인 정형시가 아니오, '정'整형시라고 갈파하고 그 종류를 처음으로 평시조·엇시조·사설시조로 구분 명명하였다.

(4) 우리의 서지학에 깊었던 선생의 조예를 또한 빠뜨릴 수 없다. 선생은 대학 강의 시간에도 곧잘 '서지는 학문의 입문이라'는 중국 왕명성王鳴盛의 말을 인용, 국문학 연구에 있어 서지학의 필요성을 강조하였다. ≪동방학지≫에 발표한 <한국 서지의 연구>[50]는 이 방면 연구에 중요한 가치를 지닌 논문이다.

어쨌든 선생은 우리의 '고서를 한번 보고 즉석에서 어느 시대 것인가를 정확하게 알아맞혔을 정도로 서지에 깊이 통달'한[51] 혜안을 갖추고 있었다. 이러한 혜안은 일조일석에 이루어지거나 이론적인 전수로는 불가능한 것으로 평생에 걸친 선생의 고문헌 수집 연구에서 이룩된 것이라고 하겠다.

---

49 리태극 편, ≪시조 연구 논총≫에 수록된 가람 선생의 논문 <율격과 시조> 참조.
50 ≪동방학지≫ 3·5집과 ≪가람문선≫ 367~388쪽 참조.
51 ≪독서신문≫ 제119호(1973.3.18.) 참조.

5

선생과 시조 문학을 살펴본다.

일석 이희승 선생도 말한 바와 같이 “적어도 시조를 사랑하고 국문학을 운위하는 사람으로서는 시조! 하면 가람을 연상하게 되고, 가람! 하면 시조가 앞서게 된다.”[52] 하리만치, 실로 선생은 6, 7백 년 우리 민족·언어·생활의 결정인 시조 문학의 현대적인 부흥과 참신斬新한 창작을 위하여 이 세상에 태어났었다 하여도 과언이 아니다.

> 기쁘나 슬프거나 가장 나를 따르노니
> 이생의 영과 욕과 모든 것을 다 버려도
> 오로지 그 하나만은 어이할 수 없고나.
>
> ― 〈시마〉의 셋째 수

먼저, 숱하게 남겨 준 시조에 관한 논문은 오늘날도 시조 시단과 국문학도에게 생생한 자양을 제공하여 주고, 혁명적인 구실을 다하여 주고 있다.

앞 항에서 간단히 언급한 시조의 ‘정’整형적인 형태론은 그만두고, 여기선 <시조는 혁신하자>[53]을 놓고, 거기서 주장한 시조의 현대화를 위한 혁신점을 요약해 살펴보기로 한다.

> 1. 실감 실정을 표현하자. … 옛날 시조에서 흔히 볼 수 있는 아무 엉터리도 없는 공상 망상이나 한문 한시구에서 받아 온 것들을

---

52 이희승, <가람 형의 영면을 곡함>(1968. 12. 1, 동아일보).

53 이병기, ≪가람문선≫ 중 <시조론>에 수록되어 있음.

털어버리고 사물에의 절실한 감정이나 또는 색채가 가득한 감각적 광경을 표현해야 한다.

2. 취재의 범위를 확장하자. … 옛날의 시조 작가들은 그 취하는 재료를 몇몇 가지에만 한정해 놓다시피 한 것이며 또는 그 가운데 어느 한 가지에 대해서도 그것의 전부가 아니라, 그 어느 한 부분만 보고 한 것이다. 그 재료라도 그 전부를 다 보고 또는 그 변화되는 현상을 다 보고 취한다면 무진 무진하다.
3. 용어의 수삼. … 옛날 시조의 투어인 '아희야, 아마도, 어즈버, …고야, …는구나'라든지 '만정 도화, 물환 성이, 심산 절경' 등 한문구어 따위는 젖혀 놓고, 시조를 쓰는 이도 항시 독자에게 새로운 좋은 느낌을 주는 말을 선택하여 써야 한다. 이런 작가야말로 정진하는 것으로 볼 수 있다.
4. 격조의 변화. … 음악으로 보는 시조보다도 문학으로-시가로 보는 시조로, 다시 말하면 부르는 시조보다도 짓는 시조로, 읽는 시조로 하자. 시조의 격조는 그 작가 자기의 감정으로 흘러나오는 리듬에서 생기며, 동시에 그 작품의 내용 의미와 조화되는 그것이라야 한다.
5. 연작을 쓰자. … 오늘날 우리의 생활상은 예전보다도 퍽 복잡하여지고 새 자극을 많이 받게 됨에 따라 자연, 그 표현 방법도 거기 맞게 전개시킬 수밖에 없다. 곧 연작을 쓰자 함이다.
6. 쓰는 법·읽는 법, … 신시에서 자를 메고 행을 나누고 하여 제 가락에 맞게 기사하듯이 시조도 작가의 제 가락에 맞게시리 행 구분을 하여 써야 한다. 또 시조는 다른 시가를 읽고 감상하는 것과 같이 읽는 법까지라도 잘 하여야 한다. 낭독이든 묵독이든 어느 것이든 자기의 마음대로 할 것이다. 잘 완미하도록 읽으면 좋다.

선생이 역설한 이와 같은 시조 창작에서의 혁신점은 아직도 우리 현대

시조의 작단作壇에서 완전히 이행·탈피해 내질 못하고 있다.

실로 선생은 '시조를 사적으로 추구한 이, 이론으로 분석한 이, 비평에 기준을 세운 정녕한 주석가요 계몽적으로 보급시킨 이'(이병기 1939 : 발문)라고 길이 말하여 좋을 것이다.

뿐만 아니라, 선생은 직접 시조를 창작한 그것도 천재적 시인으로서의 '감성의 섬세와 신경의 예리와 관조의 총혜를 갖춘 시인'(이병기 1939 : 발문)이란 점이 더욱 중요하다.

≪가람시조집≫에 수록된 72편의 전기작과 ≪가람문선≫에서 볼 수 있는 93편의 후기작 외에도 선생이 남긴 시조의 총수總首 수를 헤아려 본다면 두 시의 양에 족히 이르리라고 본다.

선생 시 세계의 특징은 신석정도 일찌기 말한바, "그것은 한두 마디로 말해질 수 있는 것은 아니다. 그러나 일반적으로 섬세한 언어 감각에 의하여 한국적 리리시즘을 재현한 것으로 요약될 수 있다."고 하겠다.

들마다 늦은 가을 찬바람이 움직이네
벼이삭 수수이삭 으슬으슬 속살이고
밭머리 해그림자도 바쁜듯이 가누나.

무배추 밭머리에 바구니 더져 두고
젖먹는 어린 아이 안고 앉은 어미 마음
늦가을 저문 날에도 바쁜줄을 모르네.

―〈저므는 가을〉

널리 회자되어 온 선생의 이 시조에서도 선생의 섬세한 언어 감각과 우리의 전통적 리리시즘의 면모는 번득이고 있다.

일제 말기 옥고를 치르며 쓴 <홍원저조> 이후의 후기작에서는 주로 사회사상에의 예리하고도 거침없는 풍자와 쾌도난마식의 현실 고발로 시 세계의 차원을 달리하고 있음을 본다.

간밤 오던 눈이 두어 자나 쌓였다.
급행열차가 연착 이십여 시간
그 좁은 곳간 속에서 모두 징역을 하였다.

다시 와서 보니 부산은 국제시장
눈 녹은 거리거리 사뭇 수렁이다
그려도 어깨를 마구 비비대며 사람들이 밀어온다.

—〈국제시장〉

산비알 잔솔 새새 벌통같은 판자집에
박실박실한 몹시 야윈 얼굴들이
내 이제 이곳을 오매 먼저 눈에 뜨인다.

—〈부산〉의 첫수

그의 집 앞으로는 지나기도 두렵다
겹겹이 둘러 가시성을 쌓았노니
지금도 안치를 받을 무슨 죄를 지었을까.

흉수 맹수보다 음악한 이 세상에
탱자울커녕 철옹성인들 믿으리오
갈외고 저히는 도적이 맘 속에도 있느니.

—〈탱자울〉

임선묵은 그의 <가람 이병기론>(임선묵 1971)에서 선생의 후기 시조에 대하여 "마음의 평정한 모습은 물러가고 정이 격한 구호가 연발되었던 것이다. 거기에 동원된 단어들은 거의 폭력에 가까워지고 있었다. 그의 시조는 원숙으로 진화한 것이 아니라 조박糟粕으로 저락低落하고 있었다."고 말하면서도, 한편으론 "문학과 사회적인 가치라는 면에서, 또는 개인아個人我의 결별이었다는 점에서는 후기의 작품이 갖는 의의가 전적으로 영성零星한 것만도 결코 아니었다."고 말하고 있다.

앞에 열거한 '실감·실정', '취재 범위의 확대', '격조의 변화', '용어관' 등 선생의 시조론에서 볼 때, 이러한 후기작은 어떠한 경지에 머물지 않은 가람 시조의 진경으로 보아 좋지 않을까 싶다.

'감성의 섬세'와 '관조의 총혜'로 빚어진 ≪가람 시조집≫의 전기작들에 비하여 확실히 '선이 굵고 투박한 모습 그대로의' 용어, 또는 김윤식의 <이병기론>(김윤식 1970)에서의 지적과 같이 '고도의 상징성'을 결여한 점 등, 후기작에서 문제성을 찾아볼 수 없는 바 아니지만, 시조의 규모와 격을 넓히고 새롭게 하였다는 점은 높이 사지 않을 수 없겠다.

이와 같은 선생의 시조를 한때, 일부에서는 "고조를 배웠으나 아직 그 진묘를 몸으로 얻기 전에 먼저 자기의 시조를 선입 관념으로 형성하여 버린 듯도 하고, 또 신시의 영향을 너무 무비판적으로 받아들인 듯이도 보인다."거나 "시조의 역사성과 시조의 정형시적 가치를 무시한 공연한 노력"(조윤제 1948 : 191~195)이라고까지 비난하였다.

그러나 이제 이와 같은 비난이 도리어 시조의 역사성이나 '정'整형시적 본령을 제대로 파악하지 못한 한갖 공연한 독단이었다는 것은, 오늘날 시단에 몸담고 있는 이나 시조 학도들은 누구나가 다 짐작하고도 남는 일이다.

6

선생의 '담담한 산문 또한 영롱한 딴 가락으로 시조의 여운을 담은 또 하나의 강물'을 이루었다.

선생의 일기는 처음 ≪가람문선≫에 그 일부가 발표되었으나, 뒷날(1976) 신구문화사에서 ≪가람일기≫(I, II)로 발간한 바 있다.

선생의 산문은 본격적인 학술 논문을 제외하고는 편의상 일기와 수필, 그리고 논설로 나누어 볼 수 있을 것 같다.

선생이 처음 일기를 쓰기 시작한 것은 1909년 4월 13일부터다. 이때부터 10년간은 순한문이다가, 3·1 운동을 겪고 1919년 9월 8일 만주행부터는 순한글, 1920년대의 후반기부터는 국·한문 혼용으로 되어 있다. 매일과 같이 쓴 일기의 길이도 많은 날은 2백자 원고지로 옮겨 4, 50매의 분량인 경우도 적지 않다, 만년 병석의 그 불편한 몸으로도 일기는 계속하였다. 이 무렵의 것은 대체적으로 1~2행이다.

> o 1일, 새벽 비가 오다. 3.1절. 9시 35분 대변을 보았다.(1966. 3. 1.)
> o 밤에 비 오고 또 오고 오다. 8시 50분 대변을 보았다. 하후下後 비 오다. 3시 비가 오다. 흐리다.(1966. 3. 7.)

이 만년, 병중 일기엔 매일과 같이 "몇 시 몇 분에 대변을 보았다."가 빠짐없이 기록되어 있는데, 이는 뇌일혈이 일어난 후의 병세와 뒤보는 일과는 밀접한 관계가 있기 때문이다.

일기에 대하여 선생 자신이 다음과 같이 말하였음을 볼 수 있다.

이 일기는 나의 19세 때부터 일기를 시작하여 계속하여 오다가 조선어학회 사건으로 피검되어 1942년 10월 초부터 1943년 9월 18일까지는 적지 못하였다. 40여 년 적어 오던 것이다. … 나의 일기는 나의 생활을 중심한 한 개인의 기록으로 국가나 사회의 그리 중대한 건 아니었다. 그러나 나로서는 이걸 소홀히 여길 수 없다.

다시 생각하면 40여 년 일기를 계속하였다는 것도 또한 바보의 일이었다.(가람일기, 1956. 10. 11.)

그러나 우리는 ≪가람일기≫에서 선생 한 개인의 꾸밈없는 고백만을 볼 수 있을 뿐 아니라 그때그때 국가·사회나 학술·예술·문화계의 여러 모습도 생생하게 엿볼 수 있도록 되어 있다. 따라서 훌륭한 산문문학으로서 그 가치를 높이 사지 않을 수 없다.

다음, 선생의 수필은 약 20편 정도가 ≪가람문선≫에 수록되었으나 실제는 이보다도 훨씬 많은 양의 작품을 남겨 주고 있다. 선생이 시조와 수필을 발표하기 시작한 것은 1924년 ≪조선문단>에서부터였고, 그 후 여러 잡지·신문 등의 청에 의하여 수필 또한 많이 썼던 것을 볼 수 있다. 여기에 가람의 서간문까지가 모여진다면 그 양은 방대한 것이 될 것이다.

풍란이 바야흐로 벌었읍니다.
방열芳烈 청상淸爽한 향이 움직이고 있읍니다. 난대 밀림 속에나 앉았는 듯합니다.
틈 나시거든 왕림하시압.

7월 9일 가람

1953년 시인 신석정에게 보낸 엽서다. 이 짧은 몇 줄이 얼마나 조촐하고 향기로운가. 편지 쓰기를 무척 즐겨한 가람이었다.

날새 어떠하십니까.

앙엽기盎葉記는 한남 서림에 나와 있읍니다. 전부 8권 4책의 사본인데 자체가 해정楷正하고 장장粧裝도 고아하온바, 그 가격은 꽤 높습니다. 매책 10원, 40원을 주어야 하겠읍니다. 만일 사람을 시켜 등초謄抄를 한다면 그만한 비용이 들겠지요. 장만해 두실 의향이 계시거든 말씀하세요. 그중 팔 장사 이야기는 좌우간 얻어 볼 수 있읍니다.

11월 25일 제 이병기

1930년대 월탄 박종화에게 보낸 봉서封書다. 서지적인 면에서도 가치가 있는 글이다. 그동안 글쓴이가 모은 선생의 서간만도 8, 90점이 되거니와 점점이 구슬 같은 영통한 산문이다.

셋째로, 가람의 논설도 ≪가람문선≫에 수록된 것은 극히 적은 그 일부에 지나지 않는다. 여기엔 주로 국어 문학에 관한 몇 편이 수록되어 있지마는 역사 등 우리의 국학에 관한 보다 많은 논설들이 잡지 및 신문상에 발표되었음을 볼 수 있다.

언젠가는 흩어져 있는 이러한 수필·논설 들이 모두 취합되어 ≪속 가람문선≫이 출판되어야 할 것이다.

끝으로, 일기·수필·논설 등 선생의 산문문학을 대하면서 느낀바 몇 가지를 말하여 두고자 한다.

첫째로, 선생의 산문이 지닌 문체의 간결성이다. 초기의 산문에서는 약간 만연·우유한 글 흐름을 볼 수 있지만 후기에 올수록 간결·강건하여 그것이 선생의 개성 어린 독특한 문체로 자리잡히게 된다.

여자 고등 보통학교 전람회를 구경하다. 글씨며 작문이며 바느질한 것이며 손잡신이 한 것이며 우리나라 풍속의 몇 가지들을 벌여 놓았다. 대개 계집아이의 성적으로는 매우 깜찍하지마는 전부 일본물이 들었고 아주 조선 것은 적다. 그러나 그나마도 아니 가르치는 것보다는 나을까. 어서 배워야 할 것이다. 배운 계집아이 가운데도 못된 것이 없지 아니하나 아니 배울 수 없다. 그러나 다만 건방지고 주제넘어 개살구 질어터진 것처럼 되어서는 아니 되겠다. 아무쪼록 배우기를 비노라.(가람일기, 1920. 11. 1.)

이와 같은 1920년대의 일기에 비하여 같은 일기이면서도 1950년대의 것음 보면,

봄날 같다. 아침 안개가 끼었다. 앞 밭에 마늘을 두어 두렁 심었다. 경희 내외가 서울서 왔다. 청어를 사가지고 왔다. 구워 저녁 반찬을 하였다. 난을 다 내어 볕을 쬐었다. 집의 향주, 두어 잔 마셨다. 청매는 벌어지려 한다. 계수잎도 퍽 싱싱하여졌다. 시든 걸 석달 전에 개식하였다.(가람일기, 1957. 1. 1.)

와 같이, 말하고자 한 바를 아주 요약해서 근소한 어구로 표현하고 있다. 한 말 한 구에도 긴축감이 있고 선명한 인상을 풍겨 준다. 또한 문장에 탄력성과 숭엄미가 감돌고 있다. 간결·강건한 문체로 자리잡혀져 있음을 본다. 이는 수필의 경우에 있어서도 마찬가지다.

비는 부슬부슬 더하지도 않고 덜하지도 않고 곤하지도 않는다. 우리는 오늘 지지포로 내려가 해수욕장에서 자동차를 타고 부안읍으로 가자

는 예정이었지마는 마침 지지포에서 온 이가 있어 비 때문에 자동차가 아니 나온다 하므로 줄포까지 40리를 걸어가자 하고 오후에 대삼이와 함께 올 때와는 다른 길로 들어 비를 무릅쓰고 나섰다.(1935, 〈해산유기〉에서)

나는 난을 기른 지 20여 년, 20여 종으로 30여 분까지 두었다. 동네 사람들은 나의 집을 화초집이라기도 하고 난초 병원이라기도 한다. 화초 가운데 난이 가장 기르기 어렵다. 난을 달라는 이는 많으나 잘 기르는 이는 드물다. 난을 나누어 가면 죽이지 않으면 병을 내는 것이다. 난은 모래와 물로 산다. 거름을 잘못하면 죽든지 병이 나든지 한다.(1954, 〈풍란〉에서)

이 두 편 수필 중, 한 대문씩의 글 흐름에도 그 호흡이 사뭇 달라진 것을 볼 수 있다. 전자에 비하여 후자가 훨씬 간결•강건하다.

둘째로, 선생의 산문에서 느낄 수 있는 것은 우리의 고전에 대한 온축에서 온 고사•속담•해학의 풍부한 활용이다.

아직도 우리는 서론도 쓰기 전에 결론을 쓰려 하고, 국민학교 교원의 실력도 없으면서 대학 강사를 구하고, 가가거겨도 모르면서 국회 의원 당선을 꾀하고 있다. 시도 시집의 출판으로만 좌우할 건 아니다. 비록 호화판일망정 그 자체가 허무하다면 그는 개똥을 싼 비단 보자기에 불과할 것이다. 차라리 말을 말려 하지만 말을 않을 수도 없다. 계손溪蓀을 난으로 심고, 까투리가 전복이 되고 참새가 조개 된다는 전설을 믿는다면 오히려 시의 세계는 그냥 너그럽지만, 사탕은 왜 달고 소금은 왜 짜냐는 의문이 나는 이 세상엔 시도 그 진실을 근거하지 않을 수 없다. 워낙 시는 그러하다.(〈시의 진리〉에서)

우리의 속담·고사·전설 등을 책 풀어서 적절하게 활용하고 있음을 본다. 도끼로 장작을 패듯한 글 흐름인데도 구수하고 독자로 하여금 친근미를 느끼게 한다. 가람은 평생 좌담에도 풍부한 해학적인 고담古談·기담奇談·소화笑話로 언제나 좌중을 난만한 웃음의 꽃밭으로 이끌어 갔다. 이러한 가람의 성품은 그의 산문에도 잘 번득여 드러나 있다.

셋째로, 선생의 산문에는 기행문이 많다. 뿐만 아니라 일기에도 이 기행문적인 것이 많음을 볼 수 있다. 만주행·금강산행·순회강연행 등의 일기는 물론 그러려니와 여행 중이 아닌 일상의 일기에서도 자연 관조적인, 기행문적인 묘사의 처리가 많다.

> 맑다. 덥다. 아침마다 교동 골목으로 두서너 명씩 짝을 지어 가는 학생들을 나갈 때마다 만난다. 그네들은 우리 민족의 꽃이요, 우리나라의 꽃이다. 볼 때마다 아니 기쁠 수 없다.

끝으로, 선생의 이러한 산문 세계의 구축은 그의 학자적인 온축과 시인적인 혜안에 못지않게 추고推敲의 노력의 결정이었음을 말하지 않을 수 없다.

> 무슨 공부든지 그 조예가 깊고 높고 하자면 그만한 동안과 노력이 있고야 한다. 이 백과 같은 대천재로도 광산마철匡山磨鐵의 설을 전하고, 두 보와 같은 시성으로도 '차문별래태수생 총위종전작시고借問別來太瘦生 總爲從前作詩苦'라는 조롱을 받았던 것을 보면 그 때 그들도 그 얼마만한 공정을 쌓았던가를 짐작할 수 있다.(〈시조 감상과 작법〉에서)

가람은 일기의 글줄에도 많은 추고를 하고 있거니와, 수필·논설의 원고를 보아도 언제나 새까맣도록 고쳐 써 놓고 있다. 뿐만 아니라, 젊었을 적의 가람은 외국 산문(단편소설 등)의 번역으로도 문장력을 닦는 데 힘썼음을 볼 수 있다.

7

이상으로 가람 선생의 생애와 선생이 국학과 시문학에 남긴 업적을 극히 개괄적으로 살펴보았다. 서두에서도 말한바, '가람 연구'의 서설적인 것으로 시도해 본 것이다. 논문이라기보다도 수필적인 것이 된 점 양해를 구할 뿐이다.

끝으로, 임종국이 그의 ≪친일 문학론≫에서 선생을 "끝까지 지조를 지키며 단 한 편의 친일 문장도 남긴 일이 없는 영광된 작가"(임종국 1966 : 467)의 한 사람이라고 말한 바를 상기하며, 거듭 나라와 겨레를 위해서도 한 점 열없는 삶을 누린 선생의 일생을 되생각해 본다.

(…하략…)

참고 문헌

김윤식. 1970, <이병기론>, ≪현대 시학≫ 5, 6, 7월호.

이병기. 1939, ≪가람시조집≫, 문장사.

이병기. 1957, ≪국문학전사≫, 신구 문화사.

이병기. 1961, ≪국문학개론≫, 일지사.

이병기. 1966, ≪가람문선≫, 신구 문화사.

이병기. 1976, ≪가람일기≫(I II), 신구 문화사.

임선묵. 1971, <가람 이병기론>, 단국대 논문집 제5집.

임종국. 1966, ≪친일문학론≫, 평화출판사.

정병욱. 1959, <국문학의 개념 규정을 위한 제언>, ≪국문학 산고≫, 신구 문화사.

정병욱. 1970, <가람 선생과 학문>, 전북 문학 제4집.

조윤제. 1948, ≪조선 시가의 연구≫, 을유 문화사.

최승범 편. 1973, ≪가람 시조선≫, 정음사.

한글 학회. 1971, ≪한글 학회 50년사≫.

<최승범 : 시조시인, 전북대 교수>

가람 이병기의 시조시학과 혁신론[54]

—그 이론과 창작에 관한 소고

이기반

가람 이병기는 시조시인으로서 시조문학과 국문학의 대가이다.

그는 <시조란 무엇인가>(동아일보, 1926. 10. 11. 연재)를 첫 시조 시론으로 이 세상에 내놓았다. 이어서 <율격과 시조>(동아일보, 1926. 11.), <시조와 그 연구>(학생, 1928. 12. 30.), <시조의 현재와 장래>(신생, 1929. 4. 6.≫, <시조 원류론>(신생, 1929. 1. 6.), <시조는 혁신하자>(동아일보, 1932. 1. 7.), <시조의 기원과 그 형태>(동아일보, 1934. 10. 연재), <시조의 발생과 가곡과의 구분>(진단학보 권1, 1934. 11.), <시조의 감상과 작법>(삼천리, 1936), <시조 감상과 비평>(문예, 1949. 8.), ≪시조의 개설과 창작≫(현대 출판사, 1957. 4.), <시조 창작과 창>(현대, 1957), <시조의 개설>(가람문선, 신구문화사, 1966. 5.) 등 실로 20여 종이 넘는 시조시학 논고(저서 포함)를 발표한 바 있다.

이로써 한국 문학사상 시조 중흥의 선봉장으로서 역량을 발휘하여 이론적 측면에서나 창작적 측면에서 기여한 바 있음은 재론할 바 아니다.

---

54 이기반, 「가람 이병기의 시조시학과 혁신론」, 『문학한글』 제8호, 1994. 12.

그러기에 정지용도 "시조를 사적史的으로 추구한 이, 이론으로 분석한 이, 비평에 기준을 세운 정녕丁寧 한 주석가요 계몽적으로 보급시킨 이가 바로 가람이다.[55]라고 극찬하고 있지 않은가.

특히 <시조는 혁신하자>를 보면, ① 실감•실정을 표현하자, ② 취재의 범위를 확장하자, ③ 용어의 수삼, ④ 격조의 변화, ⑤ 연작을 쓰자, ⑥ 쓰는법•읽는법 등을 주장하고 있다. 그러면서 창唱 위주의 고시조가 지니고 있는 리듬을 현대시로서 정진시켜야할 오늘날(당시)의 시조가 3•4조나 4•4조의 리듬에 머물러 있을 수는 없다고 하는 것이 가람의 시조 혁신론이다.

≪가람문선≫(1966)에 수록된 평시조를 중심으로 가람의 시조시학 과 시조혁신론을 조명하고자 한다.

물론 시조 혁신론 그것이 바로 시조시학이라 할 수도 있겠으나, 원론적인 시조시학과 혁신의 주장을 좀더 구체적으로 분석하기 위해 분리하여 고구하려는 의도가 있음을 먼저 밝혀 둔다,

Ⅱ. 가람의 시조시학

가람은 평생동안 천여 수의 시조를 썼으리라고 짐작올 한다. 그러나 정확하게 발표된 것으로는 ≪가람시조집≫(문장사, 1939)과 ≪가람문선≫(신구문화사, 1966)에 수록된 166편, 425수[56]로 알려져 있다.

이 시조들은 가람 자신이 주장한 시조 시학을 그대로 반영하고 시조 창작올 실천한 것이라는 점에서 가람 시조의 형태와 용어에 주목하지

55 정지용, ≪가람시조집≫(백양당, 1939), 발投에서.

56 최승범, <가람의 시조시학>, 가람시조선(산중당, 1975), 215쪽.

않을 수 없다. 그런 의미에서 가람의 평문과 저서에 나타난 그의 시조 시학 중에서 시조의 형태론과 시조의 용어론을 중심으로 살펴보려 한다.

1. 시조의 형태론

가람은 그의 저 ≪시조의 개설과 창작≫에서 "시조는 정형시定型詩가 아니고 정형적整形的 자유시였다.[57]고 말했다. 이에 대하여 김춘수도 정형이 비정형定型而非定型[58]이라고 같은 견해를 밝힌 바 있다. 가람의 말은 역시 시조의 현대화를 위한 최초의 시조 혁신론과 맥락을 같이한다.

이 가운데에서도 시가로서의 격조변화론은 형태론과 직결된다. 그러므로 좀 자세히 설명하면, 종전에 음악으로 보는 시조에서 문학으로 보는 시조이어야 한다는 것이다. 그러니 새로운 운율의 창조와 시형의 창출 등 다양한 변화를 모색하게 마련이다. 그런 연유로 가람은 시조의 형태를 평시조·엇시조·사설시조로 구분짓고 평시조의 기본 율격을 다음과 같이 3장 8구로 나누어 설명하였다.

> 자수는 초장의 초구가 6자 내지 9자, 종구도 6자 내지 9자고, 중장의 초구는 5자 내지 8자, 종구는 6자 내지 9자고, 종장의 초구는 3자, 2구는 5자 내지 8자, 3구는 4자 혹은 5자, 종구는 3자 혹은 2자, 4자다. 그리고 초장 초구가 6자일 때에는 2·2·2조나 2·4조를 쓰고, 3·3조만은 아니 쓴다. 이는 그 리듬에 맞지 않기 때문이었다. 또는 8자구가 9자, 9자 구가 10자로 되는 예외도 있다.[59]

---

57 이병기, ≪시조의 개설과 창작≫(현대출판사, 1957), 15쪽.
58 김춘수, <한국 현대시 형태론>(해동 문화사, 1958), 16쪽.
59 이병기, <시조의 개설>, 가람문선(삼중당, 1975), 234쪽.

위의 내용을 편의상 도식하면 다음과 같다.

초장 : 초구(6~9자)/종구(6~9자)중장 : 초구(5~8자)/종구(6~9자)

종장 : 초구(3자)/2구(5~8자)/3구(4·5자)/4구(3·2·4자)

종장 : 초구(3자)/2구(5~8자)/3구(4·5자)/4구(3·2·4자)

이와 같이 가람은 8구체를 주장하였고, 춘원과 노산은 12구체로 파악하였으며, 안자산 과 조윤제는 6구체를 주장하였다. 오늘날에는 6구체로 보는 것이 정설로 인정되고 있다.[60] 그러나 시조를 3장 6구로 보느냐 12구 또는 8구로 보느냐의 문제보다 중요한 것은 시조의 자(음)수을 융통성 있게 보았다는 점이다.[61] 이와 같은 융통성은 '시조는 정형시가 아니고 정형적 자유시였다'는 가람의 주장에 논거가 있다.

이런 자수율의 융통성에 대하여 이 광수는 '變體'라 했고, 이은상은 型而非定型, 非定型而定理'이라했는가 하면 조윤제는 '字餘歌, 字不足歌'라고 표현했다. 이것은 모두 시조를 불완전 정형시로 보는 견해인데, 가람은 그들과 달리 '정형적 자유시'라 했으니, 어느 모로 보나 한 걸음 앞선 관점임에 틀림없다.

(…중략…)

그러므로 한시나 일본의 와까和歌·하이꾸排句와도 비할 바 아니며, 상당히 자유스런 율조로 현대시의 대열에서 활발하게 발전을 거듭하고 있는 것이다.

---

60 정병욱, ≪한국 고전시가론≫(신구문화사, 1982), 135쪽.

61 김봉군, ≪가람의 시조시학≫, 시조 생활(시조 생활사, 1991. 봄호), 90쪽.

이는 시조부흥운동을 선봉에서 주도하면서 시조의 현대화를 향한 존재론적 실체로서 창작에 몰두한 가람의 빛나는 업적이라 할 수 있다.

2. 시조의 용어론

시의 위대한 존재 이유는 시인의 감정과 욕망을 내포하는 충동의 세계를 표현함에 있다.[62] 이 따라서 언어를 매체로 해서 정감을 표현하는 시는 언어의 예술임에 틀림이 없다. 그러므로 시조에 있어서도 표현적 관점에서 언어의 문제는 중요하다기보다도 가장 큰 몫을 차지하는 것이다.

가람은 "시조도 언어 예술의 그 하나다."[63]라고 전제하면서

> 시조. 시가 등에는 우리가 쓰고 있는 우리말을 아무 말이라도 되는 대로 주워 쓰는 것이 아니라, 그중에서 씀직한 말만을 뽑아쓰는 것이다. 이 뽑아쓰는 말을 시가의 용어, 다시 생략하여 말하면 시어라 한다.[64]

라고 시어의 개념을 규정하고 있다. 그러니까 시에 쓰이는 용어는 선택된 것이어야 하니, 시어와 비시어의 한계가 있다는 것이다.

뿐만아니라, 같은 말이라도 성향聲響과 의미가 좋은 말들을 시어로 선택해서 그 성향과 의미가 잘 균정均整되고 잘 조화되도록 해야 한다는 이야기다.

(…중략…)

가람은 또한 한자어와 외래어 그리고 신조어 등에도 언급을 하고 있다.

---

62 이승훈, ≪시론≫(고려원, 1980), 41쪽.
63 이병기, ≪가람문선≫(삼중당, 1975), 286쪽.
64 위의 책, 288쪽.

한자어의 사용은 긍정적인 방향으로 수용하면서도 "한자어는 명사 혹은 부사·접속사로 된 것만을 쓰고, 동사·형용사 기타 말들을 그대로 나 또는 그 말들이 활용된 어구 따위는 아니 쓰는 것이다."[65]라고 그 방법론까지 명시하고 있다.

(…중략…)

가람은 될 수 있는 대로 우리말을 시어로 선택하고 있음을 그의 시조에서 볼 수 있다.

외래어에 대해서는 아주 아니 쓸 수는 없으나, "한때의 호기심을 맹목적으로 아직 우리 귀에 선 그 말을 함부로 쓰잘 것은 없다."[66]고 말하고 있다.

신조어에 대해서는 "외래어를 우리말로나 한자로 번역한 신조어, 또는 우리의 생활을 따라 자연 생기는 신조어에도 물론 시어를 암만이라도 찾아 쓸 수 있다."[67]고 하면서, 남조어까지 지어낼 것은 없다고 했다.

가람의 시조에서 신조어나 남조어는 보이지 않는다. 다만 고어와 방언이 더러 보인다. 그는 고어라 하여 배척할 건 아니라면서 사어라도 부활시킬 수가 있다[68]고 했다.

(…중략…)

---

65 앞의 책, 290쪽.

66 앞의 책, 291쪽.

67 앞의 책, 291쪽.

68 앞의 책, 292쪽.

Ⅲ. 가람의 시조 혁신론

가람의 시조 혁신론은 시조의 현대시적 발전에 기여한 바 크다 하겠다. 고시조와 현대시조의 교량적 역할을 한 이가 육당 최남선이라면 시조의 현대화에 공헌한 이는 가람이다. 왜냐하면 육당은 1 9 0 7년 ≪대한 유학생 회보≫에 <국풍 4수>를 발표하고, 1926년 최초의 개인 창작시조집 ≪백팔번뇌≫를 냈으며, 가람은 1932년 ≪동아일보≫에 <시조는 혁신하자>를 발표한 이후, 그 이론을 시조 창작에 반영하고 그 실현에 앞장섰기 때문이다.

그러면 여기서 <시조는 혁신하자>의 내용을 항목별로 고찰하기로 하자.

1. 실감·실정의 표현

새로 난 난초 닢을 바람이 휘젔는다
깊이 잠이나 들어 모르면 모르려니와
눈뜨고 꺾이는 양을 참아 어찌 보리아.

산듯한 아츰 볕이 발름에 비쳐 들고
난초 향그는 물미듯 밀어 오다
잠신들 이 곁을 두고 참아 어찌 뜨리아.

– 〈난초 (2)〉, ≪가람시조집≫에서.

(…중략…)

정지용의 말 그대로 "하도 정하고 조찰하고 품品이 높기를 향기가 풍기는 듯",[69] 하여 시적 대상인 '난초'를 실감實感 실정實情이 넘치도록 표현하고 있다.

> 그러나 그의 시의 품격이 고담하고 조촐한 반면 현대시에서 추구하는 고도의 기법, 다시 말해서 은유나 역설, 아이러니 또는 상징과 같은 수법은 눈에 띄지 않으며 이미지에 있어서도 단순한 서정에 그치고 있어 그의 시조의 한계를 보여주고 있다고 하겠다.[70]

라는 신용협의 말 에 공감은 하나, 우선 현대화 과정에서 획기적인 용단이었음을 감안해서 마땅할 것이며, 또한 무기교의 기교라는 대해서도 한번쯤은 고려해야 할 문제이다.

(…중략…)

2. 취재 범위의 확장

옛시조에서 볼 수 있는 한정된 취재의 범위를 벗어나 자유롭고 광범위한 소재를 시조에 수용하자는 가람의 주장이다.

> 그넓고 넓은 속이 유달리 으스름하고
> 한낱 반딧불처럼 밝았다 꺼졌다하여
> 성급히 그의 모양을 찾어 내기 어렵다.
>
> 펴든 책 도로 덮고 들은 붓 더져 두고

69 정지용, ≪가람시조집≫, 발跋.

70 신용협, <이호우론>, 충남대 논문집(인문과학 연구소, 1983), 76쪽.

말없이 홀로 앉어 그 한 낮을 다 보내고
이밤도 그를 끌리어 곤한 잠을 잊는다.

깃브나 슬프거나 가장 나를 따르노니
이생의 영과 욕과 모든 것을 다버려도
오로지 그 하나 만은 어이할 수 없고나.

– 〈시마〉, ≪가람시조집≫에서.

이 한편에 담긴 3수의 시조에서도 가람은 오로지 시조 그 하나만을 위해서 이 세상에 태어나 시조와 더불어 살다간 시조시인임을 실감하게 한다.

이와 같이 내면의 정신 세계에 자리한 사고의 표현에까지 취재의 범위를 확대하고 있는 것이다.

사실 섬세한 언어 감각과 한국적인 리리시즘(lyricism)을 표백하고 있는 가람의 시조라 할 수 있다. 그의 초기 시조에서 보면,

이제야 피는 양은 때가 늦어 그러는지
푸른닢 사이 사이 힌숭이 붉은 숭이
제여곰 수줍은 듯이 고개 절로 숙인다.

유달리 풍성하고 화려한 그 얼굴을
욱어진 녹엽綠葉속에 으늑히 숨겨 두고
행혀나 뉘라 알가봐 향기 마자 없드라.

– 〈함박꽃〉, ≪가람시조집≫에서.

(…중략…)

이처럼 꽃과 자연과 인사人事를 시화詩化하는 전통적 리리시즘의 표현이 돋보인다.

그러나 후기의 시조에서는 사회현실 속에 깊이 뛰어들어 그것들을 풍자하고 고발하는 데까지 취재의 범위를 넓히고 있다.

(…중략…)
간밤 오던 눈이 두어 자나 쌓였다
급행열차가 연착 이십여 시간
그 좁은 곳간 속에서 모두 징역을 하였다.

다시 와서 보니 부산 국제시장
눈 녹은 거리거리 사뭇 수렁이다
그려도 어깨를 마구 비비대며 사람들이 밀어온다.

– 〈국제시장〉, ≪가람문선≫에서.

가람의 후기 시조에서 볼 수 있는 그것은, 마음의 평정한 모습은 물러가고 정이 격한 구호가 연발 되었던 것이다. "거기에 동원된 단어들은 거의 폭력에 가까워지고 있었다."[71]라고 한 임선묵의 말에 수긍이 간다. 그러면서도 가람이 초기 시조에서 보여주지 못했던 사회현실의 고발 등으로 현실 참여에 눈을 돌리게 된 진면목을 볼 수 있다. 시공을 초월한 생활이 중심소재로 되어 있으니, 이것이 바로 그가 주장한 취재 범위의 확대가 실천으로 나타난 것이다. 그러므로 후기 시조가 갖는 가치성은 존중되어야 하리라고 본다.

71 임선묵, <가람 이병기론>, 단국대 논문집 제5집(1971).

3. 용어의 수삼

가람의 시조에서는 옛날 시조의 투어인 '아희야, 아마도, 어즈버, …고야 , …는구나' 등은 찾아볼 수 없다. 그러나 '걷노라, 가노라, 보노라, 드노라, 하노라, 달노라'와 같은 '…노라'형, '하도다, 보이도다, 오도다, 있도다, 내도다, 보도다'와 같은 '…도다'형, '앉었노니, 보노니'와 같은 '…노니'형, '보이누나, 하누나'와 같은 '…누나'형, '모르나다'와 같은 '…나다'형, '뵈더이다, '크더이다'와 같은 '…더이다'형, '없나이다'와 같은 '…나이다'형, '하노나'와 같은 '…노나'형 등이 있다. 이와 같은 종지형은 고풍스런 표현과 문어체, 그리고 아어체 등으로 분류할 수 있다.

특히 가람이 지적한 바와 같이 '…고야'나 '…는구나'와 같은 말까지도 배제한 다면 앞에 열거한 투어도 쓰지 않았어야 할 것이 아닌가 생각하면서, 그 실례를 그의 작품을 통해서 찾아 본다.

발자옥 소리도 없이 조심 조심 걷노라

– 〈천마산기〉에서.

저절로 산인이 되어 비도 맞어 가노라

– 〈박연 폭포〉에서.

가랴다 발올 멈추고 다시 돌아 보노라

– 〈오동꽃〉에서.

이슥고 고요한 밤올 선삼매에 드노라

– 〈송광사〉에서.

(…중략…)

이와 같이 ≪가람시조집≫에서 볼 수 있는 시조의 종결어미는 다양하다. 그 중에서도 '…노라'와 '…도다' 형이 두드러지게 많이 나타난다.

<시조는 혁신하자>는 가람도 역시 우리 언어 생활에 흘러내리는 정서적 표현의 혁신에는 과감히 뛰어들지 못한 흔적을 접할 수 있다고 본다.

4. 격조의 변화

"가람이 전통에서 출발하여 그와 메별하고 다시 시류에 초월한 시조중흥의 영예로운 위치에 선 것이다."[72]라면서 가람이 시조의 발달에 기여한 독보적인 업적을 칭송한 정지용은 시조 학의 시초를 가람에서부터라고 보고 있다.

그 실증을 위해 그의 시조에 나타난 자수율을 초•중•종장 별로 찾아보기로 한다.

(1) 초장에서

한 손에 책을 들고 조오다 선뜻 깨니 (3·2·2/3·2·2)

– 난초

한잠 자고 나면 꿈만 시설스러웠다 (2·2·2/2·6)

– 매·수선·난

(…중략…)

우선 이 19수의 예를 통해서 보더라도 그 운율은 제각각이어서 단조롭지 않다.

---

72 정지용, ≪가람시조집≫, 발跋에서.

가람의 이론 그대로 초장 초구는 6자에서 9자를 벗어나지 않으며, 그 중에서도 6자의 경우 가 11수로 가장 많다. 6자의 경우에는 2•2•2조가 6수로 반수를 넘는다. 뿐만 아니라 3•3조는 한 수도 보이지 않는 것이 가람 시조의 특징이다.

초장 종구는 6자에서 9자인데 앞의 예시 19수 중에서 7자의 경우가 10수이고, 8자의 경우가 8수이며, 또한 10자의 예외도 1수가 있다. 10자구와 같은 파격은 그가 말한 “8자구 초장 종구는 6자에서 9자인데 앞의 예시 19수 중에서 7자의 경우가 10수이고, 8자의 경우가 8수이며, 또한 10자의 예외도 1수가 있다. 10자구와 같은 파격은 그가 말한 “8자구가 9자, 9자구가 10자로 되는 예외도 있다.”[73]에 근거를 둔 작품상의 실천인 것으로 보인다.

(2) 중장에서

벼이삭 수수이삭 으슬으슬 속살이고 (3·4/4·4)

– 저무는 가을

(…중략…)

외로 돌아앉아 책을 앞에 놓아 두고 (2·4/2·2‘2·2)

– 난초·3

썩은 향나무 껍질에 옥 같은 뿌리를 서려 두고 (2·3–3/3·3·2·2)

– 풍란

여러 난과 혜는 잎새만 퍼런데 (H·2/3·3)

– 매·수선·난

73 앞의 책, 앞의 글, 234쪽.

너와 같다면 누가 싫다 하리 (2·3/2·2)

– 청매

하루를 보내기 한해도곤 더디더니 (3·3/4·4)

– 홍원저조

위의 인용에서 볼 수 있듯이 중장에도 운율은 다양하게 나타나 있 다. 중장의 초구는 5자 내지 8자, 종구는 6자 내지 9자[74]라고 했는데, 초구에서 5자에 미달되는 4자의 파격은 보이지 않으며, 종구에서도 6자에 미달되는 5자구의 경우도 파격으로 나타나 있다. 뿐만 아니라, 초장 초구가 6자일 때에는 2·2·2조나 2·4조를 쓰고, 3·3조만은 아니 쓴다[75]고 밝혔는데, 중장에서는 "하루를 보내기/한해도곤 더디더니"와 같이 3·3조가 보인다.

여기에서도 가람의 운율적 혁신을 볼 수 있으며, 한편으로는 초장에서의 경우보다 자유로운 창작적 실천이다.

(3) 종장에서

수없이 나는 꾀꼬리 새벽부터 울어라 (3/5/4/3)

– 고토

가다가 쓰러져 버리면 넋이라도 가리라 (3/6/4/3)

– 길

때로는 다름은 있더라도 나는 나로 살련다 (3/7/4/3)

– 발

74 앞의 책, 앞의 글, 234쪽.

75 앞의 책, 앞의 글, 234쪽.

쇠잔한 이 몸의 피를 뽑던 그 여름도 갔다 (3/5/6/2)

– 그 여름도 갔다

한잎의 짙은 풀섭엔 귀또리도 아니운다 (3/5/4/4)

– 그 여름도 갔다

(…중략…)

종장에서의 운율적 변화는 초장이나 중장에 비해서 그리 다양하지 않다. 가람 자신이 초구 3, 2구 5~8, 3구 4(5), 종구 3(2•4)의 기본형 에 충실하면서도 파격이 없지 않다.

종장의 운율적 유형은 ① 3•5•4•3 ② 3•6•4•3 ③ 3•7•4•3 © 3•5•6•2 ⑤ 3•5•4•4 ⑥ 3•8•4•3 ⑦ 3•5•2•5 ⑧ 3•10•4•3 등이다.

이것을 분석해 보면 초구의 3자에는 이상이 없고, 2구의 5~8자는 10자의 파격이 보이기도 한다. 3구의 경우 4(5)자를 준수하면서도 2자 와 6자의 파격이 있다. 종구의 3(2.4)자도 5자가 보이므로 종장에서는 초구 3자만을 고정시켰을 뿐, 나머지 구는 모두 융통이 있음을 볼 수 있다.

가람의 평시조를 중심으로 초•중•종장에 나타난 운율의 형태를 살폈다. 그 결과 종장보다는 중장이, 중장보다는 초장에 다양한 변화가 있었다. 이것은 기본율 그 자체에 보다 융통성이 있었기 때문이라고 본다.

가령 초장의 초구나 종구가 다 같이 6~9자이며, 중장의 초구가 5~8자요, 종구가 6~9자로 되어 있어 중장보다 초장의 융통의 폭이 넓다. 그 반면에 종장의 경우는 초구를 3자로 고정시키고 2구만이 5~8자와 같이 융통의 폭이 넓으나, 3구와 4구의 융통성은 폭이 좁다.

그렇다 하더라도 초장의 초구, 종구나 중장의 종구에는 9자 이상으로 10여 자까지라도 파격하여 쓰기도 한다[76]는 가람의 운율론에 스스 로가 철저한 실천을 보인 것이라 하겠다.

이렇게 함으로써 가람의 시조가 현대시로서의 시조의 가능성을 보인 것이라 하겠다.

5. 연작 쓰기

시조가 현대인의 정서와 의식 세계를 형상화 함에 있어서 고시조와 같은 단수單首로는 만족할 수 없다. 그런 점에서 가람은 “우리의 생활상은 예전보다도 퍽 복잡하여지고 새 자극을 많이 받게 됨에 따라 자연, 그 표현 방법도 거기 맞게 전개시킬 수밖에 없다.”[77]면서 연작시 조를 쓰자고 주장한 것이다. 서양에서는 엘리자베스 시대의 많은 시인 들이 연작 소네트(sonnet sequence 또는 sonnet cycles)를 쓴 바도 있었다.

과연 그 주장은 어떻게 실천이 되었는가를 실증하기 위해서 ≪가람시조집≫(1947)에 수록된 72편의 작품을 낱낱이 살펴보았다.

그 결과, 단수單首로부터 9수까지 있었다. 9수 연작은 <희제 (4)>의 단 1편이었고, 8수 연작은 <고토> 1편만이 있었다. 그리고 6수 연작은 <계곡>과 <월출산>의 2편이었으며, 5수 연작 역시 <대성암>과 <여름>의 2편이었다. 그 밖의 4수 연작이 <도봉> 외 4편, 3수 연작이 <천마산협> 외 21편, 2수 연작이 <총석정> 외 34편, 단수가 <난초 (1)> 외 3편으로 나타나 있다. 그러므로 2수 연작이 제일 많고, 그 다음이 3수 연작의 순으로 나타나 있다. 또한, 72편 가운데 4편의 단수만을 제외하고 68편이 모두 연작시조이니 이만하면 가람은 자기 자신의 주장을 창작적인 면에

76 앞의 책, 앞의 글, 281~282쪽.

77 이병기, <시조는 혁신하자>, 동아 일보, 1932. 1. 7.

서 충분히 실천하였음에 틀림없다.

6. 쓰는 법·읽는 법

가람은 시조의 창작에 있어서 일찍이 행갈이를 자유시처럼 자유롭게 제 가락에 맞도록 써야 된다고 하였다. 그러니 그 당시로서는 얼마나 선진先進적인 사고이었던가. 이것만으로도 <시조는 혁신하자>의 크나큰 명제가 될 것이다.

"진정한 자유시는 정형시를 기간으로 하는 전통적 운율과의 상관 관계-그 계승과 발전-에서만 비로소 성립될 수 있으며, 발전된 진면목을 발휘할 수 있는 것이다."[78]라는 관점에서 시조가 현대시를 가능케 하고 있으며, 특히 단형인 서정시의 표현 방법에 있어서도 크게 기여한 것이다.

가람은 사실상 자신의 초기 창작시조에서는 행갈이를 하지 않고 있다. 그런 점에서는 육당이 그의 첫 시조집 ≪백팔번뇌≫(동광사, 1926) 주요한의 ≪봉선화≫(세계 서원, 1930) 등에서 볼 수 있는 것처럼 그들 이 앞서 실천하고 있었던 것이다.

시조를 쓰는 법은 물론이오, 읽는 법까지도 다른 시가를 감상하는 것같이 잘 완미하도록 읽으면 좋다고 했다.

여기서 '다른 시가'란 곧 자유시를 가리키는 것이라고 본다. 그러므로 과거처럼 홍얼거리며 읊조리는 시조가 아니라 운율을 고려해서 낭 독의 묘법을 보이라는 말인 것으로 안다.

---

78 정한모, ≪현대시론≫(보성 문화사, 1979), 293쪽.

시조의 감상에도 시각적인 것과 청각적인 면이 있다. 여기서 읽으라는 말은 시의 맛과 멋을 느끼며 만끽하기 위하여 기쁨으로 실행하는 노력이 있어야 한다는 말일 것이다.

시 작품을 읽올 때, 두 가지로 구분해 보면, 소리 내지 않고 조용한 마음으로 묵독하는 방법이 있고, 두번째로는 소리 내어 시어 속의 음악성 -곧 리듬-에 의하여 읽는 낭독이 있다.[79] 이 가운데 어느 것이 되었든 간에 시와 친근해질 수 있는 방법, 그리고 시가 지니는 멋과 맛을 스스로가 느낄 수 있게 하자는 뜻인 것으로 안다.

Ⅳ. 결론

지금까지 가람 이병기의 시조시학과 혁신론을 놓고 그 이론과 창작에 관한 소고를 해 보았다.

가람의 시조시학 중의 시조 형태론에서, 시조는 정형시가 아니고 정형적 자유시라고 보는 견해는 탁견으로서 그 어느 누구도 따르지 못할 현대시를 향한 선진적인 사고였다.

이런 관점이 형태론의 핵심이 되어 시조의 격조(운율)에 커다란 율동성을 가져왔고, 그로 하여 시조의 창작에 많은 융통성을 보였다. 이로써 시조의 현대시로의 형태적 혁신을 촉진시켰으며, 시조의 발전에 공헌한 바 되었다.

또한, 시조의 용어론에서는 시의 용어는 우리말을 선택적으로 사용해야 한다고 하였다. 그 이론은 새롭다고 할 수는 없으나, 가장 기본적인

79 김해성, ≪현대시 창작 입문≫(학문사, 1983), 163쪽.

논리이다.

그러나 같은 말이라도 성향과 의미가 중은 말들을 시어로 선택해서 그 성향과 의미가 잘 균정되고 잘 조화되도록 해야 한다는 것이다. 이를 바탕으로 한 그의 창작은 이론에 상응하는 것이었다.

가람의 시조 혁신론에 대해서는 그 6개 항목을 낱낱이 분석한 바, 다음과 같은 것을 찾아 볼 수 있었다.

1) 실감·실정론에서는 고담하고 조출한 한국적 정서를 정감 있게 표현하고 있음을 볼 수 있다.

2) 취재 범위의 확장론은 옛시조에서 볼 수 있는 한정된 취재의 범위를 벗어나 광범위한 소재를 수용하자는 것인데, 그의 후기 시조에서는 사회 현실로 뛰어들어 그런 것들을 자신의 시조에 투영하고 있다.

3) 용어의 수삼론은 시조에서 옛 투어를 버리자는 것인데, 가람 자 신의 시조에 '…노라'와 '…도다'가 두드러지게 많이 쓰이고 있어, 그의 주장은 시조 창작에서는 유감스럽게도 확고한 실천을 보이지 못하고 있다.

4) 격조의 변화론에서는 가람이 말한, 그 작품의 내용 의미와 조화되는 그것이라야 한다는 실천을 위해, 융통성 있는 격조를 다양하게 구사하고 있다. 특히 종장보다는 중장이, 중장보다는 초장이 더욱 그런 편이었다.

5) 연작론에서, 현대인의 정서와 의식 세계를 형상화함에 있어 고시조와 같은 단수單首로는 만족할 수 없다며 철저하게 연작을 즐겨하고 있다.

6) 쓰는 법·읽는 법에서 가람이 주장한 '쓰는 법'의 행갈이는 그의 시조에서 찾아 볼 수 없었다. 그러므로 하나의 선진적인 이론에 머물렀다. '읽는 법'을 묵독과 낭독으로 구분하고 시가 지니는 멋과 맛을 스스로가 느낄 수 있게 읽음으로써 시적 분위기의 상승과 그 성과를 거두자는 주장이었다.

글쓴이 나름대로의 소견을 피력하였으나 빈약한 내용임에 부끄럽기도 하거니와 가람에게 누만 끼친 것 같다. 앞으로 더 성실한 연구를 다짐한다.

<이기반 : 시조시인, 전주대 교수>

가람의 한글 사랑 연구[80]

오동춘

Ⅰ. 머리말

제 나라 말과 글을 사랑함은 당연한 일이다. 그 나라의 말과 글은 그 겨레의 얼을 이룬다. 그러므로 말과 글과 얼은 하나요 둘이나 셋이 아니다. 그런데 우리는 나라 잃은 한때 불행히도 우리말과 우리 글을 쓸 수 없었고 우리 얼도 조선 민족 말살 정책에 의해 일제가 주도하던 대로 그야말로 '내선 일체'의 비극으로 치닫고 있었던 것이다. 말과 글의 목숨이 바람 앞에 등불이던 그 위기에 우리말 글을 지키던 애국지사들이 조선어학회 사건으로 얽히어 홍원 경찰서에 잡혀가고 함흥 감옥에서 모진 고통을 겪은 사실을 우리는 잘 알고 있다. 이 옥중에서 숨진 한 징, 이윤재 두 애국 지사는 조국 광복도 못 본채 눈을 감았던 것이다.

(…중략…)

가람은 1968년 11월 28일 그의 78살의 삶을 마칠 때까지 국민학교,

---

80 오동춘, 「가람의 한글 사랑 연구」, 『문학한글』 제8호, 1994. 12.

중·고교, 대학의 학생을 가르친 교육자요, 우리말과 글을 갈고 닦으며 지킨 국문학자요, 시조를 아끼고 사랑한 시조시인이오, 홍원 경찰서와 함흥 감옥에서 1년의 옥고를 치른 애국지사로 나라와 역사에 빛나는 공로와 업적을 쌓은 분이다.

이 가람의 빛삶 생애 중에서 가람이 한글 사랑의 이론 및 활동 그리고 시조 창작상에 어떤 실천을 보였는가? 살펴보는 일이 이 글의 주된 뜻이 되겠다.

Ⅱ. 가람의 한글 사랑 동기

사람에게 만남처럼 중요한 일도 없을 것이다. 누구를 만나느냐에 따라 그 사람의 일생이 좌우되는 것이다. 1991년으로 탄신 100주년을 넘긴 가람 이병기는 소박한 농촌의 농부 아들이오 흙의 아들이오 짚신 서민이다. 제자복, 난초복, 술복을 가람의 삼복으로 치는바 제자를 끔찍이 사랑하는 가람의 큰 스승은 바로 한힌샘 주시경 선생이다. 이 나라 애국자와 신앙인을 많이 배출한 남대문 상동교회[81]에 전 덕기 목사와 상의하여 조선어 강습원을 독립 운동 및 민족 정기를 기르는 교육 도장으로 설립하여 주시경 선생이 조선어와 한글을 가르치는 강사가 된 것이다. 이 조선어 강습원을 어떤 뜻으로 찾게 됐는지 알 수 없으나 가람은 외솔 최 현배, 한결 김 윤경 등과 함께 주 시경 선생을 모시고 우리말, 우리 글, 우리

81 1893년 스크랜튼 목사가 설립한 감리교 계통의 교회로 우리 민족 운동의 요람지였다. 1907년 목사로 부임한 전 덕기 담임 목사는 청년 학원, 조선어 강습원 등을 설치하여 독립 운동을 계속했으며, 이 상동 교회 교인인 주 시경 선생은 조선어 강습원에서 우리말 우리 글 교육으로 민족 의식을 복돋우며 국어 사랑 곧 나라 사랑의 횃불이 된 것이다. (≪나라와 교회를 빛낸 이들≫, 기독교 대한감리회 상동 교회, 1988 참조).

얼 사랑을 배운 것이한글 사랑의 동기가 된 것이다.

(…중략…)

≪가람문선≫연보에 의하면 '1912년 10월 조선어 강습원 1년 수료'로 되어 있어 입학은 1911년으로 보이게 한다. 가람은 외솔과 조선어 강습원 제1회 졸업 동창이 되므로 입학과 졸업 시기 및 수학 기간을 함께 보는 것이 타당할 것으로 본다. 가람은 한성 사범의 우리말 우리 글 사랑의 학풍과 전통의 분위기에서 상동 청년 학원 내의 조선어 강습원에 입학하여, 1년이 아닌 3년은 주시경 선생에게 조선어 문법과 한글의 우수성에 대해 교육 받은 것으로 생각할 수 있다.

조선어 강습원 졸업과 함께 국어 연구 학회 특별 회원으로 우리말을 갈고 닦는 학문 활동에 심혈을 기울이게 된다. 한성 사범 졸업과 더불어 남양, 전주 제2, 여산 공립 보통학교 교사 활동을 한다. 그 교육 활동 가운데 국어, 국문학, 국사학에 관련 되는 문헌을 수집하여 우리 한국의 말과 글과 얼을 지키며 선비로서의 고고한 지조를 굽히지 않은 것이다. 우리 그릇인 시조에도 깊은 관심을 가지고 우리의 시가문학이나 산문문학에도 깊은 연구를 게을리하지 않은 것이다.

(…중략…)

Ⅲ. 가람의 한글 사랑 활동

1. 한글 운동과 우리 말글 사랑에 대한 이론

가람이 한글을 사랑하는 실천적 활동은 먼저 그의 아호 가람에서부터 찾아볼 수 있다. 먼저 1920년 7월 31일의 가람일기에서 아호의 유래를 보기로 한다.

> 수당壽堂께 갔었다. 이말 저말 끝에 내 호를 지어준다. 한자漢字로 임당任堂이라 한다. 나는 이미 「가람」이라 했다. 가람은 강이란 우리말이니 온갖 샘물이 모이어 가람이 되고 가람물이 나아가 바다가 된다. 그러면 샘과 바다 사이에 있는 것이다. 그 근원도 무궁하고 끝도 무궁하니 영원하며 이 골물 저 골물 합하여 진실 로 떳떳함을 이루니 완전하며 산과 들 사이에 끼어 있어 뭍陸을 기름지게 하니 조화調和함이다. 이 세 가지 뜻을 붙이어 지음이다. 우리 말로는 가람이라 하고 한자로는 임당任堂이라 하겠다(이병기 1969 : 101).

가람은 '샘물이 모여 가람이 되고 가람은 다시 바다를 이룬다'고 했다. 샘과 바다의 중간 존재가 가람인데 가람은. 시작과 끝이 무궁 영원하며 떳떳함을 이루는 완전함을 보이며 산과 들 사이에 흘러 땅을 기름지게 하는 조화를 보이며, 이런 장점의 '가람'은 무엇보다 우리말이니, 가람은 '가람'을 아호로 삼되 한자어로는 수당이 지어 준 '임당'으로 부르겠다고 했다. 영원함, 완전함, 조화의 좋은 점을 가진 '가람'이란 말은 '우리말'이라는 데 가람 아호의 중심 사상이 있는 것이다. '강江'이란 한자어에 밀려 죽은 말이 된 '가람'이란 옛말을 되살려 일제시대 민족 정기를 찾는 가람 이병기의 우리말 우리 글 사랑의 정신 세계를 엿보게 하는 것이다.

가람은 30살 무렵에 아호인 '가람'을 쓰기 시작하면서 그 변을 일기에 밝혔거니와 그로부터 10여 년이 지난 1930년에 와서 다시 그의 아호의 이유를 밝히고 있다.

나는 본래 호와 같은 것을 지으려고 하지 않았지만, 나의 친구들 가운데 나의 이름 부르기를 싫어하여 「임당任堂」이니 「가람」이니, 또는 가람이라는 말을 한자로 「嘉藍」, 「柯南」이라고 써 주는 이가 있었다. … 「任堂」, 「嘉藍」, 「柯南」이라고 한 것은 한자 그것으로는 무엇을 의미한 것인지 그걸 써 주던 그 친구에게 아직 물어보지 못하였으므로 모르겠으나, 가람이란 것은 우리말로서 강이나 호수란 말로 ≪월인천강지곡≫에도 "ᄃᆞ리 즈믄 ᄀᆞᄅᆞ매 비취욤"이라 하고 ≪두시언해≫에도 강촌江村을 "ᄀᆞᄅᆞᆷ호"라 하여, 옛날에는 강이니 호수니 하지 않고 "ᄀᆞᄅᆞᆷ이라고 불렀던 것이다.[82]

(…중략…)

사육신과 같은 선비 정신을 지키며 친일 변절의 글 한 줄 없는 문인으로 임 종국이≪친일 문학론≫에서 언급한 문인은 윤 동주, 변 영로, 오상순, 황 석우, 이병기, 이 희승, 조 지훈, 박 목월, 박 두진, 이 한직, 홍노작, 김 영랑, 이 육사, 한 흑구 등이다(임종국 1978 : 467). 가람 이병기는 조선어 학회에 관계하면서 시와 수필을 쓰는 문인으로, 지조 있는 선비이며 영광의 작가로 보고 있는 것이다.

가람은 1908년 8월 31일 창립된 국어 연구 학회가 1911년 9월 3일배달

---

82 이병기, 「가람의 출전과 유래」, 동아 일보 1934. 3. 및 ≪가람문선≫, 신구 문화사, 1969, 211쪽 참조.

말글 몯음朝鮮言文會으로 이름이 바뀐 뒤 조선어 강습원 재학 중인데도 최 현배와 함께 특별 회원이 된다.[83] 배달 말글 몯음은 1916년 4월 30일 12사람의 회원이 모여 임원 선출을 하고 모임은 끝난다. 임시 서기 권 덕규의 기록에 의하면, 회장 남 형우, 총무 윤 창식으로 되어있고, 서기 김 두종, 회계 박 재경, 간사 이치규가 뽑히고 의사원은 5사람에서 10사람으로 늘려 회칙을 고치고 이 규영, 김 병훈, 신 명균, 권 덕규, 장 두정, 장 지영, 윤 복영, 이 재갑, 주 재정, 김 두봉 등이 의사원으로 뽑힌 것이다.

(…중략…)

이 배달 말글 몯음이 중단된 채로 활동 없이 조용한 이 단체를 1921년 11월 26일 주 시경 선생의 제자인 권 덕규·임 경재와 함께 가람도 발기인이 되어 1921년 12월 3일 조선어 연구회를 조직하고 그 단체의 간사 일을 맡게 된 것이다[84]

(…중략…)

한글날의 가람의 활동을 보면, 1929년 10월 31일 일기에 다음과 같은 기록이 보인다.

---

83 조선 언문회 규칙 제5조에, '통상 회원은 조선 언문을 연구할 의지가 견확堅確한 자이며 특별 회원은 본회에서 설립한 강습소에서 졸업 급 수업한 자'로 되어 있다.

84 가람 해적이에 조선어 연구회를 만들고 간사로 뽑힌 기록이 있으나, ≪한글 학회 50년사≫에는 임경재(휘문학교 교장), 최두선(중앙학교 교장), 이규방(보성학교 교수), 권덕규(휘문학교 교사, 장지영(조선일보사 문화부장), 이승규(보성중학교 교사), 신명균(한성사범학교 출신> 등 7사람이 발기하여 1921년 12월 3일 휘문의숙(현 휘문고등학교)에 조선어 연구회가 조직된 것으로 되어 있다.(≪한글 학회 50년사≫, 5쪽 참조).

음 9월 29일 가갸날 오후 일곱시 조선 교육 협회관에 가서 가갸날 기념회를 하고 다음에 조선어 사전 편찬회를 열었다. 내게도 위원이란 이름을 씌운다. 주간은 이 극로·이 윤재·신 명균 등이다(이병기 1969 : 125).

이어 1931년 10월 29일 일기를 보자.

한글 기념날이다. 세종 대왕 정음 반포 485주년인 이 날이다. 오전 5시 반 명월관 본점(돈의동)으로 갔다. 6시에 기념식을 하였다. 정음 서문 낭독, 한글 역사 말, 축사, 만세 삼창으로 폐회. 석반夕飯 애류崖溜하고 매헌梅軒을 찾아보고 오다. 종로 남편 어느 음식점을 거쳐 오다(이병기 1969 : 127).

위 두 기록은 한글날에 대한 가람의 생각이나 그 활동을 보여 준다. 가람은 한글과 시조를 함께 사랑하여 <시조의 사적 발전과 문학적 지위>[85]라는 강연을 했으며 <한글과 시조>라는 제목으로 한글 강습회에서 강연하기도 했다.[86] 가람은 조선 어문 학회가 주최한 1931년의 강습회에 전주, 군산, 목포, 순천, 영암, 여수 등지에 가서 맞춤법의 보급을 위한 통일, 바른 국어 생활을 위한 강연을 한 것이다.[87] 1933년에도 이 극로, 최 현배, 이 윤재, 김 병제, 권 덕규, 이 희승, 신 명균 등의 강사와 함께 가람 이병기의 강좌는 <말과 글>이었다.[88]

---

85 1928. 12. 30. 천도교 강당 강연.

86 1929. 1. 14~15. 안국동 예배당에서의 강연.

87 1931년 7월에사 9월까지 강습회를 열었는데 강사진은 권덕규, 이병기, 이윤재, 이상춘, 이극로, 신명균, 김윤경, 김선기, 최현배 등이었다(≪한글 학회 50년사≫, 314쪽 참조).

88 위의 책, 314~315쪽 참조.

(…중략…)

가람은 우리 조선사람으로서 조선말을 적는 한글을 쓰는 것이 가장 당연한 일이라 했다. 한문의 해독을 지적하고 오늘날은 소리글 시대로 한글을 써야 한다고 했다. 수천 년 한문을 써 오던 버릇으로 어려운 한문 말고는 글이 없다는 사고방식은 고루한 최 만리형 사대주의 사상과 조금도 다름이 없는 것이다.

(…중략…)

가람은 브나로드 운동[89]의 일환으로 동아 일보사가 실시한, 4회에 걸친 조선어 강습회에 강사가 되어 문맹퇴치운동에 적극적으로 참여했던 것이다.[90] 이 조선어 강습회는 한글 학회의 후원 형식으로 이루어진 것이며, 브나로드 운동은 1929년 조선 일보사의 주최로 먼저 여름방학 학생들을 지방으로 보내어 문맹 타파 운동에 크게 성공했던 것이다.

가람은 1932년 10월 29일 명월관 본점에서 한글 기념식을 할 때 <한글의 경과>라는 강연을 했는데, 그 일부를 아래에 소개하면 다음과 같다.

이 글은 온 세계의 문학 가운데 가장 용하게 좋게 쉽게 된 글이외다. 우리나 남들이 다 같이 더할 나위 없이 기리는 글이외다. 곧 우리의 큰 보배요 큰 자랑거립니다. 하므로 우리는 한글 하나만으로도 세종 대왕을 거룩하고 고맙게 아니 생각할 수 없습니다. 그 때 만일 세종 대왕께서 한글을 아니 만들어 내셨더라면 어찌 되겠습니까. 우리에게는 글도

---

89 학생을 동원해 각 지방 마을마다 야학을 개설한 브나로드 운동은 문맹자에게 한글을 가르치고 위생 지식을 가르치고 음악, 연극, 오락 등을 시도하여 민족 의식을 고취시키자는 것이 그 목적이였다(≪한글 학회 50년사≫, 320~321쪽 참조).

90 동아 일보사 주최 제1회 조선어 강습회 강사는 신명균, 권덕규, 이상춘, 이윤재, 김윤경, 이병기, 최현배, 이극로, 김선기 등이었다(위의 책, 323쪽 참조).

없었을 것이며, 오늘과 같은 기쁜 날도 없을 것이 아닙니까?[91]

이 강연에서 가람은 한글의 우수성과 세종에 대한 고마움을 강조하고 있다.

가람이 <한글 맞춤법 통일안> 제정 위원으로[92] 한글 강습회 강사로, 시조시인으로 우리말, 우리 글, 우리 얼 사랑에 몸바치면서 1938년에는 연희 전문 강사, 1940년에는 보성 전문 강사로 민족 의식을 고취하는 국학 교육에 심혈을 기울인 것이다.

≪나라사랑≫ 제42집(조선어 학회 사건 특집호)에 의하면, 1942년 10월 1일에 이중화, 장지영, 이극로, 최현배, 한징, 이윤재, 이희승, 정인승, 김윤경, 권승욱, 이 석린 등 11명을 서울에서 구속하여 종로서에 하룻밤 가뒀다가 다음날 함경남도 홍원 경찰서로 압송한 것이다. 이 달 18일엔 이우식이 경남 의령에서 검거되고, 19일엔 김 법린이 동래에서, 20일에는 정 열모가 김천에서 각기 검거되었으며, 21일에는 이병기[93] 이만규, 이강래, 김선기 등 4명이 서울에서 검거되고, 12월 23일에는 서승효, 안재홍, 이인, 김양수, 장현식, 정인섭 등 6사람이 서울에서, 같은 날 윤 병호가 부산에서, 이은상이 전남 광양에서 각기 검거되었으며, 다음 해인

---

91 ≪한글≫ 1934년 6월호, 232쪽 참조.

92 1930년 12월 13일 <한글 맞춤법 통일안> 제정 위원으로 권덕규, 김윤경, 박현식, 신명균, 이극로, 이병기, 이윤재, 이희승, 장지영. 정열모, 정인섭, 최현배 등 12명이었다. 그 뒤 김선기, 이갑, 이만규, 이상춘, 이세정, 이탁 등 6인이 추가되어 보두 18명이 되였다. 이 <한글 맞춤법 통일안>은 3년의 시일에 걸쳐 125회 회의와 433시간의 소요 시간이 필요했던 것이다(≪한글≫ 제10호, 382쪽).

93 ≪나라 사랑≫ 제42집엔 가람이 1942년 10월 21일 서울에서 조선어 학회 사건 관계로 검거된 것으로 되어 있으나, 그의 일기 1942년 10월 22일에 "오전 6시 함남 경찰부 영원永原 형사와 종로서 이 형사가 와 수색하여 ≪조선말본≫과 휴지 등을 뽑고 조반을 재촉하여 먹이고 가자 하여 나섰다."로 되어 있어 검거된 날짜가 하루 차이가 있다.

1943년 3월 5일에 김도연, 6일에 서민호가 각기 서울에서 검거되어 모두 홍원경찰서에 유치된 것이다.

이 밖에 권덕규, 안호상은 신병으로 인하여 형사가 두 번이나 잡으러 갔다가 그냥 온 것이다.[94]

가람은 광복 후 홍원 경찰서에서의 1년간의 옥살이를 바탕으로 25수의 <홍원저조> 연시조를 지었다. 그의 일기에는 29수로 창작되어 있다.

> 묵직한 철책문이 덜그럭 닫치는고나
> 도몰아 이는 시름 가슴에 메어지고
> 하룻밤 지내는 동안 적이 수壽를 덜었다.

이렇게 1942년 10월 22일자 일기에 지은 첫수는 종로서 유치장에 갇히는 체험을 표출한 작품이다. 서사적 사실성을 보여 주고 있다. 가람은 홍원 경찰서가 보여 준 의견으로는 기소자 24명에 포함되어 있었으나, 검사 아오야기青柳五郎가 홍원 경찰서로와 형사 10여 사람이 입회한 가운데 모두 심문한 결과, 기소 16명, 기소유예 12명으로 결정되어 가람도 기소유예로 1943년 9월 12일과 13일 이틀에 걸쳐 온갖 심문과 고문으로 고생한 다른 애국 지사들과 함께 풀려난 것이다.[95]

---

94 ≪조선어 학회의 수난 사건≫, 나라 사랑 제42집(외솔회, 1982), 120쪽.

95 조선어 학회 사건 취조를 맡은 경찰은 홍원 경찰서 고등계 주임 나카지마(中島種藏), 고등계 형사부장 야스다(安田檢; 본명 安正默), 형사 니히하라(新原東哲; 본명 朴東哲), 형사 이토오(伊東輝元; 본성 尹), 형사 쯔네카와(恒川謙二), 형사 카리야(假屋), 함흥 경찰부에서 출장 온 사찰계 주임 미나키(皆木善男), 수사계 주임 오오하라(大原炳薰; 본명 朱炳薰), 형사부장 시바다(柴田健治; 본성 金), 형사 마쯔야마(松山茂; 본성 李) 들이었다. 이 가운데 사람 백정으로 이름난 오오하라(주 병훈), 야스다(안 정묵), 시바다(김 건치) 이 세 사람은 다 한국인이었다(≪나라 사랑≫ 제42집 참조).

(…중략…)

휘문 고보 교사로서 52살에 조선어 학회 사건으로 1년의 옥고를 치르고 기소유예로 석방된 가람은 광복이 될 때까지 익산 고향으로 내려가 가져간 책으로 공부도 하며 농사에 종사하였다. 일제 시대 시조 진흥과 조선어 학회 회원으로 우리 말•글•얼 사랑에 온 정열을 다 쏟은 것이다.

광복 후 가람의 한글 사랑의 첫 기록을 보면 가람일기 1945년 9월 13일에

> 일주일간 한글 강습용 원고를 썼다. 비가 종일 폭주하였다. 그러나 수파한 곳은 없다.

로 쓰인 일기가 있다. 광복 직후 가람은 한글 강습으로 한글 사랑의 실천을 보였다. 1945년 9월 14일 일기에도 고향의 여산 학교에 가서 직원들과 이 응구 군을 모아 한글 철자의 대강을 강의했으며, 한글 원고와 어학사류語學史類의 책자 몇 권을 가지고 집을 나선 것으로 기록하고 있다. 9월 22일 일기에도 그 일부를 보면

> … 전주 강습을 다 마쳤다. 6일 동안에 한글 쓰는 법을 거의 다 알렸다. 한 사람도 조는 이 없이 끝끝내 들었다. 매우 기쁜 일이다(이병기 1969 : 143).

라고 기록을 남겨, 가람은 한글 쓰는 법의 강습에 열중한 사실을 알 수 있다.

(…중략…)

1945년 10월 경 상경하여 한글 사랑의 활동에 전념하던 가람은 미군정청 학무국 편수관으로 약 2년간 근무하면서 서울대, 단국대, 국민대, 숙명여대, 신문 학원, 세종 중등교원 양성소 등에서 우리 어문학 강의를 하며 우리 말•글•얼 사랑을 교육을 통해 깊이 심은 것이다.

(…중략…)

가람은 1•4 후퇴 때 고향으로 돌아가 전주 명륜 대학, 전북 전시 연합대학 교수를 겸임(1951)하다가 국립 전북 대학교 초대 문리과 대학장(1952)에 취임했다. 1956년에 중앙대 문리대 교수로 취임하고 서울대 대학원 강사로 취임했으며, 이 해 8월 정년으로 전북대 여러 직책을 퇴임하게 된다. 1957년 67살이 되던 해 10월 9일 한글날 기념 행사에 참여하고 귀가하던 중에 뇌일혈로 쓰러져 그 후 오래 투병을 했다. 한때 언어 기능이 좋지 않았으나 회복된 것이다.

1958년에 대학 강단의 모든 직책을 사임하고 향리로 내려가 요양하던 중 학술원 공로상(1960)을 받았으며, ≪국문학 개설≫을 간행하던 1961년 6월에 전북 대학교에서 명예 문학박사 학위를 받게 된다. 1962년에는 문화 포장을 받았으며 76살이 되던 1966년에 고향에서 요양중인데도 그의 전작全作을 간추려 시조, 수필, 일기, 기행, 고전 연구 등을 수록한 ≪가람 문선≫을 출간하게 된다. 일제 시대부터 주 시경 선생의 제자가 되어 한글 사랑과 민족 의식에 눈뜬 가람은 시조시인으로서, 조선어 연구회 창립 회원으로 옥고까지 치러가며 우리 한국의 민족 정기를 살리며 지조 높은 선비로 살아 온 한평생을 1968년 11월 29일 78살로 익산 생가에서 노환으로 돌아간 것이다. 전북 예총장으로 장례가 진행되었으며, 1969년에 전주 다가동에 시비가 섰다. 또한, 1973년에는 가람의 생가가 지방문화재로 지정되었다. 제자를 사랑하는 제자복과 곳곳에서 술을 즐긴 술복과 선비로서 지조의 난을 사랑한 난복 등 3복을 갖춘 가람의 일생은 시조 사랑, 한글 사랑, 제자 사랑으로 일관된 그의 빛삶을 살펴볼 수 있다.

우리 얼이 담긴 시조를 사랑한 가람이 시조 창작상에 우리말 우리글을 어떻게 사랑하였으며, 우리 시조 이론에 그의 한글 정신이 어떠한가를 다음에 살펴보기로 한다.

2. 시조 창작과 한글 사랑

가람은 78살 한평생에 근 60년 동안 일기를 쓴 시조시인이다. 1909년 4월 13일부터 일기를 쓰기 시작한 것이다. 가람은 순 한문, 순 한글, 국·한 혼용 등으로 표기하여 일기를 썼다. 우리 한국의 짊신 겨레가 우리 대한 조국이 자주 독립국임을 온 세계에 밝힌 3·1 운동이 일어난 뒤부터는 가람일기도 한글얼을 철저히 보이는 한글 전용 일기가 나타난다. 시조에 대한 관심도 한글 전용으로 일기를 쓰면서 고유의 우리 그릇인 시조를 사랑하게 된 것 같다(최 승범 1989 : 202). 한성 사범을 졸업하고 국민학교 교편을 잡을 때는 한시漢詩를 썼다. 1920년대 초부터 그의 일기에 시조가 보이기 시작한다. 가람은 1926년 10월부터 11월에 걸쳐 <시조란 무엇인가>의 시조 이론을 발표하여 최 남선의 <조선 국민문학으로서의 시조>(조선 문단 1926. 5.) 등의 이론과 함께 1920년대 한국 사상을 밝히는 대표 시조 이론이 된다. 가람은 1926년 9월 17일 영도사에서 시조회를 발기했다가 1928년 9월 2일에 시조회를 가요 연구회로 이름을 바꾸어 시조와 함께 국학 연구에 몰두하게 되는 것이다.

(…중략…)

가람은 시조를 창작하려면 우리말에 대한 공부가 철저해야 한다고 강조하고 있다. 우리말 공부를 하려면 자학 자습으로 익히고 한글 문법 책, 철자법 책을 읽어 우리말의 맞춤법도 잘 익혀야 한다고 말했다. 우리말로 된 동서 고금의 시가나 소설을 읽어 우리말의 어휘나 관례 같은 것도 익혀 우리말의 성질, 형태, 묘미, 미감을 알고 시조를 지어야 한다고 한 것이다. 우리말을 씀직한 말만 골라 시어로 써야 한다는 것이다. 그런데 우리말이 너무 쉽고 하잘것 없다고 그냥 내버려 둬서는 안 되는 것이다. 그런데도 우리들 가운데는 남의 말을 우리말보다 더 잘 하면서 남의 말 잘 하는 것을 오히려 자랑으로 여기는 사람까지 있으니, 그러한 한심한 사람들을 가람은 꼬집어 비판한 것이다. 우리말 사랑의 정신으로 좋은 시어를 골라 써야 좋은 시를 쓸 수 있다는 것이 가람의 시 창작 정신이기도 하다.

우리말이 되어 버린 한자어는 쓰되 제한해서 시어로 써야 하며, 새로운 외래어는 함부로 쓰면서 제 조상이 오래 쓴 말을 시어로 못 쓸바 없으니 사어死語라도 부활시켜 시어로 쓰자고 한 것이다. 신조어도 시어로 쓸 수 있으나, 자기의 작풍作風을 선전하기 위하여 일부러 자기가 말을 지어내는 남조어濫造語는 삼갈 일이며, 지금 우리가 쓰고 있는 현대어(표준어, 지방어)는 물론 고어古語까지 시어로 활용해 쓸 수 있다고 한 것 이다(이병기 1969 : 308).

(…중략…)

3. 가람 시조에 나타난 한글 사랑

가람이 우리 말과 글의 사랑을 드러내면서 시조를 창작한바 그의 일기에 창작 시조가 보인다. 1922년 3월 1일 탑골 공원을 지나다가 지은 시조부터 살펴보기로 한다.

> 차디찬 겨울날 어느덧 다 지나고
> 따뜻한 봄볕이 동산에 비치오니
> 새들도 때를 만난 듯 지저귀며 반기더라.
>
> 동산에 꽃이 피니 벌나비 날아든다
> 덤불속 매화야 뉘라서 알랴마는
> 드러난 도화이화桃花李花만 서로 보고 새우더라.
>
> 구렁에 얼음 녹고 메위에 아지랭이 끼는데
> 아낙은 나물캐고 사내는 밭을 간다
> 진실로 제별이 제삶이 죄질것 없어라.

-≪가람 문선≫, 106쪽에서.

가람은 위의 시조에서 일상어를 고운 시어로 승화시켜 쓰고 있다. 첫수의 "차디찬 겨울날"이나 둘째수의 "덤불속"이나 셋째수의 "얼음"의 이미지는 가혹한 일제의 압박을 상징하고 있다. 첫째수의 "봄볕"은 광복을 상징하며 둘째수의 "매화"는 애국 지사를 뜻한다. 셋째수의 "아지랭이"는 봄의 상징으로 조국 광복을 의미하고 있다. 시어만 살펴봐도 순수한 우리말과 우리말이 되어 버린 한자어 "매화"로 가람이 자신의 시정신과 한글얼을 보여 준다. 한자어는 "매화", "도화이화" 둘 뿐이다. "도화이화"

를 '복숭아꽃, 오얏꽃'으로 고치어 볼 수도 있다. 첫째수의 "새들"은 광복을 맞을 한글겨레를 상징한다. "드러난 도화이화"는 일제의 앞잡이로 개노릇하는 변절의 친일파를 뜻한다. 셋째수의 "제벌이 제삶"은 한글겨레의 자주적인 삶을 상징하고 있다.

이 시조는 "메"(산)라는 옛말을 살려 썼으며 "겨울날, 봄볕, 새들, 꽃, 벌나비, 덤불속, 구렁, 아지랭이, 아낙, 사내" 등의 토속적인 토박이 말로 시로서의 사실성을 보여 주고 있다. 1922년 3·1절을 맞아 탑골공원을 지나가면서 사상적 의미 깊은 시조를 제목도 없이 가람은 일기 속에 담은 것이다.

한굽이 시냇가에 반야대가 여기로다
에두른 청산이 물속에 잠겼어라
어즈버 달밝은 가을밤에 다시 와서 놀고저.

– ≪가람 문선≫, 113쪽에서.

위 시조는 가람이 1923년 8월 2일 금강산 기행을 하며 '반야대' 앞에서 읊은 것이다. 옛시조 형태로 감탄형 구조를 이루고 "어즈버" 등의 고어를 살려 쓰며 종장 끝처리를 옛시조처럼 "놀고저"로 처리했다. "반야대, 청산" 두 시어의 공간 배경은 이미 우리말이 된 것이다. 이 시조 한 수도 우리말 우리 글 사랑의 정신으로 지은 작품이다. "에두른" 같은 시어는 청산의 모양을 잘 표현한 곱고 좋은 우리말이 아닐 수 없다.

뜰에 나던 볕이 창으로 도로 든다.
하루를 보내기 한해도곤 더디더니
어느덧 제돌을 이어 또 가을이 되었다.

– ≪가람일기≫, 1942. 10. 22.

이 시조는 가람이 홍원 경찰서 철창에서 지은 것이다. 29수를 지은것 가운데 19번째의 일기장 작품이오, 광복 후 재정리한 <홍원저조洪原低調> 라는 이름의 작품 속에는 모두 25수의 연시조 중 9번째의 시조로 되어 있다. 초장에 "도로"의 시어가 "다시"로 고쳐진 것만이 달라진 것이다. "도곤"이라는 우리 옛말을 살려 쓴 것이 특이하다. 순수한 우리말 우리 글로 시조를 창작한 것이다. 조선어 말살 정책을 쓰던 일제 시대에 지은 시조로서 민족 정기가 살아 있다.

(…중략…)

가람이 남긴 전•후기 165편의 사조 가운데 부득이 쓴 외래어는 "트럭, 버스, 나일론, 에덴, 워싱톤, 처어칠' 등이 있다.[96] 이 여섯 개의 외래어는 아직 순화시켜 쓰기가 어려운 말이므로 그내로 쓰는 것이 자연스럽다. 그러므로 시어로 쓴다 해도 거부감이 없는 것이다(오 동춘 1981 : 35).

기람 시조를 시조의 내용이나 그 표기로 볼 때 전기 시조의 2822새의 시어 가운데 148개 정도의 명사 한자어가 한자 표기로 되어 있어 전체의 5%의 비중을 보였고, 후기 시조의 3737개의 시어 가운데 338개 정도의 명사 한자어가 9%의 비중을 보안 바 있다. 이는 표기 면으로 보아 거의 100%의 한글만 쓰기의 실천을 보여 준 것이다(오 동춘 1981 : 38).

우리말 우리 글 사랑으로 일관된 가람의 시 정신은, 시조에 순수 우리 말이나 옛말을 시어로 활용하면서도 한자어도 거의 다 한글로 표기하여 사람의 한글 전용 정신이 남달리 뛰어난 것을 알 수 있다. 노산과 함께

96 에덴의 동산보다도•워싱톤을 바란다 (<나의 조국>, 셋째수 종장)
늙었다 하지를 말고 저 처어칠을 보라 (<호패뜨기>, 셋째수 종장)
거리거리에 자동차 트럭 버스 (<내 한 생生>, 둘째수 중장)
왜물倭物 양물洋物 등 화장품 나일론으로 (<한 하소연> 중 '상인의 말' 단수 중장)

우리 현대 시조에 큰 공로를 이룬 가람에 대하여 정 지용은 ≪가람 시조집≫의 뒷글에서 다음과 같이 평가하고 였다.

> 시조를 사적史的으로 추구한 이, 이론으로 분석한 이, 비평에 기준을 세운 정녕叮寧 한 주석가註釋家요 계몽적으로. 보급시킨 이가 바로 가람이다. 시조학이 설 수 있는 것이고 보면 가람으로서부터 비로소다.
>
> 시조 제작에 있어서 양과 질로써 가람의 오른편에 앉을 이가 아즉 없다. 천성天成의 시인으로서 넘치는 정공精功을 타고 난 것이 더욱 이 가람과 맞서기 어려운 점인가 하느니 한참 드날리던 시조인들의 행방조차 알 길이 아득한 이즈음 사람의 거름은 바야흐로 밀림을 헤쳐나온 코끼리의 보법步法이 아닐 수 없다. 예전 어른을 들어 비교할 것은 흔한 노릇일지 모르겠으나 송강松江 이후에 가람이 솟아오른 것이 아닐가 한다. 송강의 패기를 당할 이 고금에 없겠으나 가람의 치밀섬세한 점이 아즉 어떤 이가 그만한지를 모를 일이다(이병기 1939 : 99~100).

정지용은 가람은 시조의 사적 이론과 분석 및 비평의 이론가로도그 위치가 뛰어나거니와 천성의 시인으로 조선조 송강에 비견할 시조시인이라 말하고 있다. 정 지용은 마침내 시조가 시인다운 시인 가람을 만나서 비로소 감성의 섬세와 신경의 예리와 관조의 총혜聰慧를 드러내며, 천성의 시인이 읊는 시조는 한국적인 제 목소리를 내는 것으로 말하고 있다. 가람은 확고한 어학적 토대와 고가요古歌謠의 조예가 깊어 가람의 시조 창작에 큰 힘과 빛을 드러냈을 것으로 보는 것이다. 가람의 시조는 경건하고 진실하여 이를 읽는 이는 누구나 평생 교과로 삼아도 좋을 것으로 정지용은 말하고 있다.

어려서부터 한학 공부를 통해 한자의 해독을 잘 알고 있는 가람은 한성 사범학교까지의 신학문 교육 중에서도 우리말 우리 글 사랑의 주체 자주 의식을 깨쳐 한힌샘 주 시경 선생의 자랑스런 제자가 된 것이다. 그리하여 그는 말글 관계 단체의 회원이나 시조 시인으로서 눈부신 활동을 보여 우리 말과 글의 부흥 발전에 획기적인 공로를 이룬 것이다. 우리는 가람의 우리말 우리 글 사랑 정신과 그의 시조를 통한 실천적 의지에 오늘의 우리 자세를 깊이 각성해야 할 것이다.

(…중략…)

Ⅳ. 맺는말

우리는 앞에서 가람의 우리말, 우리 글, 우리 얼 사랑의 이론과 그 활동을 살펴보았다. 가람은 전북 익산에서 어려서부터 10년 동안이나 한자 한문 공부를 했으나, 한자의 해독을 깊이 깨치고 한성 사범에 입학하면서 그 학교 일부 교수 등의 민족주의 정신의 교육 영향을 받고, 조선어 강습원의 학생이 되어 한힌샘 주 시경 선생의 제자로 사랑 받으면서 외솔과 같이 한평생 우리 말과 글을 사랑하는 국문학자요 시조시인으로 살아간 것이다.

한글 사랑의 활동으로 가람은 조선어 강습원 학생이 되어 그 졸업과 함께 주 시경 선생 중심으로 만든 국어 연구 학회 특명 회원으로 활동했으며, 1921년 조선어 연구회 조직의 발기인이 되었다. <한글 맞춤법 통일안> 제정 위원이 되어 삼남 각지물 순회하며 바른 국어 생활을 위한 강연, 말과 급에 관한 강연을 하면서 방언, 민요, 고문헌 등을 수집하기도 한 것이다.

맞춤법 통일안에 대해서는 기독교나 불교에서도 그 실천에 앞장을 서고 있다고 함 태영 목사나 한 용운 스님이 말한 바 있다. 가람은 브나로드 운동의 하나로 실시한 한군 강습회에 전적으로 참여하고, 우리 말 우리 글 교육으로 철저히 민족 의석을 고취시켜 나간 것이다.

일기를 통해 가람의 애국 애족 사상을 밝힌 바 있는데, 이 일기에 시조를 간간이 쓰던 가람은 1926년 <시조란 무엇인가>를 ≪동아 일보≫에 연재한 이후 본격적인 시조시인으로 활동하게 된다. 국민 문학파의 한 사람으로 시조 이론과 창작을 겸한 가람의 시조 활동은 시조라는 우리것 사랑으로 깊은 민족 의식을 나타내며, 일제의 악랄한 회유에 의해 다 변절해 가도 가람은 외솔, 한결, 이 윤재, 한 징 같은 선비와 함께 굳게 한국인의 지조를 지킨 것이다. 고등학교 작문 선생으로, 연희 전문, 보성 전문에 출강하면서 가람은 우리 말•글•얼 사랑의 교육을 철저히 시킨 것이다. 민족혼이 살아 있는 스승이었던 것이다.

1942년 조선어 학회 사건이 일제로부터 조작되자 가람도 그 해 10월 21일 서울에서 검거되엇다. 홍원 경찰서 유치장에서와 함흥 감옥에서의 지옥살이는 <홍원저조>에 잘 표현되어 있다. 이 때 한국인 고등계 형사인 야스다. 나히하라, 이토오, 오하라, 시바다. 미쓰야마 같은 사람 백정이 행한 고문은 기를 떨게 한 것이다.

한글 사랑과 시조 사랑으로 한국의 얼과 선비 정신을 지키고 함흥 감옥의 지옥에서 옥살이까지 겪은 가람은, 광복 후에는 주로 대학의 교육계에서 우리말과 우리 글의 중요 의식울 교육하고 시조 사상으로 우리말 사랑의 실천적인 삶을 보안 것이다. 가람은 특히 자신의 삶에서 옛말 하나라도 살리기 위해 아호를 '강江' 대신 '가람'으로 지었다.

가람은 시조 창작을 잘 하려면 먼저 우리말 공부부터 철저히 해야 한다고 말하고, 버젓한 우리말을 두고 외래어물 남용하지 말라고 경고하고 있다.

(…중략…)

가람은 아직도 글이라면 한문만을 아는 이들이 문제라고 말했다. 한문을 숭상하며 오래 써 온 버릇으로 한문의 노예가 되는 것으로 보고 있다. 가람은 또한, 말은 우리의 의사를 발표하는 것이고 글은 말을 적어 놓은 것이니, 우러 조선 사람이 조선말을 한글로 적는 것은 가장 당연한 일이라고 말하고 있다. 가람의 이런 국어 의식은 프랑스의 높은 국어 의식과도 같은 것이다. 옛말 도로 살려 쓰는 노력이나 죽은 말이나 사투리까지 시조에 시어로 활용하여 시조의 사실성을 보여 우리 시조의 참빛을 크게 드러낸 것이다.

물질, 명예, 권세에 사로잡혀 나라 사랑보다 '나만 사랑'으로 치닫는 오늘의 이기주의 국민은, 가람의 순수한 나라와 겨레 사랑의 정신이나 우리 말•글•얼 사랑을 본받아 삶의 자세를 바로 가져야 할 것이다. 노산과 쌍벽을 이룬 시조시인 가람, 외솔과 함께 한힌샘 주 사경 선생의 제자였던 가람, 가람이 일제 시대부터 우리말 우리 글을 사랑하여 옥고까지 치르면서 국문학에 끼친 공로와 우리 시조 사랑으로 쌓은 시조의 금자탑은 가람 정신을 이루어 큰 산봉우리로 우리가 바라볼 수 있을 것이다. 가람이 쌓은 삶의 빛삶은 길이 푸른 '가람'으로 이 나라에 흘러 갈 것이다.

(…하략…)

<오동춘 : 시조시인>

가람 이병기 스승님의 추모[97]

박병순

가람 스승님께서는 단기 4224(서기 1891, 신묘)년 3월 8일(음 1. 28.) 자시子時에 전북 익산군 여산면 원수리 참실골眞絲洞 수우재守愚齋 안채에서 아버지 이 채, 어머니 윤 성녀의 맏아들로 태어나셔서, 단기 4301(서기 1968, 무신)년 11월 29일(음 10. 10.) 상오 1시 50분에 참실골 수우재 안채 태어나신 바로 그 방에서 78살로 돌아가셨다.

스승님께서는 생전에 세 가지 복이 있다고 입버릇처럼 말씀하셨다. 첫째 제자복, 둘째 술복, 셋째 화초복, 그러나 이제 와 생각하니 어디 제자가 있고, 술이 있으며, 화초가 있는가? 다만 오직 한 폭 남겨 주신 "청매青梅" 휘호 앞에 양사재養士齋의 청매를 떠올리고, 벗을 기다리고 인생을 탐구하고 청매와 더불어 잔을 기울이시다가 독서 삼매하시던 스승님의 생생한 옛 모습을 아침저녁 환상 속에 그릴 뿐이다.

봉마다 방긋방긋 구슬보다 영롱하다.
낼모리면 다 필 듯 벗들도 오라 하였다.
진실로 너로 하여서 떠날 길도 더뎠다.

---

97 박병순, 「가람 이병기 스승님의 추모」, 『문학한글』, 1994. 12.

대체 복이란 건 길고 짜를 뿐이다.
요夭니 수壽니 함도 이걸 일컬음인데,
짜르고 긴 그 동안을 우리들은 산다 한다.

오늘 아침에야 봉 하나이 벌었다.
홀로 더불어 두어 산을 마시고,
좀먹은 고서古書를 내어 상床머리에 펼쳤다.

-〈청매〉, 4290. 2. 6. 아침.

우연의 일치인지는 몰라도 "불마다 발긋발긋 구슬보다 영롱하다"의 밑줄 친 '봉, 방, 영롱' 들이 마치 꽃봉오리와 이슬방울을 연상 상징케 하는 절묘한 사실적 기교의 묘를 얻었다. 여기엔 자연(청매)과 인생(생명 '요절과 장수')과 술과 책이 있다. '홀로' 마시는데 '더불어'란 무엇인가? 그것은 바로 '청매'인 것이니, 청매와 더불어 마신다는 것이다. 마시되 두어 잔에 멈추고 그 정력을 독서 삼매에 기울이는 학자의 기질과 함께 시선詩仙의 풍모를 볼 수 있는 것이 아닌가!

청매靑梅
— 가람 스승님의 '청매' 자작 친필 앞에서

구름재 박병순

반기시던 그 청매분 간데온데 없사와도,
그 정 그 정성은 작품으로 외오 남아,
청매는 제 철을 맞은 듯 이 방안에 벙그렀다.

대체 복이란 건 있고도 없는 것이,
만나고 헤어짐도 지내나니 그림자를,
청매는 넋으로 피어 이내 안에 벙벙하다.

봉마다 방긋방긋 구슬보다 영롱한 꽃!
오늘 아침 버는 향이 잔 위에 번지는데,
상머리 좀먹은 고서를 펴는 임의 환영 그렸다.

내가 보다 죽어간 뒤 서폭만은 남으리니,
이 글 이 글씨에 이 숨결 다시 서려,
청매는 가슴마다에 오래 두고 피리라.

(4314. 1. 24. 낮~저녁때.)
(1981. 4. 15. ≪시와 의식≫ 봄호.)

가람 스승님은 화초를 지극히 사랑하셨고, 그 중에서도 난초를 가장 사랑하셔서 그 잎 하나하나를 물행주로 닦으셨으며, 그 사랑이 그 당시 신혼 작은며느리가 낳은 어린 손녀보다 더하셔서 출타하실 때 손녀 걱정은 아니하셔도 "야! 그 난초 좀 잘 돌봐 주어라." 하시는 당부는 잊지 않으셨었다. 마당에 시멘트 통을 놓고 밑에 진흙을 깔고 시궁창 흙을 덮어 기어코 연꽃을 피워 내시던 그 끈기, 그 정성, 그 풍류는 감히 범인의 미칠 바 못 되었다.

빼어난 가는 잎새 굳은 듯 보드롭고,
자짓빛 굵은 대공 하얀한 꽃이 벌고,
이슬은 구슬이 되어 마디마디 달렸다.

본대 그 마음은 깨끗함을 즐겨하여,
정한 모래 틈에 뿌리를 서려 두고,
미진微塵도 가까이 않고 우로雨露 받어 사느니라.

—〈난초 (4)〉

난의 만여 종이 온 대륙에 펼쳐 있다.
계손 맥문동도 난이라 일컫는데,
봄에 핀 이 일경一經 일화一花가 정말 난이었다.

하이얀 줄거리에 비취옥 같은 그 화관花冠
오늘 새벽에야 바야흐로 벌었다.
으늑히 떠 이는 향香에 나는 자못 놀랬다.

— 〈도림란道林蘭〉

난을 이처럼 사랑하시다 난초를 손수 가꾸셨고, 난초를 노래하시다 못해 난초를 그리셨다. 이를 아무도 몰랐다. 물론 나도 몰랐다. 꼭 다섯 해를 아침저녁 그렇게 가까이 모셨어도 묵화하시는 줄은 까마득히 몰랐었다. 그러나 서울로 되올라오신 후 계동집으로 스승님을 찾아 큰절을 하고 일어나는 순간 난초 묵화 두 장이 눈에 띄었다. 깜짝 놀라는 찰나 욕심이나 "선생님! 저 주셔요." 하나도 서슴없이 "그러소!" 하시며, 한 장엔 '박병순 구름재게', 또 한 장엔 '구름재게 주노라'고 적어 주셨다. 돌아와 그 한 장은 책장 깊숙이 숨겨 두고, 또 그 한 장을 표구하여 걸었더니 정운丁芸이 찾아와 이를 탐하여 "내 가진 걸 뭐든 다 줄 테니 바꾸자."고 졸랐으나 얼버무리고 말았었다. 얼마 안 되어 정운은 까마득 멀리 가고 나는 뉘우쳐 한탄하였다. 그러나 이제 와 생각하면 그때 그에게 주었더라면 지금 그 그림이 어디로 갔을 것인가? 용케도 스승님 자작 자필 '청매' 한 폭(표구사에서 도난당한 세로 쓴 난초 족자 한 폭이 내 죽은 뒤 나타난다면 그놈이 도적이었음을 알게 될 것이다.)과 친필 '난초' 두 폭이 내 집 내 방에 걸려 있다. 웬일인지 핏줄 제자 아무도 가진 이가 없다. 국내외 유일 무이한 소중한 가보, 아니 겨레의 영원한 문화재보인 것이다.

난초

— 가람 스승님 묵화 '난초' 밑에서—

구름재 박병순

가람은 난초를 지성으로 가꾸셨다.
가람은 난초를 정성껏 돌보셨다.
가람은 난초를 손녀보다 더 지극히 사랑하셨다.

그렇기에 난초를 가장 많이 쓰시었다.
그렇기에 난초가 가장 빼어나시었다.
도남도 "난초는 가람이 귀신이다" 탄복하지 않았던가!

가람이 난초 묵화를 치신 줄 아무도 모른다.
허나 그 난초 두 폭이 내 방안에 걸려 있다.
집 한 채 없는 몸이 낼 길에 나앉는대도 두려울 게 없다.

난초 난초 난초는 조상이 섬기던 화초
난초 난초는 선비가 받들던 군자!
난초는 가람이 가장 사랑하던 꽃이셨다.

(4314. 1. 25. 새 벽.)

(1981. 4. 15. ≪시와 의식≫ 봄호.)

당대에 도남 조윤제와 가람 이병기는 학단에서 자웅을 겨뤘으니, 도남 학파와 가람 학파였다. 관학파官學派명문 출신의 화려한 학벌과 인맥이 얽힌 권학權學의 무리에 맞서서, 단지 사숙과 한성 사범의 학력밖에 없는 시골 선비의 몸으로 고난 속에 모아진 옛책의 고전 발굴과 연찬과 각고 면려 천착 독학은 어려운 고비를 넘고 넘어 무불통지의 실력학파實刀學派의 굳은 성을 쌓아 올렸던 것으로, 서로 겨루어 으르릉거리는 판에서도 아는 데에는 막강한 상대도 별수가 없었던 것이어서, 도남도 "난초는 가람이 귀신이다."고 찬탄하였고, 특히, 서민 문학에 있어서는 남이 따를 수가 없었다. 방약무인하던 무애無涯 양주동도 가람의 책 앞에는 허리를 굽혀 애걸하였던 것이다. 두드러진 저서만도 ≪역대 시조선≫, ≪인현왕후전≫, ≪한중록≫, ≪의유당 일기≫, ≪근조 내간선≫, ≪요로원 야화기≫, ≪가루지기 타령≫, ≪어우 야담≫, ≪국문학전사≫, ≪시조 개설과 창작≫, ≪국문학 개설≫ 등 15권이고, 주요 논문이 50편이 넘으며, 잡고(소논문)가 20편 이상 수없이 많다. 고전의 발굴과 교주, '극가劇歌'의 창설, 시조의 이론과 창작 방향의 설정, 국문학의 가로(개론) 세로(문학사)의 정립 따위에 있어서 참으로 외람된 표현이나 '무無'에서 '유有를 서구 학문의 영향을 받지 아니하고 창출해낸 것이었다. 마치 외솔 최현배 선생님께서 우리 말글을 종횡(우리 말본, 한글갈)으로 체계 세웠듯이……, 국문학 이론 정립의 초창기에 있어서 남이 감히 넘볼 수 없는 '국문학'의 독보적 기반을 다진 위에 '서민 문학'의 독창적 최고봉을 이루셨던 것이다.

시조의 이론과 창작에 있어서는 노산 이은상과 쌍벽을 이뤘으니, 산이라면 양대 산맥이오, 물이라면 양대 장강에 비길 만하다. 그러나 가람 산맥의 뒤를 잇는 크고 작은 봉우리는 수없이 많되, 노산 산맥은 아직도 운무에 가려 그 뒤를 잇는 봉우리를 다 헤아리기 어렵다. 노산이 이 백이라면, 가람은 두 보에 비길 법도 하나 술을 즐긴다는 점에서는 이 백에 가깝다. 또 노산의 애국·애족은 두보에 가깝다. 노산이 계관시인 귀족적이라면, 가람은 야인이오 서민이며 대중적이다. 노산은 국립 묘지에 묻혀 있고, 가람은 향리 뒷동산에 묻혀 있음을 봐도 알 일이다. 노산이 낭만적 서정적이라면, 가람은 고전(전통)적 사실적 경향이 있었고, 가람은 고산 윤 선도보다 송강 정 철의 작품을 좋아하셨다. 가람은 개혁을 주장하면서도 형식에 엄격하였고, 노산은 자유분방하여 종장 첫구 석 자까지도 부숴 버렸듯 과감할 만큼 자유시에 접근했었다.

> 성자聖子도 고맙지요
> 영웅英雄도 고맙지만,
>
> 예 이제 이 세계世界의
> 가엽슨 민중民衆들이,
>
> 바라는
> 자유自由와 평화平和는
> 그 언제나 올련가.
>
> — 〈가엽슨 민중民衆들〉

늙어도 연을 띄고 설은 이미 지났다.

쥐불에 탄 언덕머리 새움이 돋아나고,
하늘엔 종다리소리도 한결 더욱 새롭다.

— 〈새봄〉

위의 작품은 ≪한국 시조 큰사전≫에서마저 빠진(누락된) 두 편이지만 지금 읽어도 '가엾은 민중들'을 연민하는 간절한 마음과 진솔과 사실성의 공효를 실감케 한다.

스승님의 전기 작품은 ≪가람 시조집≫에,

자연 32편 101수	총 71편 194수
인생 21편 57수	
꽃 18편 36수	

가 사실을 통한 정관적 서정이셨고(예도藝道의 시), 후기 작품으로는 위의 두 편을 합치면,

자연 26편 49수	총 100편 219수
인생 29편 88수	
꽃 16편 36수	
역사 14편 32수	
인물 7편 13수	
여행 5편 11수	
연정 4편 8수	

로 풍자·해학을 통한 달관적 서정(현실 참여, 생활의 시)이라 할 수 있는 바, 전·후기 총합 1기편에 413수이다. 아주 많은 작품 수는 아니지만,

한 편 한 편, 한 수 한 수가 넘고 남는 것이 없이 그 토 하나도 신비스러우리만치 정교를 다한 절묘한 신품이오, 생동하는 영롱한 영품이셨다. 감히 그 누가 그 성역을 뛰어넘으리요?

종교에서 '도통'이란 말이 있듯이 학문이나 예술에서도 이런 경지가 있는 것을 스스승님을 뫼시면서 깨달았다.

1952(4285)년 10월 2일 한글 반포 506주년 기념식 및 강연회·여흥을 성대히 거행키를 발의하여, 전주 극장에서 전북 도지사를 비롯 관·민 유지 학생들이 촘촘이 들어찬 가운데, 전체 손수 쓰신 <훈민정음>을 한글 전용 촉진회 전북 지회장이 봉독하고, 정 인승 교학처장님 이 한글날의 유래를 먼저 밝히시고, 전북 도지사가 축사를 하고, 이병기 문리대 학장님께서 세종 큰임금님의 강연을 하신바, 무불통지 말씀이 유창하고 거침새없이 종횡무진 흥미진진 흥겹게 넘쳐 엄숙하던 식장이 정숙한 속에서도 부드럽게 움직이는 자연 분위기를 타고 오묘한 성지를 깨치는 감격한 설레임의 신통력을 발휘하셨다.

전주고 교사로 옮은 해 여름 1953(4286)년 7월말~8월에 걸쳐 하기 대학 국어국문학 강습회를 전북도 문교사회국 중등교육과서 총 장학사 의뢰로 전주 여중 강당에서 전담 주관하게 되어, 국문학에 가람 이병기 학장님을, 국어학(말본)에 건재 정 인승 교학처장님을, 시론(현대시)에 해강 김 대준 선생님을 강사로 뫼셨던 바, 가람 선생님의 강의는 흥미진진하고, 건재 선생님의 강의는 조리 진지하여 강당에 곽 들어찬 청중이 땀을 별별 흘리면서도 두 강좌 네 시간의 내리다지 연속 강의에도 조금도 흔들림이 없었고, 두 분 스승님께서도 예순 넘은 늙은 몸이신데도 지칠 줄을 모르셔서 온 강당 안이 한살로 어우러지는 혼연일체 삼복 더위도 물리치는 신기한 기운을 이루셨다.

1954(4287)년 7월 24~26일에 걸쳐 '가람 동인회' 주관, '삼남일보 남원지사' 주최로 '남궁 다방'에서는 남원 최초의 시화전을, 광한루에서는 춘향 문학 강연회를 열어 대대적인 남원 초유의 문학 행사를, '삼남일보' 주간 손 권배와 '서남지구 전투사령관' 신 상묵과 '남원 경찰서장' 조 동호 등의 후원을 얻어 남원 군·관·민, 학원, 언론 기관, 문학 단체가 총동원하여 자못 성대한 문학 잔치를 이루게 되어, 그 때 가람의 첫 마디가 "남원은 광대廣大 고장이었다. ……" 이 때 남원 부노父老들의 얼굴은 찌푸러졌다. 가람은 추키는 뜻으로 한 말씀이셨지만, 부노들은 '상놈의 고장'으로 곡해하였던 것이다. 그러나 가람은 서슴지 않고 춘향 문학의 형성 과정과 춘향·이 도령의 강렬한 사랑과 <춘향전>은 서민 문학의 최고봉이었음을 한 시간 20분 동안 역설 설파하여 청중을 감동 압도하고야 말았으니, 이 위력이 어디서 오는 것이랴!

1955(4288)년 10월 9일 식전에 전주 교동 양사재養士齋로 가람 스승님을 찾았다. 아침 겸상이 반주와 함께 나와서 서너 잔 넘게 기울이고 밥은 드는 둥 마는 둥 이리에 지프로 달려오고 보니, 어느덧 술기는 말끔히 가시었다. 역전 네거리 단골집에서 술 대접을 하고, 이리 공고 교장 이중조 님에게 미리 귀띔해 놓고 학교에 당도하여 교장실에 들어서서 앉자마자 술잔이다. 게다가 강단에서 마실 음료도 술로 채우도록 일렀으니, 운동장에 늘어선 수천 명의 전교생 앞에 서실 때에는 벌써 거나하게 취기가 돌으셔서 조회단 위 강단에 모시면서 왈칵 겁이나 조회단 옆에 바짝 다가서서 조마조마 가슴을 죄었다. 한글날 한글에 관한 강연이기는 하지만 대학생이나 일반이 아니라 고등학교 학생들에게 자칫 도를 넘는 말씀이 터져나올까 두려워졌기 때문이다. 그러나 아슬아슬한 고비에서 살짝살짝 넘겨 가시는 데엔 신통하리만큼 찬탄을 금할 수가 없었다. 말씀하시

고 싶은 대로 말씀하셔도 그 궤를 넘지 않으셨다. 도통이란 바로 이런 경지가 아니겠는가! 요러고도 원기 절륜하셔서 이리시 교육회 협찬 한글 전용 촉진회 주최 한글 반포 509돌 전라북도 기념식장에 나아가셔서 "세종 대왕의 성업"을 강연하셨는데, 뒤이어 한돌 박 남규 교장님이 "한말 한글은 우리의 목숨"이란 연제로 거들었었다. 다음해 1956(4289)년 3월 31일 가람 스승님은 서울로 도로 올라가셨고, 11월 22일 한돌 교장님께서는 땅속에 묻히셨다.

(…중략…)

임께서 가시다니 믿어지지 않노매요.
엊그제 정정하던 그 임이 가시다니,
갑자기 심장마비란 이게 어이 된 말이오?

아직도 예순 일곱 노년 치곤 한철인데,
그 정열 다 못하시고 임이 아주 가시다니……
해마다 한글날마다 기룬 임을 어일까?

머리는 회었어도 순정은 소년같이,
스스로 보초되어 복장 단속하시던 모습!
그 교문 지날 적마다 눈에 뵈임 어일까?

교장실 들릴 제면 언제나 어버이같이,
따스한 손으로서 마음을 열으시고,
으늑히 아끼던 품안 이젠 어이 하리아.

저 모진 삼십 육 년 가슴을 조이시고,
해방의 벅찬 감격 그 심장 뛰시더니,
어느덧 스러졌단 말 믿어지지 않으네.

슬기와 그 높은 사랑 남국의 별이러니,
트려는 눈망울들 어이 잊고 가시니까?
그 마음 그 넋과 길이 남성으로 빛나소서.

4289. 11. 22.

―≪한글≫, ≪별빛처럼≫들에 실음.

시조 작품의 뛰어남과 국문 연구의 두드러짐 밖에 수필에 있어서도 국문학자로서의 탁견과 사학자(‘진단 학회’ 창립 회원)로서의 달관과 시인으로서의 영감이 어우러져 학적인 수필(에세이)과 수상적 수필의 개척자의 한 분으로 대상의 신선한 감각과 묘사로써 새로운 경지를 열으셔서(≪가람 문선≫에 실린 25편 외에도 여러 지면에 많은 작품을 발표하셨다.) 당시의 해외문학파들과 함께 한국 근대 수필 문학의 수립에 한 주추를 놓으셨음을 잊을 수가 없다.

6·25 전 충남도 주최 대전 어느 학교 국어과 연구 수업 강평회 자리에서 뵈었을 때는 퍽 퉁명스러운 분으로 인상되었으나, 1·4 후퇴 직후 전주 전시 연합 대학에서 김 용문 형의 주선으로 중등 교사 강습이 끝나는 날 요정에 뫼셔 개인적으로 처음 뵙고부터, 전북 문리대 학장 양사재 시절, 환도 서울대(중앙대 겸임) 계동 시절, 여산 외로운 수우재 시절을 걸쳐 돌아가실 때까지 18년 동안 가장 가까이 뫼신 제자로서 외람하지만 스승님의 인간을 말한다면, 좋게 말하면 ‘대범한 분’이라 할 것이오, 나삐 말하면 ‘무심하기 짝이 없는 분’이랄 수도 있을 것이나, 무엇보다도 스승

님은 외래의 잡것이 섞이지 않은 순수한 한국의 전형적 선비라는 사실이다. 이순을 넘을 무렵에는 아무 것에도 흔들리지 않는 확고한 '의지'와 밝은 '혜지'와 절묘한 '영감'과 고매한 '인격'의 소유자셨다. 결재를 맡으러 갈라치면 도장을 내주시며 찍어 가라는 것이었고, 공사간 무슨 부탁이든 안 들어 주신 일이 없었으되, 손목 한번 내미신 적이 없으셨고, 나의 앞날에 관심을 두신 일이 없는 엄격하고 무심한 분이셨다. 그러나 말없는 정은 부단히 흘러 전주 교동 오목대 밑 양사재에서는 벽장 안에 비장된 술을 내어 손수 따르기도 하셨고, 서울 계동집을 새벽차에 내려 찾을 때면 당신 누우셨던 그 자리에 몸을 녹이게 하셨고, 낙향 후 수우재를 술병 들고 찾아들면 환희 작약하시며 술상을 재촉하셨으니 둘이의 무량 정분은 헤아릴 길 없었다. 말하자면 '가람이란 큰 성인'과 '구름재란 소인'의 기괴한 친분이랄 수도 있었고, '가람이란 큰 바보'와 '구름재란 작은 바보'의 사심도 욕심도 없는 사랑과 정성과 정열의 곰부림이었다. 아니 지금도 아침저녁 '청매' 휘호와 '난초' 묵화와 촉기 어린 '사진'과 가끔작 현몽을 통하여 심령의 숨결은 순정의 정념은 살아 숨쉬며 오가고 있음을 어쩌랴.

가람 스승님 백돌날 아침에 바치는 노래

구름재 박병순

4224(1891, 辛卯)년 3(음 1)월 8(음 28, 子時)일은 스승님 태어나신 백돌날,

4301(1968, 戊申)년 11(음 10)월 29(음 10, 상오 1시 50분, 78살)일 돌아가신 지도 23돌,

몇 백년 만에 한 번 태어날 송강(松江 鄭 澈(1536~1593)) 이후 가람이네.

서울선≪시조 생활≫, ≪시조 문학≫에서 특집 내고,
정작 고향선 스승 소식 감감하네.
내 고장 누리에 출중한 인물 고향 먼저 잊었는가?

하기야 친핏줄도 남이 하면 거들겠단 마당,
건망증 심한 세상 남들야 여북하랴?
99살 돌잔치야 한다 했건만 어디 글로 자랠소냐!

못 먹고 헐벗으며 애써 모아 바친 장서!
서울대 가람 문고 한 구석에 먼지 앉고,
전북대 문리대 창설 학장 벌써 까마득 잊었네.

아무 힘 없는 놈이 그 공 추켜 보은할까?
도백 찾아 청을 할까 제자들 만나 의론할까?
어떻든 스승 위한 보람된 장거 이루고야 말리라.

스승님 탄신 백돌 맞아 오직 한맘 기리는 뜻은,
무無에서 유有를 낳은 현대 국문학 개조 서민 문학 최고봉!
새시조 할아버지 현대시조 아버지기 때문입네.

서구에 물들지 않고 고루에 멍들지 않은,
순수한 한국의 멋음 지조·기상·독창으로,
옛등걸 봄눈 어지러운 속에 봉우리를 피웠네.

홍원·함흥 옥고에도 큰 시름을 참아 내고,
철창 너머로 달을 보고 파도 소리 듣고,
차디찬 방에 이 겨울을 나시는 아버지를 그리셨다.

꽃을 보면 벗을 부르고 제자와도 술을 즐기던,
소박 호방턴 너털웃음 상기 귓전을 맴도는 듯,
스승님 생전에 훈훈한 마음 새삼 가슴 스미네.

몸은 비록 가셨어도 혼은 여기 남아 꿈에 뵈고,
평생 이은 일기 삶의 자취 전하시고,
시조와 논문 수필 저서 통해 생생하게 숨쉬네.

손수 쓰신 '청매' 휘호 아침저녁 맥박 뛰고,
사랑 담긴 '난초' 묵화 오늘 따라 정이 솟쳐,
스승님 백돌날 아침 잔을 들어 기리옵네.

(4324. 3. 8. 아침/5. 26. 아침 7시~10시 10분/27.
새벽 5시~아침 7시.)

(박병순 : 시조시인)

가람 선생의 문학 생활[98]

조병희

사대와 당쟁과 세도 정치의 악순환으로 그 여독을 풀지 못한 채 허둥대던 한말은 열강의 각축으로 걷잡을 수 없는 풍운이 몰아닥쳤다. 실사구시를 외면한 당시 사회 풍조는 음풍농월이나 고담준론을 일삼고 있었으니 우리나라는 세계 물정에서 소외된 상태에 놓여있었다. 그러한 시국에 태어나서 시폐時弊를 선각하여 우리 문학을 되찾으려 고 가시밭의 외길을 걸은 우국 지사는 그리 많지 않다.

가람 이병기 선생도 어렸을 적에는 당시 일반 가정의 통속대로 사숙에서 양춘당楊春堂 선생을 초빙하여 초급 교육을 받은 다음 고성 마을(전북 완주군 고산면 화평리)에서 강재 유 중룡柳重龍 선생 문에 들어 10년 동안 경서를 독공했으며 글씨 쓰는 법을 익혔다. 그러다가 우연한 기회에 청나라 말엽의 학자 양계초의 ≪음빙실 문집飮氷室文集≫을 읽게 되자 크게 깨달은 바 있어 신사조에 눈을 뜨게 되었다.

약관의 나이에 공립 보통학교 학과 과정 을 속성으로 마치고 관립한성사범학교에 입학했다. 재학 중에 주 시경 선생을 찾아 한 해 동 안 강습원

98 조병희, 「가람 선생의 문학 생활」, 『문학한글』, 1994. 12.

에서 국어 문법의 강의를 듣고 나서 비로소 '우리 것'이 무엇인지를 깨닫게 되었으니, 우리 어문학의 회복 운동에 과감히 떨쳐 나서게 된 동기라 하겠다. 선생은 이를 중좌나 하듯이 자호를 순우리말로 지어 '가람'이라 하였으며, 한문으로 써 왔던 편지도 우리말 투로 쓰 기 시작했다.

1920년에 발간된 ≪동아일보≫ 창간호를 받아 본 선생은 어려운 한문이 많이 섞이어 일반 대중이 어떻게 읽겠냐고 그의 일기장에 소감을 담아 놓았으니, 선생은 그때 이미 구각讀鼓을 벗어나 신학문의 높은 안목으로 시국의 추이를 지켜보고 있었음을 살피게 된다.

한성 사범학교 재학 시절에 선생은 일본으로 수학 여행을 간 기회가 있었다. 때에 선생은 나의 선친(선생의 손위 매부)에게 보낸 편지 사연 가운데 선진된 일본의 풍물을 보고 몹시 부러워했으며 피폐된 우리나라의 현실에 견주어 가슴 아픈 심정을 쏟았었다. 그러므로 선생의 가슴 깊숙이 감장된 주체사상은 조국과 민족이라는 불덩이가 용광로처럼 이글거리고 있었으니, 민족을 계몽하기 위해서는 교육에 몸을 담아 인재를 양성하고, 우리 문학을 부흥하는 길밖에 없다고 여기었던 까닭이었다.

그리하여 황무지같이 피폐된 우리 문학 세계를 개척하기 위하여 일생을 바쳤으니 그 행적은 대충 다음과 같다.

- 국어 문학 또는 국사학에 관계되는 문헌의 수집.
- 각 지방의 방언, 민속, 민요, 고문헌의 발굴 또는 수집.
- 시조를 중심으로 시가문학 또는 산문학의 연구 창작.
- 조선어 연구회 발기, 조직, 간사로 활약.
- 시조회 (가요 연구회) 발기.
- 한글, 시조 및 가요에 대한 강의.

- 〈한글 맞춤법 통일안〉제정 위원.
- 삼남 각지를 순회하며 한글과 우리 문학에 대해 강연, (*전주 강의 장소는 현 중앙동1가 장 외과 자리로 당시는 정 기용이란 분의 2층 벽돌 주택이었다.)
- 조선 아악부朝鮮雅樂部의 지도 강사.
- 조선 표준어 사정 위원.
- 시조시 창작 지도, 가악에 대한 강의,
- 각종 고전 번역.
- 각종 논문, 수필, 기행문 발표, 특히 (동아 일보)에 발표한 시조론은 시조 문학에 혁신을 가져와서 오읕의 시조로 맥을 이어 놓았다.

또한 <한국 서지의 연구>, <시용향악보의 한 고찰>, <별 사미인곡과 속 사미인곡에 대하여>, <가악사초>, <민요 잡고>, <시가문학의 본질과 종류>, <고전의 삼폐>, <고전의 위작>, <극가와 소설>, <서동요와 설화>, <토별가와 신오위장>, <시의 진리>, <한자 음독>, <정석가>, <정읍사의 고찰>, <고전 진안론>, <조선 여류문학 서론>, <세종대왕의 국문학>, <한일의 문법적 관계> 등 그 밖에도 주옥같이 많은 저술로 후진들을 계몽했다.

선생은 한평생 교원 생활의 쪼달림을 벗어나지 못한 어려운 살림이었으나 남다르게 장서벽이 심하여 고생을 더 샀다. 또한 문학이나 역사 발굴에 쓰는 비용도 박봉에서 짜내야 하였으니 부인의 내조가 아 니고서는 감당하기 어려웠을 것이다. 그러므로 선생의 가정은 언제나 물을 찌트린 듯 맑았으니 가재 도구 하나도 볼품 있는 것이란 없었으며 양복 한 벌 제대로 맞추어 입지도 못했다.

<처>라는 시를 읊어 그 가정의 환경을 엿보기로 한다.

귀히 자란 몸에 정주도 모르다가
이집 들어오며 물긷고 방아 찧고
잔시늉 안한 일 없이 가는 뼈도 굵었다.

맑은 나의 살림 다만 믿는 그의 한 몸
몹시 침약하고 병도 또한 잦건마는
그래도 성한 양으로 참고 그저 바빠라.

나이 더하더라도 마음이야 다르든가
백년 동안이 만나던 그날 같고
마주 푼 귀영머리는 나보다도 검어라.

이미 맺은 인연 그대로 이고 이어
다시 태어나되 서로 바꾸어 되어
이생에 못다한 정을 저생에서 받으리.

— 〈처〉

'집이 가난하여야만 아내를 생각한다'는 옛말처럼 선생은 부인의 인종에 대한 고마움을 뼈저리게 느끼었던지 후세에 다시 맺어 그 은혜에 보답하겠다는 심경으로 시의 끝을 맺었다.

부인 광산 김씨는 한국 여성만이 가질 수 있는 전형적 사가기풍의 품위와 덕을 갖춘 분이어서 인근 마을에서 여중 군자로 불리운다. 간구한 살림을 꾸려 나가며 선생을 보좌한 숨은 내조의 공이 아니었던들 선생의 문학 생활은 어떻게 되었을까! 오늘날 여성은 상상조차도 할 수 없는 모든 역경을 감수한 끝에 오늘에 가람 문학을 이룩해 준 국가 공로자라 하겠다. 부인은 올해 93세의 고령으로 수우재를 지키고 있다.

선생은 그러한 고난을 이겨내면서 사들인 고서 진본을 생명처럼 소중하게 간수하고 있었다가 고려≪능엄경 외 4,345권을 송두리채 서울대학교 도서관에 기증하였으니, 이 가람 문고는 선생이 쏟은 피눈물의 결정이라 하겠다. 또한 약관 시절부터 임종 무렵까지 하루도 뜨지 아 니하고 꼬박꼬박 쓴 일기는 일제의 갖은 박해와 문학의 변천과 문인의 동태를 낱낱이 살필 수 있는 가장 권위 있는 문헌으로서 세상에 알려지게 된 것이다.

이상에서 밝히듯 선생은 오늘의 문학을 싹트게 하기 위하여 여명을 몰고 왔으나 일제 감시의 눈초리가 늘 노리고 있었으니 말로는 다 옮기지 못할 어려운 일이 앞을 가로막았었다. 마침내는 조선어학회 사건으로 함흥 감옥에 수감되어 쓰라린 옥고를 치르게 되었다.

일제의 조선어 말살 정책으로 문학 활동이 정지당하자 선생은 습자를 지도하는 강사로 끼니를 이었으나 도저히 생활을 지탱할 수 없이 되어 단 한 채밖에 없는 계동의 자택을 팔아 빚을 정리하고, 고향에 돌아와 농사를 거들 수밖에 없었다. 그러나 애써 지은 곡식은 공출이라는 명목으로 빼앗기고 아들은 징병으로 끌려가는 등 형언할 수 없는 설움과 고초를 겪었다.

그 당시에 지은 <해방 전 살풍경>이라는 시와 <함흥 옥중>이라는 한시에서 선생의 쓰라린 심정을 돌이켜 보기로 한다.

갊아 두었던 붓이 거의 다 좀이 먹고
난은 향을 잊고 수선도 자취 없고
상머리 거문고마저 귀가 절로 어둬라.

화분을 테를 매어 불 담아 곁에 두고
보던 책을 뜯어 문틈과 구녁을 막고
설레는 바람소리나 반겨 자주 듣노라.

― 〈해방 전 살풍경〉

성보다도 더 높은 철문과 장벽
아침마다 까치는 지저귀는데
모두 일어나서 간밤 꿈기고
얽히고 설킨 심정에는 고향만이 감도누나.

― 〈함흥 옥중〉

이와 같이 오늘의 우리 문학은 선배들의 질곡의 괴로움 속에서 탄생되었음을 새삼스럽게 깨닫게 되는 것이다.

마침내 조국이 광복되자 선생은 바로 상경하게 되어 편수관, 편찬과장 등 요직을 맡아 혼란 시기에 어려운 문교 행정을 헤쳐나갔으며 서울대학교 교수를 비롯하여 여러 대학의 강사를 겸임하는 등 분망한 나날을 보내고 있었는데, 1950년 6·25 사변으로 거듭 고향에 내려와서 명륜 대학, 전시 연합대학 교수로 있다가 전북 대학교 문리과대학 초대 학장이 되었다. 때에 선생은 서울대학교 전기공학과에 재학 중인 아들 경희를 전북대학교 공과 대학 전기공학과로 전학시켰다. 고향에 대학이 세워졌으니 당연히 옮겨야 한다는 애향심과 교육가다운 양심 에서 우러나온 처사였다. 정년이 되자 선생은 거듭 서울로 올라가 편집을 계속하는 한편 여러 대학교의 강의도 맡았다.

1957년 10월 9일 한글날 기념행사에 참석한 선생은 지난날 쓰라린 일들을 회상하여 가슴이 북받치는 감격으로 친우와 제자들이 권하는 축배를 사양하지 아니하고 들었다. 귀가 도중 뇌일혈을 일으키어 계동 골목에 쓰러져, 어느 학생이 집에 알려 요행히 구급은 되었으나, 신체의 마비로 말미암아 풍증으로 수족이 불인不仁하여 고생 끝에 일생을 마쳤다. 그 흔해빠진 자동차 물결 속에서 선생을 염송할 차는 한 대도 없었다. 이것이 오늘날 문인의 현실이랄까!

선생의 가정은 대대로 유림이어서 선생도 유교 정신으로 배양되었다. 그러므로 선생도 유교의 충효 정신으로 낙맥 낙맥絡脈되어 인륜을 생활의 신조로 여겼다. 그러나 형식에 있어서는 완전히 그 껍질을 벗어 나 온고지신의 새로운 모색에서 사물을 관찰하였으며 용감히 실천에 옮겼다. 그러므로 선생의 작품 세계는 그러한 잠재 의식이 바탕된 연원을 엿보게 한다.

선생의 천품은 대자연이 갖출 수 있는 모든 요소를 구비하였다. 겨울의 설한같이 엄숙한 면이 있는가 하면 백화가 난개爛開한 봄처럼 따스했다. 천의무봉처럼 한 군데도 구김살 없는 생활 전모가 선생의 정체라 하겠으니 천진하고, 인자하고, 의리로운 성품이었으며 책선責善을 받아들이는 넓은 도량을 지니고 있었다. 쇠심줄처럼 끈질긴 인내력으로 스스로를 이겨냈으며, 과오를 천선遷善하여 도리에 맞는 일에는 양처럼 부드러웠으나 부정이나 사리에 어긋나는 일에 대하여 는 추상같이 엄격하여 한 치의 양보나 타협이 없었다.

고상한 천품은 매화, 난초, 백련을 몹시 사랑했다. 사물을 분석하는 데는 퍽 치밀하였으나 바다같이 넓은 마음을 지니고 있어 너그러운 풍도는 사람을 따르게 했다. 해학으로 좌석을 매혹시키는가 하면 타인 에게 입을 열 기회를 주지 아니한 다변이었다. 더욱이 고전을 정치精緻롭게 다듬어 오늘에 이어 준 문학 생활은 누군들 함부로 따를 수 있으랴.

교분에 있어서는 정상배政商輩나, 영리를 탐내는 무리는 거들떠보지도 아니했고, 담담한 선비 기질인 인사들과 자주 어울렸다. 그러므로 선생은 우리 문학을 개척하여 민족을 깨우친 선구자로서 오늘에 이어 준 선각자라 하겠으며, 강풍에도 꺾이지 않는 죽절竹節처럼 역경에 부딛치었어도 고절孤節을 이겨낸 의사로 볼 수도 있다.

(1) 선생의 가정

선생의 본관은 연안延安이며, 선조인 이 석정은 조선 세종조에 세 번이나 과거에 장원한 이름난 학자였다. 다음에 이 기는 정암 조 광조가 가장 신임하였던 문인이었으니 정암 자신의 호를 따라 정헌이라는 호를 지어 주었다. 광해의 혼정을 뿌리뽑기 위하여 인조반정을 일으킨 주동 인물이었던 이 귀는 선생의 11대 할아버지로 나라에서 작을 내려 연평부원군을 봉했다. 귀貴의 둘째 아들 시담時聃은 숙부 자資에게 입계한 분으로 호를 사우당四友堂이라 하였으니 매죽하국梅竹荷菊을 벗삼자는 뜻이었다.

선생의 선대 고향은 공주 만수동이나 시담의 후손인 사한思漢 때 연산 잣정이라는 곳에 옮겨 살다가 사한의 손자 우응友膺 때 다시 연산 병암리에 이사했다. 선생의 고조인 도술度術의 나이 중년 무렵 비로소 전라북도 익산군 여산면 참수골로 이사하였으니, 그의 처가인 수사공 집안(진천 송씨로 장인 문우는 선전관을 지내고 장조인 익수라 는 분이 수사를 지낸 까닭으로 불리운 택호)의 대를 이을 아들이 없었으므로 그의 살림을 보살피기 겸 장차 외손 봉사奉祀를 해야 할 사정이었던 까닭이었다.

선생의 중조인 선墡은 문필로 천명된 분이었고, 할아버지 조흥祖興온

호를 동우東愚라 했다. 청렴한 생활로 치가治家하였으며 효행으로 이름난 분이었다. 조흥의 나이 19살 되던 해 아랫마을인 참실골眞絲洞(또는 眞士洞)로 이사했으니 오늘의 수우재 몸채는 바로 그때 건물이다. 우연히도 조 흥이 출생한 해(甲辰, 1844)에 지었으니 백오십 년이 되는 고가다.

선생의 부친 채倸는 변호사를 지낸 분으로 자는 사현士賢이오, 호를 저운檮雲 또는 호서壺西라 했다. 성품이 경개한 분으로 당시 우국 지사들과 교유했다. 선생의 모친 파평 윤씨는 상훈相動의 따님이니 여산 두여리가 친정으로 노성의 윤씨 일파다. 선생의 숙부 신信과 원근 친척들이 가까운 마을에 세거世居하고 있다.

선생은 고향을 몹시 사랑했으니 <그리운 그날>, <고토>, <고향으로 돌아가자>, <고향>, <고향길에>, <수우재>, <농촌 화첩>, <농촌의 명랑> 등 고향을 소재로 엮은 시를 많이 남겼다. <수우재>라는 시는 선생의 조부 동우 선생을 추모하여 지었으니 그 연원을 밝혀 내게 된다.

인자한 그 천성에 뛰어난 효성이오
규모는 엄하시되 풍도는 너그럽고
지극한 난고를 겪고 새로 업을 이뤘다.
논을 파 못을 삼고 울트고 뜰을 넓혀
갖온 꽃나무 괴석을 옮겨 두고
고요한 창을 비기어 때로 내려 보시라.

산도 들도 아닌 이 골 숨으신 동우 거사
어리석을 우愚자로 그 뜻을 감장하여
이름울 우석 우담에 수우재라 하였다.

— 〈수우재〉

수우재 들머리를 지키고 있는 어리석은 사람 비슷한 괴석을 각자하여 우석이라 한다. 승운정 앞에 연못을 이름하여 우담이라 하는데 때로는 백련이 유향을 내뿜는다. 호남의 토속적인 농촌 가정이기는 하나 풍류로운 환경에서, 선생은 진수당이란 서재에 기거하면서 스스로의 심성을 연마했다.

(2) 선생의 탄생

선생은 여러 형제 자매 가운데 맏아들로 1891년 3월 5일 밤 수우재에서 태어났으니, 음력으로는 신묘 1월 28일 자시였다. 손위로 누이 두 분이 있었으니 첫아들로서 태어난 선생은 가문의 경사임은 말할 것도 없었거니와 어른들의 총애를 받으며 자라났다.

그 해는 고종 28년으로 우리나라는 문약에 지쳐 있었으니 열강에 억눌리어 국운은 풍전등화나 다름없는 위기에 직면하고 있었다. 일본은 메이지 유신을 거쳐 욱일 승천하는 기세로 우리 나라를 넘보고 있었으며, 청나라는 광서光緖 17년으로 국운이 기울기 시작했다. 러시아는 동진의 발판을 구축하려고 몸부림치고 있었으며 열강은 세계를 향하여 부채살처럼 펼쳐 호시탐탐 침략의 야망을 품고 있었는데, 아시아 대륙에 토끼처럼 매달린 우리 나라는 쇄국과 개화가 서로 갈등하고 있었다.

선생은 그러한 어려운 시국에 참실골 한 촌에서 첫 고고한 울음을 울었다. 그 울음 소리가 어두운 누리를 밝게 비춰 줄 국문학의 거촉巨燭으로 새로운 시조 산맥을 이룩할 거창한 분화구가 될 줄이란 누군들 짐작이나 하였으랴.

(3) 선생의 소년 시절

선생이 소년 시절에 어느 날 동네 아이들과 못 가에서 밀치기를 하다가 한 어린이가 물에 빠진 일이 있었다. 여러 아이들은 놀라서 도망쳤으나 선생은 현장을 떠나지 않고, '구급'을 외쳤으므로 그 아이는 구출되었다.

부인과 혼담이 이루어진 뒤 규수는 코가 없다는 소문이 나돌아 온 집안은 수심에 잠겨있었다. 그러나 선생은 '그렇게 불쌍한 처자는 내가 데려와야지 누가 데려가겠는가'라고 말씀 한마디로 잘라버렸다는 것이다. 그 당시 선비 가정의 정혼은 말로 건너서 승낙만 하면 이뤄졌으니 신랑편에서 가본 일이 없으므로, 그러한 낭설도 있을 법한 일이었다. 그러나 신부는 코가 없는 것이 아니오, 조금 나지막한 편이어서, 한창 피어오르는 처녀 시절이라 볼이 좀 도도록하게 되었으므로 코는 절로 나지막하게 비쳤을 뿐이었다. 선생의 나이 16살이었다.

결혼을 하고 난 선생은 한때 안방을 빠치자 하루는 어머니께서 학업과 건강에 지장이 있을까 걱정된 나머지 꾸중을 하신 일이 있었다. 그러자 선생은 못마땅했던지 불숙한 마음으로 불손하게도 문을 차고 사랑으로 뛰쳐나갔으니 어머니께서 상심하였음은 물론이다. 이윽고 선생은 회초리를 꺾어가지고, 어머니 앞에 와서 눈물을 흘리며 스스로 종아리를 걷어 올렸다는 어른들의 이야기였다.

이상에서 밝힌바 어려서부터 총명하고, 어진 성품이어서 스스로의 과오를 반성하여 착한 일로 옮기는 도량이 있었으므로, 집안에서는 물론 인근 마을에서도 대인의 틀로 촉망되었다는 것이다.

(4) 선생의 문학 정신

선생이 경서에서 얻은 잠재 의식 속에는 충과 효를 바탕한 천륜과 의리를 신조하였으니 모든 문학 작품은 선비가 갖출 수 있는 본질적 요소를 엿보게 하며 그 연원에서 뿌리를 찾게 된다.

선생은 고향을 그리워했고, 부모에 대한 애끊는 정과 동기와 아들을 생각했고, 스승을 공경했고, 일가에 돈목하였으니, 다음 시에서 그 편모를 엿보게 된다.

병아리 어이 찾아 마당 가에 빙빙 돌고
시렁 위 어린 누에 한잠을 자고 날 때
누나는 나를 데리고 콩을 따러 나가오.

누나는 봉을 따고 집으로 돌아가도
금모래 은모래 쥐었다 놓았다 하고
나 혼자 밭머리 앉아 해지는 줄 모르오.

소나기 삼형제가 차례로 지나가고
언덕 밑 옹달샘에 무지개 다리 놓면
선녀들 머리 감으러 내려옴을 바라오.

— 〈그리운 그날〉

선생은 어려서부터 얼마나 고향을 그리워하였기에 어릴 때 감정이 몸에 배어들어 뒷날에 기억을 더듬어 이뤄진 작품으로 본다.

<그리운 그날 (2)>, <고토>, <고향> 등은 수우재를 배경하여 이뤄진

작품이다. 이 시에서의 '누나'란 글쓴이의 모친임을 밝혀 내게 된다.

나의 무릎을 배고 마자막 누우시던 날
쓰린 괴로움을 말도 차마 못하시고
매었던 옷고름 풀고 가슴 내어 뵈이더라.

까만 젖꼭지는 옛날과 같으오이다.
나와 나의 동기 어리던 8, 9 남매
따뜻한 품안에 안겨 이 젖 물고 크더이다.

—〈젖〉

옛날 중국에 노래자老莱子라는 사람이 있었다. 나이가 일흔이 되었어도 늘 꽃동옷을 입고 어머니 앞에서 어릿광을 부렸다. 선생의 효란 어느 형식에 앞서 꾀벅장이 시절에 감동된 그대로를 마음속 깊이 감장하여 노래자나 다름없는 효도를 했다. 마지막 보게 되는 어머니의 젖꼭지는 선생의 천진한 효와, 우애와 그 체취가 물씬거리는 시심을 엿보게 한다.

가시던 그날 밤은 해마다 돌아온다.
닭의 우는 소리 더우기 서글프고
울고 난 그 눈과 같이 지는 달도 붉어라.

—〈돌아가신 날〉

어머님 가시던 날이 오늘밤 같았으면
저 좋은 달 아래서 이 강을 건너시련만
그 밤은 모진 물결에 등불조차 없었어라.

—〈한강을 지나며〉

어머니 제사를 모시기 위하여 고향으로 내려오는 선생은 차창 밖으로 보는 전등불 찬란한 서울 거리를 지나 잔잔한 한강 물에 비친 달빛을 바라보고 갑자기 어머니 생각이 머리에 떠올랐다.

어머니께서 돌아가신 때는 1933년 11월 4일, 음력으로는 계유 9월 17일로 일제 통치의 어려운 시절이었다. 영구를 모시고 고향에 내려오 는 날은 11월 6일로 거센 북풍에 몸이 선득거리는 새벽이었다.

선생은 당시를 회상하며 차창에서 눈물을 머금었을 것이오, 제사상 앞에서 목이 메도록 울고 나니 눈이 충혈되어 서산에 걸친 달빛마저도 붉게 뵈었으리라.

묵직한 철책문이 덜그럭 닫치는고나
도몰아 이는 시름 가슴이 메어지고
하룻밤 지내는 동안 적이 수를 덜었다.

세상 모든 일 저절로 잊어지고
죽지 못하여 하찮이 남은 목숨
다만 그 아침 저녁으로 도야지를 기린다.

이쑤시개 바늘삼아 헤진 옷을 얽어매고
밥풀을 손에 이 겨 단추를 만들어 달고
따뜻한 볕을 향하여 이 사냥을 하도다.

고토의 모든 풍물 몹시도 그리워라
글월 한쪽이 금쪽같이 귀엽고
무심한 기적 소리도 때로 나를 놀랜다.

몹시 기다리다 아이들 편지 보니
팔순된 아버지 주야로 염려하시며
차디찬 방에 겨오셔 이 겨울을 나신다고

행여 돌아울까 나날이 기다리고
낡고 비인 집을 외로이 지키오며
차디찬 구들 위에서 밤도 낮을 삼으시다.

– 〈홍원 저조〉에서.

홍원 감옥의 뼈저린 시름 속에서도 선생 가정의 천륜을 엿보게 한 다. 팔순 고령인 선생의 아버지께서는 아들이 옥살이하는 동안 구들에 불을 지피지 아니하고 삼동을 이겨낸 것이다.

그러한 어른의 슬하에서 교육을 받은 선생의 효성은 더 말할 나 도 없다. 아버지께서는 풍설에도 변치 아니하는 청송 같은 기절氣節로 일제의 갖은 강요를 물리치고, 끝내 창씨를 아니했다.

비록 병이 들어 앓는다고 다 이러랴
백년도 하찮은데 앞을 서서 가느냐
네 간 곳 내 가기 전에 이 설움 어이리.

– 〈애도 고 육제陸弟를 생각하고〉

셋째 아우 병륙의 죽음을 몹시 슬퍼하여 지은 작품이다.

벌써 돌이 되어도 돌아를 아니 온다.
말자말자 하여도 생각이 절로 난다.

성한 듯 썩은 안이야 누가 알아 보리오.

– 〈아들을 생각고 (1)〉

밤중에 일어 앉아 이렇게도 생각난다.
과연 죽었는가 죽어 다시 살아올까
그래도 바라는 마음 바늘귀처럼 트인다.

– 〈아들을 생각고 (2)〉

선생의 큰아들 동희는 보성 전문학교 재학 시절에 징병으로 내몰리어 일본 히로시마에서 발송한 편지를 마지막으로 그 종적을 알 수 없다. 선생은 비록 말로는 옮기지 아니했으나 가슴 속에 깊이 멍든 상처는 운명한 그 날까지 가실 날이 없었다. 조국 광복의 기쁨 속에서 문 득 생각나는 아들, 유령처럼 눈앞에 어른거리어 잠을 못 이루게 했다.

아들에 쏟는 슬픔은 비록 두 수의 시로 마무리 지었으나 가슴을 칼로 에이는 아픔이란 당해 본 사람만이 느낄 수 있는 구원의 고통으로 남아 있는 것이다.

해마다 이 곳에도 봄은 돌아오지마는
벌건 모래 비알 풀 한 잎도 아니나고
서글픈 개구리 소리 재를 넘어 들리오.

한 손에 모래알을 움켰다 뿌려도 보다.
고개를 숙이고 잠자코 서서도 보다.
발밑에 엉기어 드는 개미를 놀리오.

해마다 봄은 와도 풀 한 잎 아니 나고
표를 하여 세운 돌 한 개 있고 없고
남기어 주신 그 뜻을 망새겨 두리라.

— 〈주 시경 선생의 무덤〉

일제의 암담한 시절에 주 시경 선생의 묘소를 찾은 사람은 그리 많지는 아니하리라, 그러나 선생은 은사의 무덤을 찾아 안타까워했으며, 그 뜻을 기리기 위하여 한글을 부흥하는 일만이 사은에 보답하는 일이라 마음속 깊이 다짐했다.

<조병희 : 시조시인>

가람 선생 생각[99]

박재삼

나는 지금도 간혹 시조를 쓰고 있지만, 거의는 시를 주로 쓴다. 내가 문단에 나온 것은 1955년이었는데, 그때는 세 번의 추천 과정을 치러야만 했다. 그런데 첫 번째와 두 번째는 <강물에서>와 <섭리>라는 시조였고, 세 번째는 <정적>이라는 시였다.

그런 수속을 치르고 나온 다음에는 시조보다는 주로 시를 썼다. 지금까지 나는 15권의 시집을 냈건만, 이 중에 시조집은 딱 한 권 『내 사랑은』이라는 것뿐이다.

왜 처음에 시조를 썼느냐 하면, 내 고향 삼천포에서 처음 야간 중학에 다닐 때, 김 상옥金相次 선생이 국어 담당이었고, 거기서 자극을 받고 그 김 선생의 영향으로 시조를 습작했다. 그래서 되지도 않은 습작품을 뵈어 드리고 강평을 듣기를 부지런히 했다. 그런데 중학 4학년 때 난데없이 6·25 사변이 나자 그 김 선생은 고향을 떠나시게 되었다. 그래서 시조의 습작을 뵈어드리고 잘못 쓴 데를 지적해 줄 분이 없었다.

그래서 처음에는 난감했다. 중학 4학년이면 지금으로 쳐서 고등학교

99 박재삼, 「가람 선생 생각」, 『문학한글』, 1994. 12, 153-162쪽.

1학년 격이었다. 그 어려운 시기에 나로서는 용기를 냈다. 즉 전주에 피란와 있는 가람 이병기 선생에게 시조 작품을 보내어 강평을 듣자는 것이었다. 지금 생각하면 어림도 없는 만용에 진배가 없었다. 그런 대가에게 시골의 한 학생이 시조를 봐 달라는 것이, 지금으로 친다면 있을 수 없는 일이었다.

그러나 그 당시의 나는 이런 것 저런 것을 따지지 않고 용기를 내어 내가 썼던 시조와 함께 정중하게 편지를 띄웠던 것이다. 지금은 그 작품 내용은 다 잊어버렸지만, 하여간 대단한 끈기 같은 것에 사로잡힌 것이 아니었나 생각이 된다. 하여간 중학생의 신분으로 쓴 것이 별 것 이 아니었을 것은 너무나 빤하다.

그런데 기대하지도 않고 있었는데, 웬걸, 답장이 내게 날아왔던 것이다. 지금으로 그때의 일을 생각해 보면 마치 호랑이 담배 먹던 적인 것만 같다. 아니, 그런 대가에게서 편지를 받았다는 것을 아무에게도 얘기한 적은 없지만, 너무나 내심으로 자랑스러웠던 것이다.

그때 내가 편지를 보낼 때에는 만년필로 쓴 것이지만, 답장은 먹을 일부러 갈아서 쓴 붓글씨가 그 획도 쑥쑥 잘 빠지고 너무나 달필이라 는 것에 나는 놀랐다. 시시한 시골의 중학생이 그 편지를 받고 혼자 즐겁고 흥분되던 기억이 지금도 선하기만 하다.

지금 그때의 일을 생각할 때마다 그런 때도 있었던가 하고, 꼭 거짓말인 것만 같다. 시골 중학에 다닌 엉뚱한 용기가 작용해서 그냥 그렇게 된 것이 아닌가 한다. 그래서 그 편지 답장을 받고 한껏 용기를 북돋워 주었다고 생각한다.

그때 선생이 붓으로 쓰신 편지를 받은 것은 네 차례였던가 했다. 그것을 소중하게 간직한다고 했는데, 지금은 그 편지가 송두리째 없어진 것이

지극히 안타깝기만 하다. 아마도 내가 생각하기로는 어느 수집가가 몰래 훔쳐 간 걸로 알고 있는 것이다. 그런 걸 보면 자기의 수 집 취미도 중요하지만 남이 아끼는 것까지 훔쳐 간다는 것은 무엇인가 이상하기만 하다.

그 편지가 매번 붓으로 썼다는 것이 그럴 수 없이 귀하고, 또한 그럼으로 해서 그 편지에서는 선생이 가진 문기文氣가 물씬 배어났던 것인데, 그것이 내 수중에서 없어진 것이 어떤 의미에서는 분하기까지 하다.

그 네 통이었던가 하는 편지가 없어지고, 또 가람 선생이 지은 시조집 『가람 시조집』도 한지로 엮은 것이 그럴 수 없이 품격이 높은 책이었는데, 그 책도 내 책장 안에 있었건만 그 책까지 누가 훔쳐 간 것이다.

그 편지나 그 책은 분명히 누군가 글 쓰는 사람이 그랬을 것이라고 본다. 이런 것을 보면 세상 믿을 것이 없다는 실감으로 돌아오고 만다.

그때 편지는 지금도 눈에 선하기만 하다. 겉봉에는 '경남慶南 삼천포시三千浦市 서금동西錦洞 72七二'라는 내 주소가 적혀 있었고, 그 반대 켠에는 선생이 계셨던 주소가 '전주시全州市 교동校洞 동부東部 58'로 되어 있었다. 지금까지 선생의 그 주소를 내내 기억하고 있는 것을 보면, 그 편지를 내가 얼마나 소중하게 다루고 있었는지를 짐작할 것이라고 본다. 그 기억력은 평생을 가도 나는 잊는 일이 없으리라고 본다.

그런 가람 선생이었건만, 실제로 뵈온 것은 환도하고 나서의 일이었다. 나는 1955년 1월에 창간된 『현대 문학』의 기자로 있었다. 이를테면 창간 기자였던 셈인데, 거기서 근 10년 동안을 근무하고 보니, 보다 자연스럽게 선생을 뵈올 수가 있었다.

그 무렵 가람 선생께서는 환도하여 중앙대학교에서 교수직으로 계셨다. 사변 전에는 서울대학교의 교수였는데, 사변 후 환도하기 전까지는 전북대학교의 교수직을 맡기도 했다.

그런데 보통 학문이면 학문 외길로만 나가 딴 짓을 못하는 것이 우리네가 보통으로 겪는 바이다. 그러나 가람 선생은 단연코 그러지가 않아 보다 우러러 보였다. 즉 학문의 길에도 우뚝한 석학碩學의 경지를 열었으며, 거기다가 시조 창작이라는 큰 구슬을 캐었던 것이다. 이런 서로 다른 두 개의 길을 선생은 멋지게 열어 우러러 보게 했다. 선생이 쓴 시조는 거의 초창기에 해당되었건만, 그 멋이나 가락의 조율調律이나 나 뛰어났다. 그래서 우리 후배에게 그럴 수 없는 본보기로써 나타났던 셈이다.

그 『가람 시조집』은 일제 때 문장사에서 나왔던 것이다. 그것이 1939년 8월이었으니, 그런 선각자를 가졌다는 것이 우리의 시조 문학에서는 큰 복록幅綠이었다고 하겠다. 그러니까 선생은 학문만이 아니고 예술의 길에도 뛰어나게 개안開眼을 하고 있었다는 것이 이 사실 하나로 입증되는 셈이다.

그런 대가를 내가 서울에 와서 뵙게 된 것이 꿈만 같다. 그 당시 선생의 댁은 계동桂洞 언덕배기에 있었는데, 나는 그때 마침 가회동 喜會洞에 있었기 때문에 바로 이웃 동네에 해당되는 것이었다. 그래서 서너 번 찾아뵈었던 적이 있었다. 지금 생각하면 그런 대가를 신출내기가 겁도 없이 찾아 뵈온 것이, 꼭 거짓말인 것만 같다.

그 시절의 감개를 내 시원찮은 붓끝으로 시조를 써서 발표하기도 했다.

가람 선생 댁에서

바람에 흔들리는 생두라 나무 보고
이랑져 굽이치는 서울 기와집 보고
사람도 하여간에 그리 사는 거라 느낀다.

그늘로 등을 돌린 건란建隱 두어 분을
오늘을 두고만 햇빛은 밝았을까만
심심한 세월을 엮은 고책古冊 너머 내린다.

그 당시 선생 댁은 너무나 낡고 줌은 오두막집이었다. 기와집이 죽 줄지어 있는 계동 막바지에 있었다. 그런데 그 댁에는 낡은 고책이 여기저기 수북히 쌓인 것이 인상적이었다. 누가 보더라도 첫눈에 글을 하는 선비의 집이라는 것을 알 수 있었다. 그만큼 지금 그 당시를 떠 올려 보면, 돈하고는 하등 관계가 없는 깨끗한 살림을 꾸리고 있었다는 것이 떠오른다.

그때나 지금이나 마찬가지겠지만, 하여간 돈과는 거리가 먼 깨끗한 선비의 생활만이 기억에 남는다고 할까, 그만큼 겉으로 보기에는 사는 것이 겨우 가난함을 벗어났다는 것뿐이지 그저 그런 형국이었다.

그러나 한국 시조문학에는 우뚝한 봉우리로 서 계신 가람 선생이 남기신 시조만이 지금 빛나고 있는 것이다. 누가 보더라도 분명히 말 할 수 있는 것은, 현대시조를 들먹일 때 제일 먼저 가람 이병기부터 시작이라고 보는 것은 거의 틀림없는 정설定說로 되어 있다. 물론 현대시조는 그 전에 육당 최남선도 썼지만, 문학적인 안목에서 볼 때, 가람 이병기 선생이 남긴 것이 그 가치에서 우선 우수하다는 것이 드러난다고 하겠다.

그러니까 문제는 그저 자수字數 맞추기나 하고, 계몽적으로 쓴 것이 아니라, 보다 문학적인 가치를 지닌 것으로서의 시조를 창작했다는 것이 그윽하게 돋보인다고 할까, 이 일이 초창기의 시조에서 큰 아름다움을 펴지게 한 말없는 공로가 되지 않았을까 한다. 이 사실이 음으로는 후학들이 시조를 창작하는 데 있어 말할 수 없이 큰 거름이 되었다고 믿는다.

그런 의미에서 일제때 나온 유일한 문학잡지였던 『문장』에는 그 선고選考 위원으로 소설에 이태준李泰俊, 시에 정지용鄭芝溶, 시조에 이병기李秉岐로 되어 있는 것이, 얼마나 잘 고르게 배치되었느냐는 것을 단적으로 보여준다고 하겠다. 그것은 요새 겉으로만 이름을 내세우는 것이 아니라, 실제에 있어 그 길에 제일인자를 내세운 것에 다름 아니다. 사실 이것이 들어 시조를 멋지게 부흥시켰다는 것으로 나아갔다고 믿는다.

거기의 추천 과정을 거친 사람도 불과 서너 명밖에 되지 않았다. 이호우李鎬雨, 김상옥金尙沃, 조남령曺南嶺 그런 면면들이다. 그러니 시조를 부흥시키자는 뜻은 있되, 그것을 양으로 한 것이 아니라 순전히 질로 높이자는 것에 그 뜻이 있었던 것으로만 보인다. 이 일이 음으로 얼마나 돋보이는 일인지 모른다. 지금 세상에는 어딘지 모르게 질보다는 양으로만 나가는 추세와 비교할 때, 그럴 수 없이 돋보이는 일이라고 하겠다.

2

다음에 선생이 남기신 작품을 여기저기 훑어볼 차례다. 시조집으로는 유일하게 『가람 시조집』 한 권이 있을 뿐이고, 그 이후에도 물론 시조 창작은 쉬지 않고 했으나, 그것은 『가람 문선』에 실려 있는 것이다. 요즘같이 그저 많이만 내는 것이 무슨 유행처럼 되어 있는 사실과 비교해 볼 때 얼마나 깨끗하고 또한 그윽한 운치가 있는 일인지 모른다.

그것도 책 한 권 내기가 그렇게도 어려웠던 일제 때 『가람 시조집』이 나왔으니 더욱 놀라운 일이었다. 그것이 들어 선생이 바로 시조 중흥中興에 음으로는 깃발을 높이 든 것이나 같았다고 하겠다. 선생은 학문의 길에도 높이 갔지만, 아울러 예술의 길에도 다른 사람의 추종追從을 불허不

許했었다는 이 사실이 놀라운 것이다.

빼어난 가는 잎새 굳은듯 보드랍고
자줏빛 굵은 대공 하얀한 꽃이 벌고
이슬은 구슬이 되어 마디마디 달렸다.

본디 그 마음은 깨끗함을 즐겨하여
정한 모래 틈에 뿌리를 서려 두고
미진微塵도 가까이 않고 우로雨露 받아 사느니라.

—「난초 (4)」 전문.

참으로 난초에서 느끼는 깨끗하고 정갈한 이미지가 마치 선비가 지켜야 할 지조志操 그것과 같다는 사실을 읊고 있는 것이다. 그래서 마지막 대목에 가서는 "미진도 가까이 않고 우로 받아 사느니라."로 맺은 것이 얼마나 그윽한 것인지 모른다.

여기에 보인 <난초>도 뛰어나지만, 그 밖에도 난초에 대해서 쓴 시조가 무려 세 편이 더 있다. 그런 걸 보면 선생은 늘 난초를 가까이하고 거기에서 생활의 리듬을 찾은 것이 아닌가 한다. 그것으로 인해 마침내는 고결하기 그지없는 시조를 얻을 수가 있었다.

화초 중에서 난초를 즐겨한 것이 <난초>를 네 편이나 지은 것이다. 그 밖에도 매화梅花, 수선화水仙花, 서향端香, 파초色蒸, 오동语洞꽃, 함박꽃, 옥잠화玉簪花 등을 읊고 있는 것이다. 이런 걸 보면 화초를 늘 대하고 살아왔던 전대前代의 취향趣向을 느낄 수 있어 그것이 한정없이 그리워지는 심사라고 하겠다.

그런가 하면 선생은 여행을 좋아하여 거기서 본 새로운 감개感慨를 많이도 노래하고 있는 사실이 보인다. <대성암大聖庵>, <도봉道峯>, <천마산협天摩山峽>, <박연폭포朴淵瀑布>, <가섭迦葉峰>, <만폭동萬瀑洞>, <총석정叢石亭, <해불암海佛庵>, <월출산月出山>, <광릉光陵>, <석굴암石窟庵>, <부소산扶蘇山>, <송광사松廣寺> 등이 그렇다.

이런 걸 보면 어딘가 새로운 눈이 되어 그것을 귀하게 여기고 있는 사실이 보인다. 자기가 늘 보는 것도 자세히 관찰하는 것이 필요하지만, 처음으로 보는 것에서 시조의 가락을 부여하는 것도 얼마나 필요한 것인지 모른다.

그러니까 가람 선생이 남기신 시조에서는 우선 많이 보이는 것이 화초에 대한 것, 새로운 여행지에서 느낀 감개를 노래한 것이 압도적으로 많은 편수를 차지하고 있다는 사실을 보게 된다. 편편이 보이는 것은 거기에서 선생이 은근히 가지셨던 격조格調라 할까, 품위品位가 다시 살아나고 있다는 사실이 크게 우러러볼 만하다고 하겠다.

초창기의 현대시조에서는 가람 선생과 함께 노산鷺山 이은상李殷相 선생이 쌍벽을 이루었다. 그런데 후생인 내가 받아들이기로는 노산 선생은 재치로 시조를 쓴 데 비하여 가람 선생은 어딘지 모르게 발표한 시조 편편에서 귀중한 격조라는 것이 느껴진다. 아마 이렇게 된 것은 학문을 한 선비라는 깨끗한 인품이 어느새 잘 반영되어서 그런 것이 아닌가 한다.

겉으로는 별로 나타나는 바가 없으나 그것이 선생이 남기신 시조 편편에 은근히 남아 있다는 것을 느낄 수 있는 것이다. 이것은 어느새 때묻지 않은 보배가 되어 등장한다고나 할까, 지금 세상에서는 그것이 하 그리 귀중한 셈이라고 하겠다.

내가 본 선생의 시조 중에는 『가람 시조집』의 제일 처음에 실렸던 <계

곡溪谷>이 가장 인상적으로 남아 있다고 하겠다.

맑은 시내 따라 그늘 짙은 소나무 숲
높은 가지들은 비껴드는 볕을 받아
가는 잎 은바늘처럼 어지러이 반짝인다.

기와 두어 장을 法堂에 이어 두고
앞뒤 비인 뜰엔 새도 날아 아니 오고
홈으로 내리는 물이 저나 저를 울린다.

행기고 또 행기어 알알이 닦인 모래
고운 표과 같이 갈리고 갈린 바위
그래도 더러일까 봐 물이 씻어 흐른다.

湯布 소리 듣다 귀를 막아도 보다
돌을 베개 삼아 모래에 누워도 보고
한 손에 해를 가리고 푸른 虛空 바라본다.

바위 바위 위로 바위를 업고 안고
또는 넓다 좁다 이리저리 도는 골을
시름도 疲勞도 모르고 물을 밟아 오른다.

얼마나 험하다 하리 오르면 오르는 이 길
물소리 끊어지고 흰 구름 일어나고
우러러 보이는 봉우리 발 아래로 놓인다.

이것은 여섯 수로써 구성되어 있는데, 선생의 시조 작품 중에서는 긴 편에 속한다. 『가람 시조집』에서 제일 긴 것은 여덟 수로 된 <고토故土>이고, 그 다음으로 긴 것이다. 이 작품에서 보이는 것은 의연毅然한 선비다운 안목眼目이 나타나 있는 것이 특이하다. 사실 그런 것은 비단 이 작품에만 한하는 것이 아니라는 사실이다. 어느 작품에서나 어슷비슷하다고 하겠다.

그 『가람 시조집』은 또 특이하게 정지용 씨의 발문이 더욱 빛을 발하고 있다. 당대의 제일 가는 시인이 해설을 썼다는 것이 거의 유례 없는 일이라고 하겠다.

그런데 이 책을 보면 모두 3장으로만 쓰고 있는 것이 특이하다. 사실 시조는 초장, 중장, 종장으로 되어 있으니 그렇게 하는 것이 원칙인 지도 모른다. 요새는 한 장을 두 행씩 여섯 행으로 쓰기도 하고, 또 종 장의 초구를 한 행으로 잡아 모두 일곱 행으로 쓰기도 하는 것이 흔하게 되었는데, 그 당시는 그런 것도 거의 없었다는 사실을 알려 주고 있는 셈이다.

하여간 어찌되었든 한국 시조사에 가람 선생만큼 뚜렷한 족적足跡을 남긴 것이, 오늘의 시조를 보다 기름지게 하고 불쑥불쑥 커 가는 데 큰 이정표里程表를 세운 사람은 없다는 것이, 나의 지금의 견해다. 그저 계몽에만 뜻이 가 있었던 것은 절대로 아니었고, 실제로 창작 하는 데 있어 빛나는 작품으로서만 본보기를 보였던 셈이다. 그것이 우리 현대시조의 초창기부터 우선 무슨 이론에 앞서 창작이 기본이 되는 넓고도 큰 선생의 안목이 그렇게 된 것이 아닐까 한다. 그런 의미에서 선생이 우리 후학에게 남겨 준 본보기가 귀중하다고 하겠다.

가람 선생은 1968년에 돌아가셨으니 올해로 어느새 벌써 26년이나 된다. 엊그제 일만 같은데 실로 세월의 무상함을 느끼는 요즘이다.

<박재삼 : 시조시인>

세 걸음 물러서서 우러러 뵙는 큰 스승[100]

장순하(시조시인)

1. 가람이라면 깜빡 죽는 사람들

가람 선생님을 추모하는 글을 쓰라기에 혹 새로운 자료라도 얻을까 하고 서대문의 한 고서점에 들렀다. 사유를 고했더니 꽉 찬 고서 더미 속에 파묻힌 늙은 주인이 나를 기다리기라도 했던 것처럼 머리맡에 책 한 권을 얼른 뽑아 내민다.

초창기의 ≪문학 사상≫인데 표지에 가람 선생님의 소묘 초상화가 인쇄되어 있는 것이었다. 무슨 횡재라도 한 것 같은 기쁨을 누르고 목차를 편 나는 그만 실망하고 말았다. 표지에 초상화가 있는 것 말고는 선생님의 글이나 선생님에 관한 딴 사람의 글은 단 한 줄도 없었다.

못내 아쉬워하는 내 표정을 살핀 점주가 말했다.

"가람에 관한 것이라면 성암 영감님한테 가야지요, 가람이라면 깜박 죽는 영감이니."

성암誠庵은 국문학자이자 서지학자인 김 근수金根洙 선생의 아호다. 오

100 장순하, 「세 걸음 물러서서 우러러 뵙는 큰 스승」, 『문학한글』, 1994. 12.

래 격조해 오다 불쑥 방문하기도 송구해서 미적거리던 사흘 뒤에

종로 와이.엠.시.에이, 앞 노상에서 예의 성암 선생과 떠꺽 마주쳤다. '선생이 가람이라면 깜빡 죽습니까?' 할 수는 차마 없어 혼자 속으로 웃으면서 작별했으나, 그 짧은 일화로 하여 가람 선생에 대한 추억을 하나씩 챙겨 보는 계기가 되었다.

그러고 보면 가람이라면 깜빡 죽을 사람들은 성암 선생 말고도 많을 것이다. 내가 짐작하건대도 시조 작가인 구름재 박병순朴病淳, 전북 대학교 교수인 고하古河 최 승범崔勝範, 또 부산의 원로 시조인 황산皇山 고 두동高斗東 제씨는 '깜빡 죽을' 상위 계열에 들 분들이다. 이처럼 깜빡 죽어줄 사람들을 수없이 거느린 어른이 가람 선생님이시다. 여기서 우리는 선생님의 위대함을 실감한다.

2. 소박한 시골 선비의 풍모

> "지하에 계신 가람 선생님께서 내가 당신을 기념하는 문학상을 타는 줄 아시면 놀라실 것입니다. 나는 당신으로부터 별로 인정받는 제자가 되지 못했기 때문입니다."

이것은 1981년도 '가람 문학상' 수상식에서 글쓴이가 한 수상 연설의 한 대목이었다. '별로 인정받지 못한'으로 자처하게 된 내력은 차차 언급하겠지만, 내가 '제자'로서 가람 선생(이하 경칭 생략)의 문하에 든 것은 1948년 가을이었다.

시골에서 광복을 맞이한 나는 문학을 하려면 '국문'을 익혀야 되겠다는 막연한 생각으로 서울에 왔다. 한글 학회 근처를 서성거리다가 그곳에

국어 교원 양성 기관이 생겨 나는 학생이 되었고, 가람은 서울대학교에 나가면서 그곳에서 국문학의 강좌를 맡게 된 것이다. 구미의 현대시에 심취해 있던 내가 가람 문하의 2년 사이에 저도 모르게 시조로 방향이 돌아가 버린 것은 어쩌면 운명적이라 할 수 있을 것이다. 가람의 본명은 이병기李秉岐, 가람은 그의 아호인데 한자로 '嘉藍 柯南'이라 쓰기도 했으나 가람 자신의 호설號說에 따르면 우리 고어의 'ᄀᆞ룸' 곧 강호江湖의 뜻이다.

> 나는 워낙 강호를 좋아한다. 나도 강호와 같은 몸이 되었으면 한다.
>
> 거기에는 고기가 뛰놀든, 새가 와 날든, 달이 와 잠기든, 배를 띄우든, 혹은 바람이 불고 물결이 일어나든, 홍수가 나서 흙탕물이 밀려 오든, 그는 다 용납하여 솟칠 건 솟치고 가라앉힐 건 가라앉히며, 뚫을 건 뚫고 부술 건 부수고, 굽힐 데는 굽히고 바룰 데는 바루고, 흐리고 맑고 깊고 얕고 좁고 넓고, 혹은 느리게 혹은 빠르게 앞으로 항상 그침이 없이 나아가는 것이다.
>
> 그 뒤에는 원원源源한 샘이 있고 그 앞에서 양양洋洋한 바다가 있다. 이것이 곧 '가람'이다.

1934년에 발표한 <가람의 출전出典과 유래由來>의 말미 부분이다. 가람의 인간과 처신과 이상과, 그리고 학문의 자세 및 예술의 지향점을 모두 연역해 낼 수 있을 것 같아 인용한다.

가람은 1891년 3월 5일, 전북 익산군 여산면 원수리 참실골眞絲洞에서 변호사 이 채의 장남으로 태어나서 그로부터 77년 뒤인 1968년 11월 29일, 우리 나이 78세를 일기로 태어난 그 마을 그 집에서 세상을 떴다.

3. 글복·술복·제자복의 '삼복지인'

내가 처음 찾은 가람댁은 서울 계동桂洞에 있던 작은 한옥이었다. 1950년 초봄이던가 싶은데 중앙 학교中央學校로 오르는 길은 눈이 다져진 빙판이었다. 건넌방인 서재는 낮인데도 어두컴컴했다. 조그마한 앉은뱅이 책상 앞에 마고자 차림에 주기가 약간 도는, 불그레한 얼굴, 반백의 콧수염, 먹 냄새 풍기는 벼루와 붓, 놋쇠 화로, 서점처럼 사다리 모양의 서가에 충충으로 쌓인 고서 더미만 아니면 당대의 대학자요 대시인이라는 풍모는 찾아 볼 길 없는 소박한 시골 선비의 모습그대로였다.

당호가 매화옥梅花屋일 뿐 전통적인 소규모의 서울식 한옥의 손바닥만 한 뜰에는 나무 한 그루 꽂을 데 없고, 다만 방안의 난초분 한두 개가 그 주인을 말해 주고 있을 뿐이었다. 그 때 무슨 말을 주고받았는지는 도무지 생각나지 않으나, 그 '소박한 시골 선비의 풍모'는 가람의 명성이 더욱 높아진 이후에도 그 댁을 수월하게 드나들 수 있는 안도감을 나에게 주었던 것이다.

가람은 자신을 '삼복지인三福之人'으로 자처했다. 글복·제자복·술복이 그것이다.

사변이 나자 이리裡里로 내려간 나는 남성南星 고교와 전주全州 고교를 번갈아 다니며 교편을 잡고 있었고, 가람은 전시 연합 대학에 이어 새로 생긴 전북 대학교의 문리대 학장으로 전주에 눌러있게 되었다, 가람의 학문과 예술, 그리고 그 인간에 깊이 매료된 것은 오히려 그때부터였다.

나는 예의 '소박한 시골 선비 같은 풍모'에 이끌려 자주 양사재養士齋(전주 우거의 당호)를 찾았다. 처마가 나지막하기는 했으나 햇빛이 잘 들어, 가람이 기거하며 손님을 맞기도 하는 들머릿방은 무척 밝았다. 뜰도 제법 있어 철 따라 섬돌 밑에서 쪽빛 붓꽃이 피기도 하고, 재래종 황국의 짙은 향기가 온 동네를 진동하기도 했다.

양사재에는 언제나 '제자'들이 득실거렸다. 가보면 이미 여럿이 모여 있기도 했고, 가서 앉아 있노라면 꾸역꾸역 모여들어 방안이 가득해지기도 했다. 제자 중에는 나같이 사회인이 된 제자도 있고, 지금 대학에서 배우고 있는 제자도 있고, 고등학교에 다니는 미래 제자도 있었다. 전북대학의 젊은 교수들조차 스승으로 따랐고, 당시 이미 노년기에 접어든 신 석정辛夕汀 선생도 예를 다하며 출입했었다.

한번은 내가 먼저 가 있는 자리에 석정 선생이 들어왔다. 그는 정중히 큰절을 하고 나서 단정히 무릎을 꿇고 앉은 다음 문후를 여쭙는 깍듯한 예를 다하는 것을 보았다. 석정 선생의 이런 언동은 나 같은 버릇 없는 제자들에게 큰 교훈이 되었다.

이런 때면 으레 술상이 나온다. 가람 곁에는 항상 술이 있었다. 강의 시간에도 고금의 해학을 거침없이 쏟아내어 교실에 활기를 넘치게 하는 데도 술의 힘이 컸다.

그 때만 해도 생소한 이름인 모과주니 매실주니 두견주니 하는 것들이 나왔다. 술잔이며 주전자며 안주 그릇까지 조롱박으로 이루어진 한 세트를 자랑삼아 내서 술을 따르기도 했고, 흔히 정종이라 하는 청주에 황국 송이를 띄워 마시는 풍류를 시범하기도 했다. 평생 '좀먹고 썩은 책'(가람 자신의 술회)이나 모으는 골샌님의 술시중에 생애를 바치다시피한 부인이 있고, 스승의 애주를 익히 아는 제자·친구가 널려 있으니 술이 아쉬울 리 없었다. 이것을 가람은 '술복'이라 하며 흐뭇해 했다.

가람의 술은 '소박한 시골 선비' 그대로 청탁을 가리지 않고 술잔을 사양하지 않았으나, 고급 요정보다는 시장 안의 곰보집이나 길가의 '무슨 댁' 하는 포장집 같은 데를 더 좋아했다. 명사들과 격식 바른 자리는 되도록 멀리하고 제자나 친구와 어울리기를 즐겨했다.

한번은 전주의 어느 명사(성명을 밝히는 것을 삼간다)가 술을 대접하고 일필휘지를 청했다. 주기가 거나한 가람이 '때로는 개도 사람보다 낫다'고 쓰고 서명까지 해주었다. 그 명사는 자기를 우롱한 것이라 격분해서 내던졌다는데, 그 글씨가 어찌어찌 굴러 다니다 시인 진 을주陳乙洲씨의 안방에 보물처럼 걸려 있는 것을 보았다. 그 뒤 ≪가람문선≫의 화보에 실리기도 했다.

술을 좋아하되 정도가 넘쳐 주망을 부리는 일이 없고, 아무리 취해도 꼭 써야 할 원고를 어기는 일이 없었다.

"그 술 다 잡수시고 원고는 언제 쓰십니까?"

하도 신기해서 이렇게 물어본 적이 있었다.

"밤중에 일어나 냉수로 시원하게 관장을 하고 나면 심기가 쇄락해지지, 그러면 일기도 쓰고 원고도 쓰지."

이 '냉수 관장론'은 제자들 사이에 꽤 화제가 되었으나 아무나 되는 일이 아니었다. 술을 마시면 식사를 안 드는 일이 흔했으나 술탈이 났다는 말을 들어 본 적이 없었다. 평소에 말수가 적은 가람은 일단 술상 앞에 앉으면 특유의 너털웃음과 함께 해박한 지식과 해학으로 좌중을 웃기고 자리를 홍겹게 했다.

강의 시간 중의 해학에는 ≪어우야담於于野談≫이나 ≪해서기문海西奇聞≫ 같은 우리 고전을 소재로 삼는 일이 많았으나, 술자리에서는 우리 전래 민요나 그가 발굴한 '가루지기 타령'같이 좀 걸쭉한 이야깃거리가 자주 인용되었고, 그 밖에 항담·잡설 같은 데서도 웃음을 유발하면서도 술자리에서 흔히 하는 음담패설 같은 것은 뻥끗도 하지 않았다.

"세상에는 삼액三厄이 있네, 중국 여인의 족액足厄, 서양 여자의 요액腰厄, 한국 남자의 두액頭厄이 그것인데, 그래도 한국은 머리에 있으니 으뜸 아닌가." 하고 가가대소를 한다. 이때 '액'이란 죄어 매는 것을 뜻하는 것이었다. 족액은 전족轉足을, 요액은 허리를 개미 허리처럼 졸라매는 것, 두액은 ≪망건網巾≫을 이름이었다.

이런 소탈한 인간미와 훈훈한 분위기가 좋아 제자들이 원근에서 모여들면 가람은 이것을 '제자복'이라고 좋아라 했으나 그것이 제자복의 전부일 수는 없었다.

가람이 술자리에서 학문이나 예술을 논하는 일이 거의 없었던 것을 보아도 그의 제자관은 따로 있었던 것 같다. 다른 분야는 몰라도 지금 국문학계와 시조 문학계만 본다면 가람의 직접·간접의 제자들에 의해서 학맥 또는 예맥의 주류가 이어져 가고 있다고 해도 과언이 아닌 것 같으니 쉽게 납득이 가는 일이다. 특히, 시조 분야에서는 가람의 추천으로 데뷔한 김 상옥金相次, 이 호우李鎬雨, 그에 앞서 지도를 받은 조 운盲雲 등이 현대 시조의 길을 열어 왔다는 사실을 감안할 때 그는 분명히 '제자복'이 있는 이였고, 그 제자란 술 대접이나 하는 제자가 아니었음이 명백하다.

가람이 자처한 삼복지인 중의 하나는 '글복'이었다. 이에 대해 서 따로 설명은 하지 않았지만, 국문학의 길, 시조의 길에 들게 된 것을 큰 복으로 여기고 있었던 것 같다.

흔히 명사라 하는 이들이 기자의 질문에 "다시 태어나도 이 길을 어쩌고 하는 바로 그것이겠는데, 가람은 그걸 '복'이라는 말로 대신 표현하고 있었다. '다시 태어나도'보다 훨씬 더 본원적인 긍정이오, 보다 한국적인 표현이다.

4. 고아하면서 곧은 선비 기질

가람의 인간을 논하는 데 화초를 빠뜨릴 수 없다. 특히 동양란과 매화에 대해서는 일가견을 가져 '난의 재배법'과 '매화 재배법'을 스스로 터득하여 기록으로 남기기도 했다.

> 나는 난을 기른 지 20여 년, 20여 종으로 30여 분까지 두었다. 동네 사람들은 나의 집을 화초집이라기도 하고, 난초 병원이라기도 하였다. 화초 가운데 난이 가장 기르기 어렵다. 난을 달라는 이는 많으나 잘 기르는 이는 드물다.

이것은 수필 <풍란風蘭>의 일절이다. 전주 시절에는 건란建蘭을 몇 분 가지고 있었는데, 내가 철없는 소리로 하나 주시라고 했더니 "산란을 캐다 몇 해 길러 보고 나서 익숙해지면 하나 주지." 했다. 말하자면 '달라는 이'의 우를 범한 것이었다.

가람의 일기 중에 해형수선蟹形水仙을 깍는 이야기도 있다. 이 글은 한동안 중학 국어 교과서에도 실렸었는데, 수선 뿌리를 두 쪽 내어 물에 담그면 잎이 게의 다리 모양으로 꼬여 나고 그 속에서 꽃이 핀다는 것을 아는 이가 없었다. 그래서 참고서마다 별 해괴한 주석을 달기도 했던 기억이 난다.

그러나 가람의 화초 취미에는 욕심이 없었다. 뜰에 기화요초와 괴석 같은 것을 교묘하게 배치하고 즐긴다거나 그런 것이 아니고 분재 몇 개를 머리맡에 두는 그런 소박한 아치였을 뿐이다. 참실골의 수우재 뜰에도 작은 연못 가에 목백일홍과 목련 등이 몇 그루 서 있는 정도였던가 싶었다.

욕심 말이 났으니 말인데, 재물이나 명예 따위 세속적인 욕심은 손톱만큼도 없었으나 서책에 대한 욕심은 누구도 따를 자가 없어서 스스로 수천 권을 모았다고 술회하고 있을 정도였다. ≪금강경 삼가해金剛經三家解≫를 3개월 분의 월급을 빚내어 사기도 했고, 고창高敞에 가서 신오위장申五衛將의 '판소리 여섯 마당'을 발굴해 내기도 했다.

소멸되어 가는 우리 문화재를 보존하려는 일념으로 모은 그 책들은 서울대학교 중앙도서관에 기증, 지금 '가람 문고'로서 고스란히 간직되어 있다. 그저 술이나 즐기는 무절제한 생활 같으면서도 19살 때부터 별세할 때까지 옥중에 있는 동안의 약 1년 간을 빼고는 60년 동안 꾸준하고 극명하게 쓴 일기가 50권을 넘었다면 그 생활의 성실성을 짐작할 만하다.

욕심이 없으면서도 꼭 욕심을 부려야 할 일에는 큰 욕심을 내고 풀어진 듯하면서도 다잡을 데 가서는 다부지게 다잡는 절도가 뚜렷했다.

"고서도 없고 난도 없이 되잖은 서화나 붙여 놓은 방은 비록 화려 광활하더라도 그건 한 요리집에 불과하다."고 한 수필이 있다. 이런 데서 가람의 선비 기질은 유감없이 드러난다.

가람은 만년에 고부古阜에 세운 '동학 혁명 기념탑' 건립 추진 위원장을 맡은 일이 있다. 얼른 납득하기 어려운 일 같지만 여기서 우리는 가람의 딴 면모를 볼 수 있다.

가람에게는 혁명가적 저항적 기질이 있었다. 특히 가람의 학문과 예술을 논할 때 이 혁명가적 기질을 간과한다면 정답을 얻어 낼 수가 없을 것이다. 그는 나이 20살이 다 되어 한학에서 신학문으로 옮겼다. 전주서 보통학교를 마치자 곧 줄포茁浦에서 배를 타고 서울로 올라가 관립 한성사범학교에 다니게 된 과정이 그의 일기에 실감나게 그려져 있다.

한문책을 읽던 시골 청년이 칼을 차고 공부하는 서울의 신식 학교에 들어간 것 자체가 하나의 변혁이었다. 그는 이 동안 주 시경 선생의 문하에 들어 '조선어'를 익혔다. 그는 여기서 민족의식이 싹텄고, 후일 국학과 국시國詩(시조)의 길로 나아가는 계기가 되었을 것이다.

3.1 운동이 일어난 1919년, 두 차례나 상해 또는 미국으로 탈출하려다가 형사에 붙잡혀 종로서에서 곤욕을 치른 일도 일기에 생생히 기록되어 있다. 그 뒤 중학교 선생이 되면서부터는 조선어 학회를 발기하여 <한글 맞춤법 통일안>제정과 표준말 사정에 참여하는 등 일제의 말살 정책으로부터 국어 수호에 동분서주하다가 마침내 '조선어 학회 사건'으로 모진 고문과 옥고를 치르기도 했다.

> 법을 도가니 삼고 형으로 망치질하여
> 불로 녹이고 물로 식히고 하여
> 이 몸을 저의 맘대로 쇠와 같이 다루네.
>
> —〈홍원저조洪原低調〉 중에서.

시인 임 종국林種國 씨의 쾌저 ≪친일 문학론親日文學論≫에서 당시 내로라하는 문인들이 거의 친일적 작품으로 오점을 남긴 속에 가람은 "끝까지 지조를 지키며 단 한 편의 친일 문학도 남긴 일이 없는 영광된 작가"라 찬양한 것도 가람의 철저한 저항적 기질의 일면을 말해주는 예이다.

5. 국문학의 큰 봉우리

가람의 강의를 들어본 이나 저서를 읽은 이가 얼른 감지할 수 있는 것은 딴 사람의 학설을 인용하는 일이 거의 없다는 사실이다. 우리 고전

문헌의 인용과 주해를 그렇게도 정연히 하면서도 딴 학자의 학설은 조금도 언급을 하지 않는다. 이것은 자신의 판단과 식견이 너무나도 뚜렷하고 신념이 확고했기 때문일 것이다.

어쩌다 딴 학자의 소론이나 시조 같은 것을 거론하기라도 하면 언하에 물리치는 단호한 데가 있었다.

"그 자가 뭘 아나!"

이 한 마디면 그만이었다. '그 자' 속에는 당대의 고명하다는 학자나 시인이 몽땅 휩싸여 들어갔다.

이러한 학문의 자세는 왕왕 유아 독선의 아집에 빠지기가 십상인데, 가람의 이론은 항상 정정당당하고 특출해서 논전이나 경합이 없이 그만 정설이 되어 버리곤 했다. 가령 고려 가사를 속요俗謠와 별곡체別曲體로 분리한 것이라든지, 윤 선도尹善道의 <어부사시사>를 시조가 아니라고 단정하고 따로 어부사 계통의 시가를 분리시킨 것이라든지, 산문 문학의 장르로 다루어 오던 '판소리 사설'을 시가 문학의 장르에 넣어 '극가劇歌'로 정립시킨 것 따위가 그것이다.

시조론에 있어서도 시조의 연원을 삼국 시대 이전의 민요에서 추리해 내려온 것이라든지, 시조의 정형定型을 '정형整形'이라 하고 시조의 종류를 평시조·엇시조·사설시조로 정립하는 등 학문적 탁견은 이루 헤아릴 수 없다. 특히, 시조의 기본 정형에 대해서는 조 윤제趙潤濟 씨의 바둑판식 3장 12구설을 정면으로 부정하고, 초장과 중장은 각각 2구, 종장은 4구로 갈라 3장 8구설을 내놓음으로써 시조의 전통적 행태를 유지하면서도 형태상의 제약을 최대한 해방시켜 현대 시조에로의 돌파구를 마련한 것은 실로 놀라운 탁견이 아닐 수 없다.

이 밖에도 가람이 국문학계에 끼친 공헌으로서 진귀한 작품을 발견,

소개한 사실을 잊을 수 없다. ≪인현왕후전仁顯王后傳≫, ≪의유당일기意幽堂日記≫, ≪한중록恨中錄≫ 등 여류의 명작들, ≪요로원 야화기要路院夜話記≫, ≪어우야담於于野談≫ 등 가설街說·항담巷談, 그리고 신오위장의 '판소리 여섯 마당' 등 연파적軟派的인 극가류劇歌類는 엉성한 우리 국문학을 기름지게 살찌우는 데 크게 이바지한 것이다. 이러한 학적인 위업은 기존의 통념이나 학설을 그대로 수용·추종하는 자세로써는 불가능한 일이었다. 이른바 정·반·합의 변증법적 해체와 재구성은 혁명적·저항적 기질 속에서 출발하는 것이다. 가람은 결코 무모한 파괴자는 아니다. 그의 학적 혁명은 '천재적 직관' 밑에서 시작되어 정밀하고 과학적인 고증이 뒷받침하기 때문에 더러 허점이 보이는 듯해도 파고들면 마침내 긍정하지 않을 수 없게 되는 것이다.

6. 과감히 자기 해체한 시인

이번에는 시조인으로서의 가람을 좀더 구체적으로 조명해 보기로 하자,

가람을 시조의 중흥지조中興之祖로 지목하는 데는 별로 저항이 없다. 가람의 서거를 애도한 일석一石 이 희승李熙昇 선생의 글에도, "적어도 시조를 사랑하고 국문학을 운위하는 사람으로서 시조하면 가람을 연상하게 되고, 가람하면 시조가 앞선다."고 지적되어 있다.

가람이 시조에 관심을 두기 시작한 것은 아마도 주 시경 선생의 문하에서 영향을 받지 않았을까 싶지만, 좀더 확실한 근거를 찾는다면 ≪가람 시조집≫의 발문과 ≪가람 문선≫의 연보 들이다.

> 우리 문단의 나이가 30년이라고 보면 가람 시조의 나이도 이와 못지 않게 연부한 편이다.

이것은 정지용都玄落이 1947년에 쓴 ≪가람 시조집≫ 발문의 일절이다. 이에 따르면 1910년대로 거슬러 올라간다. 이를 뒷받침하는 가람 연보에도 1913년(23살)에 관립 한성 사범학교를 졸업하면서 곧 국학에 관한 문헌을 수집하는 한편 시조를 중심으로 한 시가 문학의 연구 창작을 시작한 것으로 되어 있어 거의 일치점을 보이고 있다.

그러나 시조 혁신이라는 기치를 들고 시조 속에 뛰어든 것은 1920년대의 후반부터일 것이다. 다시 연보를 보자,

> 1926년 (36살)
> 9월 영도사永導寺에서 시조회時調會를 발기, 10월〈시조란 무엇인가〉를 동아일보에 연재,

> 1928년 (38살)
> 9월 시조회를 가요 연구회歌謠硏究會로 개칭, 연구 조직을 확립, 11월 〈율격律格과 시조時調〉(동아일보), 〈시조時調와 그 연구硏究〉(학생)를 발표,

이 연보는 최 승범崔勝範 교수가 가람의 일기 등을 상고하여 정리한 것이므로 믿을 만한 것인데, 이 때에 와서 가람이 시조 혁신을 하나의 운동으로 전개하기 시작한 것을 볼 수 있다.

한편 1927년 ≪현대 평론現代評論≫에 발표한 <으스름 달밤>이란 시조

를 보자.

하얀 구름을 타며 졸며 가는 저 달 아래에서
나는 그립어 하는 이 이를 만나보려 모처럼
이날 밤에야 이 거리로 나온 이니.

— 첫째 연

나는 이러한 밤에 이렇게 와 기다리건만
그는 이제도 아니 오니 그저 이 밤을 새워나 볼까.
행여나 새벽에라도 대여올까 하여-

— 끝 연

후일의 가람의 시조와 비교하면 웃음이 나올 정도로 유치하기 이를 데 없다. 그러나 당시만 해도 고시조의 '아희야', '어즈버 … 하노라'식이 지속되던 시대에 이런 것을 시조라고 들고 나왔다는 사실을 우리는 중시해야 한다. 이 작품은 시조의 형식을 취했을 뿐이었고 당시 서구 모방의 자유시풍이 이러했던 것이다.

우리는 가람의 시조 혁신 운동의 배경으로서 1920년 후반기의 시대 상황을 살펴볼 필요가 있다.

1926년은 병인년丙寅年이었다. 이 해는 <훈민정음訓民正音>이 반포되었던 병인년과 일치한 것을 계기로 문인을 비롯한 지식인들이 처음으로 '가갸날'(뒤에 '한글날'로 개칭)을 정하고 기념하면서 민족의식이 고조되기 시작한 해였다. 그리하여 한창 기승을 부리던 '프로 문학'에 대항하는 국민 문학 운동이 제창되었고, 국민 문학을 대표하는 문학 형식인 시조 부흥이 제창되었다. 이 운동을 제창하거나 적극 동조한 것은 최 남선崔南

善, 양 주동梁柱東, 손 진태孫晋泰, 염 상섭廉想涉, 조 운曺雲 등 당시 꽤 굵직한 문인들이었다.

그러나 그들의 주장은 대체로 민족주의적 복고론을 관념적으로 표출한 것이었는데, 가람은 이론과 실제로서 시조 창작을 계도하고 나선 점에서 차이가 있었다.

당시 가람이 <시조는 혁신하자>는 논설에서 제창한 여섯 가지 항목은 그 뒤 오늘날까지도 시조 현대화의 금과옥조가 되다시피 해 왔다.

1. 실감·실정實感實情을 표현하자.
2. 취재取材의 범위를 확장하자.
3. 신선한 시어詩語를 쓰자.
4. 변화 있는 율격律格을 쓰자.
5. 연작連作을 쓰자.
6. 구句와 시행≪詩行≫을 다양하게 표현하자.

가람의 시조 혁신 운동이 꽃을 피우기 시작한 것은 ≪문장文章≫의 추천을 통해서 유능한 시조 작가를 배출하면서부터였고, 광복 후 민족 의식의 팽배에 힘입어 젊은 시조인들이 대거 쏟아져 나오면서 일단 열매를 맺은 셈이다.

가람 자신의 시조는 1930년대 이후 사변 전까지의 원숙기에 한국 시조의 정상에 우뚝 군림하여 가람과 시조는 동의어처럼 일컬어지게 되었다. 그리하여 저간의 노작들이 지용의 정선을 거쳐 ≪가람 시조집≫으로 엮여 세상에 나온 것이 1947년 가을이었다.

전기의 작품 중에서 가장 인구에 회자하고 있는 시조는 <난초 (1)>이다. 화초를 제재로 한 시조들을 묶은 대목의 첫머리에 '난초'란 제목의 시조 4편이 실려 있는데, 이것들은 전기 가람 시조의 성격을 가장 잘 나타내는 것으로 지목되고 있다.

한 손에 책을 들고
조을다 선뜻 깨니

들던 볕 비껴 가고
서늘바람 일어 오고

난초는 두어 봉오리
바야흐로 벌어라.

이것은 <난초 (1)>의 전문인데, 가람 시조에서는 예가 많지 않은 단수 시조의 하나이다. 가람은 현대인의 생활을 표현하려면 연작이 불가피하다고 주장했었다. 그러나, 단수에는 소품적 제약이라는 불편이 있는 반면 간결한 압축에서 오는 짙은 밀도, 군더더기를 다 걸러내 버린 높은 승화라는 특징도 있는데, 이 작품에서 그 같은 아름다움을 발견할 수 있다.

이 작품의 바탕을 이루는 정황을 상상해 보자.

고서가 쌓여있고 문방제구가 갖추어진 아담한 서재 안의 어느 일요일 한낮, 한 학자 샌님이 햇볕 드는 창가를 골라 난초분을 옮겨 놓고 책을 읽다가 깜박 졸았다. 세속과는 담을 싼 별세계, 지극히 고요하고 한가롭다. 어느만큼 졸았을까? 현묘한 향기가 은은하게 코에 스며들어 문득 깨어 보니 해는 이미 기울고, 그 사이 밝은 햇볕을 쪼인 난초가 두어 송이의 꽃을 막 피우고 있는 것이 아닌가?!

난초는 본래 세속을 멀리한 선비의 상징, 고고하고 청정한 작자의 성정이 난초를 통해서 향기를 뿜는 시조로서, 전기 가람 시조의 특징이 가장 잘 드러난 명작이다.

7. 인정받지 못한 제자의 회고

여기까지를 가람 시조의 전기라 본다면 후기는 6·25 사변과 더불어 시작된다. 전기의 <대성암大聖庵>과 같은 일련의 기행 시조, <난초蘭草>와 같은 관조의 세계, <젖>과 같은 인정물의 껍질을 한꺼번에 벗어 던졌다.

동족상잔의 비극, 피비린내 나는 전진의 폐허 속에서 그의 가슴 속은 참을 수 없는 분노로 가득 찬 것이다.

그의 집 앞으로는 지나기도 두렵다
겹겹이 둘러 가시성을 쌓았노니
지금도 안치安置받을 무슨 죄를 지었울까.

홍수洪水, 맹수猛獸보다 음악陰惡한 이 세상에
탱자울커녕 철옹성鐵甕城인들 믿으리오
갈외고 저회는 도적이 맘 속애도 있으니.

—〈탱자울〉

썩어 문드러진 사회, 추악한 인간상에 대한 울분과 고발이 날카롭게 표출되어 있다. 이 과감한 자기 해체, 불의에 대한 항거의 정신을 보지 못하면 장님 코끼리 만지기이다.

정년으로 전북 대학에서 물러난 가람은 다시 서울로 올라가 저술과 창작에 몰두하던 중 1957년 한글날 기념 행사에 나갔다가 뇌일혈로 쓰러져 실어증으로 이듬해 향리로 돌아가 정양하고 있었다. 그러나 차차 병세가 호전되어 1961년 봄 전북 대학에서 명예박사 학위 수여식에는 부축을 받으면서 직접 나올 만큼 좋아졌다. 그 사이 박병순 같은 제자는 매주 그의 제자들을 데리고 문안갔다고 들었으나 좀 무심한 편인 나는 참실골 수우재를 한 번 찾았다. 1964년 봄이었을 것이다.

마고자 차림의 한복, 불그레한 얼굴, 화로, 어두컴컴한 방, 마지막 찾은 가람은 맨 처음 계동 매화옥을 찾았을 때와 매우 흡사한 모습으로 나를 반겼다. 콧수염이 더 희어지고 말과 동작이 둔해졌을 뿐인 예의 '소박한 시골 선비'가 손짓으로 가까이 앉으라 했다. 모두들 말리는데 도 막무가내로 술을 거르지 않았다는 부인의 설명이었다.

1968년 11월 29일 별세했다는 가람의 부보訃報를 신문에서 읽고 리태극李泰極, 임 헌도林憲道씨 등과 함께 내려가 보니 장례식에는 전국에서 조객이 모여들었다.

> 집 뒤 아기 대밭 대밭 너머 무덤이라
> 잠깐 뒷방으로 옮겨 누우신 건가
> 이따금 기침이라도 하면 귀를 돌릴 자리에.
>
> —노산 〈가람의 무덤을 찾아〉에서

그의 유해는 수우재 뒷산 중턱에 안장되었다.

모두冒頭에서 말한 '별로 인정받지 못한 제자'의 변으로 이 글을 마무리

짓겠다.

내가 습작을 가지고 갈 때마다 가람은 입을 다물어 못마땅하다는 의사를 보였다. 그러다 한번은 "자네는 만날 실험만 하고 있으니 언제 자리를 찾을 겐가?" 했다. 빨리 대성하기를 바라는 스승과 '창작은 곧 실험'이라고 믿는 제자와의 문학관의 차이라면 당돌한 표현이겠으나, 45년이 지난 지금도 내 소신에는 변함이 없고, 사실 나의 이런 기질 또한 가람에게서 물려받은 것인지도 모른다.

'세 걸음 물러서서 스승의 그늘을 밟지 않는다'고 하거니와 세 걸음은 고사하고 천 걸음 만 걸음도 못 미칠 못난 제자지만, 선생님을 우러르는 심정은 남만 못지않다는 것만은 단언할 수 있다.

<붙임> 이 글은 1983년 2월 27일자 ≪주간 조선≫에 발표한 것을 가필하여 재록한 것임.

가람 이병기 선생[101]

—시조 동산에서 만나 사람들 / 1

장순하

내 진로를 바꾸어 주신 은사

"다른 하늘에 계신 가람 선생께서 내가 당신을 기념하는 문학상을 타신 줄 아시 면 놀라실 것입니다. 나는 당신으로부터 별로 인정받은 제자가 되지 못했기 때문 입니다."

이것은 1981년도 '가람 문학상' 시상식에서 필자가 한 수상 연설의 허두였다.

'별로 인정받지 못한' 것으로 자처하게 된 내력은 뒤에 다시 언급하겠거니와 내가 제자로서 가람 선생의 문하에 든 것은 1948년 가을이었다.

시골에서 해방을 맞이한 나는 문학을 하려면 '국문'을 익혀야 되겠다는 막연한 생각으로 서울에 왔다. 한글학회 근처를 서성거리며 한글 강습회에 다니다가 거기에 중등학교의 국어 교사 양성 기관이 생겨 나는 학생이 되었고 가람 선생은 서울대학교에 계시면서 우리에게 국문학 개론을 강의하였다. 당시 한글학회의 석학들이 몽땅 나와서 강좌를 나누어 맡으

101 장순하, 「가람 이병기 선생」, 『열린시조』, 겨울호 통권 제1호, 1996.

신 것이 우리에게는 큰 자랑이었다. 최현배·정인승·김윤경 선생들은 국어학 쪽이었고, 국문학 쪽에는 가람 선생과 함께 일석 이희승, 장지영 선생들이 나오셨다.

그때까지 정지용·김기림·김광균에 함빡 빠지고, 생명파니 청록파니 모더니즘이니 하는 신진 기예의 시(자유시)에 기울어져 있던 내가 가람 문하의 2년 사이에 저도 모르게 시조로 키를 돌려 잡은 것은 어쩌면 하나의 숙명이였을지도 모른다.

가람 문하의 세종(우리 교육기관의 이름) 동문 중에서 시조를 하게 된 이로는 나 말고도 김이홍金履弘 씨와 유동삼庾東三 씨가 있다. 김이홍 씨 1967년 서울신문 신춘문예 당선, 68년에 『영마루』라는 시조집을 냈다. 흥인 중학교에 재직 중이었는데 머리를 짧게 깎고 다녀서 '흥인 대사'란 별명을 달고 있었다. 한때 미국에 이민 갔다고도 하고 다시 돌아왔다고도 하는데 근래에는 소식이 끊어진 상태, 술을 매우 즐겼다.

유동삼 씨는 1962년 동아일보 신춘문예 당선, 충남에서 교육청 장학사 등을 거쳐 중학교 교장을 지낸 전형적인 교육자, 이미 4권의 시조집을 냈고, 금년 '한밭 문화제'에 갔더니 새로 낸 시조집이라며 『물이랑 바위랑』을 내밀었다. 시조 운동과 함께 한글 운동, 특히 우리말 순화 운동의 선봉장이다.

경위야 똑같지는 않겠지만 이 두 분이 시조인이 된 데도 가람 선생의 영향이 컸을 것으로 짐작된다.

서울 매화옥梅花屋의 가람 선생

내가 처음 가람 선생댁을 찾은 것은 서울 계동桂洞의 조그만 한옥이었다.

1949년의 어느 초봄의 오전이었던가 싶은데, 중앙중학교로 오르는 비탈길은 봄눈으로 다져진 빙판이었다.

서울의 전형적인 서민가, 'ㄷ'자 모양의 구조로 문간방을 좀 키운 것 같은 데가 서재인데 낮인데도 어두컴컴했다. 조그마한 앉은뱅이책상 앞에 마고자 차림에 주기가 약간 도는 불그레한 얼굴, 반백의 머리와 콧수염, 먹 냄새나는 문방제구, 놋쇠 화로, 서점처럼 사다리 모양의 서가에 층층으로 쌓인 고서 더미만 아니면 당대의 대학자요 대시인의 풍모는 찾아볼 길 없는 소박한 시골 선비의 모습 그대로였다.

당호가 매화옥梅花屋일 뿐, 남쪽으로 겨우 숨통만 터놓은 손바닥 만한 뜰에는 나무 한 그루 꽂을 데 없고 다만 방안의 양지쪽에 난초 분 몇 개가 그 주인의 품격을 말해주고 있을 뿐이었다.

그때 무슨 말을 주고받았는지 생각나지 않으나 '소박한 시골 선비의 풍모'는 선생의 명성이 더욱 높아진 이후에도 선생댁을 수월하게 드나들 수 있게 하는 안도감을 내게 주었던 것 같다.

가람 선생은 스스로를 '삼복지인三福之人'으로 자처하셨다. 문복文福, 제자복弟子福, 술복酒福의 세 가지다. 그것들은 항상 선생의 둘레에 대령해 있었고, 선생은 그것들을 진실로 사랑하셨다.

선생은 강의 시간에는 술을 한두 잔 잡수시고 강의하셨으니 거기에도 학문과 제자와 술이 함께 있었고, 술자리에서도 항상 제자들 곁에 앉히고 학문과 시를 화제로 삼았으니 또한 글과 제자와 술이 함께 있는 셈이었다.

다소 눌변이었지만 선생의 강의 시간은 독보적인 학설을 고금의 해학 곁들여 진행하기 때문에 교실에 활기가 넘치고 학생들은 항상 시간 가는 것을 아쉬워했다.

전주 양사재養士齋의 가람 선생

사변이 나자 전북으로 내려간 나는 이리裡里의 남성南星고교와 전주全州고교를 번갈아 다니며 교편을 잡고 있었고, 가람 선생은 전시연합대학에 이어서 새로 설립된 전북대학교의 문리대학장으로 눌러있게 되었다. 그 초기에, 반소매 노타이셔츠에다 파나마모자 차림의 완전 시골 샌님 풍모를 하고 이리에 찾아오시곤 했다. 길가의 주막에서도 자주 술을 대접했다. 그 무렵 남성의 문예반 학생들과 함께 찍은 사진도 어디 찾으면 있을 것이다. 그들의 대다수는 현역 문인이 되어 있다.

전주에 마련하신 거처는 전주 교동校洞의 양사재養士齋였다. 서울 계동의 댁과 달리 뜰도 넓어 섬돌 밑에서 쪽빛 계손溪蓀이 피기도 하고 재래종 황국이 짙은 향기를 온 동네에 퍼뜨리고 있기도 했다. 한 번은 토관을 묻고 시궁창 흙을 넣어 청련靑蓮을 심으셨다기에 이백李白의 아호가 '청련거사'였던 게 생각나서 청련이란 어떤 것인가 궁금했더니 나중에 보니 백련이었다. 매화도 백매를 청매라 하는 그런 표현법이던 것이다. 흰 꽃에는 약간 푸른 기가 도니 푸른 꽃이라 해서 잘못이라고는 못할 것이리라.

집은 나지막했다. 들머리 방인 선생의 거실은 햇볕은 잘 들었다. 양사재에는 언제나 제자들이 득실거렸다. 어쩌다 한 번씩 들르면 이미 여럿이 모여 있기도 했고, 가서 앉아 있노라면 꾸역꾸역 모여들기도 했다.

전북대학교의 젊은 교수들, 구름재 박병순朴炳淳 같은 전주 지방의 문인들이 많았지만 더러는 고하古河 최승범崔勝範 같은 전북대학교의 학생들도 끼어 있었다. 구름재는 예의 바르게 단정히 꿇어앉아 마치 아버지 말씀을 경청하는 듯한 자세였고, 고하는 안경을 벗어 툇마루에 놓고 방을 들어 절을 하는 것이 상례로 되어 있었다.

한번은 당시 이미 노년기에 접어들어 있던 신석정辛夕汀 선생이 들어왔다. 석정은 그 큰 키를 꺽어 정중히 큰절을 올리더니 단정히 꿇어앉아서 문후를 여쭙는 깍듯한 예의를 보였다. 석정의 이런 언동은 나 같은 버릇없는 제자들에게 큰 교훈이 되었다. 이런 석정의 눈에 고하의 안경 벗어 툇마루에 놓고 선생의 방에 드는 예의가 마음을 움직여 사위를 삼았을지도 모른다는 생각을 가끔 한다.

이런 때면 으레 술상이 나온다. 가람 선생 곁에는, 항상 술이 있었다. 당시만 해도 생소한 이름인 모과주니 매실주니 두견주니 하는 술이 철따라 나왔다. 평생 선생의 술 시중을 게을리하지 않으신 사모님의 정성이 배인 술들이었다. 술잔이며 주전자며 안주 그릇까지 조롱박으로 이루어진 한 세트를 내어 술을 따르기도 했다.

우리는 1930년대의 시조를 논할 때 가람 선생을 노산 선생과 병칭하지만 현대시조의 정통 맥이 선생으로부터 추천이나 지도를 받은 김상옥金相沃, 이호우李鎬雨 그리고 조운曺雲 등에 의해서 주도되어왔다는 사실이 벌써 선생의 제자복을 말해 준다고 할 수 있다. 학문에 있어서도 우리나라 국문학을 주름잡은 학자의 대다수는 서울대학 때의 제자들이었다.

가람 선생의 인간상을 논하는 데 화초를 빼놓을 수가 없다.

시조 <난>은 선생의 대표작 중에 꼽히거니와 난을 기르는 데도 일가견이 있었다.

"나는 난을 기른지 20여 년, 20여 종으로 30분까지 두었다. 동네 사람들은 나의 집을 난초집이라고도 하고 난초병원이라고도 하였다. 화초 가운데 난이 가장 기르기 어렵다. 난을 달라는 이는 많으나 잘 기르는 이는 드물다."

이것은 수필 <풍란>의 일절이다. 전주 양사재에서도 건란建蘭 몇 분을 가지고 계셨는데, 내가 철없이도 하나 주시라고 했더니 "산란을 캐다 몇 해 길러 보고 나서 익숙해지면 하나 주지" 하셨으나 끝내 성사되지 못했다.

가람 선생의 일기 중에 해형수선蟹形水仙을 깎는 이야기가 있다. 이 글은 전에 중학 국어 교과서에도 실렸는데 참고서마다 헛소리를 하고 있었다. 수선의 구근을 두 쪽으로 쪼개서 물에 담그어 놓으면 잎이 게의 다리 모양으로 꼬여서 나고 구근 속에 있는 꽃눈이 자라 꽃이 핀다는 것을 아는 이가 거의 없었다.

가람 선생은 당신의 '삼복' 중에 '문복'을 첫 번째로 꼽았다. 대학자요 대시인이 되었으니 그 자체가 벌써 하나의 문복이었지만 희귀한 책을 소장하고 있는 즐거움도 그 복 중의 한몫을 했을 것이었다.

진귀 서적을 수천 권 모았다고 술회한바, 그중에서도 『금강경삼가해金剛經三家解』를 석 달치 월급을 빚내어 샀다고 했고, 고창에 가서 신오위장申五衛將의 '판소리 여섯 마당'을 발굴해 내기도 했다. 이런 전적들은 지금 서울대학교 중앙도서관에 '가람 문고'로서 고스란히 간직되어 있다.

가람 선생 하면 뭣보다도 시조다. 선생의 전기 시조는 단아한 선비의 아취나 소박한 생활인의 서정이었으나 조선어 학회 사건으로 옥고를 치르고 해방의 혼란기, 곧 이어서 6·25의 참극을 겪으면서 차츰 현실 문제에 관심을 기울여 후기의 시조는 다분히 저항적이고 비판적인 성향을 띠게 되었다.

익산益山 수우재守愚齋에서의 재회

정년으로 전북대학을 물러나신 가람 선생은 서울로 올라가 저술과 창작을 계속하시던 중 1957년 한글날 기념행사에 나갔다가 뇌일혈로 쓰러져 실어증으로 이듬해 향리의 생가인 수우재守愚齋로 돌아가 정양을 하셨다. 생가는 전북 익산군 여산면 진사리眞絲里(참실골)였다. 선생은 이곳에서 변호사 이채李埰의 장남으로 태어나 시골 학교를 마치고 서울로 올라가 한성 사범 학교로 진학하여 신학문의 길로 들어섰던 것이다.

그 사이 병세가 좀 호전되어 1961년 봄 전북대학교에서의 명예 박사 학위 수여식에 부축을 받았지만 직접 나와서 학위증을 받으셨다.

수우재에 계시는 동안에도 열성적인 제자들—박병순·최승범 같은 이들은 수시로 문안을 드렸다고 들었는데 무심한 편인 나는 1964년 봄에 단 한 번의 문병을 갔다.

마고자 차림의 한복, 불그레한 얼굴, 놋쇠 화로, 어두컴컴한 방, 마지막 찾은 선생의 풍모는 맨 처음 계동 매화옥을 찾았을 때와 매우 흡사했다. 머리와 콧수염이 더 희어지고 말과 동작이 더 둔해졌을 뿐인 예의 '소박한 시골 선비'가 손짓으로 가까이 와서 앉으라 했다.

1968년 11월 29일 서거하셨다는 부고를 신문에서 보고 이태극李泰極·임헌도林憲道 씨와 함께 택시를 몰고 가니 마을 건너편의 여산국민학교에 장의식장이 마련되어 있었다. 이 학교의 교가는 가람 선생의 작사인데 그 말미에

"이렇다 할 자랑이 없어도 그래도 내 고장"

운운했대서 웃는 사람도 있었으나 가람 선생다운 구절이다.

장지는 수우재 바로 뒤의 산자락, 노산 선생의 <가람의 무덤을 찾아>에

> 집 뒤 아기 대밭 대밭 너머 무덤이라
> 잠깐 뒷방으로 옮겨 누우신 건가
> 이따금 기침이라도 하면 귀를 돌릴 자리에

라고 읊어진 그대로다.

올여름, 문인 협회 이사장 황명黃命 씨의 전화를 받고 선생의 문학표증석 세우는 데 따라가 30년이 거의 되어 수우재를 찾으니 고택이 그대로 보존되어 있고 훨씬 커진 배롱나무가 옛일을 말해 주고 있었다.

이제 모두에서 말한 '별로 인정받지 못한 제자'의 변으로 이 글을 마무리 짓기로 한다.

내가 습작을 가지고 갈 때마다 선생은 입을 다물고 못마땅하다는 눈치를 보이셨다. 그러다 한번은 "자네는 맨날 실험만 하고 있으니 언제나 제 자리를 찾을 겐가?" 하셨다.

빨리 대성하기를 기대하시는 스승과 '창작은 곧 실험'이라고 믿고 있는 제자와의 문학관 차이라면 당돌한 표현일지 모르나 40여 년이 지난 지금도 내 신념에는 변함이 없고, 사실은 나의 이런 기질 또한 시조 혁신론을 대담하게 펼진 가람 선생의 혁명적 기질을 물려받은 것이 아닐까 생각한다.

『열린시조』 1996, 겨울호(통권 제1호)

가람 선생님에 대한 추억[102]

김준영

내가 성균관대학 국문학과를 졸업한 1963년 봄이었다. 그때 전북대학교 문리과대학 학장으로 계시던 가람 선생님을 찾아뵈옵고 내가 전주나 이리에 있는 중학교 교사로 나가고 싶은데 아는 교장이 하나도 없으니 가람 선생님께서 소개해 주십사 하여 왔노라고 사뢰니 바로 하시는 말씀이 중학교로 나가지 말고 월급은 좀 적지만 문리과대학 조교로 오지 않겠느냐고 하셨다.

나는 당시 전북대학교에 조교 제도가 있는 줄을 몰랐었는데 그 말씀을 듣고 하도 반가워서 조교로 채용해 주시면 더욱 감사한 일이라 하고 사례하고 그날 즉시 서무과에서 요구하는 제출 서류를 적어가지고 돌아와 20여 일만에 조교 발령을 받았다.

근무하기 시작한 한 달쯤 뒤였다.

하루는 나를 부르시더니 다짜고짜로 "자네 대학원 국문과에 입학해야겠네, 조교직은 그대로야." 하셨다.

그때만 해도 대학이면 최고로 여겼지 대학원은 생각도 못 할 때였으므

102 김준영, 「가람 선생님에 대한 추억」, 『열린시조』 겨울호(통권 제1호), 1996.

로 "제가 어떻게 대학원을 바라겠습니까, 더구나 시험에 합격할 자신이 없습니다." 하니 다시 말씀하시기를 "이번에 문교부로부터 우리 대학교 국어국문학과와 농학과 두 과에 대학원 석사과정 설치 인가가 나왔는데 금년의 입학 시기가 급박했고, 우리 대학에서는 아직 졸업생이 나오지 않아 지원자가 하나도 없네, 입학생이 없으면 대학원 설치가 자연 취소되므로 한 과에 한 사람씩이라도 뽑아야겠네, 그리고 선발 시험은 학생을 뽑기 위한 형식적인 시험이니 걱정할 것 없네." 하셨다.

나는 그 말씀에 용기를 얻어 응시했고 과연 합격되었다. 농학과에서도 한 사람이 입학했다.

며칠 후 가람 선생님께서 "대학원 강의는 조교수 이상이어야 하니 나와 정인승 선생이 해야 하는데 둘 다 바빠서 대학원 강의를 따로 설강하지 못하겠으니 우리 두 사람의 학부 4학년 강의를 세 과목만 들으라" 하셔서 가람 선생님 과목 둘, 건재 선생 과목 하나를 학부 4학년 교실에 들어가 같이 듣게 되었다.

내가 들어가 첫 시간은 가람 선생님의 민요 강의였는데 선생께서는

"모시야 적삼 안섶 아래 연적 같은 저 젖 보소, 담배씨만치만 보고 가소, 많이 보면 병납니더"

라는 민요를 구성지게 읊으시더니 그 해석에 '모시 적삼'에 '야'를 붙여 '모시야 적삼' 한 것은 음조상 효과를 거우기 위한 여음적인 것이고, '안섶 속에'라고 하지 않고 '안섶 아래'라고 한 것은 바람이 불거나 손을 올리면 젖이 적삼의 섶이나 깃 아래로 나타나니 '아래'라 해야 실감이 나고, 또 '연적 같은 젖' 부분의 설명에 이르러서는 칠판에 예전 재래종 복숭아 모양의 연적을 그려 놓고 그 연적의 위부분 뾰조록한 것이 젖꼭지와 흡사하고 조금 불그스럼하다는 것을 설명했다. 그리고 그 젖은 처

녀 젖이지 노송동 새우젓 장수 할망구 젖처럼 항시 내놓고 다니는 늘어진 젖이면 누가 반하겠느냐고 했다. 노송동 새우젓 장수 노파의 이야기를 할 때는 두 팔을 올려 새우젓 동이를 이고 가는 시늉을 하셨다.

'담배씨만치만' 하는 표현도 만약 '조금만'이라고 했으면 싱거워 흥미는 반감되었으리라고 했고, '병난다'한 '병'은 상사병이라 했다. '병납니더'의 '더'는 '다'보다 야유스러워서 좋다고 하셨다.

민요는 이같이 대중의 공감을 얻는 것만이 입에서 입으로 전파되어 지속된다고 했다. 구구전승 되는 동안에 어구도 대중 사이에서 다듬어진다고 했다.

그밖에 또

"형님 형님 사촌형님 시집살이 어떱디까? 에고 에야 말도 마라, 고초 당초 맵다 한들 시집살이 당할소냐, 열두폭 다홍치마 눈물 받아 다 썩었다."로 시작되는 민요를 해설할 때는 예전의 시집살이가 고되었던 이야기를 여러 예를 들어 설명했고 민요는 그 시대 생활의 표현이며, 또 이같이 문답체로 된 것도 많다는 것을 설명했다.

또 20세의 꽃다운 처녀가 60세나 된 늙은 홀아비에게 시집가서 결혼식이 끝나고 같이 방으로 들어와 둘이서 주고받은 문답체의 노래라며, "창 앞에 앉은 백발 인연이 늦으난 탓이라 솔개 깃을 매로 보아 만만세나 살으소서, 내 나이 많다 한들 그 무엇이 많을 손가, 두 스물 열다섯 홀 다섯뿐이로세."

이 민요의 설명에도 예전의 7, 8세의 신랑에 20세 신부와 같은 부조화된 결혼과 그에 대한 이야기를 몇 가지 덧붙이고 또 이 민요에서 신랑이 예순이라고 하지 않고 "두 스물 열다섯 홑 다섯"이라고 표현하여 청춘 같은 느낌을 풍기게 한 것은 익살이요 기교라고 했다.

"솔개 깃을 매로 본다"는 말은 예쁘지 않치만 예쁘게 보아달라는 뜻이란다.

어느 때 강의 시간에는 사설시조 강의 중에 그 시조의 종장이 "그중에 차마 못 견딜 손 오뉴월 복더위에 쉬파린가 하노라"라는 노랫말에 언급하여, 물것 중에는 이·빈대·모기가 가장 악착스럽지만 여름에 음식상에 달라붙어 귀찮게 하는 것은 파리라며 소담집에 실린 파리 이야기를 꺼냈다.

한 원님이 점심을 먹는데 파리가 음식에 달라붙어 아무리 쫓아도 연거푸 달려드는지라 원이 역정을 내며 육시할 놈의 파리, 잡아먹을 놈의 파리 등 욕설하는 것을 부인이 듣고 부채를 들고 나와 쫓아주며 하는 말이 파리 같은 미물도 저 먹고살자고 그러는데 쫓아가며 천천히 잡숫지 점잖찮게 파리 보고 욕설을 하면 입이 더러워지지 않느냐고 하자 원이 하는 말이 "파리가 네 서방이나 되냐 두둔하게" 했다는 이야기다.

이어서 딴 이야기로, 어떤 잡놈이 잡년의 집에 가 대낮에 서로 술을 취토록 마신 후 그 짓을 하고 나서 술은 취하고 피곤하니까 벗은 채로 쓰러져 잠이 들었다.

그때 파리떼가 달려들어 연놈의 그것을 할짝거렸으므로 잠결에도 군시러워 무의식 중에 손으로 움키니 파리가 한주먹 잡히는지라 던져버렸다.

파리는 연놈이 먹다 남은 술잔에 빠져 허우적거리다가 겨우 기어 나와 하는 말이 "오늘도 재수 없이 주색에 곯았다."고 하더란다.

가람 선생은 이런 이야기를 할 때면 여학생들을 슬쩍슬쩍 바라본다. 여학생들은 얼굴을 책상 위에 파묻어 팔로 가리고 있으면서도 한마디라고 놓칠세라 다 듣고 있는 모양이었다.

내가 처음에는 저런 음담패설을 여학생 앞에서 하는 것은 너무 지나치지 않을까 느껴졌지만 다시 생각해 보니 여학생들도 모두 성년이므로 어떤 색정도 유발할 염려도 없고, 또 그것이 야담집이나 소담집에 나오는 이야기여서 고전의 일면도 이해하게 되며, 그런 우스갯소리와 아울러 이야기된 작품은 오래도록 기억에 남아 아주 효과적이었다.

가람 선생은 허식이 없는 소탈한 분이고 성격이 호방했다. 자신만이 그런 것이 아니라 남의 허식적인 언행도 싫어했다. 따라서 유학자들의 형식적이고 허식적인 면을 야유하는 말이 많았다.

그 한 예로, 예전에는 양반인 체하는 사람이 친구를 찾아가면 문 앞에서 '이리 오너라' 하고 불렀다. 주인을 부르는 것이 아니라 그 집 종을 부르는 형식이다.

혹시 주인이 외출하고 없으면 부인이 나와 손님과 낯이 마주치지 않도록 울 안에 서서 대화하되,

"주인은 외출하고 안 계신다고 여쭈어라."

"어데 갔느냐고 여쭈어라."

"전주에 갔다고 여쭈어라."

"언제 오느냐고 여쭈어라."

"내일이나 오신다고 여쭈어라."

"오시거든 이리에 사는 아무개가 무슨 일로 와서 찾더라고 여쭈어라."

"알았다고 여쭈어라."

이런 식으로 종을 중간에 둔 형식을 취했으니 참으로 배를 움켜쥐고 웃을 일이라고 했다.

가람 선생은 서지학書誌學에 있어서도 우리나라의 권위자였다. 그래서 어느 여름에 몇 사람이 서지학에 대한 특별강의를 부탁드리자 허락하셨

으므로 일요일 오후에 두 시간씩 몇 주일 동안 가람 선생 댁으로 가서 강의를 들었다.

강의가 끝나면 꼭 술상이 나와 수강생과 같이 마셨고, 술이 얼근해지면 이제는 수강생들이 가람 선생을 모시고 나와 술자리를 베풀었다.

그때는 개인이 술을 빚어 동이에 이고 나와 남문 거리 길가에서 팔았는데 가람 선생은 수강생들의 술값 부담을 덜기 위해서 그랬겠지만 그 길가에서 파는 술맛이 좋다고 남문 거리로 가자고 했다.

술을 마시러 가면 술장수 아주머니는 짚으로 엮어 만든 도래방석을 한 사람 앞에 하나씩 내주었다. 그 도래방석은 겨우 궁둥이를 붙일만한 것인데 그것을 땅에 깔고 앉아 단무지 하나를 안주로 마시는 것이다.

술자리가 어울리면 가람 선생의 입담 좋은 화술에 다른 사람은 감히 입을 열 기회가 없다.

가람 선생이 너털웃음을 하며 한참 이야기를 하다 보면 행인들이 모여들어 뒤에 쭉 늘어서서 듣는지라 어떤 때는 마치 약장수 판을 방불케 했다. 그럴수록 가람 선생은 신이 나서 호탕해진다.

우리나라 명사名士로, 그리고 대학의 학장으로 얼마나 소탈하고 호탕하며 권위 의식이 없었으면 그랬을까, 참으로 속된 사람들로서는 감히 흉내 낼 수 없는 일이다. 그러면서도 청초한 난초를 그렇게 사랑했으니 실로 천의무봉天衣無縫의 경지가 아니었던가.

가람의 기행[103]

최승범

스승 가람께서 유택에 드신 지도 어언 16년이 가까워온다. 스승의 평생의 일화逸話를 건져, '괴짜'로서 스승을 이야기한다는 게, 어쩌면 버릇없는 일일 것도 같다. 그러나 '괴짜'의 말뜻에 범인과 다른 기인琦人, 보통 사람으로선 흉내도 낼 수 없는 옥과 같은 큰마음을 지닌 기인琦人의 면모도 있는 것이라면, 스승을 '괴짜'로 모셔도 어설픈 제자의 잘못이 스승까지 욕되게 하는 일은 아닐 것이다.

가람을 처음 뵈온 건 6·25 전란 중이었다. 1·4후퇴 후, 향리인 익산군 여산면 원수리에 와 계시다가 전주의 명륜대학과 전시연합대학에 출강하시던 무렵이었다. 나는 전북대학교 문리과대학의 제1회 국문과 학생으로서 가람을 스승으로 모시게 되었다.

우리 국문학계의 태두요 시조 시인으로서의 가람의 명성은 고교 시절부터 익히 들었던바, 이 어른의 강의를 들을 수 있게 되었다는 데 대하여 나는 몹시 설레는 가슴이었다.

뵈옵자, 대학자요 시인이라는 인상보다 그저 내 어림 시절 시골의 이웃

103 최승범, 「가람의 기행」, 『스승 가람 이병기 선생』, 2001.

에 살던 수더분한 아저씨의 모습 그대로였다. 짙은 회색 두루마기에 중절 모자를 쓰고 대학에 나오셨고, 강의는 두루마기 바람으로 하셨다.

강의에 한창 흥이 나시면, 맨 앞 좌석에 앉은 학생의 얼굴에까지 침이 튀는 것도 아랑곳없이 마구잡이 육담肉談식의 말씀이었고, 당신의 이야기에 당신이 취하여 웃으시기도 잘했다.

모시야 적삼 안섶 안에
연적硯滴 같은 저 젖 보소.
담배씨만치 보고 가소
많이 보면 병 납니더

동래 지방의 이 민요를 음조音調까지 붙여 실룩실룩하는 독특한 입모습으로 읊으시며, 수사修辭의 묘미와 내용의 소박 진솔함을 되풀이 말씀하셔다. '모시야 적삼'의 '야'와 '병 납니더'의 '더'에 이 노래가 지닌 수사의 묘미가 있고.

"도리동실한 연적과 같은 젖통이는 옷섶이 팔랑할 때 참으로 담배씨만치 쪼끔만 봐야지 많이 보면 상사병 나지, 거짓 없는 내용이야"
하시면서 한바탕 웃음이었다.

데설궂은 친구는 한 반의 여학생을 흘끔거리며 책상을 치고 따라 웃기도 했다.

그래도 이만하면 점잖은 육담이시다.

영해 영덕 긴 삼가리
널캉 나캉 웬 정 많아
아침저녁 따라더냐

새벽 길쌈 질기는 년
사발옷만 입더란다.

살아서 빵덕어미처럼 휘놀아나다가 수의할 옷감조차 남기지 않고 죽은 여자를 알몸으로 묻을 수는 없으니 그곳에다가 사발이라도 덮어준다는 '사발옷' 대목의 해서에 이르면 여학생들은 숫제 고개마저 들지 못한 채 앉아 있곤 했다.

그런데 묘한 것은 가람의 이러한 육담, 음담은 들어서 그다지 추하거나 야하다는 생각이 들지 않는 다는 것이다. 시골 사랑방 어른들의 구수한 이야기를 듣고 있는 느낌이었다. 그런 속에서 학생들은 우리 고전문학을 재미있게 접할 수 있었고, 그에 대한 문리를 터득해낼 수 있었다.

가람의 이러한 강의 방식은 오늘날 아무나 따를 수도 없는 일이고, 섣불리 흉내낼 수도 없는 것으로 생각된다. 가람의 육담은 수많은 사람의 결혼식 주례사에서도 서슴없이 발휘되기도 했다.

"첫날밤의 기쁨대로 평생을 살려 하면 죽고 만다."는 등의 음담패설로 늘어놓는 주례사를 듣던 노인들은 '미친 영감'이라며 쑥덕거리기 일쑤였다. 그러나 그 내용을 잘 음미해보면 매우 의미 있고 값진 내용이었음은 물론이다.

가람의 강의엔 언제나 술기酒氣가 배어 있었다. 그만치 아침 진짓상에도 술, 점심 식탁에도 술, 그리고 으레 석양배로부터 초저녁은 술이셨다.

술기가 촉촉할수록 강의는 강물이 도도한 흐름과 같은 명강의였다. 칠판의 글씨는 술기와는 관계없이 언제나 정서正書요, 해서楷書였다. 흘림체를 쓰지 않았다.

주량도 크신 편이었다. 청탁에도 가림이 없으셨다. 댁에서는 두견주와 국화주를 즐겨 드셨지만, 밖에서는 막걸리·약주·청주·소주·맥주 등 자리나 상에 따라서 아무거나 드셨다. 술을 따로 챙기거나 바꾸어 마시자는 이야기를 하신 적이 없었다.

언젠가 아침진지를 드시는 자리에서였다. 밥그릇 뚜껑은 여시려 하지 않고, 술잔만 기울이시기에,

"이제 그만 진지를 드셔야지요"

하고 말씀을 드리니 가람은 빈 잔에 술을 더 따르라며,

"이 사람, 영양가야 밥보다 술이 낫지, 이거야 곡즙穀汁 아닌가"

라는 말씀이셨다.

가람은 1957년의 한글날 일어난 뇌일혈로 만년의 10년 동안 끝내 병석을 떨쳐버리지 못하셨지만, 의식을 회복하여선 돌아가신 당일까지 하루도 술을 거르신 적이 없다.

그 어느 날, 요양 주이신 향리를 찾아가 뵈옵자, 막내 며느님에게 술상부터 챙겨오라는 말씀이었다. 댁에서 담근 두견주였는데, 나에게 권하심보다도 당신의 빈 잔에 자꾸만 술을 따르라는 것이었다.

"사람들 멀쩡한 소리야, 내 병하고 술하고는 아무런 관계가 없어."

이러하신 어른 앞에서 나는 눈물이 날 지경이었다. 막내 며느님의 이야긴즉, 한 차례 2홉씩, 하루면 1되의 술을 꼬박꼬박 챙겨서 드신다고 했다.

돌아가신 날도 시간이 밤중이었으니 그날의 정량인 1되 술은 다 드시고 가신 셈이다.

"나는 세 가지 복을 타고났어, 술복, 제자복, 난초복이지."

머리맡에 난초분도 없고 옆에는 제자도 없이 가셨으나, 술복만을 끝까지 누리셨다고 할까.

흔히 술에는 주색酒色이네 주초酒草네 하여 여자와 담배가 따르게 마련

이지만, 가람께서는 여자와 담배를 멀리했다.

언젠가는 이리의 여관에서 하룻밤을 주무신 일이 있었다. 그날 밤 술을 대접한 옛 제자들이 동아리를 이루어, 그 술집의 노래 잘하는 한 여인으로 하여금, 여관방의 잠자리를 보살펴 드리도록 하였다. 돈도 지불하였다. 그러나 가람은,

"이 무슨 장난이야"

하며 그 연인을 내쫓았다.

가람과 난초는 떼어놓을 수 없는 관계여서 사람들은 가람이 난초를 너무나 사랑하여 교직이란 본업을 망각할까 걱정을 할 정도였다.

가람이 평생 담배를 피우지 않으신 것은 난초 때문이었다. 난초는 술향기는 좋아하되 담배 연기는 아주 실허하기 때문이다.

'빵은 육체를 기를 따름이지만 난은 정신을 기른다'는 말씀이었고 많을 땐 20여 종 30여 분盆을 기르시기도 했다. 1942년 조선어학회 사건으로 형사에게 붙들려 가실 때에도 사모님께, 아이들 잘 보살피라는 말씀은 없고 난초를 잘 돌보라는 말씀뿐이셔서, 사모님이 야속해하셨다는 얘기도 있다.

전주에 계실 때엔 제주도 산의 풍란과 전남 곡성의 도림산에서 얻은 춘란을 사랑하셨다. 특히 후자의 것은 '도림란'이라 명명하시고,

"이건 우리 춘란 중 가장 진기하다"

고 자랑을 하셨다.

그리고 하시는 말씀이 영조 내지 철종 때의 박식하던 시인 이산운李山雲은

"우리나라엔 진란眞蘭이 없고 오직 난 비슷한 것이 있을 뿐이다"

고 하였으나, 이건 허황된 소리며 우리나라에도 진란이 70여 종이나 있

다는 말씀이었다. 가람은 난초뿐 아니라, 여러 가지 화초를 사랑하고 양하에도 일가를 이루신 분이었다. 서울의 계동에 계실 때 당호를 '매화옥'이라 하리만치 매화를 사랑하셨고, 전주의 양사재에 계실 때엔 앞뜰에 토관을 묻어 백련을 옮겨심기도 하셨다. 난꽃, 매화꽃, 연꽃이 벙글면 친구분들과 제자들을 불러 술자리를 마련해주시기도 했다.

술을 좋아하는 술꾼으로 화초를 가꾸기란 쉬운 일이 아니다. 더욱 난을 기름에 있어서랴, 그런데 평생 술을 좋아하신 가람인데도 이웃 사람들이 가람댁을 '화초집' 또는 '난초 병원'이라 일컬으리만치 여러 가지 꽃을 가꾸셨고, 병든 난초도 곧잘 살려내셨다. 이건 여간 꼼꼼함과 자상함이 없고는 안 될 일이다.

이러한 가람의 일면은 60년간 거의 일기를 쓰신 일에서도 볼 수 있다. 가람은 1956년 10월 11일의 일기에서 이렇게 말씀하셨다.

> 이 일기는 나의 19세 때부터 일기를 시작하여 계속하여 오다가 조선어학회 사건으로 피검되어 1942년 10월 초부터, 1943년 9월 18일까지는 적지 못하였다. 40여 년 적어 오던 것이다. ……나의 일기는 나의 생활을 중심으로 한 개이느이 기록으로 국가나 사회에 그리 중대한 건 아니다. 그러나 나로서는 이걸 소홀히 여길 수 없다. 다시 생각하면 40여 년 일기를 계속하였다는 것도 또한 바보의 일이었다.

그러나 가람의 일기는 가람 개인뿐만 아니라, 당시의 사회나 학술, 예술, 문화계의 여러 면면을 살피는 데도 귀중한 자료가 된다.

가람은 고서적의 수집에도 남다른 바가 있었다. 젊었을 때에 월급의 반 이상을 책을 사는 데 썼다는 회고담에서 가람은,

“자식에게 맛있는 과일 한 개를 못 사다 주고 아내에겐 반반한 치마 한 벌도 못 해 입혔다. 그래도 좀먹고 썩은 책은 나의 방으로 모여들었다”고 술회하셨다.

『금강경삼가해』의 낙질 한 책을 구하면서는 3개월분의 월급을 빚내기도 하였고, 『대한계년사』의 낙질을 찾기 위해서는 적잖은 노자를 마련하여 시골에까지 사람을 보냈다는 이야기도 하셨다.

가람은 호쾌한 일면에도 섬세한 감정이셨고, 낙천적인 일면에도 뜻이 굳은 어른이셨다. 조선어학회 사건으로 ‘인간 이하의 박대와 혹형을 당하면서도 오히려 전도에 광명이 가득한 언사로 동지의 고초를 위로해 주곤 하였다’고 하는 이희승 선생의 말이나, 일제하의 창씨개명에도 반대하여 ‘끝까지 지조를 지키며 단 한 편의 친일 문장도 남긴 일이 없는 영광된 작가’(임종국, <친일문학론>)이라는 평으로 미루어 보아서도 알 수 있다.

두견주杜鵑酒[104]

최승범

서울에서의 학생 지도 관계 세미나에 참석코자 상경하는 결에 우연히도 차 안에서 경희 형을 만났다. 경희 형은 가람 선생의 둘째 아드님으로 군산화력발전소 부소장의 직책을 맡게 되어 임지에서의 인사를 마치고 이제 이삿짐을 챙기려 상경하는 길이라고 하였다.

우리는 식당차로 옮아 앉아 맥주 두어 병을 놓고 오늘의 집안 이야기며 스승이 생전 이야기로 먼 거리의 여행을 좁혔다. 경희 형은 술잔을 들고 이야기하는 품이며 어투가 스승을 많이 닮았다.

스승도 그러셨지마는 경희 형이나 나도 맥주보다는 우리의 술에 더 술맛을 느끼는 편이어서 이날도 맥주는 이야기하는 우리들의 목을 간간 적시느라 들었을 뿐이었다.

이따금 술자리에 나앉으면 가까이 모시던 철의 스승의 모습이 불현듯 생각나곤 한다. 요정이나 선술집이나 댁의 서재이거나 그 주석에 관계없이 언제나 소탈하신 채로 앉으셔서 연신 술잔을 비우시며 담론을 풍발하시던 스승의 모습……, 그러나 이제 꿈길에서나 뵈올 수 있을 뿐이니 애

104 최승범, 「두견주杜鵑酒」, 『스승 가람 이병기』, 범우사, 2001.

통한 마음 날과 달이 가도 금할 길 없다.

스승은 워낙 평생을 애주하신 어른이었다. '백약지장百藥之長이요 가회지호嘉會之好'로 술을 즐기셨고, 양신養神과 양로養老·양병養病에도 술은 없어서는 안 될 것으로 사랑하셨다. 만인이 다 스승의 병세에 술은 해롭다고 하는데도, 스승은 막무가내로 술잔을 놓지 않으셨다.

운명하신 그날에도 됫술을 드셨다고 하거니와, 와병하신 중에도 매일 한 차례에 두 홉씩의 술을 다섯 차례에 걸쳐 자셔 왔다고 한다.

찾아뵈온 어느 날인가는 술이 좀 과하신 듯하여 그만 드실 것을 말씀 올리자 어둔하신 말씀으로도 '아, 내 병은 술관 관계없대도'를 몇 번이나 되풀이하시는 것이었다.

전북대 문리대학장으로 계시던 때에 뵈면 언제나 진지의 양보다도 반주의 양이 많으셨고, 진지를 권하면 '술도 밥 아닌가, 영양가야 밥보다 술이 낫지' 하시었다.

이 무렵 스승은 '주무량 불급난酒無量 不及亂'이셨고 그러시면서도 술자리나 술의 청탁을 가리지 않으셨다. 예로부터 '주청자위성인酒淸者爲聖人이요 탁자위현인濁者爲賢人'이라고 하였는데 실로 스승은 술에서뿐 아니라 모든 면에의 성품 쓰심에도 성聖과 현賢을 겸하신 어른이었다.

스승은 색다른 술이 댁에 있거나 들어오게 되면 친구분들과 제자들을 곧잘 부르셨다. 가꾸시는 매화·난초의 꽃이 피어 맑은 향기를 토하거나 울 안에 묻은 토관의 백련이 한 송이 벙글 때에도 으레 친구와 제자를 불러 술상을 내어놓으시고 같이 보며 즐기시었다.

> 토관 화분에다
> 백련을 심었더니

중추 초하룻날
두어 송이 피어났다.

그 향을 함께 맡으러
벗을 오라 하였다.

스승댁에서 받는 술상은 언제나 그 철 그 철의 미각을 살지게 하는 조촐한 것이었다. 술도 여러 가지-세속적인 약주·청주(정종)·막걸리·소주도 더러는 내놓으셨지만, 많이는 이것들에 가미를 하거나 가양주家釀酒로 빚으신 두견주·송순주·연엽주·죽순주·국화주·더덕술을 때로는 권하여 주시었다.

특히 두견주는 스승댁의 자랑이었고 나의 입맛에도 쩍 들어붙는 술이었다. 뿐만 아니라, 밖에서 마신 술에 비위가 상했을 때에도 이 두견주 몇 잔을 받고 나면 포옥 삭아 가라앉곤 하였다. 두견주는 진달래의 꽃잎이나 뿌리로도 빚을 수 있다지만 스승댁의 것은 뿌리의 것으로도 사모님의 정성이 곁들인 것이었다.

위의 몇 가지 술 중에서도 가장 풍류롭긴 연엽주다. 『규합총서閨閤叢書』에 보면,

ᄀᆞ을 셔리젼에(날이 더우면 싀온니라) 쌀 ᄒᆞᆫ 말을 박세ᄒᆞ야 담가, 밤을 ᄌᆡ아 찌고 죠흔 물 두 병을 식혀 밥과 물이 어름같이 ᄎᆞ거든 ᄒᆞᆫᄃᆡ 셕고 ᄉᆡᆼ년엽을 독 속에 편 후에 밥을 그 위의 너코 국말 칠 홉을 가지고 밥우희 ᄒᆞᆫ 겹을 펴고 다시 년엽을 펴고 우희 밥을 너코 누록을 펴되, 펴기를 설기떡 안치ᄃᆡ ᄒᆞ야 ᄃᆞᆫᄃᆞᆫ이 봉ᄒᆞ야 양긔 업ᄂᆞᆫ ᄎᆞᆫᄃᆡ 두어 닉히되, 일졀 날물을 드리지 아니허면 양긔가 비ᄉᆞᆼᄒᆞ야 오ᄅᆡ 두어도 상치 아니

ᄒᆞ니 슐을 다 뜬 후 다른 죠흔 술을 부어도 향긔가 의구 ᄒᆞ니라.

고 양조 과정을 밝혀놓고 있다.

그러나 스승의 향리이신 여산의 진사동에서 어느 해 초가을엔가 내어주신 연엽주는 이와는 다른 급조된 술이었다. 대대로 세거하여 오신 수우재 뜰 옆엔 조그마한 백련의 못이 있다. 이 연당의 큰 연잎에 술밥과 누룩가루를 섞어 싸서 그 연잎 봉지가 기울지 않도록 받침대로 받쳐 하루볕을 쪼이면 거기서 바로 술이 괴게 된다. 이것을 삼베보자기로 짠 막걸리였다. 이 연엽주를 생각하면 지금도 그 향기가 코앞을 일렁여오는 것 같다.

진사동 댁에서 마신 술로는 또 죽순주를 잊을 수 없다. 이는 도수 높은 소주에다가 수우재 뒤우란의 연한 죽순을 꺾어 담근 술이었다. 그 연푸른 녹두빛깔의 술향기를 어느 다른 술에서 느낄 수 있으랴.

전주 양사재에 계실 때의 어느 해 겨울이던가, 더덕술이라고 내어주시는 술은 그 술맛보다도 속인인 나에겐 상수리묵이 더 입맛을 당기게 했다. 이는 양사재의 뒤꼍 오목대梧木臺에서 울안으로 절로 떨어진 상수리를 사모님이 아침마다 주워 손수 만드신 것이라 하셨다.

국화주도 어느 해 봄철, 이곳에서 스승의 권으로 난생 처음 마셔본 술의 일종이다.

한 분盆 수선水仙은
농주瓏珠를 지고 있다
여러 난과 혜蕙는
잎새만 퍼런데
호올로 병을 기울여
국화주를 마셨다.

그 독특하신 웃음으로 '주계하조파酒戒何曹破·시마선기강詩魔先己降'을 말씀하시며, 또 그날 지으셨다는 이 시조 한 수를 읊어주시며, 국화주 잔을 자꾸만 권하시는 스승의 모습은 눈앞에 선한데, 어느듯 유명을 달리하신 지 오삭여五朔餘가 지났으니 이제 스승의 그 주중취담을 어디 가 들으리…….

우리 스승 가람 선생[105]

김민수金敏洙(고려대학교高麗大學校 명예교수)

가람 이병기李秉岐(1891~1968) 선생은 전북 익산군 여산礪山 출생, 1913년 3월 관립한성사범학교官立漢城師範學校 본과 3년 졸업으로, 1945년 9월 미군정청 학무국 편수관, 1946년 9월 국립國立 서울대학교大學校 문리과대학文理科學大學 국어국문학교 교수, 1951년 3월 전북대학교全北大學校 교수, 1956년 4월 중앙대학교中央大學校 교수 겸임, 1956년 8월 정년 퇴임한 고전문학자이며, 국어운동가 및 시조 시인이기도 하셨다. 필자는 1947년 9월 대학에 입학하여 고전문학에 관한 강의를 수강하면서 은사로 모시게 되었으니, 지금으로부터 55년 전, 약년弱年 22세 때의 일이었다.

1. 계동桂洞 매화옥梅花屋에 매화주梅花酒

선생님은 당시 서울 종로구 계동桂洞 2번지 24호 조그만 한옥에 사셨고, 심부름으로 혹은 구제舊制 3학년 정병욱鄭炳昱 군이나 신제新制 3학년 김삼불金三不 군과 종종 댁으로 찾아뵈었다. 선생님은 댁을 매화옥이라고

105 김민수, 「우리 스승 가람 선생」, 『가람 이병기 국문학 연구와 시조문학』, 2001.

고결한 '재齋' 자를 피하여 평범한 '옥屋' 자로 부르고, 항상 매화주를 내놓곤 하셨다. 그것도 차茶처럼 몇 잔에 그쳐 지나치지 않았고, 개머루 먹듯 미숙해서 술맛이 그저 쌉쌀했다는 기억밖에 없다. 가을에 들매화를 분재하여 동지冬至에 꽃을 본다 하셨으니, 세한삼우歲寒三友 송죽매松竹梅를 즐긴 선비의 기상에 싸였던 것이다.

당시 학과 학생이라야 30명 내외였고, 그것도 늘 등교하는 학생은 많지 않았다. 그 구성도 단순치 않았다. 구제舊制는 일제日帝 대학령大學令에 의거한 3년제 학부이며, 신제新制는 군정청軍政廳 법령에 의거한 미국식 4년제 학부로서 1946년 9월 이후 입학생의 구분이었다. 입학 자격도 고등학교와 대학 예과의 제한을 깨고, 선과選科로 차별하던 전문학교 출신의 신편입新編入을 개방하였다. 연전延專 출신인 위 정鄭군은 모교의 교수로 이미 작고하고, 역시 연전延專 출신인 김金 군은 숙명여대淑明女大 교수였다가 월북하여 아직 생사生死를 알지 못한다.

선생님은 늘 술을 즐기셨다. 그 시기에 흔하던 빈대떡에 약주, 막걸리를 허름한 주점에서 학생들과도 자주 담소하며 즐기셨다. 그런데, 68세이시던 1958년 10월 한글날 행사 후 드신 약주 탓이었는지 뇌일혈에 실어증失語症으로 고생하게 되셨다. 점차 차도가 있었지만, 부득이 귀향하시어 옛집 수우재守愚齋에서 말년을 보내시고 78세에 돌아가셨다. 그래도, 다행한 것은 1960년 학술원 공로상, 1961년 전북대학교 명예 문학박사 학위, 1962년 정부의 문화포장이 생전에 수여되어 받으시고 기뻐하셨으리라는 것이다.

1947년 학과學科 교수는 국어학에 학과장 일석一石 이희승李熙昇, 고전문학에 가람 이병기李秉岐(1891~1968) 도남陶南 조윤제趙潤濟, 또 국어학에 심악心岳 이숭녕李崇寧, 일사一簑 방종현方鍾鉉 두 부교수는 1948년 8월에

폐지된 예과豫科에 근무하고 계셨다. 동숭동東崇洞 옛 경성제국대학京城帝國大學 중앙도서관 서측 2층 연구실에 다 계셨고, 문헌이 가득하고 널따란 공동의 합동연구실合同研究室이 함께 배치되어 연구하며 선생님을 뵙기에는 거의 완벽한 시설이었다. 현대문학에는 소설에 무영無影 이갑룡李甲龍, 시론詩論에 지용 정지용鄭芝溶 선생이 출강하셔서 교수진으로서도 역시 구색을 갖춘 진용이었다.

2. 공주읍公州邑 교동校洞의 송宋집

1949년 여름 방학에 계룡산鷄龍山 학술답사에 참가했다가 주변의 부여扶餘, 공주公州 등지를 답사하게 되었다. 역사학 유홍렬柳洪烈, 사회학 이만갑李萬甲 교수를 위시한 일행이 공주公州에 이른 때는 무더운 8월 중순이었다. 그런데, 마침 가람 선생이 이곳 중등교사강습회 강사로 와 계시다는 소식을 들었다. 수소문 끝에 유숙하시는 교동校洞 은율恩律 송석일宋錫一 댁을 찾았다. 선생님은 여전히 반색하며 맞아주셨다. 이윽고 따님을 불러내시어 깜짝 놀랐다. 지난 3월에 시집 보낸 둘째 따님 송宋집을 불러내 큰절을 시키셨기 때문이다.

송宋집 한희漢姬에게 '너희 외가外家 아저씨'라고 소개하셔서 사모님이 같은 광산光山 김씨金氏이심을 비로소 알았다. 사모님은 충남 논산군 두마면豆磨面 은동隱洞 출신으로 22세世 광산부원군光山府院君 김국광金國光(1415~1480)의 동계同系 자손이심을 후에 알았다. 그러한 먼촌 조카를 그의 공주公州 시가에서 처음 만난 것이다. 선생님은 따님을 시켜 손님 대접을 극진히 하려 하시고, 매화주는 아니라도 술잔을 권하며 정다이 담론을 이으셨다. 학술답사로 이곳에 온 경위와 사기한詐欺漢 같은 김정환金貞煥

단장의 행각을 아시고는 같이 유留하자고 붙잡으셨다.

이처럼 먼촌 처남인 것을 벌써부터 알고 계셨는데, 궁금한 것은 서울 매화옥梅花屋에서 먼촌 누님이신 사모님에게 인사시키지 않으신 일이다. 진작 여쭈어보지 못해서 추측해 볼 길밖에 없다. 가령, 사모님에게 인사하라고 소개한다면 굽혀 절을 시키게 되니까, 굽히는 번거로움을 끼치지 않으려는 뜻이었던 것이 아닐까? 따님을 인사시키신 것과는 정반대의 상황이겠다. 또한 공적인 사제師弟 관계에 개인적인 인척 관계가 개입되어 뜻하지 않은 편애나 불공평의 오해를 불러일으킬지 염려되지는 않았을까?

사모님은 광산光山 김씨金氏 문중에서도 가장 혁혁한 집안에서 나셨다. 김국광金國光의 6세손 사계沙溪 김장생金長生(1548~1631)은 율곡栗谷 이이李珥의 제자에 우암尤庵 송시열宋時烈의 스승으로 예학禮學의 태두, 그 아들 신독재愼獨齋 김집金集, 손자 김만기金萬基, 김만중金萬重, 증손 김진규金鎭圭, 김진상金鎭商 등 많은 문신, 학자가 배출된 가문이기 때문이다. 그보다 매화옥에서 사모님께 인사도 못 드리고, 이후 송宋집 소식도 모르고 지낸 불찰이 후회된다. 더욱 학병學兵으로 나가 실종된 3남 2녀의 장남 동희東熙 생각에 시조時調로 달래다가 품고 가신 한恨이 원망스럽기 한이 없다.

3. 귀한 장서藏書에 국문國文 작품作品

선생님은 알려진 대로 우리 문학사상文學史上 특히 고전문학古典文學의 황무지를 개척한 국보적國寶的인 학자이시다. 그러한 초창기에 1910년대부터 국학國學에 관련된 우리말 기록과 작품을 꾸준히 수집하여 그 보존과 발표에 지대한 공헌을 세우셨다. 더구나 전래하는 우리말 작품을 소중히 아끼고 사랑하여 대학 강의에도 발굴한 것을 수많이 공개하는 한편, 일반에게도 출판시킨 교주판校註版으로 널리 알게 힘쓰셨다. 출판된 그 교주판校註版은 대략 아래와 같거니와, 이들은 실제로 이 출판물에 의하여 비로소 알려지게 된 것이다.

우리말 작품에 대한 교주판校註版은 일찍 『역대시조선歷代時調選』(1940. 3, 박문서관博文書館)이 나왔는데, 겉보기보다 명작을 엄선하여 끼친 영향이 지대했다. 계속된 『인현왕후전仁顯王后傳』(1940. 11, 상동), 『한중록閑中錄』(1947. 6, 백양당白楊堂), 『의유당일기意幽堂日記』(1948. 5, 상동) 『근조내간선近朝內簡選』(1948. 12, 국제문화사國際文化社) 등은 고전문학의 아주 귀중한 내간체內簡體 작품이며, 담화체談話體 작품 『어우야담於于野談』(1949. 5, 상동), 『요로원야화기要路院夜話記』(1949. 5, 을유문화사乙酉文化社), 판소리 극가劇歌 『가루지기타령』(신오위장전집申五衛將全集 1)(1949. 5, 국제문화사國際文化社) 등은 내간체와는 달리 평민의 애환을 담아 진귀한 작품이다.

이들 출판에는 숨은 이야기가 있다. 1946년 9월에 편입학한 김삼불金三不 군은 황소같이 많은 작업을 해냈는데, 바쁘신 선생님 곁에서 원고에서 조판, 교정까지 맡은 것이다. 하루는 출판사 인세印稅를 전해 드렸고, 선생님은 그 봉투를 안 호주머니에 넣었다가 웃으시며 다시 꺼내 김金군에게 돈을 반분半分해 주셨다고 김金 군은 말했었다. 선생님 온정은 다정했던 친우親友 애류崖溜 권덕규權悳奎(1890~1950)의 서울 흑석동黑石洞 미망인未亡人을 찾아 종종 원고료를 쪼개서 건네셨다는 이야기로 아는 사람의 가슴을 울리게 한 일화逸話도 있다.

약 5천 권의 장서에는 귀중본이 많다. 그런데, 1955년 어느 날 묘한 일이 생겼다. 동료였던 동국대학교東國大學校 김근수金根洙 교수가 『훈몽자회訓蒙字會』(1927) 책을 비교하려고 선생님 이본異本을 몽땅 빌려서 기차를 탔다. 책을 끌어안고 다른 사람의 접근을 쫓으며 상경해 보니, 그 짐은 온데간데없다. 아마 금은보화라고 노리다가 훔쳐간 도둑은 못쓸 쓰레기라고 없앴을 것이 뻔하다. 자식 같은 책을 잃은 선생님 가슴이 어떠하셨을까? 그러나, 남은 장서가 1963년에 서울대학교大學校 가람문고文庫로 보존되어 활용케 된 것은 참으로 다행한 일이다.

4. 전란戰亂의 수난受難과 하향下鄕

1950년 6·25사변事變이 일어나 불리해진 이승만李承晩 정권政權은 몰래 쫓겨가지만 않고, 시민에게 안심하고 서울을 끝까지 지키라고 거짓 방송을 반복했었다. 고지식히 남아서는 직장에서 조건 딸린 배급으로 연명해야 했었는데, 그 살길이 후일에 부역행위附逆行爲로 호된 역습일 줄은 몰랐다. 선생님은 여느 사람과 같이 서울에 남아서 계속 출근하다가 문리과대학文理科大學 책임자 소임을 짊어지셨다. 전에 조선문학가동맹朝鮮文學家同盟 명목상 위원으로 추대된 탓으로 벗어나기도 난감하고, 벗어나더라도 살아남을 길이 거의 없는 난중이었다.

9·28 수복收復으로 그 고난이 끝나자, 사과는커녕 선생님에게는 논죄論罪가 기다리고 있었다. 불행하게도 4년 만에 정든 대학을 떠나 익산益山으로 낙향하셨다. 많은 수강受講을 한 정치학과政治學科 출신 손도심孫道心 군의 호위虎威도 컸지만, 이념理念 대립의 틈에서 상하신 심기心氣는 매우 크신 것이었다. 권력 앞에서 따지지는 못하지만, 당시 서울을 사수하라는 명령은 말하자면 시민을 호랑이 아가리에 처넣는 격이다. 그래도, 살아남은 자에게 위로나 보상은커녕 도리어 단죄한다는 문자文字 그대로 적반하

장賊反荷杖이 아니고 무엇이었는가?

낙향 후에 전북대학교全北大學校에 근무하신 것은 난시亂時라서 다행이지만, 고향에서는 금의환향錦衣還鄕 고향을 위해서 봉사하셨다고 치부했을 것이다. 결과적으로 의당 할 일을 하셨다면 전화위복轉禍爲福일시 분명하나, 이런 봉사도 끝났다. 76년간 기구한 속에 쌓은 학문 또한 제구실을 못한 채 있는 것이 면괴面愧스러운데, 지기知己와 후배의 정성이 결정結晶하여 『문선文選』을 상재上梓하게 되니 내 옛 얼굴을 대하는 듯도 하다고 하신 『가람문선文選』(1966) 서문을 대하면서 생전에 질박하고 소탈하시던 모습을 달려가서 다시 뵙고 싶어진다.

이러한 선생님의 품격品格은 많은 제자들을 감동시켰다. 그러면서 장유유서長幼有序 같은 질서에서도 소탈하신 것은 아니었다.

1948년 어느 날 학과에서 서울 홍릉洪陵 임업시험장에 야유회를 갔는데, 선생님은 '나이깨나 먹었다고 먼저 말하라 해서' 하시면서 일어서셨다. 당시 일석一石 53세, 도남陶南 45세, 심악心岳 41세, 일사一蓑 44세로 58세의 선생님이 최고령이셨다. 학생들이 이 질서를 모를까 염려하여 깨우치신 것이었다. 뒤이어 도남陶南 말씀이 이어지고, 취흥에 춤을 재촉했었지만, 큰 어른, 큰 스승의 참모습을 어찌 잊겠는가?

5. "조선문법강화文法講話" 공표公表

국어학國語學에 관한 가람의 업적을 아는 사람은 많지 않다. 더구나 "조선문법강화文法講話"는 문학자文學者로서는 아주 특이한 작품作品이다. 이것은 1976년에 『역대한국문법대계歷代韓國文法大系』를 편찬하면서 『조선강단朝鮮講壇(발행인發行人 신림申琳)』 창간호(1929. 9.)부터 연재된 것을 발굴해 그 『대계大系』에 재록再錄하여 보기 매우 쉬워졌으나, 그 발굴이 쉽지는 않았다. 그 잡지를 찾던 끝에 가람문고文庫를 뒤진 것은 잘했지만, 바로 그 잡지 그곳이 싹둑 잘려서 없었기 때문이다. 다시 찾은 연세대학교延世大學校에서는 언더우드 도서관장이 복사를 허락지 않았다.

이 『대계大系』에는 이처럼 절망적인 고비를 넘고 어렵게 수집된 자료가 적지 않다. 가람 문법은 『대계大系』 제1부第1部 제16책第16冊에 영인으로 수록되어 있다. 연재 5회분으로, 잡지가 종간終刊되는 관계로 아쉽게도 중단되었으나, 그 체계體系를 엿보기는 어렵지 않다. 우선 품사品詞는 명사名詞, 형용사形容詞, 동사動詞, 조사助詞, 접속사接續詞, 부사副詞, 감동사感動詞의 7종이며, 어미語尾를 포함시킨 조사助詞(토), 부사류副詞類의 접속사接續詞 설정이 큰 특징이다. 문장성분文章成分은 주어主語, 술어述語, 종속어從屬語(관형어冠形語), 관계어關係語(부사어副詞語, 보어補語, 목적어目的語) 4종을 설정하여 아주 간명한 실용문법實用文法의 성격이다.

가람은 일찍 1912년 3월 사범학교師範學校 3학년생으로 주시경周時經 조선어강습원朝鮮語講習院 중등과와 1913년 3월 고등과 2년간 조선어문법朝鮮語文法을 강습하고, 조선어학회朝鮮語學會 특별회원이 되었다. 이 인연으로 1921년 조선어학회朝鮮語學會 전신 조선어연구회朝鮮語研究會를 임경재任璟宰, 장지영張志暎, 권덕규權悳奎 등 10수 명의 동지와 창립, 그 간사幹事로 선출되었다. 그 10년 간사로 일제하日帝下에 한글날 행사, 강습회 개설, 민족어民族語 규범 통일, 사전辭典 편찬 등 일제日帝의 동화同化 정책政策에 항거하여 거룩한 항일운동抗日運動을 전개했고, 일제日帝가 요구한 친일문학親日文學이나 일본식日本式 창씨개명創氏改名에 응하지 않았다.

연구회 활동에 열중하던 39세에 문법文法을 논했지만, 결국 1942년 10·1사건으로 피검되어 19년 직장 휘문고등보통학교徽文高等普通學校를 떠나 귀향했다. 지기知己의 최현배崔鉉培, 장지영張志暎, 신명균申明均 등보다 도 앞선 일가견一家見이었다는 점이 주목된다. 또 잡지 『가톨릭청년靑年』 1(1933.6)에 연재된 "조선어강화朝鮮語講話"도 미완으로 음운론音韻論 부분이 되었다. 이들은 비록 문학자文學者의 견해이기는 하나, 전수받은 주시경周時經의 학설에 얽매이지 않고, 언어言語의 시대적 현실을 일일이 의식하여 합리적인 통일언어統一言語로 가꾸어지게 애써 힘쓴 점이 특징이라고 생각된다.

6. 시조時調 연구硏究와 그 부활復活

이런한 반면에 시조時調 연구는 문학자로서 이상할 것이 없으나, 종말을 고한 시조時調를 오늘의 문학으로 소생시키기 위하여 운동한 것은 분명 특별한 활동이었다. 가람은 1928년 9월 가요연구회歌謠硏究會라는 명칭으로 시조회時調會를 창립하고 그 보급과 창작에 주력했다. 1936년 논설 "시조時調의 감상鑑賞과 작법作法"을 위시한 1939년 창작 『가람시조집嘉藍時調集』(문장사文章社), 1940년 주석 『역대시조선歷代時調選』(박문서관博文書館) 등은 그 대중적 이해와 부활에 다대多大한 기여를 한 것으로 보는 것이 정평이다. 가람이 아니면 염두도 내지 못했을 위업偉業이다.

이와 관련하여 최근에 아주 기묘한 일이 현실로 벌어졌다. 그것은 1940년 3월 이병기李秉岐 고선考選 1회 시조 "여름" 당선, 2회 시조 "새벽", 이어 "진달래"와 "월미도月尾島" 등 스크랩을 우연히 열람하게 되었다는 사실이다. 그 당선자는 당시 전남 장성長城 백양사白羊寺 스님 1919년생 정문학丁文鶴이며, 법호 정만송丁萬松, 필명은 정다운丁茶雲이었다. 가람은 이 운동을 전개하면서 1939년 8월에 『동아일보東亞日報』 학예면에 설치케 한 『시조란時調欄』을 담당하고 그 독자들에게 시조 창작을 지도하다가 위와 같이 모집한 시조를 고선考選했던 것이다.

그런데, 그 만송萬松 스님은 필자와 아주 우연한 기회에 기연奇緣이 맺어졌다. 때는 57년 전 1945년 11월로 소급해야 한다. 일제日帝의 기반에서 벗어나자, 시급한 민족적 과업이 국어國語의 회복이었는데 당시 이 과업은 재건된 조선어학회朝鮮語學會에서 전담했었다. 이 과업에 참가한 필자는 이 학회 파견 강사로 그 9월에 경기도 김포군金浦郡 교원의 국어강습회에서 한 주일간 강의하고, 이어 백양사白羊寺 국어강습회 강사로 파견되었던 것이다. 그래서, 27세의 스님은 그 강습회에서 강의를 듣고, 영예의 제1호 수료증을 받았다.

이런 인연은 누구나 생에서 조금도 기묘하지 않고, 거기에는 한 고비가 개재하고 있었다. 필자는 당시의 『백양사일기白羊寺日記』 원고와 간직한 유물을 그 박물관에 보존케 하려고 1999년 6월 실로 55년 만에 백양사를 재방문했고, 요행히 거기서 만송萬松을 만나게 되었다. 또한 미심쩍은 『백양사일기白羊寺日記』 내용을 알아내려고 이듬해 재차 정읍井邑 내장사內藏寺에서 만났다. 82세의 스님은 뜻밖에도 소지한 스크랩북을 펼치며 약관 22세 때 사숙하던 가람을 회고하는 것이었다. 그 가람은 갔어도, 정녕 유방후세流芳後世가 분명했다.

가람이 나신 지 110년, 가신지 33년에 문화관광부 제정 2001년 6월 문화인물文化人物로 선정되신 것은 늦은 감이 있으나, 참으로 영예로운 일이다. 생전에 모셨던 불초不肖 문하생門下生으로서 그저 감축感祝할 따름이다. 감소한 생애를 아주 소탈하면서 질서를 엄중히 여기셨던 큰 어른, 큰 스승을 조용히 마음속으로 회상하면서 뵙고 싶은 생각에 눈시울이 뜨거워진다. 더구나 날이 갈수록 백세지사百世之師는 없고 야박해져만 가는 세상에 살면서 더욱 간절히 뵙고 싶은 염원으로 남기신 뜻이 불길처럼 번지기를 바랄 뿐이다. (2001. 6. 8.)

(…후략…)

[부록] 29권 친지·후배들의 글 상세목록

순	제목	저자	출전	연대	비고
1	雪中訪蘭記	이태준	시와 소설	1936.3.	
2	가람 李秉岐 註解 恨中錄을 읽고	이병도	경향신문	1947.9.26.	
3	尊敬하는 마음은 不變	김두헌	전북대학교보제26호	1956.6.22.	
4	江湖·月光은 不相離	김영수	전북대학교보제26호	1956.6.22.	
5	人間 가람	김충선	전북대학교보제26호	1956.6.22.	
6	가람論	신석정	전북대학교보제26호	1956.6.22.	
7	國文學과 가람	김준영	전북대학교보제26호	1956.6.22.	
8	送泣	박병순	전북대학교보제26호	1956.6.22.	시조
9	續·養士齋數吟	최승범	전북대학교보제26호	1956.6.22.	시조
10	詩心과 諧謔의 생애		경향신문	1968.11.30	
11	친일문학론	임종국	친일문학론	1963	평화 출판사
12	가람 李秉岐博士		경향신문	1964.1.22.	
13	가람 李秉岐		중앙일보	1965.10.2.	
14	서문序文	이희승	가람이병기박사송수 논문집	1966.10.25.	삼성 출판사
15	가람 兄의 永眠을 哭함-志操와 達觀의 老學	이희승	동아일보	1968.11.30.	
16	곡 가람 선생	신석정	전북 매일신문	1968.12.1.	시조
17	學者로서-詩人으로서		조선일보	1968.12.1.	
18	가람의 영 앞에	이은상	조선일보	1968.12.1	
19	슬프다 가람 님의 가심이여	조종현	경향신문	1968.12.2.	
20	老師를 잃은 슬픔-가람 先生 靈前에	김상기	동아일보	1968.12.3.	
21	時調와 술과 諧謔 속에 : 故 가람 李秉岐 박사의 人間과 文學	정인승	신동아 제53호	1969.1.	
22	哀悼·李秉岐博士	김선기	현대문학 169호	1969.1.	
23	나의 遍歷(32) 梁柱東 <22> 新羅鄕歌연구 上 國學記 1	양주동	매일경제	1969.3.6,	
24	가람 詩碑	이능우	경향신문	1969.12.3	
25	가람 선생의 학문	정병욱	전북문학	1970.1.	
26	焚書記	이희승	신동아	1973.6.	

27	가람을 말한다	정병욱	독서신문	1973.7.	
28	일기초·1	김수영	시여 침을 뱉어라	1975.6.	민음사
29	술 좋아했던 가람	이병도	명사교유도	1976.12.6.	주간 시민사
30	가람 先生과 나	김상옥	경향신문	1980.6.25.	
31	가람 님 생각	고두동	가람문학 창간호	1980.10.19	시조
32	30년대의 문화계(103)-朴鍾和		중앙일보	1984.11.19.	
33	30년대의 문화계(105)-岸曙 金億		중앙일보	1984.11.21.	
34	책에도 厄이 있다	이겸로	通文館 책방비화	1987	민학회
35	嘉藍 李秉岐 先生 —초대면시初對面時 무례폭소기無禮爆笑記	차칠선	상서 9권	1989	
36	나의 山河 나의 삶 <59>	고은	경향신문	1991.11.20.	
37	"교육엔 단절없다" 戰時 떠받친 주역들	허웅	경향신문	1992.2.26.	
38	가람 선생과 나	장덕순	전북문학 제150호	1992.9.30.	
39	남은 온기-가람 선생 영전에-	김상옥	문학한글 제8호	1994.12.	
40	가람 이병기 님의 학문 세계 연구	리태극	문학한글 제8호	1994.12.	
41	가람 이병기론 서설	최승범	문학한글 제8호	1994.12.	
42	가람 이병기의 시조시학과 혁신론-그 이론과 창작에 관한 소고-	이기반	문학한글 제8호	1994.12.	
43	가람의 한글 사랑 연구	오동춘	문학한글 제8호	1994.12.	
44	가람 이병기 스승님의 추모	박병순	문학한글 제8호	1994.12.	
45	가람 선생의 문학 생활	조병희	문학한글 제8호	1994.12.	
46	가람 선생 생각	박재삼	문학한글 제8호	1994.12.	
47	세 걸음 물러서서 우러러 뵙는 큰 스승	장순하	문학한글 제8호	1994.12.	
48	가람 이병기 선생	장순하	열린시조, 겨울호 (통권 제1호)	1996	
49	가람 선생님에 대한 추억	김준영	열린시조 겨울호 (통권 제1호)	1996	
50	가람의 기행	최승범	스승 가람 이병기	2001	범우사
51	두견주杜鵑酒	최승범	스승 가람 이병기	2001	범우사
52	우리 스승 가람 선생	김민수	가람 이병기 국문학 연구와 시조문학	2001	

가람 이병기 전집 ㉙

편지와 친필 자료, 사진, 친지·후배들의 글

지은이 이병기
펴낸이 양오봉
펴낸곳 전북대학교출판문화원

초판 1쇄 인쇄 2024. 12. 16
초판 1쇄 발행 2024. 12. 25

전북대학교출판문화원 전북특별자치도 전주시 완산구 어진길 32 (풍남동2가)
전화 (063) 219-5319~5322
FAX (063) 219-5323
출판등록 2012년 8월 20일 제465-2012-000021호

값 40,000원

ISBN 979-11-6372-246-5 04810
ISBN 979-11-87892-59-5(세트) 04810

* 이 책은 2024년도 익산시와 전북특별자치도의 지방보조금으로 제작되었습니다.
* 본서에 사용된 작품 및 이미지는 저작권법 제28조에 따라 보도·비평·교육·연구 등을 위해 공표된 저작물을 정당한 범위 안에서 인용할 수 있다는 규정에 의거하여 수록하였음을 밝힙니다.